에듀윌과 함께 시작하면,
당신도 합격할 수 있습니다!

자소서와 면접, NCS와 직무적성검사의 차이점이
취준을 처음 접하는 취린이

대학 졸업을 앞두고 취업을 위해 바쁜 시간을 쪼개며
채용시험을 준비하는 취준생

내가 하고 싶은 일을 다시 찾기 위해
회사생활과 병행하며 재취업을 준비하는 이직러

누구나 합격할 수 있습니다.
이루겠다는 '목표' 하나면 충분합니다.

마지막 페이지를 덮으면,

에듀윌과 함께
취업 합격이 시작됩니다.

베스트셀러 1위 2,130회 달성*!
에듀윌 취업 교재 시리즈

대기업 통합

20대기업 인적성
통합 기본서

삼성

GSAT 삼성직무적성검사
통합 기본서

GSAT 삼성직무적성검사
실전 봉투모의고사

GSAT 기출변형
최최종 봉투모의고사

SK

온라인 SKCT SK그룹 종합역량검사
통합 기본서

LG

LG그룹 온라인 인적성검사
통합 기본서

SSAFY

SSAFY SW적성진단
+에세이 4일 끝장

POSCO

PAT 통합 기본서
[생산기술직]

대기업 자소서&면접

끝까지 살아남는
대기업 자소서

금융권

농협은행 6급
기본서

지역농협 6급
기본서

IBK 기업은행
NCS+전공 봉투모의고사

공기업 NCS 통합

공기업 NCS
통합 기본서

영역별

이나우 기본서
NCS 의사소통

박준범 기본서
NCS 문제해결·자원관리

PSAT 기출완성
의사소통 | 수리 | 문제해결·자원관리

공기업 통합 봉투모의고사

공기업 NCS 통합
봉투모의고사

매일 1회씩 꺼내 푸는
NCS/NCS Ver.2

유형별 봉투모의고사

피듈형
NCS 봉투모의고사

행과연형
NCS 봉투모의고사

휴노형·PSAT형
NCS 봉투모의고사

고난도 실전서

자료해석 실전서
수문끝

기출

공기업 NCS
기출 600제

6대 출제사 기출 문제집

* 에듀윌 취업 교재 누적 판매량 합산 기준 (2012.05.14~2022.10.31) * 온라인4대 서점 (YES24, 교보문고, 알라딘, 인터파크) 일간/주간/월간 13개 베스트셀러 합산 기준 (2016.01.01~2022.11.07, 공기업 NCS/직무적성/일반상식/시사상식 교재) * YES24 공사 공단 NCS 한국산업인력공단 베스트셀러 1위 (2022년 2월 월별 베스트) * YES24 공사 공단 NCS 한국수력원자력 베스트셀러 1위 (2020년 7월 1주 주별 베스트) * 알라딘 수험서/자격증/월간 이슈&상식 베스트셀러 1위 (2012년 5월~7월, 9~11월, 2013년 1월, 4~5월, 11월, 2014년 1월, 3~11월, 2015년 1월, 3~4월, 10월, 12월, 2016년 2월, 7~12월, 2017년 8월~2023년 1월 월간 베스트) * YES24 수험서 삼성 GSAT 베스트셀러 1위 (2020년 11월 월별 베스트) * YES24 수험서 및 eBook SK 베스트셀러 1위 (2022년 2~5월, 9~11월 월별 베스트) * YES24 수험서 및 eBook LG 베스트셀러 1위 (2022년 4~5월, 7, 9월 월별 베스트)

한국철도공사

NCS+전공
기본서

NCS+전공
봉투모의고사

ALL NCS
최최종 봉투모의고사

한국전력공사

NCS+전공
기본서

NCS+전공
봉투모의고사

8대 에너지공기업
NCS+전공 봉투모의고사

국민건강보험공단

NCS+법률
기본서

NCS+법률
봉투모의고사

한국수력원자력

한수원+5대 발전회사
NCS+전공 봉투모의고사

ALL NCS
최최종 봉투모의고사

교통공사

서울교통공사
NCS+전공 봉투모의고사

부산교통공사+부산시 통합채용
NCS+전공 봉투모의고사

인천국제공항공사

NCS
봉투모의고사

한국가스공사

NCS+전공
실전모의고사

한국도로공사

NCS+전공
실전모의고사

한국수자원공사

NCS+전공
실전모의고사

한국토지주택공사

NCS+전공
봉투모의고사

공기업 자소서&면접

공기업 NCS 합격하는
자소서&면접 27대 공기업
기출분석 템플릿

독해력

이해황 독해력
강화의 기술

전공별

공기업 사무직
통합전공 800제

전기끝장 시리즈
❶ 8대 전력·발전 공기업편
❷ 10대 철도·교통·에너지·환경
공기업편

취업상식

월간 취업에 강한
에듀윌 시사상식

공기업기출
일반상식

금융경제 상식

* YES24 국내도서 해당 분야 월별, 주별 베스트 기준

eduwill

취업 교육 1위*
에듀윌 취업 무료 혜택

218강 이상 취업강의 7일 무료&무제한 수강!

※ 취업강의는 수시로 추가 업데이트 됩니다.
※ 취업강의 이벤트는 예고 없이 변동되거나 종료될 수 있습니다.

취업강의 바로가기 

1:1 학습관리 교재 연계 온라인스터디

참여 방법

STEP 1 신청서 작성 ▶ STEP 2 스터디 교재 구매 후 인증 (선택) ▶ STEP 3 오픈채팅방 입장 및 스터디 학습 시작

네이버카페 '딱취업(https://cafe.naver.com/gamnyang)' 접속 → 온라인스터디 게시판 신청 후 참여

※ 온라인스터디 진행 및 혜택은 교재 및 시기에 따라 다를 수 있습니다.

온라인스터디 신청 

온라인 모의고사 & 성적분석 무료

응시 방법

에듀윌 홈페이지(www.eduwill.net) 로그인
→ 공기업/대기업 취업 검색
→ 우측 [취업 온라인모의고사 무료] 배너 클릭
→ 해당 온라인모의고사 [신청하기] 클릭
→ 대상 교재 내 쿠폰번호 입력 후 [응시하기] 클릭

※ '온라인모의고사&성적분석' 서비스는 교재마다 제공 여부가 다를 수 있으니, 교재 뒷면 구매자 특별혜택을 확인해 주시기 바랍니다.

온라인 모의고사 신청 

모바일 OMR 자동채점&성적분석 무료

실시간 성적분석 방법

STEP 1 QR코드 스캔 ▶ STEP 2 모바일 OMR 입력 ▶ STEP 3 자동채점& 성적분석표 확인

※ 응시내역 통합조회 에듀윌 문풀훈련소 또는 puri.eduwill.net [공기업·대기업 취업] 클릭 → 상단 '교재풀이' 클릭 → 메뉴에서 응시내역 확인

• 2023, 2022, 2021 대한민국 브랜드만족도 취업 교육 1위 (한경비즈니스)/2020, 2019 한국브랜드만족지수 취업 교육 1위 (주간동아, G밸리뉴스)

2023 최신판

에듀윌 공기업 박준범 기본서

NCS 문제해결·자원관리능력

저자 소개

PSAT 수강생 4만 명이 선택한 상황판단 영역의 절대강자

박준범과 **에듀윌**이 만났다!

PSAT 상황판단, NCS 문제해결·자원관리능력의 신, 박준범 선생님과 에듀윌이 만났습니다.

NCS가 처음인 N린이 수험생,
문제해결·자원관리능력이 유독 어려운 수험생,
아무리 공부해도 점수가 오르지 않는 수험생,

막막한 수험생 여러분들을 위해,
에듀윌은 박준범 선생님과 함께 여러분이 합격의 지름길로 갈 수 있도록
『박준범 기본서 NCS 문제해결·자원관리능력』을 개발하였습니다.

이 한 권으로 NCS 문제해결·자원관리능력의 완전한 학습이 가능할 만큼
상세하고 풍부한 전략을 모두 담았습니다.

박준범 선생님만의 전략적인 접근법으로 단기간에! 확실하게!
점수를 업그레이드시켜 드리겠습니다.

약력

- 서울대학교 법학과 졸업
- 2007년 PSAT 합격
- 금강대학교(행정학과) 출강
- 연세대, 성균관대, 한양대, 서강대, 이화여대, 중앙대, 홍익대, 서울시립대, 숙명여대, 성신여대, 인하대, 단국대, 전북대, 경북대, 충북대, 강원대, 공주대, 동아대, 금강대, 한밭대, 제주대, 창원대, 협성대, 영남대, 수원대 등 국내 주요 대학 특강 강사
- 現) 윌비스 한림법학원 PSAT 상황판단 전임

머리말

본 교재는 막연한 어려움을 겪는 수험생들의 시험 준비를 실질적으로 돕고자 하는 취지에서 출간되었습니다.

기출문제가 따로 공개되지 않는 NCS의 특성상 대부분의 수험생들은 NCS를 막연하게 준비하고 있으며, 이런 측면에서 어려움을 겪고 있습니다. 본 교재의 바탕이 되는 문제들은 지금까지 공개된 공식 자료들과 실제 기출문제를 변형한 문제들 및 PSAT 기출문제들입니다. 16년 이상의 역사를 갖고 있는 PSAT는 가장 발전된 형태의 적성 시험이기 때문에 NCS를 준비하는 수험생들은 적극 활용하여야 합니다. 하지만 그동안 축적된 PSAT 기출문제는 무척 많기 때문에 NCS 준비를 위해서 이를 모두 섭렵한다는 것은 바람직하지 않습니다. 이에 저는 여러분들에게 도움이 될 수 있는 문제들로만 선별하여 본 교재를 구성하였습니다.

PART 1에서는 문제해결·자원관리능력 영역을 준비하는 데 있어 꼭 필요한 접근방법들을 설명하였습니다.

PART 1에서 소개하는 접근방법들은 비단 문제해결능력과 자원관리능력뿐만 아니라 다른 영역을 공부할 때에도 유용하게 활용할 수 있는 초석이 될 것입니다.

PART 2에서는 문제해결·자원관리능력 영역에서 반복적으로 출제되는 유형들과 각 유형별 해결 전략을 덧붙였습니다.

앞으로 출제될 문제들도 큰 틀을 벗어나지 않을 것입니다. PART 2를 통해 유형별 연습을 한다면 막연했던 NCS에 대해 감(感)을 충분히 잡으실 수 있을 것입니다.

PART 3에서는 NCS 실전 대비 40제를 통해 실전과 같은 연습을 함으로써 문제해결능력과 자원관리능력에서 고득점을 받을 수 있을 것입니다.

본 교재가 여러분들에게 작게나마 도움이 되길 바라며, 『박준범 기본서 NCS 문제해결 · 자원관리능력』과 인연을 맺은 모든 수험생들이 원하는 공기업과 공사, 공단에 최종 합격하시기를 진심으로 기원합니다.

여러분은 반드시 합격(合格)할 것입니다!

박준범

학습 가이드

문제해결능력&자원관리능력 특징

1 | 문제해결능력 특징

직업기초능력으로서의 문제해결능력이란, 직장생활에서 업무 수행 중에 발생하는 여러 가지 문제를 창조적, 논리적, 비판적 사고를 통해 올바르게 인식하고 적절히 해결하는 능력을 말합니다. 최근의 문제들은 더욱 복합적이고 다양한 형태로 나타나고 있습니다. 그러므로 문제해결능력은 모든 직업인들에게 직면한 문제를 바르게 인식하고 바람직한 문제 해결을 위해 요구되는 가장 중요한 요소입니다.

문제해결능력은 사고력과 문제처리능력으로 구분할 수 있습니다. 사고력은 직장생활에서 발생하는 문제를 해결하기 위해 요구되는 기본요소로서, 창의적, 논리적, 비판적으로 생각하는 능력입니다.

직업인들은 각종 정보의 홍수 속에서 다양한 가치관의 입장에 있는 사람들과 살고 있습니다. 이러한 상황에서 정보를 적절하게 선택하고 다른 사람과 의견을 공유하기 위해서는 창의적, 논리적, 비판적 사고가 필수적이며, 이러한 사고력은 다양한 형태의 문제에 대처하고 자신들의 의견 및 행동을 피력하는데 중요한 역할을 합니다.

문제처리능력은 문제를 해결해 나가는 실천과정에서 실제적으로 요구되는 능력입니다. 문제처리능력은 업무수행 중에서 발생한 문제의 원인 및 특성을 파악하고, 적절한 해결안을 선택 및 적용하고, 그 결과를 평가하여 피드백하는 능력을 말합니다. 문제를 어떻게 합리적이고 효율적으로 해결할 것인가 하는 능력은 기업의 성패를 결정하는 중요한 요소로, 문제처리능력을 배양함으로써 합리적인 문제해결이 가능하게 될 것입니다.

영역	하위능력	정의	세부 요소
문제해결능력	사고력	업무와 관련된 문제를 인식하고 해결함에 있어 창의적, 논리적, 비판적으로 생각하는 능력	• 창의적 사고 • 논리적 사고 • 비판적 사고
	문제처리능력	업무와 관련된 문제의 특성을 파악하고 대안을 제시, 적용하고 그 결과를 평가하여 피드백하는 능력	• 문제 인식 • 대안 선택 • 대안 적용 • 대안 평가

2 | 자원관리능력 특징

직업기초능력으로서의 자원관리능력이란, 직장생활에서 시간, 예산, 물적자원, 인적자원 등의 자원 가운데 무엇이 얼마나 필요한지를 확인하고, 사용할 수 있는 자원을 최대한 확보하여 실제 업무에 어떻게 활용할 것인지에 대한 계획을 수립하고, 계획에 따라 확보한 자원을 효율적으로 활용하여 관리하는 능력입니다. 직장인들이 개인이나 조직의 업무 성과를 높이기 위해서는 자원을 적절하게 관리할 수 있는 능력이 필수적입니다.

시간관리능력은 기업활동에서 필요한 시간자원을 파악하고, 가용할 수 있는 시간자원을 최대한 확보하여 실제 업무에 어떻게 활용할 것인지에 대한 시간계획을 수립하고, 이에 따라 시간을 효율적으로 활용하여 관리하는 능력을 의미합니다.

예산관리능력은 기업활동에서 필요한 예산을 파악하고, 가용할 수 있는 예산을 최대한 확보하여 실제 업무에 어떻게 집행할 것인지에 대한 예산계획을 수립하고, 이에 따른 예산을 효율적으로 집행하여 관리하는 능력을 의미합니다.

물적자원관리능력은 기업활동에서 필요한 물적자원(재료, 시설자원 등)을 파악하고, 가용할 수 있는 물적자원을 최대한 확보하여 실제 업무에 어떻게 활용할 것인지에 대한 계획을 수립하고, 이에 따른 물적자원을 효율적으로 활용하여 관리하는 능력을 의미합니다.

인적자원관리능력은 기업활동에서 필요한 인적자원(근로자의 기술, 능력, 업무 등)을 파악하고, 동원할 수 있는 인적자원을 최대한 확보하여 실제 업무에 어떻게 배치할 것인지에 대한 계획을 수립하고, 이에 따른 인적자원을 효율적으로 배치하여 관리하는 능력을 의미합니다.

영역	하위능력	정의	세부 요소
자원관리능력	시간관리능력	업무 수행에 시간자원이 얼마나 필요한지를 확인하고, 이용 가능한 시간자원을 최대한 수집하여 실제 업무에 어떻게 활용할 것인지를 계획하고 할당하는 능력	• 시간자원 확인 • 시간자원 확보 • 시간자원 활용계획 수립 • 시간자원 할당
	예산관리능력	업무 수행에 자본자원이 얼마나 필요한지를 확인하고, 이용 가능한 자본자원을 최대한 수집하여 실제 업무에 어떻게 활용할 것인지를 계획하고 할당하는 능력	• 예산 확인 • 예산 할당
	물적자원 관리능력	업무 수행에 재료 및 시설자원이 얼마나 필요한지를 확인하고, 이용 가능한 재료 및 시설자원을 최대한 수집하여 실제 업무에 어떻게 활용할 것인지를 계획하고 할당하는 능력	• 물적자원 확인 • 물적자원 할당
	인적자원 관리능력	업무 수행에 인적자원이 얼마나 필요한지를 확인하고, 이용 가능한 인적자원을 최대한 수집하여 실제 업무에 어떻게 활용할 것인지를 계획하고 할당하는 능력	• 인적자원 확인 • 인적자원 할당

문제해결능력&자원관리능력 학습방법

1 | 합격을 위한 4단계(분석 → 전략 → 체화 → 시합)

여러분들은 그동안 많은 시험을 치러왔을 것입니다. 여러분들이 준비했던 시험으로는 대표적으로 대학수학능력시험이 있을 것이고, 소속 학교의 중간고사나 기말고사, 그리고 영어능력검정시험이나 한국사능력검정시험 등이 있을 것입니다. 이런 시험들을 준비하는 과정을 한번 떠올려 봅시다.

우선 해당 내용에 대한 이해가 필요합니다. 그리고 이해된 내용을 정리해야 합니다. 다음으로 정리한 내용을 시험 직전까지 열심히 암기한 후 시험에 응시합니다. 즉, 우리가 시험을 치르기까지의 과정은 '이해 → 정리 → 암기 → 시험'의 4가지 단계로 요약할 수 있습니다.

NCS 또한 위와 같은 일반적인 시험처럼 생각하고 준비하기 쉽습니다. 그러나 이와 같은 접근은 NCS를 처음 접하는 많은 수험생들로 하여금 시행착오를 겪게 만드는 대표적인 원인입니다.

필자인 저는 여러분들에게 NCS를 '시험'이 아니라 '시합'으로 여길 것을 강조하고 싶습니다. 즉, 여러분 각자가 국가대표가 되어 올림픽 대회에 출전하는 과정이라고 생각하는 것이 NCS의 본질을 수월하게 이해할 수 있습니다. 우리가 올림픽 마라톤 대회에 출전한다고 가정해봅시다. 우선 올림픽 대회가 개최되는 장소의 마라톤 코스를 분석하여 그에 맞는 최적의 전략을 수립할 것입니다. 그리고 뼈를 깎는 훈련을 통하여 체화한 뒤 대망의 시합 날 유감없이 실력을 발휘함으로써 금메달을 획득하고자 할 것입니다.

즉, 우리가 NCS를 치르고 합격하기까지의 과정은 '분석 → 전략 → 체화 → 시합'의 4가지 단계로 요약할 수 있습니다. 이때 분석의 대상은 당연히 기출문제이고, 그 분석을 바탕으로 자신에게 가장 잘 맞는 전략을 수립해야 합니다. 그리고 수립한 전략이 체화될 수 있도록 충분한 훈련을 한 뒤, NCS에서 유감없이 실력을 발휘한다면 합격의 기쁨을 누리게 될 것입니다.

2 | 학습 순서(필수 접근방법 → 유형별 연습)

NCS에서는 문제해결능력과 자원관리능력 영역별로 대표적인 출제유형을 반복적으로 출제하고 있습니다. 앞으로 출제될 문제들도 큰 틀을 벗어나지 않을 것이므로 유형별 연습을 충분히 한다면 효과적인 학습이 될 것입니다.

그러나 유형별 연습을 하기에 앞서, 문제해결능력과 자원관리능력 영역에 공통적으로 적용되는 필수 접근방법을 먼저 학습할 필요가 있습니다. 필수 접근방법은 NCS 기출문제의 분석 결과를 바탕으로 문제를 효과적으로 풀이하기 위해 수립된 전략입니다.

따라서 앞서 말한 합격을 위한 4단계를 따라 먼저 필수 접근방법을 충분히 숙지하고 연습하여 자신의 것으로 체화한 뒤에 문제해결능력과 자원관리능력 영역의 유형별 학습을 이어나간다면 더 큰 학습 효과를 얻을 수 있을 것입니다.

3 | 문제해결·자원관리능력 유형별 학습&연습방법

이 책은 문제해결능력과 자원관리능력에서 반복적으로 출제되는 유형들과 각 유형별 해결 전략으로 구성되어 있습니다. 실전에서 정확하고 빠르게 풀 수 있는 TIP 또한 제시되어 있습니다. 여기서 유형별 해결 전략과 TIP을 충분히 숙지합시다.

다음으로 주제별 필수예제 문항을 살펴보고, 분석하는 과정을 가지면서 자신에게 가장 잘 맞는 전략을 수립합시다. 주제별 필수예제 문항은 해당 유형의 대표 문제로서 풀이를 위해 반드시 숙지해야 할 STEP들이 질문 – 대답 형식으로 구성되어 있어, 보다 쉽게 이해할 수 있습니다. 이를 기반으로 자신만의 전략을 수립해야 합니다.

또한 이 책은 유형별로 연습문제를 3문제씩 수록하고 있습니다. '기본유형 연습문제 → PSAT 기출 연습문제 → NCS 기출 변형 연습문제'로 구성된 3문제를 풀어보는 과정을 통해 자신의 실력을 향상하고, 앞서 수립한 전략을 체화할 수 있을 것입니다.

다음은 문제해결능력과 자원관리능력에서 출제되는 대표적인 유형들을 각 능력의 하위능력별로 분류한 표입니다. 이를 통해 각 능력에서 어떠한 유형들이 출제되고 있는지 확인해봅시다.

[문제해결능력 출제 대표 유형]

영역	하위능력	세부 요소	출제 대표 유형
문제해결능력	사고력	• 창의적 사고 • 논리적 사고 • 비판적 사고	• 논리형 – 명제 논리 – 논리적 오류 – 참말과 거짓말 – 대응관계 – 순서, 대소관계 – 위치관계 • 수리형 – 사칙연산의 활용 – 경우의 수와 확률 • 일치부합형 – 제시문형 – 자료 및 도표형 – 주어진 개념의 적용 • 법률형
	문제처리능력	• 문제 인식 • 대안 선택 • 대안 적용 • 대안 평가	

[자원관리능력 출제 대표 유형]

영역	하위능력	세부 요소	출제 대표 유형
자원관리능력	시간관리능력	• 시간자원 확인 • 시간자원 확보 • 시간자원 활용계획 수립 • 시간자원 할당	• 시간관리 – PERT 분석 – 일정수립 – 최단시간 및 최단거리 – 시차
	예산관리능력	• 예산 확인 • 예산 할당	• 예산관리 – 수익체계표 – 환율 – 최저비용
	물적자원 관리능력	• 물적자원 확인 • 물적자원 할당	• 물적자원관리 – 기준에 맞는 물품 선택 – 제품 생산
	인적자원 관리능력	• 인적자원 확인 • 인적자원 할당	• 인적자원관리

이 책의 특징

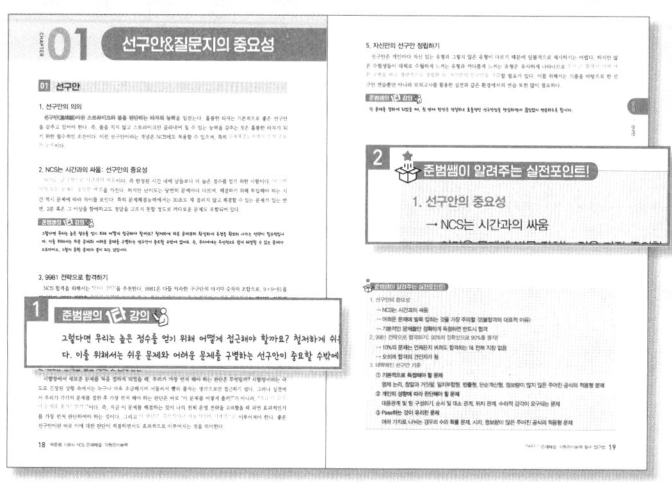

준범쌤만의 실전 이론&전략 완벽 수록

1 영역 및 유형별로 자세한 이론과 전략을 수록하였습니다.

2 '준범쌤의 1타 강의', '준범쌤이 알려주는 실전포인트!'에서 핵심 내용과 시험장에서 바로 써먹을 수 있는 전략 등을 압축적으로 정리하여 체계적으로 학습할 수 있습니다.

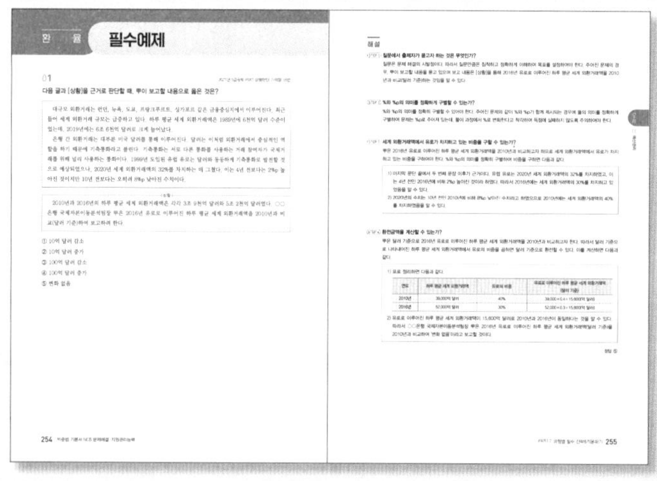

유형별 필수예제를 통한 문항 접근법 제시

- 각 유형별로 문항 분석 과정을 제시하고, 속도와 정확성을 높이는 효율적인 풀이 전략을 수록하였습니다.
- 문제 풀이를 위해 반드시 숙지해야 할 'STEP 1~4'를 통해 각 유형에 대한 분석적 학습을 자세히 익힐 수 있습니다.

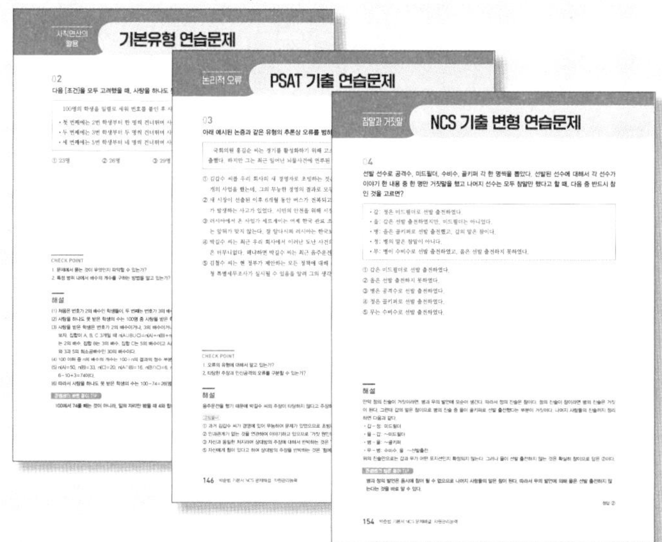

유형별 3단계 연습문제 구성을 통한 실력 향상

- '기본유형 + PSAT 기출 + NCS 기출 변형'의 3단계 연습문제로 구성하였습니다.
- 단계별로 풀어보는 과정을 통해 효율적인 풀이 전략을 나만의 것으로 체화할 수 있습니다.
- 'CHECK POINT', '준범쌤의 빠른 풀이 TIP'을 통해 실전 감각을 향상시킬 수 있습니다.

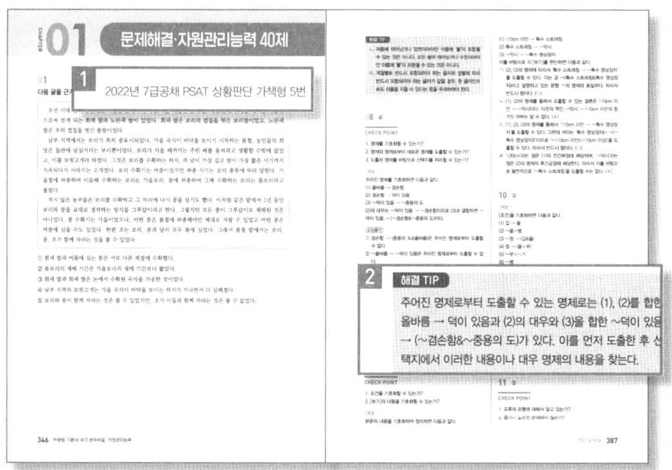

NCS 실전 대비 40제& 실전 맞춤형 해설 수록

1. NCS 최신 출제경향에 맞는 엄선 PSAT 기출 및 변형 40문항을 수록하였습니다.
2. 친절하고 자세한 실전 해설과 빠르게 풀 수 있는 해결 TIP을 함께 수록하여 완벽한 실전 대비가 가능합니다.

학습 플랜

2주 완성 학습 플랜

- 단기간 내에 NCS 문제해결 · 자원관리능력 기본기를 갖추고, 실력을 향상시키고자 하는 학습자용 플랜
- 시험이 얼마 남지 않은 학습자를 위한 학습 플랜

DAY 1	DAY 2	DAY 3	DAY 4	DAY 5
PART 1 CHAPTER 01~02	PART 1 CHAPTER 03~04_01	PART 1 CHAPTER 04_02~05	PART 2 CHAPTER 01	

DAY 6	DAY 7	DAY 8	DAY 9	DAY 10
PART 2 CHAPTER 02_01	PART 2 CHAPTER 02_02	PART 2 CHAPTER 02_03~04	PART 2 CHAPTER 03	PART 3

4주 완성 학습 플랜

- NCS 문제해결 · 자원관리능력 기본기부터 실전 문제 풀이까지 단계적으로 실력을 쌓고자 하는 학습자용 플랜
- NCS를 처음 시작하는 학습자를 위한 학습 플랜

DAY 1	DAY 2	DAY 3	DAY 4	DAY 5
PART 1 CHAPTER 01	PART 1 CHAPTER 02~03		PART 1 CHAPTER 04	

DAY 6	DAY 7	DAY 8	DAY 9	DAY 10
PART 1 복습	PART 2 CHAPTER 01_01			PART 2 CHAPTER 01_02

DAY 11	DAY 12	DAY 13	DAY 14	DAY 15
PART 2 CHAPTER 02_01		PART 2 CHAPTER 02_02		PART 2 CHAPTER 02_03

DAY 16	DAY 17	DAY 18	DAY 19	DAY 20
PART 2 CHAPTER 02_04	PART 2 CHAPTER 03		PART 2 복습	PART 3

차례

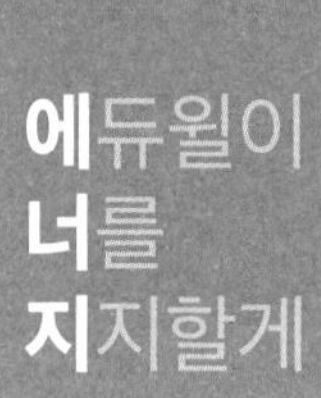

ENERGY

가장 어두운 시간은
바로 해 뜨기 직전

– 파울로 코엘료(Paulo Coelho), 『연금술사』, 문학동네

문제해결·자원관리능력 필수 접근법

CHAPTER 01 선구안&질문지의 중요성

CHAPTER 02 주제문(주제어) 찾기

CHAPTER 03 조건의 처리

CHAPTER 04 선택지의 활용

PART 1

CHAPTER 01

선구안&질문지의 중요성

01 선구안

1. 선구안의 의의

선구안(選球眼)이란 스트라이크와 볼을 판단하는 타자의 능력을 일컫는다. 훌륭한 타자는 기본적으로 좋은 선구안을 갖추고 있어야 한다. 즉, 볼을 치지 않고 스트라이크만 골라내어 칠 수 있는 능력을 갖추는 것은 훌륭한 타자가 되기 위한 필수적인 조건이다. 이런 선구안이라는 개념은 NCS에도 적용할 수 있으며, 특히 문제해결능력에서 무척 중요한 능력이다.

2. NCS는 시간과의 싸움: 선구안의 중요성

NCS는 궁극적으로 시간과의 싸움이다. 즉 한정된 시간 내에 남들보다 더 높은 점수를 얻기 위한 시험이다. NCS에서의 모든 문제는 동일한 배점을 가진다. 하지만 난이도는 당연히 문제마다 다르며, 해결하기 위해 투입해야 하는 시간 역시 문제에 따라 차이를 보인다. 특히 문제해결능력에서는 30초도 채 걸리지 않고 해결할 수 있는 문제가 있는 반면, 2분 혹은 그 이상을 할애하고도 정답을 고르지 못할 정도로 까다로운 문제도 포함되어 있다.

준범쌤의 1타 강의

그렇다면 우리는 높은 점수를 얻기 위해 어떻게 접근해야 할까요? 철저하게 쉬운 문제부터 확실하게 득점을 확보해 나가는 전략이 필수적입니다. 이를 위해서는 쉬운 문제와 어려운 문제를 구별하는 선구안이 중요할 수밖에 없어요. 즉, 우리에게는 우선적으로 쉽게 해결할 수 있는 문제가 스트라이크, 그렇지 못한 문제가 볼이 되는 것입니다.

3. 9981 전략으로 합격하기

NCS 합격을 위해서는 '9981 전략'을 추천한다. 9981은 다들 익숙한 구구단의 마지막 숫자의 조합으로, 9×9=81을 의미하며, 9981 전략은 주어진 문제의 90%만 풀고, 푸는 문제의 90%를 득점하여 81점을 확보하자는 것이다. 아무리 정확성을 높이고자 최선을 다하여도 100% 완벽하게 득점하기란 어렵다. 그러므로 90% 정확성을 확보하는 것을 목표로 접근하자. 또한 10%의 고난도 문제를 아예 버림으로써 다른 문제를 해결할 수 있는 시간을 좀 더 확보하고, 그렇게 확보된 시간을 고난도 문제가 아닌 일반적인 문제에 투입함으로써 90%의 정확성을 달성할 수 있다. 그렇다면 '81점+α'를 얻을 수 있게 된다. 81점에 그치는 것이 아니라 α가 더해지는 이유는, 버리는 10%의 고난도 문제 중에서도 찍어서 득점하는 문제가 당연히 있기 때문이다.

4. 새로운 문제를 접할 때의 첫 번째 판단

시험장에서 새로운 문제를 처음 접하게 되었을 때, 우리가 가장 먼저 해야 하는 판단은 무엇일까? 시험장이라는 극도로 긴장된 상황 속에서는 누구나 더욱 조급해지며 서둘러서 빨리 풀자는 생각으로만 접근하기 쉽다. 그러나 실전에서 우리가 각각의 문제를 접한 후 가장 먼저 해야 하는 판단은 바로 "이 문제를 어떻게 풀까?"가 아니라, "지금 이 순간 이 문제를 풀까? 말까?"이다. 즉, 지금 이 문제를 해결하는 것이 나의 전체 운영 전략을 고려했을 때 과연 효과적인가를 가장 먼저 판단하여야 하는 것이다. 그리고 이 판단은 즉각적이고 자동적이며 기계적으로 이루어져야 한다. 좋은 선구안이란 바로 이에 대한 판단이 적절하면서도 효과적으로 이루어지는 것을 의미한다.

5. 자신만의 선구안 정립하기

선구안은 개인마다 자신 있는 유형과 그렇지 않은 유형이 다르기 때문에 일률적으로 제시하기는 어렵다. 하지만 많은 수험생들이 대체로 수월하게 느끼는 유형과 까다롭게 느끼는 유형은 유사하게 나타나므로 우선 큰 틀에서 이에 대한 구별을 하고 개략적으로 정립한 뒤, 자신만의 선구안을 가감할 필요가 있다. 이를 위해서는 기출을 바탕으로 한 선구안 연습뿐만 아니라 모의고사를 활용한 실전과 같은 환경에서의 연습 또한 많이 필요하다.

준범쌤의 1타 강의

각 문제를 접하게 되었을 때, 첫 번째 판단은 적절하고 효율적인 선구안임을 명심하면서 끊임없이 연습하도록 합시다.

준범쌤이 알려주는 실전포인트!

1. 선구안의 중요성
   → NCS는 시간과의 싸움
   → 어려운 문제에 발목 잡히는 것을 가장 주의할 것(불합격의 대표적 이유)
   → 기본적인 문제들만 정확하게 득점하면 반드시 합격
2. 9981 전략으로 합격하기: 90%의 정확성으로 90%를 풀자!
   → 10%의 문제는 언제든지 버려도 합격하는 데 전혀 지장 없음
   → 오히려 합격의 견인차가 됨
3. 대략적인 선구안 기준
   ① **기본적으로 득점해야 할 문제**
   명제 논리, 참말과 거짓말, 일치부합형, 법률형, 단순계산형, 정보량이 많지 않은 주어진 공식의 적용형 문제
   ② **개인의 성향에 따라 판단해야 할 문제**
   대응관계 및 팀 구성하기, 순서 및 대소 관계, 위치 관계, 수리적 감각이 요구되는 문제
   ③ **Pass하는 것이 유리한 문제**
   여러 가지로 나뉘는 경우의 수와 확률 문제, 시차, 정보량이 많은 주어진 공식의 적용형 문제

필수예제

01

7급공채 PSAT 예시문제 A책형 3번

다음 글과 [상황]을 근거로 판단할 때, 과거에 급제한 아들이 분재 받은 밭의 총 마지기 수는?

조선시대의 분재(分財)는 시기가 재주(財主) 생전인지 사후인지에 따라 구분할 수 있다. 별급(別給)은 재주 생전에 과거급제, 생일, 혼인, 출산, 감사표시 등 특별한 사유로 인해 이루어지는 분재였으며, 깃급(衿給)은 특별한 사유 없이 재주가 임종이 가까울 무렵에 하는 일반적인 분재였다.

재주가 재산을 분배하지 못하고 죽는 경우 재주 사후에 그 자녀들이 모여 재산을 분배하게 되는데, 이를 화회(和會)라고 했다. 화회는 재주의 3년 상(喪)을 마친 후에 이루어졌다. 자녀들이 재산을 나눌 때 재주의 유서나 유언이 남아있으면 이에 근거하여 분재가 되었으나, 그렇지 못한 경우에는 합의하여 재산을 나누어 가졌다. 조선 전기에는 『경국대전』의 규정에 따랐는데, 친자녀 간 균분 분재를 원칙으로 하나 제사를 모실 자녀에게는 다른 친자녀 한 사람 몫의 5분의 1이 더 분재되었다. 그러나 이때에도 양자녀에게는 차별을 두도록 되어 있었다. 조선 중기 이후에는 『경국대전』의 규정이 그대로 지켜지지 못하고 장남에게 많은 재산이 우선적으로 분재되었다. 깃급과 화회 대상 재산에는 별급으로 받은 재산이 포함되지 않았다.

※ 분재: 재산을 나누어 줌

※ 재주: 분재되는 재산의 주인

상황

- 유서와 유언 없이 사망한 재주 甲의 분재 대상자는 아들 2명과 딸 2명이며, 이 중 딸 1명은 양녀이고 나머지 3명은 친자녀이다.
- 甲이 별급한 재산은 과거에 급제한 아들 1명에게 밭 20마지기를 준 것과 두 딸이 시집갈 때 각각 밭 10마지기씩을 준 것이 전부였다.
- 화회 대상 재산은 밭 100마지기이며 화회는 『경국대전』의 규정에 따라 이루어졌다.
- 과거에 급제한 아들이 제사를 모시기로 하였으며, 양녀는 제사를 모시지 않는 친자녀 한 사람이 화회로 받은 몫의 5분의 4를 받았다.

① 30　② 35　③ 40

④ 45　⑤ 50

해설

(STEP 1) **여러분들의 선구안은 어떠한가?**

선구안은 개인마다 자신 있는 유형과 그렇지 않은 유형이 다르기 때문에 일률적으로 제시하기는 어렵다. 하지만 많은 수험생들이 대체로 수월하게 느끼는 유형과 까다롭게 느끼는 유형은 유사하게 나타나므로 우선 큰 틀에서 이에 대한 구별을 하고 개략적으로 정립한 뒤, 자신만의 선구만을 가감할 필요가 있다.

주어진 문제의 경우 주어진 정보를 바탕으로 분재 받은 밭의 총 마지기 수를 구하는 단순계산형이므로 기본적으로 득점해야 할 문제에 해당한다.

(STEP 2) **출제자의 의도적인 장치를 정확히 파악하였는가?**

출제자는 의도적인 장치(별급, 양자녀, 제사를 모실 자녀 등)를 설정해놓고, 과거에 급제한 아들이 분재 받은 밭의 총 마지기 수를 묻고 있으므로 의도적인 장치를 놓치지 말고 정확히 파악하여야 한다.

1) 조선시대의 분재는 별급, 깃급, 화회로 구분할 수 있으며, 그 체계는 다음과 같다.

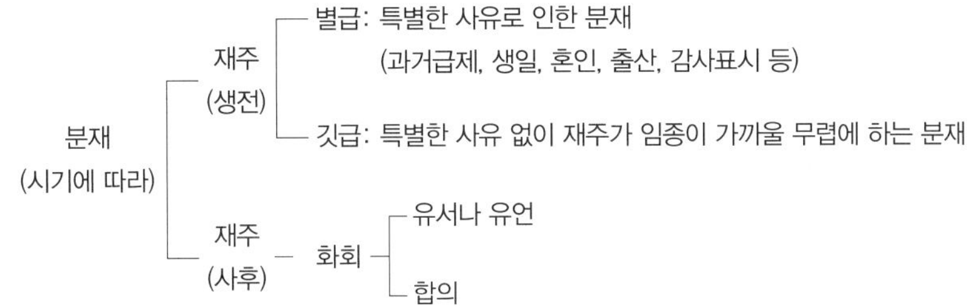

2) 깃급: 甲은 유서와 유언 없이 사망하였으므로 특별한 사유 없이 재주가 임종이 가까울 무렵에 하는 분재인 깃급은 해당사항이 없다.

3) 별급: [상황] 2에서 甲은 과거에 급제한 아들 1명에게 밭 20마지기를 별급하였다.

4) 화회: [상황] 3에서 화회는 『경국대전』의 규정에 따라 이루어졌다고 하였다. 『경국대전』에는 제사를 모실 자녀에게는 다른 친자녀 한 사람 몫의 5분의 1이 더 분재되었고, 양자녀에게는 차별을 두도록 되어 있었다. [상황] 4에서 과거에 급제한 아들이 제사를 모시기로 하였으므로 과거에 급제한 아들은 친자녀 한 사람이 화회로 받은 몫의 5분의 6을 분재 받았음을 알 수 있다. 양녀는 제사를 모시지 않는 친자녀 한 사람이 화회로 받은 몫의 5분의 4를 받았다고 하였다. 제사를 모시지 않는 친자녀 한 사람이 화회로 받은 몫을 x라 하고 이를 표로 정리하면 다음과 같다.

자녀	아들1 (과거 급제)	아들2	딸1	딸2 (양녀)	합계
별급	20	–	10	10	40
화회	$\frac{6}{5}x$	x	x	$\frac{4}{5}x$	100

5) 표에서 $\frac{6}{5}x+x+x+\frac{4}{5}x=100$이므로 $4x=100$, $x=25$이다. 따라서 과거에 급제한 아들이 화회를 통해 분재 받은 밭은 $25\times\frac{6}{5}=30$(마지기)이다.

6) 즉, 3)의 20마지기와 4)의 30마지기를 더한 50마지기가 과거에 급제한 아들이 분재 받은 밭의 총 마지기 수이다.

정답 ⑤

02

다음 [표]와 [상황]을 바탕으로 옳은 것을 고르면?(단, 甲과 乙, 丙은 총 비용이 가장 적게 드는 차종을 선택한다.)

[표] 렌트카 정보

차종	렌트비(1일 요금)		연비	연료	기본 보험
	1~2일	3일 이상			
A	5만 원	5만 원	15	경유	자차
B	10만 원	5만 원	10	LPG	자손
C	10만 원	6만 원	20	휘발유	대인, 대물
D	8만 원	6만 원	18	휘발유	대인, 대물

※ 연비의 단위는 km/L임.
※ 렌트비는 1일 단위로 계산하고, 렌트카를 3일 이상 사용하는 경우 3일 이상에 해당하는 요금을 적용함.
※ 연료 가격은 경유 1,500원/L, LPG 1,000원/L, 휘발유 2,000원/L임.
※ 보험은 자차, 자손, 대인, 대물의 총 4종이 있으며, 기본 보험에 포함되지 않은 항목을 추가 가입하려면 하나의 항목당 20,000원의 보험료가 추가됨.

상황

- 甲은 자차, 대인보험에 가입된 렌트카를 1일 동안 대여하여 총 540km를 주행하고자 한다.
- 乙은 자손, 대물보험에 가입된 렌트카를 5일 동안 대여하여 총 2,700km를 주행하고자 한다.
- 丙은 자차, 대물보험에 가입된 렌트카를 4일 동안 대여하여 총 2,430km를 주행하고자 한다.

① 甲은 D 차종을 선택하며 총 비용은 16만 원이다.
② 乙은 A 차종을 선택하며 총 비용은 56만 원이다.
③ 乙은 B 차종을 선택하며 총 비용은 54만 원이다.
④ 丙은 A 차종을 선택하며 총 비용은 48만 3천 원이다.
⑤ 丙은 C 차종을 선택하며 총 비용은 46만 3천 원이다.

CHECK POINT

1. 선택지의 첫인상이 어떠한가?
2. 여러분들의 선구안은?
3. 총 비용이 아니라 선택하는 차종만 묻는다면 난이도는 어떻게 달라지는가?
4. 절대로 정답이 될 수 없는 선택지를 느낄 수 있는가?

해설

연비란 연료 1L로 얼마만큼의 거리를 주행할 수 있는가를 나타내는 것이다. 따라서 연비와 연료가격을 활용하면 주행거리에 따른 연료비를 계산할 수 있다. 이를 공식으로 정리하면 연료비=(총 주행거리÷연비)×연료가격이다.

• 甲의 경우

차종	렌트비	연료비	보험료	총 비용
A	5만 원	(540÷15)×1,500=5.4(만 원)	2만 원	12.4만 원
B	10만 원	(540÷10)×1,000=5.4(만 원)	4만 원	19.4만 원
C	10만 원	(540÷20)×2,000=5.4(만 원)	2만 원	17.4만 원
D	8만 원	(540÷18)×2,000=6(만 원)	2만 원	16만 원

• 乙의 경우

차종	렌트비	연료비	보험료	총 비용
A	25만 원	(2,700÷15)×1,500=27(만 원)	4만 원	56만 원
B	25만 원	(2,700÷10)×1,000=27(만 원)	2만 원	54만 원
C	30만 원	(2,700÷20)×2,000=27(만 원)	2만 원	59만 원
D	30만 원	(2,700÷18)×2,000=30(만 원)	2만 원	62만 원

• 丙의 경우

차종	렌트비	연료비	보험료	총 비용
A	20만 원	(2,430÷15)×1,500=24.3(만 원)	2만 원	46.3만 원
B	20만 원	(2,430÷10)×1,000=24.3(만 원)	4만 원	48.3만 원
C	24만 원	(2,430÷20)×2,000=24.3(만 원)	2만 원	50.3만 원
D	24만 원	(2,430÷18)×2,000=27(만 원)	2만 원	53만 원

따라서 乙은 B 차종을 선택하며 총 비용은 54만 원이다.

오답풀이

① 甲은 A 차종을 선택하며 총 비용은 12만 4천 원이다.
② 乙은 B 차종을 선택하며 총 비용은 54만 원이다.
④ 丙은 A 차종을 선택하며 총 비용은 46만 3천 원이다.
⑤ 丙은 A 차종을 선택하며 총 비용은 46만 3천 원이다.

준범쌤의 빠른 풀이 TIP

차종 A, B, C의 경우 연비와 연료 가격의 값이 비례하므로 세 차종의 연료비는 같다는 것을 알 수 있다. 결국 甲의 경우 총 비용이 가장 저렴한 A와 나머지 D를 비교하면 A가 더 저렴하므로 ①은 제외된다. 마찬가지로 丙의 경우 C는 A보다 비싸므로 ⑤는 제외된다. ②, ③, ④가 남았을 때에는 乙의 경우에서 A와 B 총 비용을 계산하여 해결한다.

정답 ③

03

2022년 7급공채 PSAT 상황판단 가책형 21번

다음 글과 [상황]을 근거로 판단할 때, 올해 말 A검사국이 인사부서에 증원을 요청할 인원은?

농식품 품질 검사를 수행하는 A검사국은 매년 말 다음과 같은 기준에 따라 인사부서에 인력 증원을 요청한다.

- 다음 해 A검사국의 예상 검사 건수를 모두 검사하는 데 필요한 최소 직원 수에서 올해 직원 수를 뺀 인원을 증원 요청한다.
- 직원별로 한 해 동안 수행할 수 있는 최대 검사 건수는 매년 정해지는 '기준 검사 건수'에서 아래와 같이 차감하여 정해진다.
  - 국장은 '기준 검사 건수'의 100%를 차감한다.
  - 사무 처리 직원은 '기준 검사 건수'의 100%를 차감한다.
  - 국장 및 사무 처리 직원을 제외한 모든 직원은 매년 근무시간 중에 품질 검사 교육을 이수해야 하므로, '기준 검사 건수'의 10%를 차감한다.
  - 과장은 '기준 검사 건수'의 50%를 추가 차감한다.

상황

- 올해 A검사국에는 국장 1명, 과장 9명, 사무 처리 직원 10명을 포함하여 총 100명의 직원이 있다.
- 내년에도 국장, 과장, 사무 처리 직원의 수는 올해와 동일하다.
- 올해 '기준 검사 건수'는 100건이나, 내년부터는 검사 품질 향상을 위해 90건으로 하향 조정한다.
- A검사국의 올해 검사 건수는 현 직원 모두가 한 해 동안 수행할 수 있는 최대 검사 건수와 같다.
- 내년 A검사국의 예상 검사 건수는 올해 검사 건수의 120%이다.

① 10명 ② 14명 ③ 18명
④ 21명 ⑤ 28명

CHECK POINT

1. 조건과 [상황]이 복잡하고 계산도 번거로운 느낌이므로 실전에서 풀지 않고 과감히 버릴 수 있어야 한다.
2. 해결의 실마리: 먼저 올해 최대 검사 건수를 구한 후, 내년 예상 검사 건수를 구할 수 있는가?
3. 접근 방법: 내년 기타 직원의 수를 미지수로 놓고 부등식을 세울 수 있는가?

해설

(1) [상황] 4에 따르면, A검사국의 올해 검사 건수는 현 직원 모두가 한 해 동안 수행할 수 있는 최대 검사 건수와 같다. [상황] 3에 따르면, 올해 '기준 검사 건수'는 100건이므로 A검사국의 올해 검사 건수, 즉 최대 검사 건수는 다음과 같다.

구분	인원	산정 방식	최대 검사 건수	소계
국장	1명	100% 차감	0건	1(명)×0(건/명)=0(건)
과장	9명	(10%+50%) 차감	40건	9(명)×40(건/명)=360(건)
사무 처리 직원	10명	100% 차감	0건	10(명)×0(건/명)=0(건)
기타 직원	80명	10% 차감	90건	80(명)×90(건/명)=7,200(건)
합계				7,560건

※ '기타 직원'은 국장, 과장, 사무 처리 직원을 제외한 나머지 모든 직원을 의미함.

(2) A검사국의 올해 검사 건수는 7,560건이며, 내년 예상 검사 건수는 올해 검사 건수의 120%이므로 7,560×1.2=9,072(건)이다.

(3) [상황] 2에 따르면, 내년에도 국장, 과장, 사무 처리 직원의 수는 올해와 동일하다. 내년 A검사국의 예상 검사 건수를 검사하는 데 필요한 최소 직원 수를 구하기 위해 기타 직원의 수를 x라고 가정한다. [상황] 3에 따르면, 내년 '기준 검사 건수'는 90건이다.

구분	인원	산정 방식	최대 검사 건수	소계
국장	1명	100% 차감	0건	1(명)×0(건/명)=0(건)
과장	9명	(10%+50%) 차감	36건	9(명)×36(건/명)=324(건)
사무 처리 직원	10명	100% 차감	0명	10(명)×0(건/명)=0(건)
기타 직원	x명	10% 차감	81건	x(명)×81(건/명)=81x(건)
합계				324+81x

(4) 따라서 A검사국의 내년 최대 검사 건수는 (324+81x)건이다. 내년 A검사국의 예상 검사 건수는 9,072건이고, 이 값은 내년 최대 검사 건수보다 작거나 같아야 한다. 즉 324+81x≥9,072이어야 하므로 x≥108이다.

(5) 기타 직원의 수는 최소 108명이므로, 올해 말 A검사국이 인사부서에 증원을 요청할 인원은 108명−80명=28(명)이다.

준범쌤의 빠른 풀이 TIP 1

국장 및 사무 처리 직원은 '기준 검사 건수'의 100%를 차감하므로 이 문제를 풀 때 고려하지 않아도 된다.

준범쌤의 빠른 풀이 TIP 2

(1) 인원 충원을 하지 않는 경우의 내년 검사 건수를 먼저 구한다. 기준 검사 건수가 100건에서 90건으로 10% 감소했기 때문에 내년 검사 건수도 10% 감소한다. 올해 검사 건수가 7,560건이므로 내년 검사 건수는 7,560건에서 10%를 뺀 6,804건이다.

(2) 내년 예상 검사 건수는 올해 검사 건수의 120%에 해당하는 9,072건이다. 따라서 9,072건에서 6,804건을 뺀 2,268건을 새로 충원하는 인원이 수행해야 한다.

(3) 내년 기타 직원의 최대 검사 건수는 기준 검사 건수(90건)에서 10%를 뺀 81건이다. 따라서 $\frac{2,268}{81}$=28(명)이 A검사국이 인사부서에 증원을 요청할 인원이다.

참고

과장은 '기준 검사 건수'의 50%를 차감하는 것이 아니라, 10%에 추가로 50%를 차감함을 주의한다.

정답 ⑤

04

다음 글과 [상황]을 근거로 판단할 때, [보기]에서 옳은 것만을 모두 고르면?

- 甲은 6×6의 격자 평면에 5개의 모형 함선을 배치하고, 乙은 그 함선의 정확한 배치를 알아맞히는 게임을 한다.
- 甲의 함선 5척은 길이가 5칸짜리인 항공모함 한 척, 4칸짜리인 구축함 한 척, 3칸짜리인 순양함 한 척, 3칸짜리인 잠수함 한 척, 2칸짜리인 정찰함 한 척으로 구성된다. 단, 모든 함선의 폭은 1칸이다.
- 甲은 5척의 함선을 서로 겹치지 않게 배치하며, 대각선으로 배치할 수는 없다. 한 번 배치된 함선은 움직이지 않는다.
- 乙은 매 차례마다 좌표를 정하여 해당 좌표에 포격을 가하며, 甲은 그 위치에 함선이 있다면 적중하였다고 응답하고, 없으면 적중하지 않았다고 응답한다.
- 현재까지 포격이 진행된 상태는 [상황]과 같다.

[상황]

	A	B	C	D	E	F
1		○	○	○	○	
2				○		
3		○		○		
4		○	×		○	○
5		○		×		
6			×	○	○	

※ 포격한 좌표에서 적중한 경우에는 ○, 적중하지 못한 경우에는 ×로 표기함.

[보기]

㉠ 乙이 F1에 포격하여 적중했다면, 다음 차례에 B2에 포격하면 적중한다.
㉡ 乙이 D4에 포격하여 적중했다면, 다음 차례에 F6에 포격하면 적중한다.
㉢ 乙이 지난번 차례와 이번 차례에 각각 A1과 F1에 포격하였으나 모두 적중하지 않았다면, 다음 차례에 B6에 포격하면 적중한다.

① ㉠　② ㉡　③ ㉠, ㉡
④ ㉡, ㉢　⑤ ㉠, ㉡, ㉢

해설

㉠ 만일 F1에 포격하여 적중하였다면, B1에서부터 F1까지의 함선은 길이가 5칸짜리인 항공모함이다. 격자 평면에서 배치를 볼 때 B3에서부터 B5까지 포격이 적중한 자리는 길이가 4칸짜리인 구축함이 위치한 자리라고 할 수 있지만, 구축함의 마지막 자리가 B2에 있는지, B6에 있는지 확정할 수 없기 때문에 B2에 포격하더라도 반드시 적중한다고 할 수 없다. (×)

• B2에 4칸짜리 구축함이 있는 경우

	A	B	C	D	E	F
1		○	○	○	○	○
2				○		
3		○		○		
4		○	×		○	○
5		○		×		
6			×	○	○	

• B6에 4칸짜리 구축함이 있는 경우

	A	B	C	D	E	F
1		○	○	○	○	○
2				○		
3		○		○		
4		○	×		○	○
5		○		×		
6			×	○	○	

㉡ D4에 포격하여 적중한 경우 포격 위치에 있는 함선은 다섯 칸짜리 항공모함일 수 없고, 네 칸짜리 구축함일 수도 없다. 만일 5칸짜리 항공모함이라면 배치할 수 있는 자리가 부족하고, 4칸짜리 구축함이라면 D1에서부터 D4까지 위치했다고 가정할 수 있지만, 이 경우 어떠한 방식으로 배치하더라도 이미 포격된 위치를 모두 포함하도록 함선을 배치할 수 없다. 따라서 해당 자리에 있는 함선은 3칸짜리 함선이거나 2칸짜리 함선이다. 따라서 2칸짜리 정찰함이 D2에서부터 D3에 위치하거나, E4에서부터 F4에 위치하는 경우만 발생하고 2칸짜리 함선은 한 척뿐이므로, D6과 E6 위치에 포격된 함선은 3칸짜리 함선이어야만 한다. 따라서 F6에 포격하면 적중한다. (○)

• 2칸짜리 정찰함이 D2~D3에 위치하는 경우

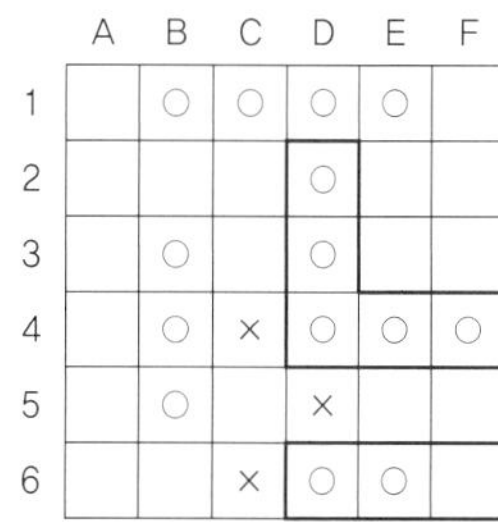

• 2칸짜리 정찰함이 E4~F4에 위치하는 경우

	A	B	C	D	E	F
1		○	○	○	○	
2				○		
3		○		○		
4		○	×	○	○	○
5		○		×		
6			×	○	○	

㉢ A1과 F1에 모두 포격하였으나 적중하지 못한 경우에는 B1에서부터 E1까지 4칸에 걸쳐 구축함이 존재한다는 뜻이 된다. 따라서 5칸짜리 항공모함은 다른 곳에 위치해야 하는데, [상황]에서의 포격 기록을 본다면 위치할 수 있는 경우는 B2에서부터 B6까지뿐이다. 따라서 B6에 포격을 한다면 적중한다. (○)

	A	B	C	D	E	F
1	×	○	○	○	○	×
2				○		
3		○		○		
4		○	×		○	○
5		○		×		
6			×	○	○	

정답 ④

02 질문은 문제 해결의 시발점

1. 질문지의 중요성

우리의 목표는 합격(合格)이다. 합격을 위해서는 남들보다 높은 점수를 받아야 하며, 동일한 시간과 조건하에서 더 높은 점수를 받는 사람이 합격의 기쁨을 누릴 수 있다. 그래서 수험생은 문제를 풀 때 항상 쫓기는 마음이 들기 마련인데, 이러한 조급함은 불합격(不合格)의 가장 큰 원인이 된다.

준범쌤의 1타 강의

적성시험 분야에서 10년 넘게 강의한 저는 아무리 조급한 마음이 들고 실제로 다급한 상황이더라도 질문지만큼은 침착하고 정확하게 이해하여 목표를 설정할 것을 무척 강조해 왔습니다. 왜냐하면 질문지는 문제 해결의 시발점(始發點)이며, 출제자가 수험생으로 하여금 무엇을 목표로 할 것인지를 알려주는 이정표(里程標)이자, 의외로 쉽게 해결할 수 있는 실마리가 담겨 있는 힌트(Hint)가 되는 경우 또한 많기 때문이죠.

2. 질문지를 바탕으로 한 정확한 목표 설정

질문지는 대체로 문제의 가장 앞쪽에 위치하지만, 경우에 따라서는 문제 해결의 근거가 되는 제시문이나 자료가 먼저 주어지고 질문지가 중간이나 아래쪽에 위치하기도 한다. 이런 경우에는 제시문이나 자료의 내용부터 먼저 살펴보기보다는 질문지부터 살펴볼 수 있어야 한다. 내가 이 문제를 득점하기 위해서는 무엇을 목표로 할 것인지에 대해 중심을 잡고 나서 문제의 내용을 이해하는 것이다. 왜냐하면 정답을 고르기 위해서는 해당 문제에서 요구하는 목표만 해결하면 되는 것이지, 해당 문제를 100% 완벽하게 이해하고 소화할 필요는 없기 때문이다. 굳이 문제 해결에 필요하지 않은 부분과 내용까지도 일일이 살펴보고 고민하는 접근 방식은 문제당 1분 정도의 시간밖에 주어지지 않는 NCS에서는 바람직하지 않다.

3. 질문지에서 실수하는 모습들

질문지가 중요한 이유는 또 있다. 의외로 질문지에서부터 실수하는 경우가 많으며, 이런 경우에는 문제 해결을 위해 상당한 시간을 투입하고도 정작 득점에는 실패할 수밖에 없다. 옳은 것과 옳지 않은 것을 순간적으로 반대로 처리하는 흔한 실수부터 질문지에서 판단을 요구하는 대상을 잘못 설정하고 문제에 접근하는 실수까지 질문지에서조차 다양한 실수의 모습을 확인할 수 있다. 제시문과 선택지 부분이 중요하다고 생각한 나머지 질문지 부분을 소홀히 하지 않도록 항상 주의해야 한다. 즉, 질문지를 정확히 이해하는 것은 문제 해결의 첫 단추를 제대로 끼우는 일임을 명심하자.

준범쌤이 알려주는 실전포인트!

1. 불합격의 가장 큰 원인은 조급함: 조급함만 버려도 합격에 한걸음 더 다가간다!
2. 질문지의 중요성
   ① 문제 해결의 시발점(始發點): 질문지의 위치에 관계없이 질문지부터 찾아 읽어보는 습관을 갖자
   ② 이정표(里程標): 질문지에서 요구하는 목표를 정확히 설정하면 절반은 해결
   ③ 힌트(Hint): 실마리, 단서, 전제, 주의점 등 출제자의 의도적인 장치는 문제 해결을 위해 적극 활용
3. 헷갈리기 쉬운 질문지 표현 실수 주의: 위배되지 않는 것을 고르면? 어긋나지 않는 것을 고르면?
   [보기]나 선택지 앞에 '위/위X', '어/어X'처럼 한글로 간략하게 쓰면서 판단하자!

필수예제

01

2021년 민경채 PSAT 상황판단 나책형 4번

다음 글과 [상황]을 근거로 판단할 때, 甲의 계약 의뢰 날짜와 공고 종료 후 결과통지 날짜를 옳게 짝지은 것은?

A국의 정책연구용역 계약 체결을 위한 절차는 다음과 같다.

순서	단계	소요기간
1	계약 의뢰	1일
2	서류 검토	2일
3	입찰 공고	40일(긴급계약의 경우 10일)
4	공고 종료 후 결과통지	1일
5	입찰서류 평가	10일
6	우선순위 대상자와 협상	7일

※ 소요기간은 해당 절차의 시작부터 종료까지 걸리는 기간이다. 모든 절차는 하루 단위로 주말(토, 일) 및 공휴일에도 중단이나 중복 없이 진행된다.

상황

A국 공무원인 甲은 정책연구용역 계약을 4월 30일에 체결하는 것을 목표로 계약부서에 긴급계약으로 의뢰하려한다. 계약은 우선순위 대상자와 협상이 끝난 날의 다음날에 체결된다.

	계약 의뢰 날짜	공고 종료 후 결과통지 날짜
①	3월 30일	4월 11일
②	3월 30일	4월 12일
③	3월 30일	4월 13일
④	3월 31일	4월 12일
⑤	3월 31일	4월 13일

해설

STEP 1 **선구안 판단은 어떻게 할 것인가?**

주어진 문제의 경우 주어진 정보를 바탕으로 올바른 날짜를 도출하는 문제이다. 정보량이 많지 않은 가운데 날짜에 관한 단순 계산형이므로 기본적으로 득점해야 할 문제에 해당한다.

STEP 2 **질문에서 출제자가 묻고자 하는 것은 무엇인가?**

질문은 문제 해결의 시발점이다. 따라서 질문만큼은 침착하고 정확하게 이해하여 목표를 설정하여야 한다. 주어진 문제의 경우, 甲의 계약 의뢰 날짜와 공고 종료 후 결과통지 날짜를 옳게 짝을 지은 것을 찾는 것이다.

STEP 3 **출제자의 의도적인 장치를 정확히 파악하였는가?**

출제자는 날짜 계산을 위한 의도적인 장치(긴급계약의 경우 소요기간, 소요기간 계산방법, 甲이 목표로 하는 체결 날짜 등)을 설정해놓고, 질문의 물음대로 날짜를 올바르게 짝지은 것을 묻고 있으므로 의도적인 장치를 놓치지 말고 정확히 파악하여야 한다.

1) A국 공무원 甲은 4월 30일에 계약을 체결하는 것을 목표로 계약부서에 긴급계약을 의뢰하려 한다. 이때 계약은 우선순위 대상자와 협상이 끝난 날의 다음날에 체결되므로 우선순위 대상자와 협상이 끝난 날은 4월 29일이어야 한다.
2) 각주에서 소요기간은 해당 절차의 시작부터 종료까지 걸리는 기간이며, 주말 및 공휴일에도 중단이나 중복 없이 진행된다고 하였으므로 역산하여 차례대로 소요기간을 계산하여 표로 정리하면 다음과 같다.

순서	단계	소요기간	[상황]
1	계약 의뢰	1일	3월 30일
2	서류 검토	2일	3월 31일~4월 1일
3	입찰 공고	40일 (긴급계약의 경우 10일)	4월 2일~4월 11일
4	공고 종료 후 결과통지	1일	4월 12일
5	입찰서류 평가	10일	4월 13일~4월 22일
6	우선순위 대상자와 협상	7일	4월 23일~4월 29일

3) 甲의 계약 의뢰 날짜는 3월 30일이며, 공고 종료 후 결과통지 날짜는 4월 12일이다.

정답 ②

기본유형 연습문제

02

2021년 하반기 한국전력공사 기출 변형

어느 제약회사에서 A, B, C, D, E 5개의 신약을 개발하였다. 이 중 효능이 있는 약을 찾기 위하여 실험 대상자들을 4개의 그룹으로 나누어 다음과 같이 실험하였다. 다음 [조건]의 내용이 모두 참일 때, 효능이 있는 약을 모두 고르면?(단, 신약별로 효능 여부는 모든 사람에게 동일하게 나타난다.)

조건

- 그룹별로 2개 이상의 약을 투여하였다. 투여한 약 중 하나라도 효능이 있으면 해당 그룹은 약의 효능이 있는 것으로 나타나지만, 어떤 약이 효능이 있는지는 알 수 없다.
- 첫 번째 그룹은 A, E를 투여하였고, 효능이 없었다.
- 두 번째 그룹은 B, D를 투여하였고, 효능이 있었다.
- 세 번째 그룹은 C, D를 투여하였고, 효능이 있었다.
- 네 번째 그룹은 A, D를 투여하였고, 효능이 없었다.

① B　② C　③ D
④ B, C　⑤ C, D

CHECK POINT

1. 확정적인 정보를 찾을 수 있는가?
2. 출제자의 의도가 담겨 있는 핵심적인 장치를 파악할 수 있는가?
3. '효능이 있었다/효능이 없었다' 중에서 실마리가 되는 부분은?

해설

첫 번째 그룹에서 A, E를 투여하였을 때 효능이 없었으므로, A와 E는 둘 다 효능이 없다. 그런데 A, D를 투여한 네 번째 그룹에서도 효능이 없었으므로 D도 효능이 없다. D가 효능이 없음에도 불구하고 두 번째와 세 번째 그룹에서는 효능이 있었으므로, B와 C는 둘 다 효능이 있다. 따라서 효능이 있는 약은 B, C이다.

준범쌤의 빠른 풀이 TIP

[조건] 2와 5로부터 A, D, E는 효능이 없음을 알 수 있다. 따라서 효능이 있는 약은 B, C이다.

정답 ④

PSAT 기출 연습문제

03

2020년 5급공채 PSAT 상황판단 나책형 14번

다음 글과 [진술 내용]을 근거로 판단할 때, 첫 번째 사건의 가해차량 번호와 두 번째 사건의 목격자를 옳게 짝지은 것은?

- 어제 두 건의 교통사고가 발생하였다.
- 첫 번째 사건의 가해차량 번호는 다음 셋 중 하나이다.
  99★2703, 81★3325, 32★8624
- 어제 사건에 대해 진술한 목격자는 甲, 乙, 丙 세 명이다. 이 중 두 명의 진술은 첫 번째 사건의 가해차량 번호에 대한 것이고 나머지 한 명의 진술은 두 번째 사건의 가해차량 번호에 대한 것이다.
- 첫 번째 사건의 가해차량 번호는 두 번째 사건의 목격자 진술에 부합하지 않는다.
- 편의상 차량 번호에서 ★ 앞의 두 자리 수는 A, ★ 뒤의 네 자리 수는 B라고 한다.

진술 내용

- 甲: A를 구성하는 두 숫자의 곱은 B를 구성하는 네 숫자의 곱보다 작다.
- 乙: B를 구성하는 네 숫자의 합은 A를 구성하는 두 숫자의 합보다 크다.
- 丙: B는 A의 50배 이하이다.

	첫 번째 사건의 가해차량 번호	두 번째 사건의 목격자
①	99★2703	甲
②	99★2703	乙
③	81★3325	乙
④	81★3325	丙
⑤	32★8624	丙

CHECK POINT

1. 선구안: 외형은 부담스러워 보이나 조건의 개수가 무난하고 '합/곱'의 성질을 활용한 장치는 종종 출제됨
2. 질문: 짝을 짓는 목표 정확히 이해
3. 실마리: 가해차량 번호가 셋으로 주어진 점은 문제 해결에 유리한 설정 → 경우의 수가 많지 않음
4. 주의: 진술 내용 정리 시 '주어 – 목적어' 관계에 따른 정확한 내용 정리

해설

(1) 甲, 乙, 丙의 진술 내용과 이에 부합하는 차량 번호를 정리하면 다음과 같다.

구분	진술 내용 정리	부합하는 차량 번호
甲	앞의 두 숫자의 곱 < 뒤의 네 숫자의 곱	81★3325, 32★8624
乙	뒤의 네 숫자의 합 > 앞의 두 숫자의 합	81★3325, 32★8624
丙	앞의 두 자리 수의 50배 ≥ 뒤의 네 자리 수	99★2703, 81★3325

(2) 첫 번째 사건의 가해차량 번호가 99★2703이라면 丙의 진술 내용만 차량 번호와 부합하므로 두 명의 진술이 첫 번째 사건의 가해차량 번호에 대한 것이라는 내용에 모순된다.

(3) 첫 번째 사건의 가해차량 번호가 81★3325라면 甲, 乙, 丙 모두의 진술 내용과 부합하므로 두 명의 진술이 첫 번째 사건의 가해차량 번호에 대한 것이라는 내용에 모순된다.

(4) 첫 번째 사건의 가해차량 번호가 32★8624라면 甲과 乙 두 명의 진술 내용과 부합한다. 따라서 첫 번째 사건의 가해차량 번호는 32★8624이고, 두 번째 사건의 목격자는 丙이다.

준범쌤의 빠른 풀이 TIP

甲과 乙의 진술 내용에 부합하는 차량 번호는 동일하다. 따라서 이들이 첫 번째 사건의 가해차량 번호에 대해서 진술하고 있으며, 두 개의 차량 번호 중 丙의 진술에 부합하지 않는 것이 첫 번째 사건의 가해차량 번호이다.

참고

甲의 진술 내용을 처리할 때 2×7×0×3=0임을 실수하지 않도록 한다.

정답 ⑤

04

다음 글과 [표]를 근거로 판단할 때, 물품 A~F 중 부과되는 관세액이 두 번째로 큰 물품을 고르면?

K국에서는 장기간에 걸쳐 사용할 수 있는 물품으로서 수출계약의 이행과 관련하여 국내에서 일시적으로 사용하기 위하여 수입하는 물품 중 그 수입신고 수리일부터 4년 이내에 재수출되는 것에 대해서는 기존 관세를 다음과 같이 경감한다.

재수출 기간	관세 경감률
6개월 이내	80%
6개월 초과 1년 이내	70%
1년 초과 2년 이내	55%
2년 초과 3년 이내	40%
3년 초과 4년 이내	30%

[표] 물품 A~F별 현황

물품	수입신고 수리일	재수출일	기존 관세액(만 원)
A	2019. 02. 13.	2022. 04. 11.	450
B	2019. 10. 15.	2022. 04. 14.	375
C	2018. 02. 08.	2022. 04. 02.	275
D	2020. 10. 21.	2022. 04. 19.	250
E	2021. 10. 28.	2022. 04. 25.	180
F	2020. 10. 02.	2022. 04. 17.	345

※ 위 물품 중 A~D만 K국에서 장기간에 걸쳐 사용할 수 있는 물품으로서 수출계약의 이행과 관련하여 국내에서 일시적으로 사용하기 위하여 수입하는 물품이며, E와 F는 이에 해당하지 않음.

① A　② B　③ C

④ D　⑤ E

해설

(1) 각 물품의 재수출 기간과 경감된 관세액을 정리하면 다음과 같다.

물품	재수출 기간	경감된 관세액
A	3년 초과 4년 이내	450×0.3=135(만 원)
B	2년 초과 3년 이내	375×0.4=150(만 원)
C	4년 초과	0
D	1년 초과 2년 이내	250×0.55=137.5(만 원)
E	각주에 의하면 관세 경감 대상 물품이 아니다.	
F	각주에 의하면 관세 경감 대상 물품이 아니다.	

(2) 기존 관세액에서 경감된 관세액을 뺀 부과되는 관세액을 구하면 다음과 같다.

물품	부과되는 관세액
A	450−135=315(만 원)
B	375−150=225(만 원)
C	275−0=275(만 원)
D	250−137.5=112.5(만 원)
E	180−0=180(만 원)
F	345−0=345(만 원)

(3) 따라서 부과되는 관세액이 두 번째로 큰 물품은 A이다.

준범쌤의 빠른 풀이 TIP

물품 F는 관세 경감 조건에 해당하지 않아 관세액이 345만 원으로 유지된다. 문제에서 관세액이 두 번째로 큰 물품을 묻고 있으므로 A(450), B(375), F(345) 중에 정답이 있음을 알 수 있다. 따라서 ③, ④, ⑤는 소거된다.

정답 ①

CHAPTER 02

주제문(주제어) 찾기

1. 단어와 어휘력

모든 글은 문단으로 이루어져 있으며, 문단은 문장으로 이루어져 있다. 문장은 단어, 단어는 글자로 이루어져 있다. 글자는 한글이므로 여러분 중에 글자를 읽지 못하는 사람은 없을 것이다. 따라서 이 부분은 전혀 문제되지 않을 것이다.

단어는 평소 어휘력을 얼마나 풍부하게 갖추었느냐에 따라 다르게 된다. 하지만 NCS에서 출제되는 단어의 수준이 지나치게 높은 경우는 없으므로 기본적인 소양을 갖추고 있는 일반적인 수험생이라면 이 역시 크게 문제되지 않을 것이다.

2. 문장에 대한 이해력

문장 역시 간결체를 바탕으로 하여 어렵지 않게 서술되어 있으므로 각 문장의 내용을 이해하는 데 있어서 큰 부담을 느끼진 않을 것이다. 그러나 본인이 문장에 대한 이해도가 다른 수험생에 비해 부족하게 느껴진다면, 다음과 같은 연습을 할 필요가 있다. 모든 문장의 기본은 주어와 술어이다. 따라서 문장이 복잡하게 느껴지는 경우에는 주어와 술어를 중심으로 먼저 파악한 후에 목적어나 수식어로 확장시켜나가면 어려움을 해소할 수 있다. 특히 주어는 생략되는 경우가 간혹 있으나 술어는 기본적으로 생략할 수 없으므로 문장의 구조가 어렵고 그 의미가 잘 이해되지 않을 때에는 해당 문장의 술어부터 파악해 보는 연습이 도움이 된다.

3. 문단에 대한 독해력

이렇듯 문장의 이해까지는 수험생 간의 큰 차이를 보이지 않는다. 반면 문단에 대한 이해는 수험생 간 현저한 차이를 보인다. 즉, 문단에 대한 이해가 독해력의 관건이 되는 것이다. 그렇다면 문단에 대한 이해력을 향상시킬 수 있는 방법은 무엇일까? 바로 해당 문단의 주제를 빠르게 찾는 것이며, 문단의 주제는 주제문이나 주제어를 통해 드러나게 된다.

즉, 문단의 주제문(주제어)을 찾을 수 있다면 해당 문단이 전달하는 핵심 내용을 쉽게 파악할 수 있다. 출제자는 핵심 내용을 바탕으로 문제를 구성하고 정답을 설정하는 경우가 많으므로 주제문(주제어)을 찾아 문단의 핵심 내용을 파악한다면, 정답 역시 쉽게 고를 수 있는 경우가 많다.

4. 주제문을 빠르게 찾는 방법

주제문을 빠르게 찾아가는 방법은 다음과 같다. 우선 결론 지시어를 실마리로 삼아 찾아가는 방법이 가장 대표적이다. 주제문을 쉽게 찾을 수 있는 지시어는 다음과 같다. '따라서, 그러므로, 결국, 결과적으로, 이에 따라, 그렇기 때문에, 그렇다면, 다시 말하면, ~이 도출된다.'와 같이 결론을 의미하는 지시어를 활용한다면 주제문을 쉽게 찾을 수 있다. 또한 '그러나, 하지만, 그런데(역접 or 전환), 그럼에도 불구하고'와 같이 역접의 접속사 직후 문장이 주제문이 되는 경우도 많다. 그리고 같은 단어나 어구가 이례적으로 반복되는 모습을 감지하거나 출제자가 의도적으로 설정한 강조의 장치를 감지하는 방법이 있다.

1. 글의 구성 원리

글 →	문단 →	문장 →	단어 →	글자
	(독해력)	(이해력)	(어휘력)	

2. 독해력은 글을 이해하는 능력

→ 글을 잘 이해하려면? **글의 주제 파악하기!**

→ 글의 주제를 파악하려면? **주제문(중심 문장) 찾기!**

3. 주제문을 쉽게 찾는 방법

① 결론 지시어

따라서, 그러므로, 결국, 결과적으로, 이에 따라, 그렇기 때문에, 그렇다면, 다시 말하면, ~이 도출된다

② 역접 이후

그러나, 하지만, 그런데, 그럼에도 불구하고

③ 반복의 모습

같은 단어나 어구의 이례적인 반복 → 출제자의 의도적인 장치

④ 강조의 장치

특정한 내용을 강조하는 표현들 → 출제자의 의도적인 장치

필수예제

01

2009년 행정외무고시 PSAT 상황판단 극책형 21번

다음 제시문을 읽고 조직문화 연구에 대한 포스트모더니즘의 시각을 [보기]에서 모두 고른 것은?

모더니즘에서 조직은 사회적 도구이며 인간의 합리성의 확대로 간주된다. 여기에서 조직은 계획된 사고와 계산된 행동의 표현이다. 모더니즘적 접근은 질서와 패턴 등 명료성을 강조하는 반면, 포스트모더니즘적 접근은 애매성을 강조한다. 그래서 조직문화의 연구에서 포스트모더니즘은 기존의 연구가 애매성을 배제하는 경향을 보이고 있다는 비판으로부터 출발한다. 조직문화의 연구에서 애매성을 인정한다면 조직 내에 잠재적으로 존재하는 다양한 관점과 이해, 의견들을 인식하게 될 것이다. 애매성을 인정하는 시각에서는 문화를 다양하고 느슨하게 연결된 상징들의 연결망으로 묘사한다. 이러한 시각은 조직문화를 안정된 관계와 보편적 상징의 기계적·계층적 체계로 묘사하는 모더니즘적 시각으로부터의 급진적인 이탈을 의미한다.

보기

ㄱ. 조직문화 연구는 문화적 표상들 간에 형성된 관계의 복잡성을 탐구하고 해석의 다의성을 제시한다.
ㄴ. 조직문화 연구는 다양하게 연결된 상징들을 유형화하여 조직문화의 보편적 원리를 찾는다.
ㄷ. 조직문화 연구는 구조와 체계를 중심으로 조직문화를 표현한다.
ㄹ. 조직문화 연구는 조직의 목표달성을 위한 표준운영원리의 탐색에 초점을 둔다.
ㅁ. 조직문화 연구는 조직의 다양한 변화에 주목하여 일상적 사건의 특이성을 강조한다.

① ㄱ, ㄷ ② ㄱ, ㅁ ③ ㄱ, ㄷ, ㅁ
④ ㄴ, ㄷ, ㄹ ⑤ ㄴ, ㄹ, ㅁ

해설

(STEP 1) **질문에서 출제자가 묻고자 하는 것은 무엇인가?**

질문은 문제 해결의 시발점이다. 따라서 질문만큼은 침착하고 정확하게 이해하여 목표를 설정하여야 한다. 주어진 문제의 경우, 조직문화 연구에 대한 포스트모더니즘의 시각에 해당하는 것을 찾는 것이다.

(STEP 2) **모더니즘과 포스트모더니즘의 차이점을 구별할 수 있는가?**

글이 전달하는 핵심 내용을 쉽게 파악하기 위해서는 주제문(주제어)을 찾는 것이 효과적이다. 주제문(주제어)을 찾는 효과적인 방법으로는 결론 지시어를 찾는 방법, 역접의 접속사를 찾는 방법, 이례적으로 반복되는 같은 단어나 어구를 찾는 방법, 출제자의 의도가 다분히 느껴지는 강조의 장치를 찾는 방법 등이 있다.

주어진 문제의 경우, 제시문 두 번째 문장에서 역접을 의미하는 "반면"을 통해 모더니즘과 포스트모더니즘에 대한 글이며 둘의 차이점을 구별하는 것이 필요하다는 것을 알 수 있다.

1) 모더니즘과 포스트모더니즘의 주제어를 찾으면 다음과 같다.

모더니즘	포스트모더니즘
질서와 패턴 등 명료성	애매성
애매성 배제	다양한 관점과 이해, 의견들을 인식
조직문화: 안정된 관계와 보편적 상징의 기계적, 계층적 체계	조직문화: 다양하고 느슨하게 연결된 상징들의 연결망

2) 모더니즘과 포스트모더니즘의 주제어를 중심으로 [보기]를 판단하면 다음과 같다.

ㄱ. 제시문 여섯 번째 문장이 근거이다. 해석의 다의성을 제시하는 것은 애매성을 인정하는 포스트모더니즘 시각과 관련 있다. (○)

ㄴ. 제시문 세 번째 문장이 근거이다. 조직문화의 보편적 원리를 찾는 것은 질서와 패턴 등 명료성을 강조하는 모더니즘적 시각과 관련 있다. (×)

ㄷ. 구조와 체계를 중심으로 조직문화를 표현하는 것은 계획된 사고와 계산된 행동을 표현하는 모더니즘적 시각과 관련 있다. (×)

ㄹ. 목표달성을 위한 표준운영원리의 탐색에 초점을 맞추는 것은 질서와 패턴 등 명료성을 강조하는 모더니즘적 시각과 관련 있다. (×)

ㅁ. 다양한 변화에 주목하여 일상적 사건의 특이성을 강조하는 것은 조직 내에 잠재적으로 존재하는 다양한 관점과 이해, 의견들을 인식하는 포스트모더니즘 시각이다. (○)

정답 ②

기본유형 연습문제

02

2021년 하반기 한국전력공사 기출 변형

다음 중 주어진 글에 제시된 '도덕적 해이'의 사례로 가장 적절한 것을 고르면?

'역선택'과 '도덕적 해이'는 모두 정보의 비대칭성에서 발생한 문제점이라는 공통점을 갖지만, 서로 다른 점도 존재하는 개념이다. 먼저 '역선택'은 거래를 하기 전에 이미 정보가 감춰져 있다는 것이 핵심이다. 가장 유명한 사례가 중고차 거래 시장이다. 대부분의 중고차는 외견상 말끔한 상태이다. 하지만 치명적인 내부 결함이 있는지 아니면 거의 새 차에 가까운 상태인지는 중고차의 판매자만 알 수 있으며 구매자는 알 도리가 없다. 이렇게 거래 전부터 계약 당사자 간에 정보의 비대칭성이 존재할 때 이를 '역선택'이라고 한다.

반면 '도덕적 해이'는 거래를 한 후의 행동에 대한 정보가 감춰져 있다는 것이 핵심이다. 가장 유명한 사례는 보험 시장이다. 보험 계약을 맺을 당시만 하더라도 안전을 중시하는 태도를 보이던 보험 가입자가 보험 계약 후에 보험을 믿고 안전을 소홀히 하는 태도를 보이면 '도덕적 해이'에 해당한다. 보험사는 보험 계약 이후 가입자의 행동 변화를 예상하지 못한 상태에서 계약을 체결하였으므로, 계약으로 인해 예상보다 더 높은 확률로 보험금을 지불하는 상황에 빠질 수도 있다.

'도덕적 해이'의 영어 표기는 'Moral Hazard'인데, 우리말로 번역되는 과정에서 단순히 비도덕적인 행위까지 포괄하는 방향으로 그 의미가 확장되었다. 그러나 원래 도덕적 해이에 대한 논의는 단지 비도덕적인 개인을 규탄하기 위함이 아니라, 정보 비대칭하에서 자신의 이익을 극대화하기 위한 각자의 자연스럽고 합리적인 선택 및 여기에서 파생되는 비효율성을 보완하는 방법을 찾기 위함이므로 '도덕적 해이'라는 단어를 적절하지 않은 상황에서까지 남발하지 않도록 해야 한다.

① 자신이 암에 걸린 줄도 모른 채 암보험에 가입하였다.
② 급전이 필요한 사람에게 고리의 이자를 제시하여 큰 빚을 지게 하였다.
③ 회사 자금 집행 절차의 허점을 이용하여 대규모의 회사 자금을 횡령하였다.
④ 소개팅 앱에서 직접 만남의 성사 확률을 높이고자 가짜 프로필을 등록하였다.
⑤ 고용 안정성이 높은 직장을 얻은 후에 면접에서 보여준 모습과는 다르게 불성실한 근무 행태를 보였다.

CHECK POINT

1. 소재가 익숙하고 자주 출제되는 유형이므로 자신 있게 1턴에서 해결하도록 한다.
2. '도덕적 해이'에 관한 주제문을 파악할 수 있는가?
3. 제시문이 긴 편이므로 선택지를 먼저 살펴보는 접근을 할 수 있는가?

해설

노동 계약을 맺기 전과 맺은 후의 행동이 달라졌으므로 '도덕적 해이'에 해당한다.

(오답풀이)

① 자신과 보험사 모두 암의 존재를 몰랐으므로 정보의 비대칭성이 존재하지 않는 상태이다. 설령 자신이 암에 걸린 줄 알았다 하더라도 '역선택'에 해당하며, '도덕적 해이'는 아니다.

② 이자가 높다는 것은 계약 당사자가 모두 알고 있었으므로 정보의 비대칭성이 존재하지 않는 상태이다. 이는 단순한 비도덕적인 행위에 해당한다.

③ 단순한 비도덕적인 행위, 더 나아가 범죄 행위에 해당한다.

④ 상대방이 자신을 평가하기 전에 이미 거짓된 정보를 제시한 경우이므로, '도덕적 해이'가 아닌 '역선택'에 해당한다.

정답 ⑤

PSAT 기출 연습문제

03

2019년 5급공채 PSAT 상황판단 가책형 7번

다음 글을 근거로 판단할 때, [보기]에서 옳은 것만을 모두 고르면?

보다 많은 고객을 끌어들일 수 있는 이상적인 점포 입지를 결정하기 위한 상권분석이론에는 'X가설'과 'Y가설'이 있다. X가설에 의하면, 소비자는 유사한 제품을 판매하는 점포들 중 한 점포를 선택할 때 가장 가까운 점포를 선택한다. 그러나 이동거리가 점포 선택에 큰 영향을 미치기는 하지만, 소비자가 항상 가장 가까운 점포를 찾는다는 X가설이 적용되기 어려운 상황들이 있다. 가령, 소비자들은 먼 거리에 위치한 점포가 보다 나은 구매기회를 제공함으로써 이동에 따른 추가 노력을 보상한다면 기꺼이 먼 곳까지 찾아간다.

한편 Y가설은 다른 조건이 동일하다면 두 도시 사이에 위치하는 어떤 지역에 대한 각 도시의 상거래 흡인력은 각 도시의 인구에 비례하고, 각 도시로부터의 거리 제곱에 반비례한다고 본다. 즉, 인구가 많은 도시일수록 더 많은 구매기회를 제공할 가능성이 높으므로 소비자를 끌어당기는 힘이 크다고 본 것이다.

예를 들어, 일직선 상에 A, B, C 세 도시가 있고, C시는 A시와 B시 사이에 위치하며, C시는 A시로부터 5km, B시로부터 10km 떨어져 있다. 그리고 A시 인구는 50만 명, B시의 인구는 400만 명, C시의 인구는 9만 명이다. 만약 A시와 B시가 서로 영향을 주지 않고, C시의 모든 인구가 A시와 B시에서만 구매한다고 가정하면, Y가설에 따라 A시와 B시로 구매활동에 유인되는 C시의 인구 규모를 계산할 수 있다. A시의 흡인력은 20,000(=50만÷25), B시의 흡인력은 40,000(=400만÷100)이다. 따라서 9만 명인 C시의 인구 중 1/3인 3만 명은 A시로, 2/3인 6만 명은 B시로 흡인된다.

보기

ㄱ. X가설에 따르면, 소비자가 유사한 제품을 판매하는 점포들 중 한 점포를 선택할 때 소비자는 더 싼 가격의 상품을 구매하기 위해 더 먼 거리에 있는 점포에 간다.

ㄴ. Y가설에 따르면, 인구 및 다른 조건이 동일할 때 거리가 가까운 도시일수록 이상적인 점포 입지가 된다.

ㄷ. Y가설에 따르면, C시로부터 A시와 B시가 떨어진 거리가 5km로 같다고 가정할 때 C시의 인구 중 8만 명이 B시로 흡인된다.

① ㄱ　② ㄴ　③ ㄱ, ㄷ
④ ㄴ, ㄷ　⑤ ㄱ, ㄴ, ㄷ

CHECK POINT

1. 각 가설의 개념에 대한 정확한 이해 및 적용을 할 수 있는가?
2. 주의: X가설의 개념을 오해하지 않도록 한다.
3. 제시문 구조를 파악할 수 있는가?

해설

ㄱ. 첫 번째 문단 두 번째 문장이 근거이다. X가설에 따르면, 소비자는 유사한 제품을 판매하는 점포들 중 한 점포를 선택할 때 가장 가까운 점포를 선택한다. (×)

ㄴ. 두 번째 문단 첫 번째 문장이 근거이다. Y가설은 다른 조건이 동일하다면 두 도시 사이에 위치하는 어떤 지역에 대한 각 도시의 상거래 흡인력은 각 도시의 인구에 비례하고, 각 도시로부터의 거리 제곱에 반비례한다고 본다. 따라서 인구 및 다른 조건이 동일할 때 거리가 가까우면 상거래 흡인력이 높아지므로 이상적인 점포 입지가 된다. (○)

ㄷ. 마지막 문단이 근거이다. Y가설에 따르면, A시와 B시의 상거래 흡인력은 각 도시의 인구수를 C시로부터의 거리 제곱으로 나눈 값이 된다. C시로부터 A시와 B시가 떨어진 거리가 5km로 같다고 가정할 때 A시의 흡인력은 20,000(=50만÷25)이고, B시의 흡인력은 160,000(=400만÷25)이다. 따라서 C시의 인구 9만 명 중 8/9인 8만 명이 B시로 흡인된다. (○)

준범쌤의 빠른 풀이 TIP

ㄷ. Y가설에 따르면, C도시로부터 A시와 B시가 떨어진 거리가 같다면 오직 인구만이 흡인력을 결정하는 요소가 된다. 흡인력은 각 도시의 인구에 비례하는데, B도시 인구가 A도시보다 8배 많으므로 C시의 인구 9만 명 중 8/9인 8만 명이 B시로 흡인된다.

정답 ④

NCS 기출 변형 연습문제

04

다음 [보기1]의 각 유형에 알맞은 '그 사람'에 대한 평가를 [보기2]에서 골라 적절하게 연결한 것을 고르면?

보기1

개방형: 대체로 인간관계가 원만하다. 이들은 자기표현을 잘할 뿐만 아니라 타인의 말도 경청할 줄 아는 사람들로서 다른 사람에게 호감과 친밀감을 준다. 그러나 간혹 말이 많고 경박한 사람으로 비칠 수도 있다.

주장형: 자신의 기분이나 의견을 잘 표현하며 자신감을 지닌 솔직하고 시원시원한 사람이다. 다만 이들은 다른 사람의 반응에 무관심하거나 둔감하여 독단적으로 비쳐질 수 있다. 주장형인 사람들은 다른 사람들의 말에 진지하게 귀를 기울이는 노력이 필요하다.

신중형: 속이 깊고 신중한 사람들이다. 타인의 이야기는 잘 경청하나 자신의 속마음은 잘 드러내지 않는다. 이러한 사람들은 적응력은 뛰어나지만 내면적으로 고독감을 느끼는 경우가 많다. 신중형인 사람들은 자기 개방을 통해 다른 사람과 좀 더 넓고 깊이 있는 교류를 해야 할 필요가 있다.

고립형: 인간관계에 소극적이며 혼자 있는 것을 좋아한다. 타인과의 접촉에 무관심하거나 이를 부담스러워하여 고립된 생활을 하는 경우가 많다. 심리적인 고민이 많은 사람들이 대다수를 차지한다. 고립형인 사람들은 인간관계에 있어 좀 더 적극적이고 긍정적인 태도를 가질 필요가 있다.

보기2

㉠ '그 사람'과 대화해 보면 어른스럽고 믿음직스러워서 좋긴 한데, 왠지 나만 떠들다 오는 것 같아.
㉡ '그 사람'의 직설적이고 당당한 모습은 매력적이야.
㉢ '그 사람'은 좀 수다스럽긴 한데, 사람은 참 괜찮더라!
㉣ '그 사람'은 나를 불편해 하는 것 같아. 무슨 걱정거리라도 있는 걸까?

	개방형	주장형	신중형	고립형
①	㉡	㉠	㉣	㉢
②	㉡	㉢	㉠	㉣
③	㉢	㉠	㉡	㉣
④	㉢	㉡	㉠	㉣
⑤	㉢	㉡	㉣	㉠

해설

본 문제는 Keyword로 해결하는 문제이다. 즉, 제시문의 전체 내용을 꼼꼼하게 살펴보기보다는 핵심 단어만을 추출하여 정답을 골라내는 것이 효율적이다. [보기1]과 [보기2]에서 Keyword를 뽑아서 연결하면 다음과 같다.

	개방형	주장형	신중형	고립형
[보기1]	- 호감과 친밀감 - 말이 많고 경박함	- 자신감 - 솔직하고 시원시원함	- 속이 깊고 신중함 - 자신의 속마음은 잘 드러내지 않음	- 소극적 - 고립된 생활 - 심리적인 고민

	㉠	㉡	㉢	㉣
[보기2]	- 어른스럽고 믿음직스러움 - 나만 떠들다 오게 됨	- 직설적 - 당당한 모습	- 수다스러움 - 사람은 참 괜찮음	- 불편해 함 - 걱정거리가 있음

정답 ④

CHAPTER 03

조건의 처리

01 상수와 변수

1. 조건의 구별

NCS 문제들은 일정한 조건이나 어떤 상황에 대한 정보가 주어지는 경우가 많다. 이때 모든 조건과 정보들이 동일한 비중으로 활용되는 문제도 있지만, 비중에 차이가 나는 문제도 있고, 일부 조건과 정보들만으로도 충분히 풀 수 있는 문제도 있다.

따라서 문제에서 주어진 조건과 정보들을 항상 병렬적으로, 대등하게 적용시키려고 하기보다는, 고정적인 조건과 유동적인 조건으로 나누어 효율적으로 문제에 접근하는 자세가 요구된다. 쉽게 말하자면 고정적인 조건은 상수, 유동적인 조건은 변수로 이해하면 된다.

2. 조건의 중요도 구분

상수는 확정적인 조건(정보)이므로 문제를 해결하는 데 있어서 크게 영향을 미치지 않게 된다. 경우에 따라서는 이 조건(정보)들을 제외하고 해결하는 것이 문제에 더욱 쉽게 접근하는 방법이 되기도 한다. 그러나 변수는 상황에 따라 달라질 수 있으므로 문제를 해결하는 데 핵심적인 장치가 되는 경우가 많다. 또한 출제자의 의도 역시 변수를 정확히 이해했느냐에 있는 경우가 많다. 이 조건(정보)들의 차이에 따라 달라지는 상황이나 결과를 묻는 문제가 종종 출제되기 때문이다. 따라서 상수와 변수를 구별하는 것만으로도 문제를 해결하는 실마리가 되는 경우도 많다.

3. 다양한 상황의 차이점 파악

문제해결능력 영역은 과목의 특성상 기본적으로 다양한 상황이 제시될 수밖에 없다. 이때 다양한 상황의 차이점을 빠르게 파악하고 문제에서 요구하는 바를 정확히 이해하기 위해서는 주어진 조건이나 정보를 구별하여 접근하는 자세가 필요하다.

준범쌤이 알려주는 실전포인트!

1. 고정적인 조건: 상수
 → 비교 항목 간에 공통되는 속성을 갖고 있는 조건
 → 문제 해결에 직접적인 도움이 되지 않는 경우가 많음
 → 예를 들어, 계산의 경우 공통적으로 적용되는 값은 제외하고 비교
2. 유동적인 조건: 변수
 → 비교 항목 간에 다르게 적용되는 속성을 갖고 있는 조건
 → 문제 해결에 있어서 중요하고 핵심적인 장치
 → 출제의도가 담겨 있는 경우가 많아 변수만 잘 처리하면 쉽게 해결 가능
3. A+a / A+b (상수: A, 변수: a, b)
 → 정량을 묻는다면? A, a, b **모두 정확히 구해야 함!**
 → 비교를 묻는다면? **a와 b만의 비교만으로 처리 가능!**

필수예제

01

2011년 5급공채 PSAT 상황판단 선책형 38번

가로 3,000mm, 세로 3,400mm인 직사각형 방에 가구를 배치하려고 한다. 다음 중 가능한 가구 배치는?

- 방문을 여닫는데 1,000mm의 간격이 필요함
- 서랍장의 서랍(●로 표시하며 가로면 전체에 위치)을 열려면 400mm의 간격이 필요(침대, 테이블, 화장대는 서랍 없음)하며 반드시 여닫을 수 있어야 함
- 붙박이 장롱 문을 열려면 앞면 전체에 550mm의 간격이 필요하며 반드시 여닫을 수 있어야 함
- 가구들은 쌓을 수 없음
- 각각의 가구는 방에 넣을 수 있는 것으로 가정함
  - 침대 (가로)1,500mm×(세로)2,110mm
  - 테이블 (가로)450mm×(세로)450mm
  - 서랍장 (가로)1,100mm×(세로)500mm
  - 화장대 (가로)1,000mm×(세로)300mm
  - 붙박이 장롱은 벽 한 면 전체를 남김없이 차지한다. (깊이)650mm

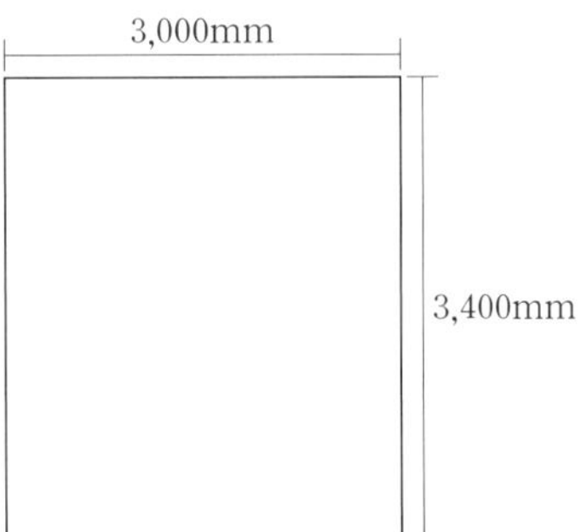

①

②
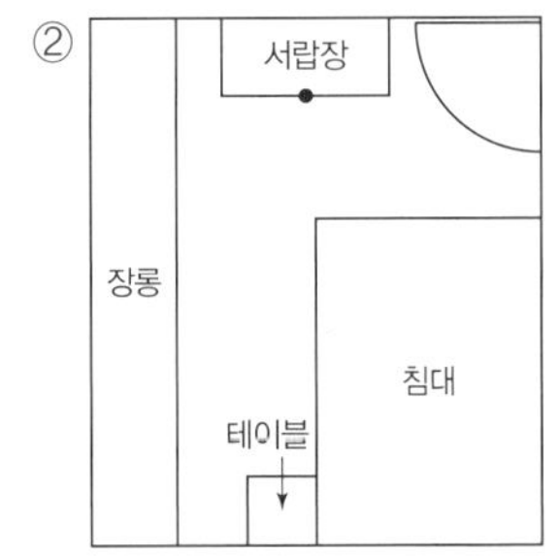

③

④ 

⑤ 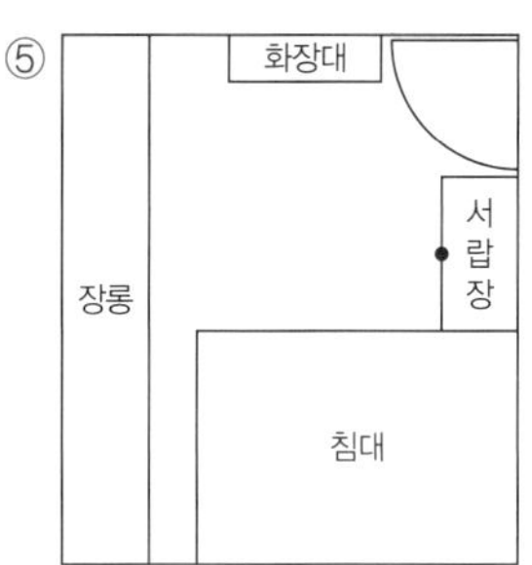

해설

STEP 1 질문에서 주어진 정보는 무엇인가?

질문은 문제 해결의 시발점이다. 따라서 질문만큼은 침착하고 정확하게 읽어야 한다. 주어진 문제의 경우, 가능한 가구 배치를 물으면서 방의 크기에 관한 정보를 주고 있다. 가로 3,000mm, 세로 3,400mm인 직사각형 방이라고 하였으므로 여기서부터 문제해결을 시작하여야 한다.

STEP 2 고정조건/유동조건을 구별할 수 있는가?

앞에서 설명했듯이 문제에서 주어진 조건과 정보들을 고정적인 조건과 유동적인 조건으로 나누어 효율적으로 문제에 접근하는 자세가 요구된다.

주어진 문제의 고정조건은 첫 번째 조건으로 방문을 여닫는데 필요한 1,000mm의 간격이다. 이에 따라 주어진 공간을 계산하면 다음과 같다.

• 고정조건을 고려한 방의 공간
윗면: 2,000mm, 왼쪽 면: 3,400mm, 오른쪽 면: 2,400mm

STEP 3 주어진 조건을 정확하게 이해할 수 있는가?

문제에서 주어진 조건과 고정조건을 토대로 보기를 판단하면 다음과 같다.

① 윗면: 1,500+450=1,950(mm)
왼쪽 면: 2,110+(550+650)=3,310(mm)
오른쪽 면: 1,100+(550+650)=2,300(mm)
따라서 가구배치가 가능하다. (○)
② 윗면에서 장롱의 깊이 650mm와 장롱 앞의 간격 550mm, 그리고 서랍장의 가로 1,100mm를 더하면 2,300mm로 2,000mm를 넘게 되므로 불가능하다. (×)
③ 윗면에서 서랍장의 가로 1,100mm, 화장대의 가로 1,000mm를 더하면 2,000mm를 넘게 되므로 불가능하다. (×)
④ 붙박이 장롱 문을 열려면 앞면 전체에 550mm의 간격이 필요한데, 장롱과 서랍장이 붙어 있으므로 장롱 문을 열 수 없다. 따라서 불가능하다. (×)
⑤ 오른쪽 면에서 서랍장의 가로 1,100mm와 침대의 가로 1,500mm를 모두 더하면 2,600mm로 2,400mm를 넘게 되므로 불가능하다. (×)

정답 ①

기본유형 연습문제

02

A씨의 취미는 가구 만들기로, 이번에는 옷장과 침대를 만들기로 결정하였다. 옷장과 침대를 만들기 위해 필요한 목재의 양과 목재의 크기에 따른 가격이 다음과 같다고 할 때 목재의 총 가격은 얼마인지 고르면?

- 목재의 가격
  - 기본 크기(가로×세로×높이): 1m×1m×5cm → 7,000원
  - 기본 크기에서 추가 시 → 1만 cm^3당 1,500원씩 추가
- 가구의 크기(가구에 사용할 목재의 두께는 5cm로 동일하며, 아래의 규격은 목재의 두께를 제외한 수치임)
  - 옷장

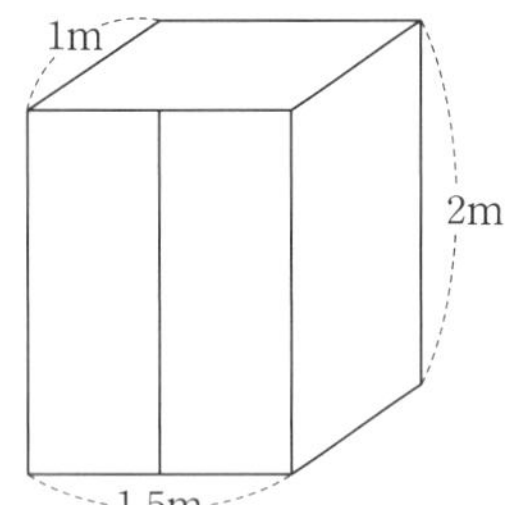

  - 침대 (밑면 없음)

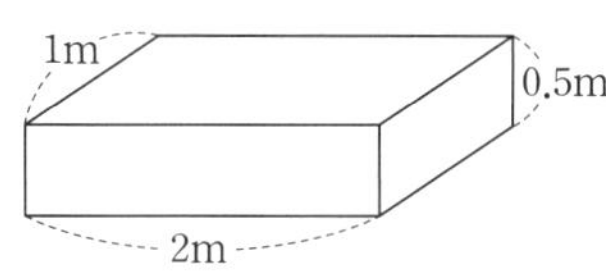

- 옷장과 침대는 다른 종류의 목재를 사용해야 하지만 목재의 가격은 종류에 관계없이 동일하다.
- 넓은 목재를 구입한 후 잘라서 가구를 만들 수 있다.

① 125,000원 ② 134,000원 ③ 134,500원
④ 149,000원 ⑤ 149,500원

CHECK POINT

1. 주어진 조건을 정확하게 이해할 수 있는가?
2. 상수와 변수를 구분할 수 있는가?

해설

(1) 목재 비용은 50,000cm^{3}를 기본으로 하며, 가로나 세로의 길이와는 관계없이 부피에 따라 10,000cm^{3}를 초과하는 만큼 추가 비용이 발생한다.

(2) 각 가구에 필요한 목재의 부피를 계산하면 다음과 같다.

- 옷장: (100×150×5)×2+(100×200×5)×2+(200×150×5)×2=650,000cm^3
- 침대: (100×200×5)+(100×50×5)×2+(200×50×5)×2=250,000cm^3

(3) 목재의 가격을 계산하면 다음과 같다.

- 옷장: $7{,}000+\frac{(650{,}000-50{,}000)\times 1{,}500}{10{,}000}=97{,}000$(원)
- 침대: $7{,}000+\frac{(250{,}000-50{,}000)\times 1{,}500}{10{,}000}=37{,}000$(원)

(4) 따라서 목재의 총 가격은 97,000+37,000=134,000(원)이다.

준범쌤의 빠른 풀이 TIP

두께가 5cm로 동일하므로 넓이를 기준으로 10,000cm^{2}당 7,000원, 추가 2,000cm^2(=10,000cm^3/5cm)당 1,500원, 즉 10,000cm^{2}당 7,500원으로 계산할 수 있다. 필요한 목재의 넓이를 전부 추가비용으로 계산한 후 500원만 빼주면 된다.

옷장: (100×150)×2+(100×200)×2+(200×150)×2=130,000 → 13×7,500−500=97,000

침대: (100×50)×2+(100×200)+(200×50)×2=50,000 → 5×7,500−500=37,000

정답 ②

PSAT 기출 연습문제

03

2006년 행정외무고시 PSAT 상황판단 출책형 32번

다음 상황들 중에서 이익을 극대화하는 결정을 한 사람을 모두 고르면?

[상황 A]

'갑'은 3년 전에 1,000만 원을 들여 기계를 구입하였으나 현재 이 기계는 노후되어 정상적으로 사용하기 위해서는 수리가 필요한 실정이다. 현재 시장상황을 확인하여 보니 선택 가능한 대안은 다음과 같았고, '갑'은 대안 '다'를 선택하였다.

가. 500만 원을 지불하고 일부 수리할 경우 기계를 이용하여 100만 원짜리 상품 10개를 생산하여 판매할 수 있다. 생산이 끝난 기계는 중고상에 200만 원에 팔 수 있다.

나. 기계를 전혀 수리하지 않으면 800만 원에 중고상에 팔 수 있다.

다. 1,000만 원을 들여 기계를 완벽하게 수리할 경우 1,900만 원에 중고상에 팔 수 있다.

[상황 B]

'을'은 여의도 증권가에서 10년째 식당을 운영하고 있다. 어느 날 인근 증권사에서 매월 150그릇의 설렁탕을 한 그릇당 1만 원에 판매해 줄 것을 요청하였다. 관련 비용을 확인해 본 결과, 재료비는 그릇당 2,000원이며 설렁탕을 추가 준비하기 위해서는 월급이 50만 원인 종업원을 새로 고용해야 하고 현재 점포 임대료로 매월 100만 원을 지불하고 있다. '을'은 다음 대안들 중 '나'를 선택하였다.

가. 신규주문을 수락한다.

나. 신규주문을 거절한다.

[상황 C]

'병'은 목재 450만 원어치 중 $\frac{1}{3}$로 의자 10개를 생산하고 나머지로는 식탁 10개를 생산하였다. 시장에서 의자 가격은 개당 5만 원에, 식탁 가격은 개당 40만 원에 형성되어 있다. 만약에 의자와 식탁에 각각 개당 3만 원과 5만 원의 비용을 추가로 들여 장식하면, 의자 판매가격은 12만 원, 식탁 판매가격은 50만 원이 된다. '병'은 다음 대안들 중 '다'를 선택하였다.

가. 의자와 식탁 모두 추가장식 없이 판매한다.

나. 의자와 식탁 모두 추가장식을 하여 판매한다.

다. 의자는 추가장식 없이 팔고 식탁은 추가장식을 하여 판매한다.

라. 의자는 추가장식을 하여 팔고 식탁은 추가장식 없이 판매한다.

① 갑 ② 을 ③ 갑, 을

④ 갑, 병 ⑤ 을, 병

CHECK POINT

1. 주어진 조건에 차이를 둘 수 있는가?
2. 고정조건/유동조건의 개념을 이해할 수 있는가?

해설

- 상황 A

  3년 전 1,000만 원을 들인 것은 고정조건(비용)이므로 이익극대화의 의사결정에 있어서 고려하지 않아도 무방하다.(고려하지 않아도 무방하다기보다는 고려하지 않는 것이 계산을 하기도 간편하고, 실수할 가능성도 적다.) 그러나 가, 나, 다에 주어진 조건들은 이익극대화와 관련이 있는 유동조건(비용)들로 이들을 정확하게 비교하여야 문제에서 요구하는 답을 구할 수 있다.

  가: 100만 원×10개(상품판매대금)+200만 원(판매대금)−500만 원(수리비용)=700(만 원)

  나: 800만 원(판매대금)

  다: 1,900만 원(판매대금)−1,000만 원(수리대금)=900(만 원)

  따라서 '다'가 이익극대화 결정이므로 갑의 선택은 옳다.
- 상황 B

  현재 점포 임대료는 신규주문의 수락여부와는 전혀 관련이 없는 고정조건이다. 따라서 신규주문에 수락에 따른 이익은

  1만 원×150그릇−{2,000원×150그릇+50만 원(인건비)}=70(만 원)

  을은 70만 원의 이익이 생기므로 신규주문을 수락하는 것이 옳은 결정인데, '나'를 선택하였으므로 옳지 못한 선택을 하였다.
- 상황 C

  목재 450만 원 어치는 고정조건(비용)이므로 이익극대화의 의사결정에 있어서 고려하지 않아도 무방하다. 그리고 의자와 식탁의 생산 개수도 각 10개로 고정되어 있는 개수이므로 고려하지 않아도 된다.

  가: 5+40=45(만 원)

  나: (12−3)+(50−5)=54(만 원)

  다: 5+(50−5)=50(만 원)

  라: (12−3)+40=49(만 원)

  따라서 '나'가 이익을 극대화하는 선택이므로 병의 선택은 옳지 못하다.

준범쌤의 빠른 풀이 TIP

사실 상황 C는 가와 나에서만 답을 구할 수 있다. 의자에 추가로 장식을 하는 것이 하지 않는 것보다 낫고, 식탁에 추가로 장식을 하는 것이 하지 않는 것보다 낫기 때문에 둘 중에 하나만 장식을 추가하는 다와 라는 최선의 대안이 될 수 없다.

정답 ①

NCS 기출 변형 연습문제

04

甲은 방콕에 가기 위해 항공권을 알아보고 있다. 다음 [조건]과 [표]를 근거로 판단할 때 甲이 이용할 항공사를 고르면?

조건

- 甲은 총비용이 가장 적게 드는 항공사를 이용한다.
- 총비용에는 항공권 요금, 수화물 추가비용, 세금이 포함된다.
- 하늘 라인 계열 항공사의 항공권을 구매하는 경우 175,000원의 세금이 부과되고, 별 라인 계열 항공사의 항공권을 구매하는 경우 225,000원의 세금이 부과된다.
- 수화물 추가비용은 다음과 같다.

수화물 추가비용 = (수화물 무게 − 20kg) × 항공사별 수화물 추가요금

- 甲은 경유지가 없는 직항만을 이용한다.
- 甲은 비즈니스 클래스 좌석만을 이용한다.
- 甲의 수화물 무게는 23kg이다.

[표1] 항공권 정보

항공사	항공권 요금	수화물 추가요금	경유지	가능 좌석
태한한공	385,000원	10,000원	없음	B / E
서방항공	290,000원	15,000원	없음	F / E
에비항공	350,000원	15,000원	없음	B / E
태이항공	350,000원	15,000원	없음	F / B
디퍼시픽	230,000원	15,000원	호치민	F / B / E

※ 좌석 종류는 F: First Class(퍼스트 클래스), B: Business Class(비즈니스 클래스), E: Economy Class(이코노미 클래스)임.

[표2] 항공사 계열

하늘 라인	태한항공, 서방항공, 태이항공
별 라인	에비항공, 디퍼시픽

① 태한한공　② 서방항공　③ 에비항공
④ 태이항공　⑤ 디퍼시픽

해설

(1) [조건] 5에 의해 甲은 경유지가 없는 직항만을 이용하므로 호치민을 경유하는 디퍼시픽을 이용할 수 없다.

(2) [조건] 6에 의해 비즈니스 클래스 좌석만을 이용하므로 가능 좌석으로 비즈니스 클래스가 없는 서방항공을 이용할 수 없다.

(3) 나머지 태한항공, 에비항공, 태이항공의 총비용을 계산하면 다음과 같다.

항공사	항공권 요금	수화물 추가비용	세금	총비용
태한한공	385,000원	3×10,000=30,000(원)	175,000원	590,000원
에비항공	350,000원	3×15,000=45,000(원)	225,000원	620,000원
태이항공	350,000원	3×15,000=45,000(원)	175,000원	570,000원

(4) 태이항공의 총비용이 가장 저렴하므로 甲은 태이항공을 이용한다.

준범쌤의 빠른 풀이 TIP

(3)에서 에비항공과 태이항공을 우선 비교해 보자. 에비항공과 태이항공의 항공권 요금과 수화물 추가비용은 동일하나 에비항공은 별 라인, 태이항공은 하늘 라인으로 에비항공의 세금이 더 많이 부과되므로 총비용은 태이항공보다 에비항공이 더 큼을 알 수 있다. 따라서 태한항공과 태이항공의 총비용만을 계산하여 비교하면 된다.

정답 ④

02 확정적인 정보

1. 문제 해결에 필요한 단계

NCS 시험은 문제당 주어지는 시간이 평균 1분 남짓일 정도로 극히 짧은 시간 내에 많은 문제를 해결할 것을 요구한다. 이러한 시험의 특성상 각 문제마다 해결에 필요한 단계는 대체로 많지 않은 편이다. 만약 문제 해결에 필요한 단계가 많아 보이는 문제라면, 앞서 선구안 CHAPTER에서 강조했다시피 실전에서 풀지 않고 버리는 10%에 해당하는 문제로 처리하여 아예 시도하지 않는 것도 합격을 위한 좋은 전략이 된다.

2. 실마리: 확정적인 정보

이처럼 우리가 시험장에서 실제로 해결을 시도하는 문제들은 대체로 문제 해결에 필요한 단계가 많지 않을 것이다. 필요한 단계가 많지 않은 만큼 첫 단추인 실마리를 잘 찾아서 시작할 수 있다면, 처음에 두려워했던 것보다 훨씬 수월하게 해결할 수 있는 문제들도 많다. 적성시험에서 실마리의 중요성은 아무리 강조하여도 지나치지 않다. 실마리의 역할을 하는 대표적인 장치가 바로 '확정적인 정보'이다.

3. 확정적인 정보 찾기

확정적인 정보란 경우의 수가 나뉘지 않거나 이미 하나로 결정되어 있어 더 이상 달라질 여지가 없는 고정되어 있는 정보를 의미한다. 이미 고정되어 있는 정보이므로 그것을 기준이나 축으로 삼고 이 정보에 연결되는 정보들을 확장시켜 나감으로써 해결하는 방식이다. 마치 하나의 고리를 바탕으로 다음 고리를 계속 이어가듯이 연결해가는 느낌으로 해결하는 것이다.

4. 연결되는 정보로 이어가기

문제 해결의 마지막 단계까지 처리하지 않더라도 정보들을 연결해 나가는 도중에 정답이 결정되는 경우도 많으므로 어느 정도 정보들이 연결되어 확장된 느낌이라면 선택지를 확인해보는 습관도 필요하다. 우리는 모든 풀이 과정이 요구되는 주관식 문제를 푸는 것이 아니라 어떤 방법으로든 정답만 골라내면 되는 객관식 문제를 푸는 것임을 항상 명심하여야 한다.

1. 선구안 판단

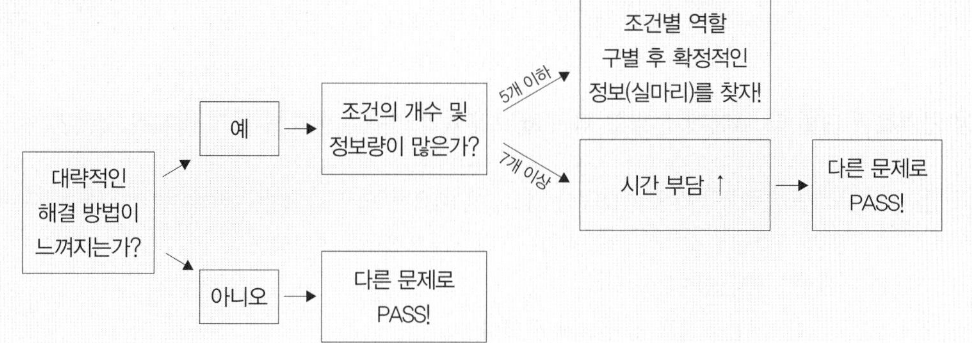

2. 실마리를 찾는 법: 역할의 구별 → 해결 순서 설정됨

① **문제의 개관이나 소개**

자연스러운 문제 구성을 위한 것으로, 직접적인 해결과는 관계없는 경우가 많음

② **실마리(확정적인 정보)**

문제 해결의 출발점이며, 90% 이상 존재함

③ **전체 틀(구성)을 잡아주는 조건**

전반적인 구성에 관련된 조건으로, 반복적으로 활용됨

④ **확장(연결)되는 조건**

출발점은 아니나, 실마리가 있다면 확장 가능하며, 연쇄적·반복적으로 활용됨

⑤ **모순을 체크하는 역할**

문제 해결의 중반 이후에 배제시키는 역할 ㉠ 적어도

⑥ **실수나 함정**

주로 실수하는 모습과 문제 내에 장치된 함정 정리

필수예제

01

2021년 민경채 PSAT 상황판단 나책형 5번

다음 글을 근거로 판단할 때, A에게 전달할 책의 제목과 A의 연구실 번호를 옳게 짝지은 것은?

- 5명의 연구원(A~E)에게 책 1권씩을 전달해야 하고, 책 제목은 모두 다르다.
- 5명은 모두 각자의 연구실에 있고, 연구실 번호는 311호부터 315호까지이다.
- C는 315호, D는 312호, E는 311호에 있다.
- B에게 『연구개발』, D에게 『공공정책』을 전달해야 한다.
- 『전환이론』은 311호에, 『사회혁신』은 314호에, 『복지실천』은 315호에 전달해야 한다.

	책 제목	연구실 번호
①	『전환이론』	311호
②	『공공정책』	312호
③	『연구개발』	313호
④	『사회혁신』	314호
⑤	『복지실천』	315호

해설

STEP 1 **질문에서 출제자가 묻고자 하는 것은 무엇인가?**

질문은 문제 해결의 시발점이다. 따라서 질문만큼은 침착하고 정확하게 이해하여 목표를 설정하여야 한다. 주어진 문제의 경우, A에게 전달할 책의 제목과 A의 연구실 번호로 옳게 짝지은 것을 묻고 있다.

STEP 2 **확정적인 정보는 무엇인가?**

앞에서 설명했듯이 문제 해결의 실마리 역할을 하는 대표적인 장치가 바로 '확정적인 정보'이다. 문제에서 확정적인 정보는 조건 3의 C~E의 연구실 번호, 조건 5의 특정 연구실에 전달될 책의 제목이다.

1) 확정적인 정보를 표로 정리하면 다음과 같다.

연구실 번호	전달할 책	연구원
315호	『복지실천』	C
314호	『사회혁신』	
313호		
312호		D
311호	『전환이론』	E

STEP 3 **연결되는 정보는 어떤 순서인가?**

확정적인 정보를 바탕으로 연결되는 정보로 확장시켜 나가면 아래와 같다.

1) 조건 4에 따라 D에게 『공공정책』이 전달된다. 이에 따라 유일하게 전달할 책이 결정되지 않은 313호에는 『연구개발』이 전달되며, B연구원이 있음을 알 수 있다.
2) 313호에 B연구원이 있으므로, 314호에는 A연구원이 있음을 알 수 있다.
3) 표에 연결된 정보를 채워 넣으면 다음과 같다.

연구실 번호	전달할 책	연구원
315호	『복지실천』	C
314호	『사회혁신』	A
313호	『연구개발』	B
312호	『공공정책』	D
311호	『전환이론』	E

4) 따라서 A에게 전달할 책의 제목은 『사회혁신』이며, A의 연구실 번호는 314호임을 알 수 있다.

정답 ④

기본유형 연습문제

02

다음 [조건]의 설명을 참고할 때, 옳은 설명을 고르면?

조건

- A~F 6명은 각각 1개 분야의 전공자이다.
- 전공 분야는 기획, 디자인, 홍보 총 3개가 있으며, 전공 분야당 전공자는 2명이다.
- A~F 6명이 2명씩 짝을 지어 각각 기획팀, 디자인팀, 홍보팀 업무를 수행해야 한다.
- 2명 모두 담당 업무가 전공 분야인 경우 함께 일하는 데 6시간, 2명 모두 담당 업무가 비전공 분야인 경우 함께 일하는 데 12시간, 담당 업무가 1명은 전공 분야, 1명은 비전공 분야인 경우 함께 일하는 데 9시간이 걸린다.
- B와 C가 디자인팀 업무를 수행하는 경우 12시간이 걸린다.
- D와 E가 기획팀 업무를 수행하는 경우 9시간이 걸린다.
- A와 C가 홍보팀 업무를 수행하는 경우 6시간이 걸린다.
- C와 E가 기획팀 업무를 수행하는 경우 12시간이 걸린다.

① B는 홍보 전공이다.

② D는 디자인 전공이다.

③ A와 F가 기획팀 업무를 수행하는 경우 12시간이 걸린다.

④ B와 E가 디자인팀 업무를 수행하는 경우 12시간이 걸린다.

⑤ C와 D가 홍보팀 업무를 수행하는 경우 6시간이 걸린다.

CHECK POINT

1. 확정적인 정보를 찾을 수 있는가?
2. 연결되는 정보로 이어갈 수 있는가?
3. 6명의 전공 분야를 모두 찾을 수 있는가?

해설

기획 전공은(B, D), 디자인 전공은(E, F), 홍보 전공은(A, C)이다. 기획 전공이 아닌 A와 F가 기획팀 업무를 수행하는 경우 12시간이 걸린다.

A와 C가 홍보팀 업무를 수행하여 6시간이 걸렸으므로 A와 C는 홍보 전공이다. B와 C가 디자인팀 업무를 수행하여 12시간이 걸렸으므로 B는 디자인 전공이 아닌데, 이미 홍보 전공은 2명이 차 있으므로 B는 기획 전공이다. 마찬가지 논리로 C와 E가 기획팀 업무를 수행하여 12시간이 걸렸으므로 E는 디자인 전공이다. 마지막으로 D와 E가 기획팀 업무를 수행하여 9시간이 걸렸으므로 D와 E 중 한 명은 기획 전공인데, E가 디자인 전공이므로 D가 기획 전공이다. 따라서 남은 F는 디자인 전공이다.

기획	디자인	홍보
B, D	E, F	A, C

따라서 홍보 전공인 A와 디자인 전공인 F가 기획팀 업무를 수행하는 경우 12시간이 걸린다.

오답풀이

① B는 기획 전공이다.
② D는 기획 전공이다.
④ B는 기획 전공, E는 디자인 전공이므로 9시간이 걸린다.
⑤ C는 홍보 전공, D는 기획 전공이므로 9시간이 걸린다.

정답 ③

PSAT 기출 연습문제

03

2006년 입법고시 PSAT 상황판단 가책형 18번

○○시는 새 청사를 신축했고, 곧 여기로 이사하려 한다. ○○시는 다음 그림과 같이 하나의 복도를 사이에 두고 8개의 사무실을 한 층에 배치하려 한다. 이 8개의 사무실 중 4개는 재정 관련 부서로 회계과, 예산기획과, 예산분석과, 세무과 사무실이다. 나머지 4개는 수도과, 홍보과, 공원녹지과 사무실 그리고 부시장실이다. [보기]의 배치계획에 따를 때 잘못된 것은?

A		E
B	복도	F
C		G
D		H

보기

ㄱ. 사무실 D는 부시장실로 내정되어 있다.
ㄴ. 예산분석과와 예산기획과는 복도를 중심으로 같은 쪽에 위치한다.
ㄷ. 부시장실과 공원녹지과는 복도를 중심으로 같은 쪽에 위치한다.
ㄹ. 예산기획과의 정면에는 공원녹지과가 위치한다.
ㅁ. 재정 관련 모든 사무실의 정면 및 옆에는 재정 관련 부서가 들어서지 않는다.

① 홍보과와 예산분석과는 복도를 중심으로 같은 쪽에 있다.
② 수도과와 세무과는 복도를 중심으로 같은 쪽에 있다.
③ 공원녹지과 옆에는 세무과가 있다.
④ 수도과 옆에는 예산기획과가 위치한다.
⑤ 회계과 옆에는 공원녹지과가 위치한다.

CHECK POINT

1. 확정적인 정보는 무엇인가?
2. 연결되는 정보는 어떤 순서인가?

해설

1) 우선 ㄱ에서 D는 부시장실로 확정된다.
2) 나머지 [보기]들 중 ㅁ은 전체를 규정지어 주면서 계속 활용되는 가장 중요한 조건이다. 이것을 정확하게 이해하는 것이 이 문제의 실마리가 된다. 8개의 사무실은 재정 관련 사무실 4개와 그렇지 않은 사무실 4개로 나뉘어져 있다. 이때, ㅁ에서 재정 관련 모든 사무실의 정면 및 옆에는 재정 관련 부서가 들어서지 않는다고 했으므로 부시장실인 D를 기준으로 살펴보면, A, C, F, H에는 재정 관련 부서가 들어가게 되고, B, E, G에는 재정 관련 부서가 들어서지 않는다. 이제 다른 [보기]들을 살펴보자.
3) ㄷ에서 공원녹지과는 부시장실과 같은 쪽에 위치하므로 공원녹지과는 B에 들어가게 된다.(∵ A와 C에는 재정 관련 부서가 들어가야 하는데, 공원녹지과는 재정 관련 부서가 아니므로)
4) ㄹ에서 예산기획과는 공원녹지과의 정면이라고 하였으므로 예산기획과는 F에 들어가게 된다.
5) ㄴ에서 예산분석과와 예산기획과는 같은 쪽에 위치한다고 하였으므로, 예산분석과는 H에 들어가게 된다.(∵ E와 G에는 재정 관련 부서가 들어갈 수 없으므로)

남아 있는 과들은 [보기] ㅁ을 염두에 두면서 배치해야 한다. 그림으로 정리해 보면 다음과 같다.

회계과 or 세무과		수도과 or 홍보과
공원녹지과	복도	예산기획과
세무과 or 회계과		홍보과 or 수도과
부시장실		예산분석과

이를 선택지와 비교해보면 ②가 잘못되었음을 알 수 있다.

정답 ②

NCS 기출 변형 연습문제

04

다음 글과 [그림]을 근거로 판단할 때, 甲, 乙, 丙의 위치를 알맞게 짝지은 것을 고르면?

• 지하철의 출구번호는 열차 종류에 따라 다르게 정해진다. 출구번호는 크게 '1번 출구를 정하는 기준'과 '이후 출구를 정하는 기준'에 의해 정해진다.

• 1호선의 1번 출구는 상행선 방향 좌측 맨 뒤의 출구이며, 이후의 출구는 시계방향으로 정해진다.

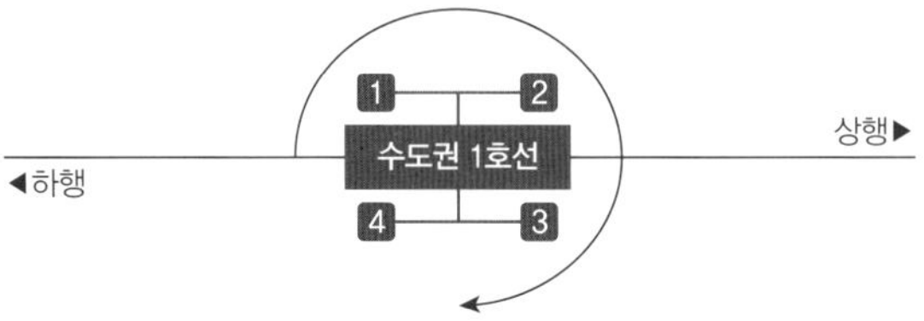

• 그 외 호선의 경우 1번 출구는 상행선 방향 우측 맨 앞의 출구이며, 이후의 출구는 시계방향으로 정해진다.

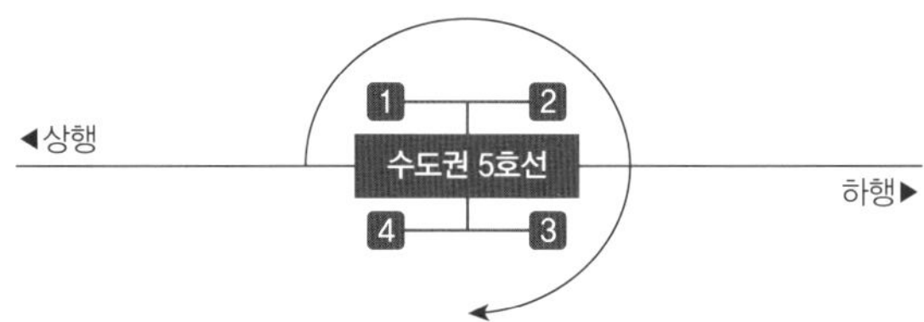

• 환승역의 경우 호선의 숫자가 작은 노선의 1번 출구를 기준으로 시계방향으로 출구번호가 정해진다.

• 지하철 상행이란 역 번호의 내림차순 방향(10 → 9 → … → 1)을 의미하고, 하행이란 역 번호의 오름차순 방향(1 → 2 → … → 10)을 의미한다. 이때 호선별 역명과 역 번호는 다음과 같다.

1호선		2호선	
공원	13	구청	23
박물관	14	경찰서	24
시청	15	시청	25
왕릉	16	경기장	26
대학	17	터미널	27

• 甲은 1번, 乙은 6번, 丙은 10번 출구에 있다.

| 그림 |

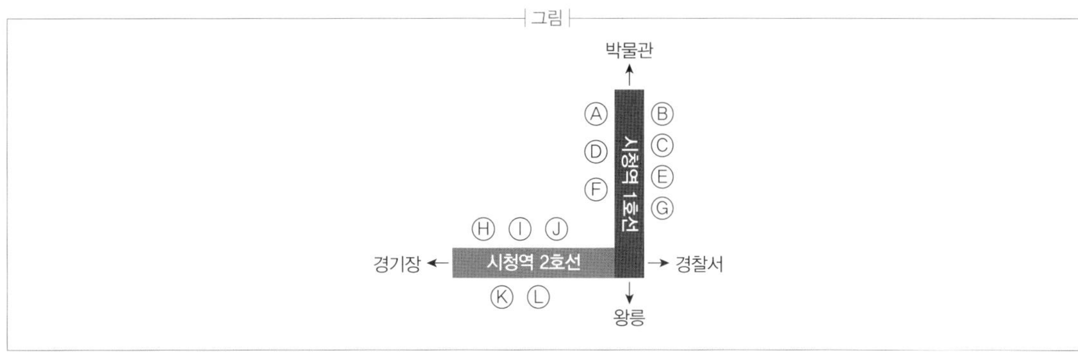

	甲	乙	丙
①	A	L	J
②	B	E	G
③	B	K	F
④	F	E	H
⑤	F	L	B

해설

(1) 환승역이므로 호선의 숫자가 작은 1호선을 기준으로 1번 출구를 정해야 한다.

(2) 시청역 1호선을 기준으로 할 때, 박물관, 시청, 왕릉은 역 번호가 각각 14, 15, 16번이다. 따라서 시청역에서 박물관역으로 가는 방향이 상행이 된다.

(3) 1호선은 상행선 방향 가장 좌측 맨 뒤의 출구가 1번 출구가 된다고 하였다. 따라서 F가 1번 출구가 된다.

(4) 이후에는 시계방향으로 나머지 출구번호가 정해진다고 하였으므로 다음 그림과 같이 출구번호가 정해진다.

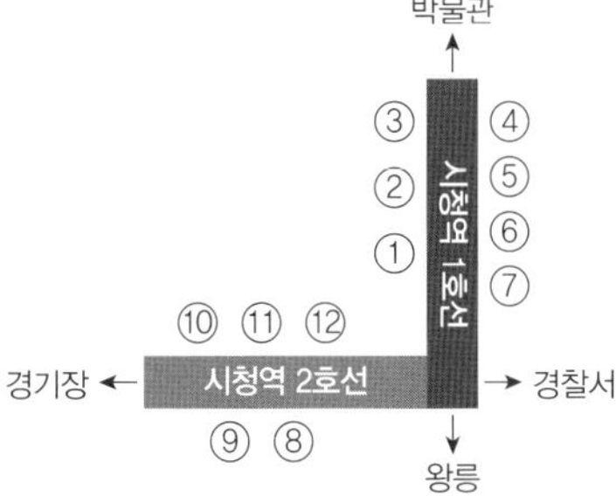

(5) 따라서 甲은 F(1번), 乙은 E(6번), 丙은 H(10번)에 위치해 있다.

정답 ④

03 도식화와 도표화

1. 도식화의 개념

도식화 및 도표화는 정보가 많아 분량이 길고 복잡한 문제나 논리형 문제에서 유용하게 활용되는 접근 방법이다. 먼저 도식화란 주어진 정보를 쉽게 이해하기 위해 구조나 관계를 그림이나 양식으로 그리는 것을 의미한다. 즉, 길게 주어져 있는 내용이나 정보를 한눈에 볼 수 있도록 표현하는 것이다. 도식화는 글의 구조가 복잡한 경우나 등장하는 주체가 많은 경우에 유용한 방법이다. 도식화는 결국 다른 사람에게 보여주기 위한 것이 아니라, 스스로 문제의 이해도를 높이기 위한 것이다. 그러므로 모든 내용을 담으려고 하거나 너무 완벽하게 표현하려고 하기보다는 헷갈리거나 실수하지 않도록 특징적인 내용을 담는 방식으로 접근하면 된다.

2. 도표화의 개념

도표화는 주어진 조건들을 표로 정리한 후 문제를 해결하는 방법을 의미한다. 즉, 문제에서 주어진 조건이나 상황을 도표로 만든 후 확실한 정보들을 그 도표에 표시해 나감으로써 경우의 수를 줄여나가며 문제를 해결하는 것이다. 특히 대응관계를 나타날 때 많이 활용되며, 경우의 수를 나눠야 할 경우에도 유용하다.

3. 도표화를 하는 순서

도표화를 하는 순서는 다음과 같다. 우선 문제 해결에 적합한 표를 그려야 한다. 이때 표의 형태는 3×3, 4×4 등과 같이 가로축과 세로축의 개수가 일치하는 것이 일반적이나, 그렇지 않은 경우도 존재한다.

그리고 주어진 조건에서 확실히 표시할 수 있는 정보(확정적인 정보)부터 표에 기입한다. 문제 내에 확정적인 정보가 존재할 가능성은 매우 높으며, 만약 확정적인 정보가 존재하는 경우에는 반드시 실마리로 활용된다. 하지만 확정적인 정보가 조건의 앞부분에 있을지 아니면 뒷부분에 있을지는 알 수 없으며, 심지어 질문지나 각주에 위치해 있는 경우도 있으므로 많은 수험생들이 확정적인 정보를 찾는 데 부담을 느끼는 것도 사실이다. 그러나 문제의 실마리가 되는 확정적인 정보만 찾는다면 문제의 절반 이상을 해결하였다는 생각으로 자신감을 갖고 접근하는 것이 중요하다.

4. 도표 채우기

다음으로 ○, × 관계를 이용하여 최대한 도표를 채워나간다. 이때 가로축과 세로축의 합계도 적극적으로 활용할 수 있어야 한다. 만약 이렇게 접근하였음에도 불구하고 문제를 해결할 수 없다면, 조건의 이면에 숨어 있는 정보를 찾아보거나 두 개 이상의 조건을 함께 활용하거나 경우의 수가 적은 쪽부터 경우를 나누어 가정함으로써 시도하여야 한다. 이러한 경우에는 대체로 고난도 문제가 되므로 선구안 측면에서도 주의하여야 한다.

1. 문제 해결에 적합한 표 그리기
   ㉮ 3×3, 4×4 등
2. 주어진 조건에서 확실히 표시할 수 있는 정보(확정적인 정보)부터 기입하기
   확정적인 정보 존재 시 반드시 실마리로 활용됨
3. ○, ×의 관계를 이용하여 최대한 채워나가기
4. 가로축, 세로축의 합계도 활용하기
5. 주어진 조건에서 숨어 있는 정보 찾을 수 있어야 함
6. 해결 도중 벽에 부딪혔을 때는 두 개 이상의 조건을 함께 활용할 수 있는지 찾아보기
7. 해결 도중 벽에 부딪혔을 때는 경우의 수가 적은 쪽부터 가정하여 시도해보기

필수예제

01

2019년 5급공채 PSAT 상황판단 가책형 11번

다음 [감독의 말]과 [상황]을 근거로 판단할 때, 甲~戊 중 드라마에 캐스팅되는 배우는?

감독의 말

안녕하세요 여러분. '열혈 군의관, 조선시대로 가다!' 드라마 오디션에 지원해 주셔서 감사합니다. 잠시 후 오디션을 시작할 텐데요. 이번 오디션에서 캐스팅하려는 역은 20대 후반의 군의관입니다. 오디션 실시 후 오디션 점수를 기본 점수로 하고, 다음 채점 기준의 해당 점수를 기본 점수에 가감하여 최종 점수를 산출하며, 이 최종 점수가 가장 높은 사람을 캐스팅합니다.

첫째, 28세를 기준으로 나이가 많거나 적은 사람은 1세 차이당 2점씩 감점하겠습니다. 둘째, 이전에 군의관 역할을 연기해 본 경험이 있는 사람은 5점을 감점하겠습니다. 시청자들이 식상해 할 수 있을 것 같아서요. 셋째, 저희 드라마가 퓨전 사극이기 때문에, 사극에 출연해 본 경험이 있는 사람에게는 10점의 가점을 드리겠습니다. 넷째, 최종 점수가 가장 높은 사람이 여럿인 경우, 그 중 기본 점수가 가장 높은 한 사람을 캐스팅하도록 하겠습니다.

상황

- 오디션 지원자는 총 5명이다.
- 오디션 점수는 甲이 76점, 乙이 78점, 丙이 80점, 丁이 82점, 戊가 85점이다.
- 각 배우의 오디션 점수에 각자의 나이를 더한 값은 모두 같다.
- 오디션 점수가 세 번째로 높은 사람만 군의관 역할을 연기해 본 경험이 있다.
- 나이가 가장 많은 배우만 사극에 출연한 경험이 있다.
- 나이가 가장 적은 배우는 23세이다.

① 甲

② 乙

③ 丙

④ 丁

⑤ 戊

해설

STEP 1 **출제자의 의도적인 장치를 정확히 파악하였는가?**

출제자의 의도적인 장치는 반드시 정확히 파악하여 풀이에 반영하여야 한다. 주어진 문제에서 출제자는 [상황] 2에서 甲~戊의 오디션 점수를 제시해주면서 [상황] 3에서 각 배우의 오디션 점수에 각자의 나이를 더한 값은 모두 같다는 정보를 제시해 주었다. 이러한 장치를 파악하였다면 甲~戊의 나이 또한 구할 수 있다.

1) 먼저 오디션 지원자별 오디션 점수와 나이를 도표화해보자. [상황] 3에서 각 배우의 오디션 점수에 각자의 나이를 더한 값은 모두 같다고 하였고, [상황] 6에서 나이가 가장 적은 배우는 23세라고 하였으므로 오디션 점수가 가장 높은 戊의 나이가 23세임을 알 수 있다. 또한 각 배우의 오디션 점수와 나이를 더한 값은 戊의 나이인 23세와 오디션 점수인 85점을 더한 108이다.

배우	오디션 점수(A)	나이(B)	A+B
甲	76점	32세	108
乙	78점	30세	108
丙	80점	28세	108
丁	82점	26세	108
戊	85점	23세	108

STEP 2 **문제에 주어진 정보를 도표화할 수 있는가?**

도표화란 주어진 정보를 표로 정리하는 방법을 말한다. 이를 통해 정보가 많아 복잡한 문제라도 쉽게 이해할 수 있다. 주어진 문제를 도표화하면 다음과 같다.

1) 앞서 도표화한 정보와 [감독의 말]의 두 번째 문단을 근거로 하여 최종점수를 산출하면 다음과 같다.

배우(나이)	오디션 점수(기본 점수)	나이 점수	군의관	사극	최종 점수
甲(32세)	76점	−8	0	+10	78점
乙(30세)	78점	−4	0	0	74점
丙(28세)	80점	0	−5	0	75점
丁(26세)	82점	−4	0	0	78점
戊(23세)	85점	−10	0	0	75점

STEP 3 **주어진 조건을 정확히 처리할 수 있는가?**

출제자는 오디션 점수와 최종 점수를 명확하게 구별하고 있으며, [감독의 말] 마지막 문장을 통해 최종 점수가 가장 높은 사람이 여럿인 경우에는 어떻게 처리할 것인지를 설정해놓고 있다. 따라서 오디션 점수와 최종 점수를 명확하게 구별하여 도표화하고, 그 과정을 통해 산출된 최종 점수가 가장 높은 사람이 여럿인 경우에는 출제자의 의도적인 장치를 놓치지 말고 주어진 조건을 정확히 처리하여야 한다.

1) 최종 점수가 가장 높은 사람은 甲, 丁으로 두 사람이다.
2) 그 중 기본 점수가 더 높은 丁이 드라마에 캐스팅된다.

정답 ④

기본유형 연습문제

02

다음 [조건]을 바탕으로 승호가 첫 번째로 뽑은 숫자(A)와 혜선이 두 번째로 뽑은 숫자(B)를 바르게 짝지은 것을 고르면?

조건

- 승호, 혜선, 민기는 1부터 3까지의 숫자카드를 각각 한 장씩 뽑았다.
- 이 과정을 두 번 반복했으며 두 번 모두 동일한 숫자를 뽑은 사람은 없었다.
- 민기가 첫 번째로 뽑은 숫자와 혜선이 두 번째로 뽑은 숫자는 같다.
- 승호와 혜선은 첫 번째에 1을 뽑지 않았다.
- 혜선은 첫 번째에 3을 뽑지 않았다.

	A	B
①	1	1
②	1	3
③	2	2
④	3	1
⑤	3	2

CHECK POINT

1. 어떻게 도표를 작성할 것인가?
2. 어떤 조건부터 활용할 것인가?

해설

(1) 혜선이 첫 번째로 뽑은 수는 1과 3이 아니므로 2가 되고, 승호가 첫 번째로 뽑은 숫자는 1이 아니므로 3이 되며, 민기가 첫 번째로 뽑은 숫자는 1이 된다.

구분	승호	혜선	민기
첫 번째로 뽑은 숫자	3	2	1
두 번째로 뽑은 숫자			

(2) 민기가 첫 번째로 뽑은 숫자와 혜선이 두 번째로 뽑은 숫자가 같으므로 혜선은 두 번째에 1을 뽑았고, 두 번 반복 시 동일한 숫자를 뽑은 사람은 없었다고 했으므로 승호는 첫 번째에 3을 뽑았기 때문에 두 번째에는 2를 뽑았다.

구분	승호	혜선	민기
첫 번째로 뽑은 숫자	3	2	1
두 번째로 뽑은 숫자	2	1	3

(3) 따라서 승호가 첫 번째로 뽑은 숫자는 3이고, 혜선이 두 번째로 뽑은 숫자는 1이다.

준범쌤의 빠른 풀이 TIP

민기가 첫 번째로 뽑은 숫자와 혜선이 두 번째로 뽑은 숫자는 동일하므로 (1)에서 바로 정답을 ④로 결정할 수 있다.

참고

현장에서 도표를 작성할 때 '첫 번째로 뽑은 숫자'와 '두 번째로 뽑은 숫자'는 '①, ②' 정도로 기호화하여 처리하거나 생략한 후 해결한다.

정답 ④

PSAT 기출 연습문제

03

2021년 5급공채 PSAT 상황판단 가책형 15번

다음 글과 [대화]를 근거로 판단할 때 옳지 않은 것은?

- A부서의 소속 직원(甲~戊)은 법령집, 백서, 판례집, 민원 사례집을 각각 1권씩 보유하고 있었다.
- A부서는 소속 직원에게 다음의 기준에 따라 새로 발행된 도서(법령집 3권, 백서 3권, 판례집 1권, 민원 사례집 2권)를 나누어 주었다.
  - 법령집: 보유하고 있던 법령집의 발행연도가 빠른 사람부터 1권씩 나누어 주었다.
  - 백서: 근속연수가 짧은 사람부터 1권씩 나누어 주었다.
  - 판례집: 보유하고 있던 판례집의 발행연도가 가장 빠른 사람에게 주었다.
  - 민원 사례집: 민원업무가 많은 사람부터 1권씩 나누어 주었다.

※ 甲~戊는 근속연수, 민원업무량에 차이가 있고, 보유하고 있던 법령집, 판례집은 모두 발행연도가 다르다.

[대화]

甲: 나는 책을 1권만 받았어.
乙: 나는 4권의 책을 모두 받았어.
丙: 나는 법령집은 받았지만 판례집은 받지 못했어.
丁: 나는 책을 1권도 받지 못했어.
戊: 나는 丙이 받은 책은 모두 받았고, 丙이 받지 못한 책은 받지 못했어.

① 법령집을 받은 사람은 백서도 받았다.
② 甲은 丙보다 민원업무가 많다.
③ 甲은 戊보다 많은 도서를 받았다.
④ 丁은 乙보다 근속연수가 길다.
⑤ 乙이 보유하고 있던 법령집은 甲이 보유하고 있던 법령집보다 발행연도가 빠르다.

CHECK POINT

1. 선구안: Quiz형이지만, 도표화를 활용하여 해결하는 전형적인 논리Quiz임이 파악되므로 1턴에서 시도
2. 도표화를 활용하여 해결할 수 있는가?
3. 확정적인 정보를 실마리로 삼을 수 있는가?
4. 일정 단계 진행 후 선택지를 수단으로 활용할 수 있는가?

해설

(1) [대화]에서 乙은 4권의 책을 모두 받았다고 진술하였고, 丁은 책을 1권도 받지 못했다고 진술하였다. 이때 판례집은 1권이므로 乙을 제외한 나머지 4인은 받지 못했음을 알 수 있다. 또한 丙은 판례집을 받지 못했지만 법령집은 받았다고 하였고, 戊는 丙이 받은 책은 모두 받았고, 丙이 받지 못한 책은 받지 못했다고 진술하였으므로 戊 역시 법령집을 받았음을 알 수 있다. 이를 표로 정리하면 다음과 같다.

구분	법령집(3권)	백서(3권)	판례집(1권)	민원 사례집(2권)
甲			×	
乙	○	○	○	○
丙	○		×	
丁	×	×	×	×
戊	○		×	

(2) 법령집은 3권을 나누어 주었는데, 乙, 丙, 戊가 받았으므로 甲은 법령집을 받지 않았음을 알 수 있다. 또한 戊의 진술로부터 丙과 戊는 받은 책이 동일함을 알 수 있는데, 만약 甲이 백서를 받게 되면 丙과 戊 중에서 한 명만 백서를 받게 되므로 모순이 생긴다. 따라서 甲은 백서를 받지 않았고, 丙과 戊는 백서를 받았음을 알 수 있다. 이때 甲은 책을 1권만 받았다고 하였으므로 甲은 민원 사례집을 받았음을 알 수 있다. 따라서 甲~戊가 받은 책의 조합은 다음과 같이 모두 정리할 수 있다.

구분	법령집(3권)	백서(3권)	판례집(1권)	민원 사례집(2권)
甲	×	×	×	○
乙	○	○	○	○
丙	○	○	×	×
丁	×	×	×	×
戊	○	○	×	×

甲은 1권, 戊는 2권을 받았으므로 戊가 甲보다 더 많은 도서를 받았다.

(오답풀이)

① 법령집을 받은 乙, 丙, 戊 모두 백서도 받았다.
② 甲은 민원 사례집을 받았고 丙은 받지 못하였는데, 민원 사례집은 민원업무가 많은 사람부터 1권씩 나누어 주었다고 하였으므로 甲은 丙보다 민원업무가 많다.
④ 乙은 백서를 받았으나 丁은 백서를 받지 못하였는데, 백서는 근속연수가 짧은 사람부터 1권씩 나누어 주었다고 하였으므로 丁은 乙보다 근속연수가 길다.
⑤ 乙은 새로 발행된 법령집을 받았고, 甲은 받지 못하였다. 법령집은 보유하고 있던 법령집의 발행연도가 빠른 사람부터 1권씩 나누어 주었다고 하였으므로 乙이 보유하고 있던 법령집은 甲이 보유하고 있던 법령집보다 발행연도가 빠르다.

준범쌤의 빠른 풀이 TIP

丙과 戊의 진술에 따르면 戊는 최소 1권의 책(법령집)을 받았음을 알 수 있다. 이때 甲은 단 1권만 책을 받았다고 하였으므로 ③은 옳지 않은 선택지임을 알 수 있다.

정답 ③

NCS 기출 변형 연습문제

04

다음 [조건]을 바탕으로 가을 학기 오프닝 무대를 담당할 커플들을 바르게 짝지은 것을 고르면?

조건

- 甲이 다니는 학교는 매년 2회(봄 학기, 가을 학기) 학교 축제를 개최한다.
- 축제의 오프닝 무대로 학교의 남학생과 여학생이 짝을 지어 춤을 춘다. 봄 학기에는 모든 학생들이, 가을 학기에는 대표로 선정된 커플들이 해당 오프닝 무대를 꾸미게 된다.
- 봄 학기 오프닝 무대 후 각 학생들은 춤을 가장 잘 췄다고 생각하는 이성 1명씩을 투표한다. 그 결과 서로에게 투표한 두 사람을 가을 학기 오프닝 무대를 꾸밀 대표 커플로 선정한다. 대표 커플은 복수가 될 수 있으며, 서로 투표한 사람이 아무도 없을 경우(대표 커플이 선정되지 못할 경우), 봄 학기 때와 같은 파트너로 모든 학생들이 오프닝 무대를 꾸미게 된다.
- 甲이 다니는 학교의 학생은 남학생 4명(甲, 乙, 丙, 丁)과 여학생 4명(A, B, C, D)으로 구성되어 있다. 봄 학기 축제에서는 甲-A, 乙-B, 丙-C, 丁-D가 각각 서로의 파트너였다.
- 봄 학기 축제 오프닝 무대 이후 실시한 투표 결과는 아래와 같으며, 대표 커플이 선정되었다.

구분	甲	乙	丙	丁
득표 수	2	1	1	0
파트너로부터 득표 여부	○	×	×	×
구분	A	B	C	D
득표 수	1	0	2	1
파트너로부터 득표 여부	×	×	○	○

※ '파트너로부터 득표 여부'는 봄 학기 오프닝 무대를 같이 한 파트너로부터 표를 받았는지 여부를 의미함.

① 甲 – C

② 乙 – C

③ 甲 – C, 乙 – A

④ 乙 – A, 丙 – D

⑤ 丙 – C, 丁 – A

해설

(1) 우선 각 학생에게 투표한 사람과 관련하여 확정적인 정보부터 표시해보자. 봄 학기 오프닝 파트너로부터 득표를 받은 甲, C, D는 각각 A, 丙, 丁으로부터 득표를 받았고, B와 丁은 아무에게도 표를 받지 못했다.

학생	甲	乙	丙	丁
해당학생에게 표를 준 사람	A			×
학생	A	B	C	D
해당학생에게 표를 준 사람		×	丙	丁

(2) A는 봄 학기 오프닝 파트너로부터 표를 얻지 못했으므로, A가 얻은 한 표는 乙로부터 받은 득표이고, C는 2표를 득표했으므로 甲은 C에게 투표했음을 알 수 있다.

학생	甲	乙	丙	丁
해당학생에게 표를 준 사람	A			×
학생	A	B	C	D
해당학생에게 표를 준 사람	乙	×	甲, 丙	丁

(3) [조건] 5에서 대표 커플이 선정되었다고 하였다. 여학생을 기준으로 생각할 때, B는 아무에게도 득표를 받지 못했고, A는 봄 학기 오프닝 파트너였던 甲에게 투표했으나 甲은 A에게 투표하지 않았다. 또한 D는 봄 학기 오프닝 파트너였던 丁으로부터 득표를 받았으나 D는 丁에게 투표하지 않았다. 따라서 A, B, D는 대표 커플로 선정될 수 없다. 결국 대표 커플은 한 쌍이며, 그중 여학생은 C이다.

학생	甲	乙	丙	丁
해당학생에게 표를 준 사람	A			×
학생	A	B	C	D
해당학생에게 표를 준 사람	乙	×	甲, 丙	丁

(4) C에게 표를 준 사람은 甲과 丙인데, 丙은 파트너로부터 득표하지 못하였으므로 C는 甲에게 투표하였다. 따라서 가을 학기 오프닝 무대를 담당할 대표 커플은 '甲 – C'이고, 최종 투표의 결과를 정리하면 아래와 같다.

학생	甲	乙	丙	丁
해당학생에게 표를 준 사람	A, C	D	B	×
학생	A	B	C	D
해당학생에게 표를 준 사람	乙	×	甲, 丙	丁

정답 ①

CHAPTER 04 선택지의 활용

01 선택지 처리 3원칙

1. 객관식 시험의 속성과 선택지 처리 3원칙

우리가 준비하고 있는 NCS 시험은 다들 알고 있듯이 객관식 시험이다. NCS 시험에서는 4지 선다형 혹은 5지 선다형으로 출제된다. 이렇듯 NCS 시험은 문제 풀이 과정은 평가하지 않고 오직 정답을 고를 수 있느냐에 대한 결과만을 평가하는 시험이다.

이런 시험의 특성상 정답을 고르는 대상이 되는 선택지를 어떻게 처리할 것인지는 매우 중요할 수밖에 없다. 또한 적성시험에서 우수한 성과를 보이는 수험생들의 대표적인 공통점 중 하나가 바로 선택지를 수단으로 적극 활용하며, 최대한 효율적으로 기민하게 처리하는 것이다. 이처럼 어떤 방식으로 선택지를 처리하여 정답을 고를 것이냐는 합격을 위해 매우 중요한 과제이다.

준범쌤의 1타 강의

이에 다음과 같은 선택지 처리 3원칙을 제시합니다.

1. 쉽고 확실한 [보기]를 먼저! 어렵고 복잡한 [보기]는 나중에!

   ㉠, ㉡, ㉢, ㉣로 구성되어 있는 <보기 조합형>에서는 무조건 ㉠부터 관성적으로 처리할 것이 아니라, 쉽고 확실하게 판단할 수 있는 [보기]부터 처리합시다.

2. 정답으로 의심되는 선택지부터!

   ①, ②, ③, …으로 구성되어 있는 일반선택지형에서도 기본적으로 쉽고 확실하게 판단할 수 있는 선택지부터 처리하되, 정답으로 의심되는 선택지가 있으면 해당 선택지부터 살펴보도록 합시다.

3. 전체보다는 부분을 먼저!

   전체를 묻는 [보기] 혹은 선택지와 부분을 묻는 [보기] 혹은 선택지 중에서는 부분을 묻는 것을 먼저 처리하도록 합시다.

2. 선택지 선구안

앞서 10%의 문제를 버림으로써 81점 이상을 확보하여 합격하는 것을 목표로 삼았듯이, 일부 까다로운 [보기]나 선택지 역시 필요에 따라서는 언제든지 넘길 수 있어야 한다. 다른 [보기]나 선택지만으로도 정답을 고를 수 있는 경우가 비일비재하며, NCS 시험은 항상 시간과의 싸움이기 때문이다. 만약 넘긴 [보기]나 선택지를 반드시 판단하여야 하는 상황에 직면한다면, 그때 판단을 시도하더라도 크게 문제되지 않는다.

다음 제시되는 필수예제를 통해 선택지 처리 3원칙을 바탕으로 자신만의 선택지 처리 전략을 수립해 보자.

준범쌤이 알려주는 실전포인트!

1. 객관식 시험의 속성을 최대한 활용하자!
   → 정답을 도출해내는 것이 아니라 정답을 고르는 것
   → 선택지 중에 하나는 반드시 정답이다!
2. 선택지 처리 3원칙
   ① 쉽고 확실한 [보기]를 먼저 해결하기
   ② 정답으로 의심되는 선택지부터 먼저 해결하기
   ③ 전체보다는 부분을 묻는 [보기] 혹은 선택지부터 먼저 해결하기
3. 선택지 처리에도 선구안 필요: 까다로운 [보기]나 선택지는 과감하게 넘기기!
   ① 〈보기 조합형〉이라면 까다로운 [보기]는 반드시 판단해야 하는 상황에서만 해결하기
   ② 일반선택지형이라면 최대 4개만 판단하면 되므로 까다로운 선택지를 제외한 나머지 선택지만으로 정답을 고를 수 있음

필수예제

01

2020년 5급공채 PSAT 상황판단 나책형 31번

다음 글과 [상황]을 근거로 판단할 때, [보기]에서 옳은 것만을 모두 고르면?

甲~戊로 구성된 A팀은 회식을 하고자 한다. 회식메뉴는 다음의 〈메뉴 선호 순위〉와 〈메뉴 결정 기준〉을 고려하여 정한다.

〈메뉴 선호 순위〉

팀원 \ 메뉴	탕수육	양고기	바닷가재	방어회	삼겹살
甲	3	2	1	4	5
乙	4	3	1	5	2
丙	3	1	5	4	2
丁	2	1	5	3	4
戊	3	5	1	4	2

〈메뉴 결정 기준〉

- 기준1: 1순위가 가장 많은 메뉴로 정한다.
- 기준2: 5순위가 가장 적은 메뉴로 정한다.
- 기준3: 1순위에 5점, 2순위에 4점, 3순위에 3점, 4순위에 2점, 5순위에 1점을 부여하여 각각 합산한 뒤, 점수가 가장 높은 메뉴로 정한다.
- 기준4: 기준3에 따른 합산 점수의 상위 2개 메뉴 중, 1순위가 더 많은 메뉴로 정한다.
- 기준5: 5순위가 가장 많은 메뉴를 제외하고 남은 메뉴 중, 1순위가 가장 많은 메뉴로 정한다.

상황

- 丁은 바닷가재가 메뉴로 정해지면 회식에 불참한다.
- 丁이 회식에 불참하면 丙도 불참한다.
- 戊는 양고기가 메뉴로 정해지면 회식에 불참한다.

보기

ㄱ. 기준1과 기준4 중 어느 것에 따르더라도 같은 메뉴가 정해진다.
ㄴ. 기준2에 따르면 탕수육으로 메뉴가 정해진다.
ㄷ. 기준3에 따르면 모든 팀원이 회식에 참석한다.
ㄹ. 기준5에 따르면 戊는 회식에 참석하지 않는다.

① ㄱ, ㄴ　② ㄴ, ㄷ　③ ㄷ, ㄹ
④ ㄱ, ㄴ, ㄹ　⑤ ㄱ, ㄷ, ㄹ

해설

STEP 1 **쉽고 확실한 [보기]를 먼저 해결하였는가?**

선택지 처리 3원칙 중 제1원칙은 쉽고 확실한 [보기]를 먼저 처리하고, 어렵고 복잡한 [보기]는 나중에 처리한다는 것이다. 앞에서 설명했듯이 〈보기 조합형〉에서는 무조건 ㄱ부터 관성적으로 처리할 것이 아니라, 선택지 처리 제1원칙에 따라 쉽고 확실하게 판단할 수 있는 [보기]부터 처리하도록 한다. 주어진 문제의 경우 점수를 계산하는 과정이 없는 기준1, 2, 5만을 활용하는 ㄴ과 ㄹ을 먼저 판단하면 효과적이다.

1) 회식메뉴에 대해 해당 메뉴를 1순위로 뽑은 사람의 수, 5순위로 뽑은 사람의 수를 정리하면 다음과 같다.

구분	탕수육	양고기	바닷가재	방어회	삼겹살
1순위로 뽑은 사람의 수	0명	2명	3명	0명	0명
5순위로 뽑은 사람의 수	0명	1명	2명	1명	1명

2) ㄴ과 ㄹ을 판단하면 다음과 같다.

ㄴ. 기준2는 5순위가 가장 적은 메뉴를 회식메뉴로 결정한다. 따라서 탕수육으로 메뉴가 정해진다. (○)

ㄹ. 기준5는 5순위가 가장 많은 메뉴를 제외하고 남은 메뉴 중, 1순위가 가장 많은 메뉴로 회식메뉴를 결정한다. 따라서 5순위가 가장 많은 바닷가재를 제외하고, 1순위가 2명으로 가장 많은 양고기로 메뉴가 정해진다. 戊는 양고기가 메뉴로 정해지면 회식에 참석하지 않는다. (○)

STEP 2 **〈보기 조합형〉은 대부분의 경우 모든 [보기]를 판단해야 할 필요는 없음을 인지하였는가?**

ㄴ과 ㄹ을 먼저 판단하고 이에 부합하는 선택지를 확인하면 ④만 남는다는 것을 알 수 있다. 이렇듯 〈보기 조합형〉은 대부분의 경우 모든 [보기]를 판단해야 할 필요는 없음을 인지하여야 한다. 실전에서는 여기서 정답을 고르고 넘어가야 하지만, 여기서는 남은 ㄱ과 ㄷ의 정오 여부도 판단해보도록 하자.

1) 회식메뉴에 대해 해당 메뉴를 1순위로 뽑은 사람의 수, 5순위로 뽑은 사람의 수, 기준3에 따른 점수를 정리하면 다음과 같다.

구분	탕수육	양고기	바닷가재	방어회	삼겹살
1순위로 뽑은 사람의 수	0명	2명	3명	0명	0명
5순위로 뽑은 사람의 수	0명	1명	2명	1명	1명
기준3에 따른 점수	15점	18점	17점	10점	15점

2) 각 기준에 따라 정해지는 메뉴를 정리하면 다음과 같다.

기준1: 1순위가 가장 많은 바닷가재 선정

기준2: 5순위가 가장 적은 탕수육 선정

기준3: 탕수육 15점, 양고기 18점, 바닷가재 17점, 방어회 10점, 삼겹살 15점으로 양고기 선정

기준4: 양고기와 바닷가재 중 1순위가 더 많은 바닷가재 선정

기준5: 5순위가 가장 많은 바닷가재를 제외하고, 1순위가 2명으로 가장 많은 양고기 선정

3) ㄱ과 ㄷ을 판단하면 다음과 같다.

ㄱ. 기준1은 1순위가 가장 많은 메뉴로 정하며, 기준4는 기준3에 따른 합산 점수의 상위 2개 메뉴 중, 1순위가 더 많은 메뉴로 정한다. 기준1에 따르든 기준4에 따르든 바닷가재로 메뉴가 정해진다. (○)

ㄷ. 기준3은 각 순위별로 일정한 점수를 부여하여 각각 합산한 뒤, 점수가 가장 많은 메뉴로 정한다. 기준3에 따르면 양고기가 메뉴로 정해진다. 戊는 양고기가 메뉴로 정해지면 회식에 불참하므로, 기준3에 따른다고 모든 팀원이 회식에 참석하는 것은 아니다. (×)

정답 ④

기본유형 연습문제

02

다음은 ○○기업의 불만고객 응대를 위한 6단계 방법이다. ○○기업의 불만고객 응대를 위한 6단계 방법에 따를 때, 두 번째인 고객의 감정 인정과 공감 단계에서 할 발언으로 적절한 것을 고르면?

> 불만고객 응대를 위한 6단계 방법
>
> 불만고객을 응대하기 위한 첫 단계는 고객의 즉각적인 불만에 대해 경청하는 것이다. 그 이후에 두 번째 단계로 문제의 발생으로 인해 불쾌한 고객의 감정을 인정하고 공감해야 한다. 세 번째 단계는 불편함을 초래한 것에 대한 사과가 있어야 하고, 네 번째 단계로 발생한 문제에 대한 정보를 파악해야 한다. 다섯 번째 단계는 해결 방안을 통해 실질적인 도움을 주는 것이고, 마지막 단계로 자사의 제품을 구매한 것에 대해 감사의 표현을 한다.

① 정확한 상태를 확인하기 위해 화면 하단에 나타난 에러 코드를 말씀해주시겠습니까?

② 저희 직원이 직접 댁에 방문하여 수거 후 바로 새로운 제품으로 교환해드리겠습니다.

③ 새로 구매한 믹서기가 작동하지 않으면 당연히 화가 나죠. 저였어도 그랬을 겁니다.

④ 고객님, 저희 ○○기업의 제품을 선택해주셔서 감사드립니다.

⑤ 저희 제품을 사용하는 데 있어 불편함을 드려 진심으로 죄송합니다.

CHECK POINT

1. 질문지에서 묻고 있는 것은 무엇인가?
2. '불만고객 응대를 위한 6단계 방법'에 대해 알아야 하는가?
3. 효율적인 선택지 처리 순서는?

해설

질문지에서는 '고객의 감정 인정과 공감 단계'에서 할 발언을 묻고 있으므로 '불만고객 응대를 위한 6단계 방법'의 내용은 중요하지 않다. 질문지를 먼저 보지 않았다면 6단계 방법의 내용을 모두 확인하느라 시간을 소비하게 됐을 것이다. 이런 시간들을 줄이는 것이 합격으로 가는 데 도움이 된다.

①은 네 번째인 정보파악 단계에서, ②는 나섯 번째인 실실석인 도눔 단계에서, ③은 두 번째인 고객의 감정 인정과 공감 단계에서, ④는 마지막인 감사의 표현 단계에서, ⑤는 세 번째인 사과의 단계에서 할 발언이다. 따라서 고객의 감정 인정과 공감 단계에서 할 발언은 ③이다.

준범쌤의 빠른 풀이 TIP

고객의 '감정 인정'과 '공감'은 별개의 내용인데 나머지 선택지는 모두 한 문장으로 하나의 내용만을 담고 있고, ③만이 별개의 두 문장이다.

정답 ③

PSAT 기출 연습문제

03

2022년 5급공채 PSAT 상황판단 나책형 13번

다음 글을 근거로 판단할 때, ㉠에 해당하는 것은?

甲: 내가 그날(월일)로 네 자리 일련번호를 설정했는데, 맨 앞자리가 0이 아니었다는 것 말고는 도저히 기억이 나질 않아서 말이야.
乙: 그럼 내가 몇 가지 힌트를 줄게. 맞혀볼래?
甲: 좋아.
乙: 선생님 생신은 31일까지 있는 달에 있어.
甲: 고마워. 그다음 힌트는 뭐야?
乙: 선생님 생신의 일은 8의 배수야.
甲: 그래도 기억이 나질 않네. 힌트 하나만 더 줄 수 있어?
乙: 알았어. [㉠]
甲: 아! 이제 알았다. 고마워.

① 선생님 생신은 15일 이전이야.
② 선생님 생신의 일은 월의 배수야.
③ 선생님 생신의 일은 월보다 큰 수야.
④ 선생님 생신은 네 자리 모두 다른 수야.
⑤ 선생님 생신의 네 자리 수를 모두 더하면 9야.

CHECK POINT

1. 선구안: 분량이 짧고 복잡한 계산을 요구하지 않으므로 이 정도 문제라면 1턴에서 해결 가능
2. 질문 정독하기: ㉠을 통해 선생님 생신이 하나로 특정되는지 확인하는 것이 문제의 목표
3. 주의: 맨 앞자리가 0이 아니면서 31일까지 있는 달은 10월과 12월뿐이다.
4. 선택지 처리 제2원칙: 정답으로 의심스러운 선택지부터 먼저 해결한다.(조건을 만족시키기 까다로운 선택지부터 확인)

해설

(1) 甲의 두 번째 진술에 따르면, 네 자리 일련번호의 맨 앞자리가 0이 아니므로 선생님 생신의 월은 10월, 11월, 12월 중 하나이다. 또한 乙의 세 번째 진술에 따르면, 선생님 생신은 31일까지 있는 달에 있으므로 11월은 제외되고 10월과 12월 중 하나이다.
(2) 乙의 네 번째 진술에 따르면, 선생님 생신의 일은 8의 배수이므로 8일, 16일, 24일 중 하나이다. 따라서 현재까지 가능한 선생님 생신의 경우의 수는 10월 8일, 10원 16일, 10월 24일, 12월 8일, 12월 16일, 12월 24일 총 6가지이다.
(3) 선생님 생신의 일이 월의 배수가 되는 경우는 12월 24일 밖에 없으므로 한 가지 경우로 특정된다.

오답풀이

① 선생님 생신이 15일 이전인 경우는 10월 8일, 12월 8일이므로 한 가지 경우로 특정되지 않는다.
③ 선생님 생신의 일이 월보다 큰 수인 경우는 10월 16일, 10월 24일, 12월 16일, 12월 24일이므로 한 가지 경우로 특정되지 않는다.
④ 선생님 생신의 네 자리가 모두 다른 수인 경우는 10월 24일, 12월 8일이므로 한 가지 경우로 특정되지 않는다.
⑤ 선생님 생신의 네 자리 수를 모두 더하면 9가 되는 경우는 10월 8일, 12월 24일이므로 한 가지 경우로 특정되지 않는다.

정답 ②

NCS 기출 변형 연습문제

04

다음은 다이브 테이블과 그 사용법이다. 이를 근거로 판단할 때, 잠수병의 위험이 있는 사람을 고르면?

[표] 다이브 테이블

수심(m)	무감압 한계시간(분)	잠수시간에 따른 압력군(분)				
		A	B	C	D	E
3	무제한	57	101	158	245	426
4.6	무제한	36	60	88	121	163
6.1	무제한	26	43	61	82	106
7.6	595	20	33	47	62	78
9.2	371	17	27	38	50	62
10.7	232	14	23	32	42	52
12.2	163	12	20	27	36	44
13.7	125	11	17	24	31	39
15.2	92	9	15	21	28	34
16.8	74	8	14	19	25	31
18.3	60	7	12	17	22	28
21.3	48	6	10	14	19	23
24.4	39	5	9	12	16	20
27.4	30	4	7	11	14	17

※ 수심이나 잠수시간이 다이브 테이블에 정확히 부합하는 숫자가 없을 경우, 실제 숫자보다 큰 수 중 가장 작은 수를 다이브 테이블에서 찾아 적용함. 이때 수심을 먼저 찾아 적용한 후 잠수시간을 찾아 적용함.

- 수심에 따른 무감압한계시간을 초과하여 잠수하는 경우, 잠수병의 위험이 있다.
- 잠수시간에 따른 압력군은 수심과 잠수시간을 통해 결정된다. 예를 들어, 수심 3m에서 101분 잠수한다면 압력군이 B가 된다.
- 잠수를 마친 후 매 12시간마다 압력군이 한 단계씩 낮아진다. 예를 들어, 잠수를 마친 후 압력군이 C였다면 12시간 후에는 압력군이 B가 되고, 24시간 후에는 압력군이 A가 된다.
- 잠수를 마친 후 비행기를 탈 경우 잠수병의 위험이 있으므로 비행기는 일정시간이 지난 후에 타야 한다. 비행기를 타기 24시간 전의 압력군이 C~E라면 잠수병의 위험이 있다.

① 甲: 수심 24m에서 39분 동안 잠수하였다.
② 乙: 수심 15m에서 14분 동안 잠수하고 25시간 후에 비행기를 탔다.
③ 丙: 수심 17m에서 17분 동안 잠수하고 37시간 후에 비행기를 탔다.
④ 丁: 수심 20m에서 20분 동안 잠수하고 61시간 후에 비행기를 탔다.
⑤ 戊: 수심 22m에서 40분 동안 잠수하고 72시간 후에 비행기를 탔다.

해설

수심 22m라면 다이브 테이블에서 24.4m를 적용한다. 잠수시간은 40분으로 무감압한계시간인 39분을 초과해 잠수병의 위험이 있다.

(오답풀이)

① 수심 24m라면 다이브 테이블에서 24.4m를 적용한다. 무감압한계시간은 39분으로 잠수시간이 이를 초과하지 않는다. 또한 비행기를 타지 않으므로 잠수병의 위험이 없다.

② 수심 15m라면 다이브 테이블에서 15.2m를 적용한다. 무감압한계시간은 92분으로 잠수시간이 이를 초과하지 않는다. 잠수시간이 14분이므로 다이브 테이블에서 15분을 적용하여 압력군은 B이다. 비행기를 타기 24시간 전의 압력군은 잠수를 마친 후 1시간이 지난 상태이므로 여전히 B이다. 따라서 비행기를 타도 잠수병의 위험이 없다.

③ 수심 17m라면 다이브 테이블에서 18.3m를 적용한다. 무감압한계시간은 60분으로 잠수시간이 이를 초과하지 않는다. 잠수시간이 17분이므로 다이브 테이블에서 압력군은 C이다. 비행기를 타기 24시간 전의 압력군은 잠수를 마친 후 13시간이 지난 상태이므로 압력군이 한 단계 낮아져 B이다. 따라서 비행기를 타도 잠수병의 위험이 없다.

④ 수심 20m라면 다이브 테이블에서 21.3m를 적용한다. 무감압한계시간은 48분으로 잠수시간이 이를 초과하지 않는다. 잠수시간이 20분이므로 다이브 테이블에서 23분을 적용하여 압력군은 E이다. 비행기를 타기 24시간 전의 압력군은 잠수 후 37시간이 지난 상태이므로 압력군이 세 단계 낮아져 B이다. 따라서 비행기를 타도 잠수병의 위험이 없다.

정답 ⑤

02 선택지 표현에 따른 접근방법

1. 선택지 판단 원칙

선택지는 최대한 객관적·중립적으로 판단하는 것이 원칙이다. 하지만 모든 선택지를 그런 관점에서 판단할 필요는 없다. 왜냐하면 선택지 표현만 보더라도 다분히 옳을 가능성이 큰 표현이 있는 반면에, 반대로 다분히 틀릴 가능성이 큰 표현도 있기 때문이다.

2. 옳을 가능성이 큰 표현

해당 문장이 옳을 가능성이 큰 표현일 때에는 반례가 무수히 많더라도 가능한 경우가 하나만 존재하면 해당 선택지는 옳게 된다. 따라서 이러한 경우에는 가능한 경우를 탐색하는 접근이 유용하다. '일부, 어떤, ~할 가능성이 있다, ~하는 경우가 있다, ~할 수 있다, ~이 존재한다, ~이 될 수 있다'와 같이 여러 가지의 가능성이 열려 있으며, 완화된 느낌의 서술어가 주어질 경우, 해당 선택지는 옳을 가능성이 클 것이다.

3. 틀릴 가능성이 큰 표현

반대로 해당 문장이 틀릴 가능성이 큰 표현일 때에는 가능한 경우가 무수히 많더라도 반례가 하나만 존재하면 해당 선택지는 옳지 않게 된다. 따라서 이러한 경우에는 반례를 탐색하는 접근이 유용하다. '반드시, 언제나, 항상, 모든, 모두, 무관하게, 어떤 경우에도, ~할 수밖에 없다'와 같이 예외가 하나라도 존재하는 경우 틀리게 판단되며, 서술어 또한 엄격한 느낌으로 주어질 경우, 해당 선택지는 틀릴 가능성이 클 것이다.

4. 적극적인 활용 시도

따라서 원칙적으로는 객관적·중립적으로 판단하되, 예외적으로 위에서 언급한 특별한 서술어나 부사가 포함되어 있는 경우에는 옳을 가능성이 큰 표현과 틀릴 가능성이 큰 표현에 따라 기준을 잡고 적극적인 관점에서 판단하는 것이 바람직하다. 그러면 아마 한결 수월하게 득점할 수 있을 것이다.

1. 옳을 가능성이 큰 표현: 가능한 경우를 탐색하는 접근

일부, 어떤, ~할 가능성이 있다, ~하는 경우가 있다, ~할 수 있다, ~이 존재한다, ~이 될 수 있다

2. 틀릴 가능성이 큰 표현 → 반례를 탐색하는 접근

① 틀릴 가능성이 매우 큰 표현

반드시, 언제나, 항상, 모든, 모두, 무관하게, 어떤 경우에도, ~할 수밖에 없다

② 틀릴 가능성이 큰 표현

최대, 최소

필수예제

01

2021년 5급공채 PSAT 상황판단 가책형 11번

다음 글을 근거로 판단할 때, 옳지 않은 것은?

- 甲과 乙은 조선시대 왕의 계보를 외우는 놀이를 한다.
- 甲과 乙은 번갈아가며 직전에 나온 왕의 다음 왕부터 순차적으로 외친다.
- 한 번에 최소 1명, 최대 3명의 왕을 외칠 수 있다.
- 甲이 제1대 왕 '태조'부터 외치면서 놀이가 시작되고, 누군가 마지막 왕인 '순종'을 외치면 놀이가 종료된다.
- '조'로 끝나는 왕 2명 이상을 한 번에 외칠 수 없다.
- 반정(反正)에 성공한 왕은 해당 반정으로 폐위(廢位)된 왕과 함께 외칠 수 없다.
  - 중종 반정: 연산군 폐위
  - 인조 반정: 광해군 폐위

〈조선시대 왕의 계보〉

1	태조	10	연산군	19	숙종
2	정종	11	중종	20	경종
3	태종	12	인종	21	영조
4	세종	13	명종	22	정조
5	문종	14	선조	23	순조
6	단종	15	광해군	24	헌종
7	세조	16	인조	25	철종
8	예종	17	효종	26	고종
9	성종	18	현종	27	순종

① 甲이 '명종'까지 외쳤다면, 甲은 '인조'를 외칠 수 없다.

② 甲과 乙이 각각 6번씩 외치는 것으로 놀이가 종료될 수 있다.

③ 甲이 '인종, 명종, 선조'를 외쳤다면, '연산군'은 甲이 외친 것이다.

④ 甲이 첫 차례에 3명의 왕을 외친다면, 甲은 자신의 다음 차례에 '세조'를 외칠 수 있다.

⑤ '순종'을 외치는 사람이 시는 게임이라면, 甲이 '영조'를 외쳤을 때 乙은 甲의 선택에 관계없이 승리할 수 있다.

해설

STEP 1 **선택지 표현에 따른 접근방법대로 풀이하였는가?**

선택지는 최대한 객관적으로 정오를 판단하는 것이 원칙이지만 모든 선택지를 그런 관점에서 판단할 필요는 없다. 옳을 가능성이 큰 표현과 틀릴 가능성이 큰 표현을 구별하고, 이를 선택지 정오 판단 시 적극적으로 활용하는 접근이 필요하다. 이는 정답으로 의심되는 선택지부터 풀이하는 선택지 처리 제2원칙과도 관계된다.

주어진 문제의 경우, ②, ④, ⑤는 '~할 수 있다.'와 같이 가능성이 열려 있으며 완화된 느낌의 서술어가 포함되어 있어 옳을 가능성이 큰 표현인 반면, ①, ③은 단정적인 느낌의 서술어를 포함하고 있어 틀릴 가능성이 크다. 옳지 않은 것을 물어보고 있으므로 틀릴 가능성이 큰 ①, ③부터 판단하는 것이 효과적이다. 선택지 표현에 따른 접근 방법대로 풀이하면 다음과 같다.

1) 조건 5와 조건 6에 따라 함께 외칠 수 없는 왕의 계보 사이를 굵은 선으로 표시하면 다음과 같다.

1	태조	10	연산군	19	숙종
2	정종	11	중종	20	경종
3	태종	12	인종	21	영조
4	세종	13	명종	22	정조
5	문종	14	선조	23	순조
6	단종	15	광해군	24	헌종
7	세조	16	인조	25	철종
8	예종	17	효종	26	고종
9	성종	18	현종	27	순종

2) 이를 바탕으로 선택지 표현에 따른 접근방법대로 풀이해보자. 먼저 틀릴 가능성이 큰 표현이 포함된 ①, ③부터 판단하면 다음과 같다.

① 甲이 '명종'까지 외치고, 乙이 '선조, 광해군'을 외치면 甲이 '인조'를 외칠 수 있다. (×)

③ 甲이 '인종, 명종, 선조'를 외쳤다면, 직전에 乙은 '중종'까지 외친 것이다. 그런데 조건 6에 의해 연산군과 중종을 함께 외칠 수 없으므로 乙은 '중종'만을 외친 것이다. 따라서 그 전 순서에서 甲이 '연산군'을 외쳤음을 알 수 있다. (○)

3) 다음으로, 옳을 가능성이 큰 표현이 포함된 ②, ④, ⑤를 판단하면 다음과 같다.

② 예컨대 甲과 乙이 번갈아가면서 '태조, 정종, 태종' – '세종, 문종, 단종' – '세조, 예종, 성종' – '연산군' – '중종, 인종, 명종' – '선조, 광해군' – '인조, 효종, 현종' – '숙종, 경종, 영조' – '정조' – '순조, 헌종, 철종' – '고종' – '순종'을 외치면, 甲과 乙이 각각 6번씩 외치는 것으로 놀이가 종료된다. (○)

④ 甲이 첫 차례에 '태조, 정종, 태종'을, 乙이 '세종, 문종, 단종'을 외치면, 甲은 다음 차례에 '세조'를 외칠 수 있다. (○)

⑤ 甲이 '영조'를 외치면, 乙은 '정조'만을 외칠 수 있다. 그리고 다음 3가지 경우에서 알 수 있듯이, 甲이 '영조'를 외쳤을 때 乙은 甲의 선택에 관계없이 승리할 수 있다. (○)

i) 甲이 '순조'를 외치면 乙은 '헌종, 철종, 고종'을 외쳐 甲이 '순종'을 외치게 할 수 있다.

ii) 甲이 '순조, 헌종'을 외치면 乙은 '철종, 고종'을 외쳐 甲이 '순종'을 외치게 할 수 있다.

iii) 甲이 '순조, 헌종, 철종'을 외치면 乙은 '고종'을 외쳐 甲이 '순종'을 외치게 할 수 있다.

STEP 2 **전체보다는 부분을 묻는 선택지를 먼저 처리하였는가?**

전체에 대한 판단을 묻는 선택지와 부분에 대한 판단을 묻는 선택지가 함께 주어져 있다면, 이 중에서는 부분에 대한 판단을 묻는 선택지를 먼저 처리하도록 한다. 이는 선택지 처리 제1원칙과 일맥상통하는 것으로 부분에 대한 판단을 묻는 선택지가 전체에 대한 판단을 묻는 선택지보다 더 쉽고 확실하기 때문에 먼저 처리하는 것이다.

가능한 경우를 탐색하거나 반례를 찾는 형태의 다른 선택지들과는 달리 ②는 전체 계보를 활용하여 각각 6번씩 수행해야 하므로 시간이 오래 걸릴 것이다. 따라서 실전에서는 다른 선택지부터 판단하는 방식으로 접근하여야 한다.

정답 ①

기본유형 연습문제

02

다음 규정을 근거로 판단할 때 옳지 않은 것을 고르면?

제○○조 ① 각 기관의 장은 개인정보의 수집 및 보유를 위해서 반드시 법령에 근거하거나 정보주체의 동의에 의하되, 목적달성에 필요한 최소한의 범위내로 하여야 한다.

② 분야별책임관은 개인정보의 수집 및 보유를 위하여 각호의 사항을 준수하여야 한다.

1. 당해 개인정보를 수집·처리함으로써 개인이 입는 사생활 침해와 그로 인해 얻는 공익상의 목적달성 사이에 비례관계를 유지
2. 정보주체의 동의에 의해 수집할 경우 사전에 수집목적, 보유기간, 이용범위, 목적달성 후 처리방법 및 이의제기 절차 등에 대한 충분한 사전설명 후 수집. 이 경우 보유기간을 초과하여 보유하고자 할 때에는 정보주체의 동의 필요
3. 수집한 개인정보는 수집목적을 달성한 즉시 폐기하되, 그 원형태 및 수록된 데이터를 식별할 수 없도록 파쇄기 또는 소각의 방법 등을 통해 폐기하여야 한다. 단, 법령에 보유기간 등이 명시되어 있는 경우에는 예외

제○○조 ① 분야별책임관은 다른 법률에 따라 보유기관 내부 또는 보유기관 외의 자에 대하여 이용하게 하거나 제공하는 경우를 제외하고는 당해 개인정보파일의 보유목적 외의 목적으로 처리정보를 이용하거나 제공하여서는 아니 된다.

② 분야별책임관은 제1항의 규정에도 불구하고 다음 각 호의 어느 하나에 해당하는 경우에는 당해 개인정보파일의 보유목적 외의 목적으로 처리정보를 이용하게 하거나 제공할 수 있다. 다만, 다음 각 호의 어느 하나에 해당하는 경우에도 정보주체 또는 제3자의 권리와 이익을 부당하게 침해할 우려가 있다고 인정되는 때에는 그러하지 아니하다.

1. 정보주체의 동의가 있거나 정보주체에게 제공하는 경우
2. 처리정보를 보유목적 외의 목적으로 이용하게 하거나 제공하지 아니하면 다른 법률에서 정하는 소관 업무를 수행할 수 없는 경우
3. 통계작성 및 학술연구 등의 목적을 위한 경우로서 특정개인을 식별할 수 없는 형태로 제공하는 경우

① 개인정보를 수집하여 보유하는 분야별책임관 甲은 사생활 침해와 개인정보 수집으로 인해 얻는 공익상의 목적달성 사이에 비례관계를 유지하도록 주의해야 한다.

② 정보주체인 A의 동의에 의해 개인정보를 수집했던 경우라도 보유기간을 초과하여 개인정보를 보유하고자 할 때에는 A의 동의가 다시 필요하다.

③ 분야별책임관은 어떤 경우에도 당해 개인정보 파일의 보유목적 외의 목적으로 처리 정보를 이용하거나 제공하여서는 아니 된다.

④ 정보주체 B에게 처리정보를 제공하는 것이 제3자인 C의 영업상 비밀을 부당하게 침해할 우려가 있는 경우, 당해 개인정보파일의 보유목적 외의 목적으로 처리정보를 제공하지 않을 수 있다.

⑤ 법령에 보유기간 등이 명시돼 있는 경우에는 수집목적을 달성한 개인정보라도 즉시 폐기하지 않을 수 있다.

CHECK POINT

1. 법조문을 해석할 수 있는가?
2. 옳을/틀릴 가능성이 큰 표현의 선택지는 어느 것인가?

해설

두 번째 조문 제1항이 근거이다. 분야별책임관은 다른 법률에 따라 보유기관 내부 또는 보유기관 외의 자에 대하여 이용하게 하거나 제공하는 경우에는 당해 개인정보파일의 보유목적 외의 목적으로 처리정보를 이용하거나 제공할 수 있다.

(오답풀이)

① 첫 번째 조문 제2항 제1호가 근거이다. 개인정보를 수집하는 분야별 책임관은 사생활 침해와 정보수집으로 인해 얻는 공익상 목적 달성 사이에 비례관계를 유지해야 한다.

② 첫 번째 조문 제2항 제2호가 근거이다. 정보주체의 동의에 의해 정보를 수집하더라도 보유기간을 초과하여 정보를 보유하고자 할 때에는 다시 정보주체의 동의가 필요하다.

④ 두 번째 조문 제2항 제1호와 제2항 단서가 근거이다. 제2항에 따라 정보주체에게 정보를 제공하는 경우라도 동항 단서에 의해 제3자의 이익을 부당하게 침해할 우려가 있는 경우에는 정보를 제공할 수 없다.

⑤ 첫 번째 조문 제2항 제3호가 근거이다. 법령에 보유기간이 명시되어 있는 경우에는 수집목적을 달성한 개인정보라도 예외가 인정되어 즉시 폐기하지 않을 수 있다.

준범쌤의 빠른 풀이 TIP

④와 ⑤는 '~않을 수 있다'라는 표현을 사용하고 있으며 이는 옳을 가능성이 큰 표현이다. 반대로 ③은 '어떤 경우에도'라는 표현을 사용하고 있으며 이는 틀릴 가능성이 큰 표현이다. 문제에서 옳지 않은 것을 묻고 있으므로 ③을 먼저 확인한다.

정답 ③

PSAT 기출 연습문제

[03~04]

2010년 행정외무고시 PSAT 상황판단 선책형 19~20번

다음 글을 읽고 물음에 답하시오.

청 왕조는 종실(宗室), 즉 황족(皇族) 구성원들에게 일정한 작위(爵位)를 수여하였다. 각 작위에는 의전상의 예우와 물질적인 특권 등이 뒤따랐다. 가장 높은 작위는 친왕(親王), 가장 낮은 작위는 봉은장군(奉恩將軍)이었다.

친왕 이하 작위 소지자가 사망하면 그 아들들에게는 아래 [표]의 규정에 따라 작위를 수여하였다. 예컨대, 친왕의 적장자는 군왕, 나머지 적자는 불입팔분공(불입팔분진국공 또는 불입팔분보국공), 서자는 진국장군의 작위를 각각 받았다.

[표] 작위 수여 규정

등급	부(父)의 작위	적장자(嫡長子)	적자(嫡子)	서자(庶子)
1	친왕(親王)	군왕	불입팔본공	진국장군
2	군왕(郡王)	패륵	진국장군	진국장군
3	패륵(貝勒)	패자	진국장군	보국장군
4	패자(貝子)	진국공	진국장군	보국장군
5	진국공(鎭國公)	보국공	보국장군	보국장군
6	보국공(輔國公)	불입팔분진국공	보국장군	봉국장군
7	불입팔분진국공 (不入八分鎭國公)	불입팔분보국공	보국장군	한산종실
8	불입팔분보국공 (不入八分輔國公)	진국장군	보국장군	한산종실
9	진국장군 (鎭國將軍)	보국장군	보국장군	한산종실
10	보국장군 (輔國將軍)	봉국장군	봉국장군	한산종실
11	봉국장군 (奉國將軍)	봉은장군	봉은장군	한산종실
12	봉은장군 (奉恩將軍)	봉은장군	한산종실	한산종실

※ 한산종실(閑散宗室)이란 아무런 작위도 보유하지 못하여 보통 사람과 차이가 없게 된 종실 구성원을 가리키며, 한산종실의 아들은 한산종실이 된다.

※ 모든 종실 남성은 적자와 서자를 1명 이상씩 두었다고 가정한다.

03

갑, 을, 병, 정 네 사람은 모두 군왕 A의 후손이다. A로부터 각각에 이르게 되는 적자·서자의 관계가 다음 [보기]와 같을 때, 이 네 사람이 받게 될 작위를 옳게 짝지은 것은?

보기

아래에서 ☆는 적장자, △는 적자, ▽는 서자를 의미한다.

A → ☆ → ☆ → △ → ☆ (갑)

A → △ → △ → ☆ → △ (을)

A → ▽ → ☆ → ▽ → ☆ (병)

A → ▽ → △ → △ → △ (정)

	갑	을	병	정
①	봉국장군	봉은장군	한산종실	봉은장군
②	봉국장군	봉국장군	봉은장군	봉국장군
③	보국장군	봉국장군	봉은장군	한산종실
④	보국장군	봉은장군	봉은장군	봉국장군
⑤	보국장군	봉은장군	한산종실	봉은장군

04

위 글과 [표]에 근거한 추론으로 타당하지 않은 것은?

① 서자는 봉은장군의 작위를 받을 수 없다.

② 어떤 한산종실은 그 조부가 친왕이었을 수 있다.

③ 적자(적장자 제외)와 작위를 받을 수 있는 서자 사이의 차별은 기껏해야 한두 등급 차이에 불과하다.

④ 같은 아버지와 어머니의 아들들일지라도 작위는 최대 여섯 등급의 차이가 날 수 있다.

⑤ 친왕의 후손일지라도 결국에는 모두 작위가 없는 한산종실이 되고 만다.

03

CHECK POINT

1. 가장 효율적인 접근 방법은 무엇인가?
2. [표]에서 해당 부분을 정확히 찾아서 적용할 수 있는가?

해설

갑: A(군왕) → 패륵(적장자) → 패자(적장자) → 진국장군(적자) → 보국장군(적장자)

을: A(군왕) → 진국장군(적자) → 보국장군(적자) → 봉국장군(적장자) → 봉은장군(적자)

병: A(군왕) → 진국장군(서자) → 보국장군(적장자) → 한산종실(서자) → 한산종실(적장자)

정: A(군왕) → 진국장군(서자) → 보국장군(적자) → 봉국장군(적자) → 봉은장군(적자)

준범쌤의 빠른 풀이 TIP

갑을 판단한 뒤에는 바로 정을 판단함으로써 을과 병을 판단하지 않고도 정답을 구해야 한다.

정답 ⑤

04

CHECK POINT

1. 선택지는 어떤 방식으로 처리하여야 하는가?
2. 옳을 가능성이 큰 표현과 틀릴 가능성이 큰 표현을 구별하여 효과적으로 활용할 수 있는가?

해설

자손이 계속하여 적장자인 경우에는 한산종실이 될 수 없다. 봉은장군의 적장자는 봉은장군이기 때문이다.

(오답풀이)

① [표]의 서자 부분의 세로축을 살펴보면, 서자는 어떠한 경우에도 봉은장군의 작위를 받을 수 없음을 확인할 수 있다.

② 어떤 한산종실의 조부가 친왕이 되기 위해서는 친왕의 손자가 한산종실이 되어야 한다. 친왕의 서자는 진국장군이 되고, 진국장군의 서자는 한산종실이 되므로 어떤 한산종실은 그 조부가 친왕이었을 수 있다.

③ 각주에서 한산종실이란 아무런 작위도 보유하지 못한 종실 구성원을 가리킨다. 따라서 작위를 받을 수 있는 서자는 한산종실을 제외한 6등급까지를 의미한다. 1~6등급의 적자와 서자 사이의 차별은 한두 등급 차이에 불과하므로 옳은 선택지이다.

④ 적자와 서자의 의미를 구별할 수 있어야 한다. 서자는 어머니가 다르므로 같은 아버지와 어머니의 아들이 되기 위해서는 적장자와 적자 사이의 작위의 등급 차이를 살펴봐야 한다. 부의 작위가 친왕이거나 군왕인 경우에, 적장자와 적자의 작위는 최대 여섯 등급의 차이가 나고 나머지는 여섯 등급이 넘지 않는다. 따라서 옳은 선택지이다.

정답 ⑤

NCS 기출 변형 연습문제

05

다음 글과 [예시]를 근거로 추론할 때, [보기]에서 옳은 것만을 모두 고르면?

- 2개 이상의 돌(검은색 돌과 흰색 돌)을 이용해 점괘를 보려 한다.
- 검은색 돌은 양괘, 흰색 돌은 음괘를 의미한다.
- 점괘는 대길, 소길, 소흉, 대흉이 있으며 이웃한 두 돌의 관계에 따라 달라진다.
- '양괘–양괘'는 대길, '양괘–음괘'는 소길, '음괘–양괘'는 소흉, '음괘–음괘'는 대흉을 의미한다.
- 대길은 2점, 소길은 1점, 소흉은 −1점, 대흉은 −2점으로 하며 점괘의 결과는 점수의 합산으로 나타낸다.

예시

다음은 5개의 돌을 이용해 점괘를 본 것으로 '음괘–양괘–양괘–양괘–음괘'가 나왔다. 따라서 소흉, 대길, 대길, 소길을 의미하며 점수의 합은 −1+2+2+1=4이므로 점괘의 결과는 4점이다.

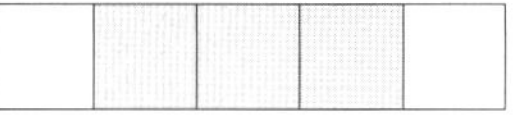

보기

㉠ 돌의 개수가 홀수인 경우, 점괘의 결과로 0점이 나올 수 있다.
㉡ 검은색 돌의 개수가 흰색 돌보다 많다면 대길은 반드시 한 번 이상 나온다.
㉢ 6개의 돌을 이용해 점괘를 볼 때, 대길이 2번, 소길이 1번, 소흉이 1번, 대흉이 1번 나타나는 돌의 배치는 5가지이다.
㉣ 다음과 같은 점괘가 나왔다면 점괘의 결과는 1점이다.

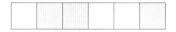

① ㉠, ㉡
② ㉠, ㉢
③ ㉡, ㉣
④ ㉢, ㉣
⑤ ㉠, ㉢, ㉣

해설

㉠ 점괘의 수는 돌의 개수보다 하나 작은 수이다. 따라서 돌의 개수가 홀수일 경우 점괘의 수는 짝수이며 돌의 개수가 짝수일 경우 점괘의 수는 홀수이다. 돌의 개수가 홀수이고 점괘의 수가 짝수인 경우, 검은색 돌과 흰색 돌이 번갈아 놓이면 0점이 가능하다. (○)

㉡ 검은색 돌이 먼저 놓이고 이어서 흰색 돌과 검은색 돌이 번갈아 놓이면 대길은 존재하지 않는다. (×)

㉢ 다음과 같이 ⅰ) 연속된 검은색 돌 3개가 없는 경우, ⅱ) 연속된 검은색 돌 3개가 있는 경우로 나눠서 살펴볼 수 있다. (○)

ⅰ) 연속된 검은색 돌 3개가 없는 경우에는 연속된 검은색 돌 2개가 2번 있어야 한다. 또한 대흉이 1번 나와야 하므로 연속된 흰색 돌 두 개가 있어야 한다. 이런 점괘는 다음과 같이 1가지이다.

ⅱ) 연속된 검은색 돌 3개가 있는 경우에도 대흉이 1번 나와야 하므로 연속된 흰색 돌 두 개가 있어야 한다. 이런 점괘는 다음과 같이 4가지이다.

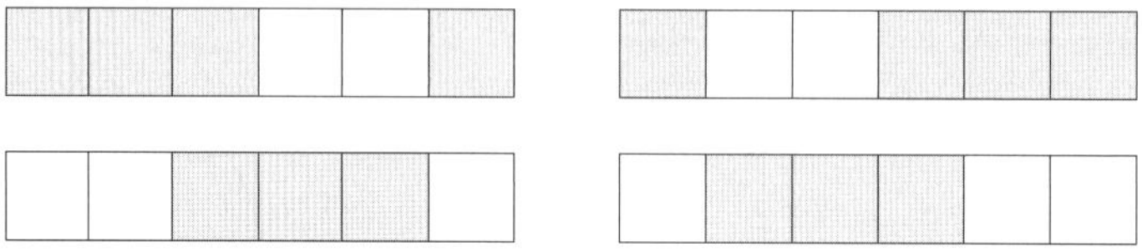

㉣ 음괘–양괘–양괘–음괘–음괘–양괘가 나왔으므로 소흉, 대길, 소길, 대흉, 소흉을 의미한다. 따라서 점괘의 결과는 −1+2+1−2−1=−1(점)이다. (×)

정답 ②

03 선택지 소거법

1. 선택지 소거법의 의의

정답이 되는 선택지를 찾기 위해 **정답이 아닌 선택지를 지워나가는 방식**이다. 선택지 소거법은 NCS를 비롯한 여러 객관식 적성시험에서 매우 유용한 필수적인 방법으로, 익숙해진다면 고난도 문제를 쉽게 해결할 수 있을 뿐만 아니라 일반적인 문제에서도 시간 단축에 상당한 도움이 될 수 있다.

2. 선택지 소거법의 목적

정답이 아닌 선택지를 지워나가는 과정에서 정답의 범위가 자연스레 줄어들게 되므로 해당 문제를 올바르게 해결하고 있다는 자신감을 가질 수 있게 된다. 또한 만약에 정답을 정확하게 고르지 못하더라도 정답이 아닌 선택지를 지운 상태에서 고르게 되므로 문제를 득점하게 될 확률 또한 올라가게 된다.

3. 선택지 소거법 → 선택지 대입법

선택지 소거법은 기본적으로 조건에 위배되기 때문에 절대 정답이 될 수 없는 선택지를 지워나가는 방식이다. 정답을 제외한 나머지 선택지를 모두 소거할 수 있다면, 정답은 반드시 결정될 것이다.

설사 선택지를 모두 소거하지 못하더라도 선택지를 소거하는 도중에 2개의 선택지가 남은 경우에는 선택지 대입법을 활용하는 것도 유용하다. 즉, 둘 중 하나를 대입해 봄으로써 정답이 무엇인지를 결정짓는 것이다. 만약 대입한 선택지가 주어진 조건에 모두 부합하다면 이것이 정답일 것이고, 그렇지 않다면 대입하지 않은 나머지 선택지가 정답일 것이다.

준범쌤이 알려주는 실전포인트!

1. 선택지 소거법
   → 절대로 정답이 될 수 없는 선택지를 지워가는 방식
   → 객관식 시험의 특징 활용: 주어진 선택지 중 정답은 오직 하나뿐!
   → 설사 문제를 찍게 되더라도 득점 확률을 높일 수 있음
2. 선택지 소거법과 선택지 대입법의 순차적 활용
   → 처음부터 선택지를 모두 대입하는 것은 비효율적
   → 선택지 소거법을 통해 선택지 줄인 후 선택지 대입법 활용: 시간을 단축하면서 확실하게 정답을 맞힐 수 있음

필수예제

01

2020년 7급공채 PSAT 모의평가 7번

다음 글과 [상황]을 근거로 판단할 때, 甲~丁 가운데 근무계획이 승인될 수 있는 사람만을 모두 고르면?

〈유연근무제〉

□ 개념
- 주 40시간을 근무하되, 근무시간을 유연하게 관리하여 1주일에 5일 이하로 근무하는 제도

□ 복무관리
- 점심 및 저녁시간 운영
  - 근무 시작과 종료 시각에 관계없이 점심시간은 12:00~13:00, 저녁시간은 18:00~19:00의 각 1시간으로 하고 근무시간으로는 산정하지 않음
- 근무시간 제약
  - 근무일의 경우, 1일 최대 근무시간은 12시간으로 하고 최소 근무시간은 4시간으로 함
  - 하루 중 근무시간으로 인정하는 시간대는 06:00~24:00로 한정함

[상황]

다음은 甲~丁이 제출한 근무계획을 정리한 것이며 위의 〈유연근무제〉에 부합하는 근무계획만 승인된다.

직원 \ 요일	월	화	수	목	금
甲	08:00~18:00	08:00~18:00	09:00~13:00	08:00~18:00	08:00~18:00
乙	08:00~22:00	08:00~22:00	-	08:00~22:00	08:00~12:00
丙	08:00~24:00	08:00~24:00	-	08:00~22:00	-
丁	06:00~16:00	08:00~22:00	-	09:00~21:00	09:00~18:00

① 乙
② 甲, 丙
③ 甲, 丁
④ 乙, 丙
⑤ 乙, 丁

해설

STEP 1 **여러분들의 선구안은 어떠한가?**

많은 수험생들이 대체로 수월하게 느끼는 유형과 까다롭게 느끼는 유형은 유사하게 나타나므로 우선 큰 틀에서 이에 대한 구별을 하고 개략적으로 정립한 뒤, 자신만의 선구안을 가감할 필요가 있다.

주어진 문제의 경우 주어진 정보를 바탕으로 근무계획이 승인될 수 있는 사람을 구하는 단순한 주어진 개념의 적용 문제 유형이므로 기본적으로 득점해야 할 문제에 해당한다.

STEP 2 **선택지 소거법을 적극적으로 활용하였는가?**

선택지 소거법은 조건에 위배되어 정답이 될 수 없는 선택지를 지워나가는 방법으로 이를 적극적으로 활용하면 자신감 상승과 함께 득점 확률 역시 상승한다. 주어진 문제에서는 근무계획의 승인 조건으로 최소 근무시간·최대 근무시간·주 40시간 근무 여부가 제시되어 있으므로 해당 조건의 충족 여부를 판단하면 다음과 같다.

1) 먼저, 甲～丁의 근무시간을 표로 정리하면 다음과 같다.

(단위: 시간)

구분	월	화	수	목	금	합계
甲	9	9	3	9	9	39
乙	12	12	–	12	4	40
丙	14	14	–	12	–	40
丁	9	12	–	10	8	39

2) 甲～丁이 제출한 근무계획이 〈유연근무제〉에 부합하는지 여부를 조건별로 나누어서 검토하면 다음과 같다.

구분	주 40시간 근무 여부	1주일에 5일 이하 근무 여부	1일 최대 근무시간 12시간 준수 여부	1일 최소 근무시간 4시간 준수 여부
甲	×(39시간)	○	○	×(수)
乙	○	○	○	○
丙	○	○	×(월, 화)	○
丁	×(39시간)	○	○	○

3) 1일 최소 근무시간을 충족하지 못하는 甲, 1일 최대 근무시간을 초과하는 丙이 포함된 선택지들을 먼저 소거한 뒤에 남아있는 두 개의 선택지의 정오 판단을 내리면 효과적으로 풀이할 수 있다.

정답 ①

기본유형 연습문제

02

다음은 같은 반 학생 5명의 키에 관한 내용이다. 다음 진술이 모두 참일 때 키가 가장 큰 학생은 누구인지 고르면?

- 지아는 혜주보다 키가 크지 않다.
- 영은이는 지아보다 키가 크다.
- 정연이는 영은이보다 키가 작다.
- 성희는 다섯 명 중에서 키가 가장 작다.
- 혜주와 정연이는 키가 동일하다.

① 지아　② 영은　③ 성희　④ 혜주　⑤ 정연

CHECK POINT

1. 질문지에서 묻고자 하는 목표는 무엇인가?
2. 5명의 진술로부터 선택지를 소거할 수 있는가?

해설

이 문제를 일반적으로 풀어보자. 먼저 진술을 정리하면 다음과 같다.

- 혜주≥지아
- 영은>지아
- 영은>정연
- 성희 가장 작음
- 혜주=정연

이상을 합치면 '영은>혜주=정연≥지아>성희'이다. 따라서 가장 키가 큰 학생은 영은이다.

준범쌤의 빠른 풀이 TIP

선택지 소거법을 활용한다면, 지아는 혜주보다 크지 않으므로 ①을 소거할 수 있고, 정연이는 영은이보다 작으므로 ⑤를 소거할 수 있다. 또한 성희는 가장 작으므로 ③을 소거할 수 있고, 혜주와 정연이는 키가 같으므로 ④를 소거할 수 있다. 이렇게 하면 모든 학생들의 키 순서를 도출하지 않고도 문제를 해결할 수 있다.

정답 ②

PSAT 기출 연습문제

03

2016년 5급공채 PSAT 상황판단 4책형 38번

다음 글을 근거로 판단할 때, A시가 '창의 테마파크'에서 운영할 프로그램은?

A시는 학생들의 창의력을 증진시키기 위해 '창의 테마파크'를 운영하고자 한다. 이를 위해 다음과 같은 프로그램을 후보로 정했다.

분야	프로그램명	전문가 점수	학생 점수
미술	내 손으로 만드는 동물	26	32
인문	세상을 바꾼 생각들	31	18
무용	스스로 창작	37	25
인문	역사랑 놀자	36	28
음악	연주하는 교실	34	34
연극	연출노트	32	30
미술	창의 예술학교	40	25
진로	항공체험 캠프	30	35

- 전문가와 학생은 후보로 선정된 프로그램을 각각 40점 만점제로 우선 평가하였다.
- 전문가 점수와 학생 점수의 반영 비율을 3:2로 적용하여 합산한 후, 하나밖에 없는 분야에 속한 프로그램에는 취득점수의 30%를 가산점으로 부여한다.
- A시는 가장 높은 점수를 받은 프로그램을 최종 선정하여 운영한다.

① 연주하는 교실

② 항공체험 캠프

③ 스스로 창작

④ 연출노트

⑤ 창의 예술학교

CHECK POINT

1. 가중치(반영 비율)와 가산점을 정확히 이해하고 적용할 수 있는가?
2. 선택지 간 비교를 통해 소거하는 방법으로 해결할 수 있는가?
3. 차이값을 활용하여 비교할 수 있는가?
4. 가산점 여부에 따른 감각적인 접근을 할 수 있는가?

해설

(1) 전문가 점수와 학생 점수의 반영 비율이 3:2이므로, 전문가 점수에 3을 곱한 값과 학생 점수에 2를 곱한 값의 합을 취득점수로 가정해 보자. 이 경우 각 프로그램별 취득점수와 가산점 여부는 다음과 같다.

프로그램명	전문가 점수	전문가 점수×3 (①)	학생 점수	학생 점수×2 (②)	취득점수 (①+②)	가산점 여부
내 손으로 만드는 동물	26	78	32	64	142	
세상을 바꾼 생각들	31	93	18	36	129	
스스로 창작	37	111	25	50	161	○
역사랑 놀자	36	108	28	56	164	
연주하는 교실	34	102	34	68	170	○
연출노트	32	96	30	60	156	○
창의 예술학교	40	120	25	50	170	
항공체험 캠프	30	90	35	70	160	○

취득점수의 절대적인 값이 중요한 것이 아니라, 상대적인 크기와 가산점 여부만이 A시가 '창의 테마파크'에서 운영할 프로그램을 최종 선정하는 데 영향을 끼치므로, 3:2의 반영 비율만 유지된다면 전문가 점수와 학생 점수에 다른 값을 곱하더라도 무방하다. 예를 들어, 전문가 점수에 0.6, 학생 점수에 0.4를 각각 곱하여도 된다.

(2) 가산점을 부여하기 전 취득점수가 가장 높은 프로그램은 '연주하는 교실'과 '창의 예술학교'이다. 그런데 '연주하는 교실'만 가산점을 부여받으므로 A시가 '창의 테마파크'에서 운영할 프로그램은 '연주하는 교실'이다.

준범쌤의 빠른 풀이 TIP

(1) 모든 프로그램의 취득점수와 가산점 여부를 계산하지 않고 선택지로 주어진 5개 프로그램만 비교하는 방식으로 접근해 보자.
(2) '창의 예술학교'는 가산점을 받지 못하고, 선택지로 주어진 나머지 4개 프로그램은 모두 가산점을 받는다. 따라서 가산점을 받는 4개 프로그램들은 각 프로그램들 간의 차이값을 활용하여 비교할 수 있다.
(3) '연출노트'는 '연주하는 교실'과 비교할 때, 전문가와 학생 점수가 모두 낮으므로 가장 높은 점수를 받은 프로그램이 될 수 없다.
(4) '항공체험 캠프'는 '연주하는 교실'과 비교할 때, 반영 비율이 3인 전문가 점수에서 4점 낮고, 반영 비율이 2인 학생 점수에서 1점 높으므로 '항공체험 캠프'는 가장 높은 점수를 받은 프로그램이 될 수 없다.
(5) '스스로 창작'은 '연주하는 교실'과 비교할 때, 반영 비율이 3인 전문가 점수에서 3점 높고, 반영 비율이 2인 학생 점수에서 9점 낮으므로 '스스로 창작'은 가장 높은 점수를 받은 프로그램이 될 수 없다.
(6) '창의 예술학교'는 '연주하는 교실'과 비교할 때, 반영 비율이 3인 전문가 점수에서 6점 높고, 반영 비율이 2인 학생 점수에서 9점 낮으므로 두 프로그램의 취득점수는 동일하다. 이때 '창의 예술학교'는 30%의 가산점을 받지 못하므로 가장 높은 점수를 받은 프로그램이 될 수 없다.
(7) 따라서 A시가 '창의 테마파크'에서 운영할 프로그램은 '연주하는 교실'이다.

참고

선택지로 주어진 5개 프로그램의 전문가 점수와 학생 점수가 25~40점으로 비슷하므로 30%의 가산점을 받지 못하는 프로그램은 매우 불리함을 추론할 수 있다. 따라서 가산점을 받지 못하는 '창의 예술학교'를 먼저 소거하고 접근하는 방법도 고려할 수 있다.

정답 ①

NCS 기출 변형 연습문제

04

다음 글과 [표]를 근거로 판단할 때, 甲~丁의 2019년 멤버십 등급으로 옳게 짝지어진 것을 고르면?

- G백화점은 매년 1월 1일에 전년도 멤버십 등급과 전년도 구매내역을 근거로 당해 연도 멤버십 등급을 부여한다.
- G백화점의 멤버십 등급은 '다이아', '골드', '실버', '브론즈', '일반' 다섯 가지이며, 각 등급 부여요건은 아래와 같다.

등급	부여요건(전년도 구매총액)
다이아	5,000만 원 이상
골드	2,000만 원 이상
실버	800만 원 이상
브론즈	100만 원 이상
일반	100만 원 미만

- 부여요건을 만족하는 등급이 여러 가지라면 그 중 가장 높은 등급을 부여한다.
- 단, 전년도 멤버십 등급보다 3단계 이상 높은 등급을 부여받을 수는 없다. 예컨대 멤버십 등급이 '일반'이었던 사람의 전년도 구매총액이 3천만 원이라면, '골드'가 아닌 '실버' 등급을 부여받는다.
- 전년도 구매총액이 전년도 멤버십 등급 부여요건의 80% 이상이라면, 부여받은 멤버십 등급은 당해 연도에 강등되지 않고 유지된다. 예컨대 전년도 멤버십 등급이 '실버'였던 사람의 전년도 구매총액이 700만 원이라면, 당해 연도 멤버십 등급은 브론즈가 아니라 실버이다.

※ '구매총액'이란 전년도 구매내역 금액의 총합을 말함.

[표] 2018년 구매내역

구분	2018년 멤버십 등급	품목		
		의류	화장품	귀금속
甲	브론즈	3,000만 원	1,000만 원	2,000만 원
乙	골드	800만 원	200만 원	650만 원
丙	다이아	900만 원	550만 원	2,500만 원
丁	실버	700만 원	500만 원	550만 원

※ G백화점의 판매 품목은 '의류', '화장품', '귀금속'뿐임.

	甲	乙	丙	丁
①	골드	골드	골드	실버
②	다이아	골드	다이아	실버
③	골드	골드	골드	골드
④	다이아	실버	다이아	골드
⑤	골드	실버	실버	다이아

해설

(1) 甲~丁의 2018년 구매총액을 구하면 다음과 같다.

구분	2018년 멤버십 등급	품목			구매총액
		의류	화장품	귀금속	
甲	브론즈	3,000만 원	1,000만 원	2,000만 원	6,000만 원
乙	골드	800만 원	200만 원	650만 원	1,650만 원
丙	다이아	900만 원	550만 원	2,500만 원	3,950만 원
丁	실버	700만 원	500만 원	550만 원	1,750만 원

(2) 甲~丁의 2019년 멤버십 등급은 다음과 같다.

甲: (골드) 2018년 멤버십 등급은 '브론즈'이다. 2018년 구매총액은 6,000만 원이므로 다이아 등급의 부여요건을 만족한다. 그러나 전년도 멤버십 등급보다 3단계 이상 높은 등급을 부여받을 수 없으므로 다이아 등급이 아닌 골드 등급을 부여받는다.

乙: (골드) 2018년 멤버십 등급은 '골드'이다. 2018년 구매총액은 1,650만 원이므로 골드 등급 부여요건을 만족하지 못한다. 그러나 전년도 멤버십 등급인 골드 등급 부여요건 기준액 2,000만 원의 80%인 1,600만 원 이상이므로 골드 등급을 유지할 수 있다.

丙: (골드) 2018년 멤버십 등급은 '다이아'이다. 2018년 구매총액은 3,950만 원이므로 다이아 등급 부여요건을 만족하지 못한다. 또한 전년도 멤버십 등급인 다이아 등급 부여요건 기준액 5,000만 원의 80%인 4,000만 원 이상도 충족하지 못하므로 '다이아' 등급이 유지되지 않는다. 따라서 丙은 골드 등급이 된다.

丁: (실버) 2018년 멤버십 등급은 '실버'이다. 2018년 구매총액은 1,750만 원이므로 丁은 2018년과 동일하게 '실버' 등급을 부여받는다.

(3) 따라서 2019년 멤버십 등급으로 甲, 乙, 丙은 골드, 丁은 실버를 부여받는다.

준범쌤의 빠른 풀이 TIP

단서에 의해 甲이 다이아 등급인 ②, ④를 소거하고 나면 丁의 등급이 모두 다르므로 丁의 등급을 확인함으로써 정답을 고를 수 있다.

정답 ①

04 선택지 대입법

1. 선택지 대입법의 의의

각 선택지를 대입하여 문제에서 요구하는 조건에 부합하는지를 판단하는 방식이다. NCS는 4지 선다형, 혹은 5지 선다형으로 구성되어 있는 객관식 시험이다. 따라서 질문지와 조건에서 요구하는 결과가 선택지 중에서 오직 하나만 존재하는 것이지, 이 결과 외에는 어떠한 경우에도 존재하지 않는 것으로 생각해서는 안 된다. 즉, 실제로는 가능한 결과나 상황이 더 존재할 수 있으며, 선택지 중에서 오직 하나만 존재한다면 해당 문제는 전혀 이상이 없는 것이다.

2. 선택지 대입법의 활용

이러한 객관식의 속성상 선택지를 대입하여 정답을 찾아가는 방법도 때에 따라서는 요긴하게 활용될 수 있다. 예를 들어 문제의 조건이 지나치게 많거나 어떤 순서로 해결해야 할지 도무지 떠오르지 않는다면, 선택지를 하나씩 대입해 보면서 정답을 찾는 것이다.

3. 선택지 대입법의 단점 및 보완

하지만 선택지 대입법은 대입 순서에 따라 정답 도출 시간이 달라진다는 단점이 있다. 따라서 선택지 소거법을 먼저 사용하여 일부 선택지를 소거한 후 남아 있는 선택지를 대입함으로써 이러한 단점을 보완하는 것이 바람직하다.

준범쌤이 알려주는 실전포인트!

1. 선택지 대입법

선택지를 직접 대입하여 성립하는 선택지를 찾는 것

2. 선택지 대입법의 활용

조건이 지나치게 많거나 해결 방법이 떠오르지 않을 때

3. 선택지 대입법의 단점

시간이 많이 걸릴 수 있음 → 선택지 소거법과 함께 사용하여 보완!

필수예제

01

2021년 7급공채 PSAT 상황판단 나책형 8번

다음 글을 근거로 판단할 때, 甲이 구매하려는 두 상품의 무게로 옳은 것은?

○○마트에서는 쌀 상품 A~D를 판매하고 있다. 상품 무게는 A가 가장 무겁고, B, C, D 순서대로 무게가 가볍다. 무게 측정을 위해 서로 다른 두 상품을 저울에 올린 결과, 각각 35kg, 39kg, 44kg, 45kg, 50kg, 54kg으로 측정되었다. 甲은 가장 무거운 상품과 가장 가벼운 상품을 제외하고 두 상품을 구매하기로 하였다.

※ 상품 무게(kg)의 값은 정수이다.

① 19kg, 25kg
② 19kg, 26kg
③ 20kg, 24kg
④ 21kg, 25kg
⑤ 22kg, 26kg

해설

STEP 1 **확정적인 정보는 무엇인가?**

앞에서 설명했듯이 '확정적인 정보'는 문제 해결의 실마리이다. 문제에서 쌀 상품 A~D를 두 상품씩 묶어 저울에 올린 결과 총 6개의 측정값을 제시하고 있는데, 이 중 4개의 측정값에 해당하는 쌀 상품 묶음은 확정적이다.

1) 쌀 상품 A의 무게를 a, 쌀 상품 B의 무게를 b, 쌀 상품 C의 무게를 c, 쌀 상품 D의 무게를 d라고 한다면, 다음의 확정된 4개의 측정값에 해당하는 식을 만들 수 있다.
   i) $a+b=54$
   ii) $a+c=50$
   iii) $b+d=39$
   iv) $c+d=35$
2) 식 i)에서 식 ii)를 빼면, v) $b-c=4$가 도출된다.
   식 ii)에서 식 iv)를 빼면, vi) $a-d=15$가 도출된다.
3) b+c에 해당하는 측정값과 a+d에 해당하는 측정값은 정확히 알 수 없으나, 44kg 또는 45kg 중 하나라는 것만 알 수 있다.

STEP 2 **선택지 소거법을 적극적으로 활용하였는가?**

선택지 소거법은 조건에 위배되어 정답이 될 수 없는 선택지를 지워나가는 방법으로 이를 적극적으로 활용하면 자신감 상승과 함께 득점 확률 역시 상승한다. 주어진 문제에서는 확정적인 정보를 통해 가장 무거운 상품인 a와 가장 가벼운 상품인 d를 제외한 두 상품 b, c를 구하고 있다.

1) 앞서 확정적인 정보를 통해 $b-c=4$를 도출하였으므로 도출한 차이값에 부합하지 않은 선택지를 소거할 수 있다.
2) 선택지 소거법을 활용하면 ①, ②가 소거된다.

STEP 3 **선택지 소거법으로 정답 범위를 줄인 후 남은 선택지를 대입해보았는가?**

질문의 요구에 부합하는 정답은 선택지 중에서 오직 하나만 존재한다. 이러한 객관식 시험의 속성상 선택지를 대입하여 정답을 찾아가는 방법은 요긴하게 활용될 수 있다. 또한 선택지 소거법을 먼저 활용하여 일부 선택지를 소거한 후 남아있는 선택지를 대입하면 효과적이다. 주어진 문제에서 선택지 소거법을 통해 정답 범위를 ③~⑤로 줄인 후 남은 선택지에 선택지 대입법을 활용하면 다음과 같다.

1) 남아있는 ③~⑤는 선택지 소거법에 따라 상품 간 무게 차이가 4kg인 조건을 충족하였으므로, 두 상품의 무게가 합쳐서 44kg 또는 45kg인 조건을 충족하는지 여부를 검토해본다.
   ③ 두 상품의 무게가 합쳐서 44kg(=20kg+24kg)으로 조건을 충족한다. (○)
   ④ 두 상품의 무게가 합쳐서 46kg(=21kg+25kg)으로 조건에 위배된다. (×)
   ⑤ 두 상품의 무게가 합쳐서 48kg(=22kg+26kg)으로 조건에 위배된다. (×)

정답 ③

기본유형 연습문제

02

○○식당에서는 김치찌개, 제육덮밥, 돈가스, 고등어구이를 판매하고 있다. 최근 이 식당에서 음식을 먹고 배탈이 났다는 손님들이 있었다. 아래의 사례를 참고할 때, 다음 중 반드시 거짓인 경우를 고르면?(단, 배탈을 유발하는 음식은 모든 사람에게 배탈을 유발한다.)

- 배탈 원인이 된 메뉴는 김치찌개, 제육덮밥, 돈가스, 고등어구이 중 하나이다.
- 각 손님이 먹은 음식과 배탈 발생 여부는 아래와 같다.

손님 A	김치찌개와 돈가스를 먹고, 제육덮밥과 고등어구이를 먹지 않은 경우, 배탈이 났다.
손님 B	김치찌개와 제육덮밥을 먹고, 돈가스와 고등어구이를 먹지 않은 경우, 배탈이 났다.
손님 C	제육덮밥과 돈가스를 먹고, 김치찌개와 고등어구이를 먹지 않은 경우, 배탈이 났다.
손님 D	돈가스와 고등어구이를 먹고, 김치찌개와 제육덮밥을 먹지 않은 경우, 배탈이 나지 않았다.
손님 E	김치찌개와 고등어구이를 먹고, 제육덮밥과 돈가스를 먹지 않은 경우, 배탈이 나지 않았다.
손님 F	제육덮밥과 고등어구이를 먹고, 김치찌개와 돈가스를 먹지 않은 경우, 배탈이 났다.

① 손님 A, B, D의 사례만을 고려하면, 김치찌개가 배탈의 원인이다.
② 손님 A, C, D의 사례만을 고려하면, 돈가스가 배탈의 원인이다.
③ 손님 B, C, D의 사례만을 고려하면, 제육덮밥이 배탈의 원인이다.
④ 손님 B, C, E의 사례만을 고려하면, 고등어구이는 배탈의 원인이 아니다.
⑤ 손님 D, E, F의 사례만을 고려하면, 제육덮밥이 배탈의 원인이다.

CHECK POINT

1. 주어진 정보를 도표화하여 해결할 수 있는가?
2. 선택지 대입법을 활용할 수 있는가?

해설

손님들이 먹은 음식과 배탈 여부를 정리하면 다음과 같다.

구분	김치찌개	제육덮밥	돈가스	고등어구이	배탈 여부
손님 A	○	×	○	×	○
손님 B	○	○	×	×	○
손님 C	×	○	○	×	○
손님 D	×	×	○	○	×
손님 E	○	×	×	○	×
손님 F	×	○	×	○	○

손님 D는 돈가스를 먹었는데도 배탈이 나지 않았으므로 돈가스는 배탈의 원인이 아니다.

(오답풀이)

① 손님 D에 의하면 돈가스와 고등어구이는 배탈의 원인이 아니므로 손님 A와 B가 공통으로 먹은 김치찌개가 배탈의 원인이다.
③ 손님 D에 의하면 돈가스와 고등어구이는 배탈의 원인이 아니므로 손님 B와 C가 공통으로 먹은 제육덮밥이 배탈의 원인이다.
④ 손님 B와 C는 고등어구이를 먹지 않았는데도 배탈이 났고, 손님 E는 고등어구이를 먹었는데도 배탈이 나지 않았으므로 고등어구이는 배탈의 원인이 아니다.
⑤ 손님 D와 E에 의하면 고등어구이는 배탈의 원인이 아닌데 손님 F는 제육덮밥과 고등어구이를 먹고 배탈이 났으므로 결국 제육덮밥이 배탈의 원인이다.

준범쌤의 빠른 풀이 TIP

손님 세 명의 사례를 동시에 확인하여 배탈의 원인이 무엇인지 직접 찾는 것은 비효율적이다. 각 선택지의 내용을 대입하여 모순이 없는지 확인하는 방법을 통해 시간을 단축할 수 있다.
예를 들면, ①의 경우 손님 A는 김치찌개를 먹었고 배탈이 남, 손님 B는 김치찌개를 먹고 배탈이 남, 손님 D는 김치찌개를 먹지 않고 배탈이 나지 않았으므로 김치찌개가 배탈의 원인이라는 내용이 옳다. 마찬가지로 나머지 선택지도 처리할 수 있다. ②에서는 손님 A는 돈가스를 먹었고 배탈이 남, 손님 C는 돈가스를 먹고 배탈이 남, 손님 D는 돈가스를 먹었고 배탈이 나지 않았으므로 돈가스는 배탈의 원인이 아니다. 답이 나왔다면 더 이상 풀지 않도록 한다.

정답 ②

PSAT 기출 연습문제

03

2019년 5급공채 PSAT 상황판단 가책형 30번

다음 글을 근거로 판단할 때, 길동이가 오늘 아침에 수행한 아침 일과에 포함될 수 없는 것은?

길동이는 오늘 아침 7시 20분에 기상하여, 25분 후인 7시 45분에 집을 나섰다. 길동이는 주어진 25분을 모두 아침 일과를 쉼없이 수행하는 데 사용했다.

아침 일과를 수행하는 데 정해진 순서는 없으며, 같은 아침 일과를 두 번 이상 수행하지 않는다.

단, 머리를 감았다면 반드시 말리며, 각 아침 일과 수행 중에 다른 아침 일과를 동시에 수행할 수는 없다. 각 아침 일과를 수행하는 데 소요되는 시간은 아래와 같다.

아침 일과	소요 시간
샤워	10분
세수	4분
머리 감기	3분
머리 말리기	5분
몸치장 하기	7분
구두 닦기	5분
주스 만들기	15분
양말 신기	2분

① 세수
② 머리 감기
③ 구두 닦기
④ 몸치장 하기
⑤ 주스 만들기

CHECK POINT

1. 질문: "아침 일과에 포함될 수 없는 것은?"
   → 포함될 수 있는 것은 소거 가능
   → 선택지 소거법 활용 가능
2. 조건 분석
   ① 주어진 25분 모두 사용, 쉼없이 수행 → 정확히 25분 전부 사용
   ② 정해진 순서 없음: 표를 순서로 인식하는 실수 주의
   ③ 두 번 이상 수행하지 않음: 0회 or 1회만 → 모든 일과를 수행해야 하는 것은 아님
   ④ 머리를 감았다면 반드시 말림: 사실상 하나! → (머리 감기+머리 말리기)=8분
3. 선택지 대입법
   '세수'를 대입하여 불가능함을 확인 → 선택지 배열에 따라 해결 시간 달라짐
4. 선택지 소거법
   → 큰 덩어리부터 처리: 포함 여부 확인 용이
   → ⑤ 주스 만들기, ② 머리 감기의 순으로 확인

해설

(1) 길동이는 아침 일과를 수행하는 데 주어진 25분을 모두 사용했고, 정해진 순서는 없으며, 같은 아침 일과를 두 번 이상 수행하지 않는다. 단, 머리를 감았다면 반드시 말리며, 각 아침 일과 수행 중에 다른 아침 일과를 동시에 수행할 수는 없다.
(2) 길동이가 수행할 수 있는 아침 일과의 조합은 다음과 같다.
(샤워, 주스 만들기)=(10분, 15분)
(샤워, 머리 감기, 머리 말리기, 몸 치장하기)=(10분, 3분, 5분, 7분)
(샤워, 머리 감기, 머리 말리기, 구두 닦기, 양말 신기)=(10분, 3분, 5분, 5분, 2분)
(3) 따라서 길동이가 오늘 아침에 수행한 아침 일과에 포함될 수 없는 것은 '세수'이다.

준범쌤의 빠른 풀이 TIP

(1) 선택지를 대입하여 해결한다. 이때 머리 감기와 머리 말리기는 합쳐서 8분으로 고려하여야 한다.
(2) 세수는 4분이 걸리는데 남은 21분을 채울 수 있는 방법은 없다. 따라서 정답은 ①이다.

정답 ①

04

다음 글과 [표]를 근거로 판단할 때, 甲의 성격 유형을 고르면?

- 甲, 乙, 丙, 丁, 戊는 각각 MBTI 성격 유형 검사를 실시한다.
- MBTI 성격 유형 검사는 4개의 선호 지표를 나타내는 알파벳으로 구성되어 있다. 4개의 선호 지표는 각각 2가지 방향성을 가져 수검자는 총 16가지 성격 유형 중 하나로 분류된다.
- 4개의 선호 지표와 각각의 2가지 방향성은 다음과 같다.

선호 지표	방향성
심리적 에너지	E(외향) ↔ I(내향)
인식 기능	S(감각) ↔ N(직관)
판단 기능	T(사고) ↔ F(감정)
생활 양식	J(판단) ↔ P(인식)

- 임의의 두 사람의 성격 유형 중 일치하는 선호 지표에 10점씩 부여한 것을 두 사람 사이의 '성격 궁합 점수'라 한다.

[표] 수검자별 성격 유형 및 성격 궁합 점수

수검자	성격 유형	甲과의 성격 궁합 점수
乙	ESTJ	20점
丙	ENTP	20점
丁	ISTP	20점
戊	( )SF( )	10점

① ISTP

② INFJ

③ INTJ

④ ESFP

⑤ ESTJ

해설

(1) 甲의 성격 유형 중 심리적 에너지 방향이 E인 경우, 丁과의 성격 궁합 점수가 20점이 되게 하는 甲의 성격 유형으로 가능한 것은 ESTJ, ESFP, ENTP 3가지이다. 이 중 甲의 성격 유형이 ESTJ인 경우 乙과 甲의 성격 궁합 점수는 40점이므로 모순이며, 甲의 성격 유형이 ENTP인 경우 丙과 甲의 성격 궁합 점수는 40점이므로 모순이다. 甲의 성격 유형이 ESFP인 경우 乙과 甲의 성격 궁합 점수는 20점, 丙과 甲의 성격 궁합 점수는 20점, 丁와 甲의 성격 궁합 점수는 20점이 된다. 그러나 이 경우 戊와의 성격 궁합 점수는 최소 20점 이상이 되므로 모순이다. 따라서 甲의 성격 유형 중 심리적 에너지 방향은 E가 아니라 I이다.

(2) 이때 乙과의 성격 궁합 점수가 20점이 되게 하는 甲의 성격 유형으로 가능한 것은 ISTP, ISFJ, INTJ 3가지이다. 이 중 甲의 성격 유형이 ISTP인 경우 丁과 甲의 성격 궁합 점수는 40점이므로 모순이며, 甲의 성격 유형이 ISFJ인 경우 丙과 甲의 성격 궁합 점수는 0점이므로 모순이다.

(3) 끝으로 甲의 성격 유형이 INTJ인 경우 乙과 甲의 성격 궁합 점수는 20점, 丙과 甲의 성격 궁합 점수는 20점, 丁와 甲의 성격 궁합 점수는 20점이 된다. 이 경우 戊와의 성격 궁합 점수도 10점이 가능하다. 따라서 甲의 성격 유형은 INTJ이다.

준범쌤의 빠른 풀이 TIP

선택지 대입법을 활용하면 쉽게 해결할 수 있는 문제이다.

정답 ③

05 끝자리 비교법

1. 끝자리 비교법의 의의

문제가 계산형이면서 선택지가 숫자인 경우에 활용할 수 있는 선택지 처리 방식이다.

준범쌤의 1타 강의

제가 계속해서 강조하는 것 중 하나가 NCS 필기시험은 주관식이 아니라 객관식 시험이라는 점입니다. 따라서 계산형 문제를 만났을 때에는 정확한 계산의 결과보다는 선택지 중에서 어떤 것이 답인지가 중요합니다. 이때 특정한 자리의 수가 선택지마다 다르다면, 그 부분을 중점적으로 확인하는 것이죠. 이 접근법은 비단 문제해결능력뿐만 아니라 수리능력에서도 유용하게 쓰일 수 있습니다.

2. 끝자리 비교법 활용 시 주의할 점

선택지마다 일의 자리가 0, 2, 4, 6, 8처럼 모두 다르거나, 10,000원, 12,000원처럼 0을 제외한 가장 마지막 자릿수가 모두 다르다면 그 부분만 계산하면 되기 때문에 비교적 쉽게 처리할 수 있다.

그러나 132, 142, 152처럼 중간 자리만이 다른 경우라면 일의 자리에서 올라오는 수를 감안해야 하고, 이때 실수가 발생할 수 있으니 주의해야 한다.

3. 자신감!

끝자리 비교법은 끝자리부터 계산하는 우리의 일반적인 사고를 그대로 적용하면 되기 때문에 어렵지 않다. 다만 계산을 끝까지 하지 않고 필요한 부분까지만 한다는 점이 처음에는 낯설게 느껴질 수 있다. 그러나 특별한 스킬을 요하는 부분이 아니므로 익숙해지기만 한다면 시간을 쉽게 줄일 수 있는 방법이다.

준범쌤이 알려주는 실전포인트!

1. 끝자리 비교법
   → 계산형&선택지가 숫자이면서 특정 자릿수가 다른 경우에 적용
   → 모든 값을 정확히 계산하지 않고도 숫자가 다른 자릿수만 처리
   → 일부 선택지 소거 후에 활용하는 접근도 좋음
2. 해결 순서
   ① 선택지 형태가 숫자로만 이루어졌는지 확인하기
   ② 소거할 수 있는 선택지가 있다면 소거하기 ㉮ 전제의 처리
   ③ 각 선택지별 어떤 자릿수가 다른지 살펴보기
   ④ 해당 자릿수에 영향을 주는 공식과 정보만 처리하기
3. 계산 문제 득점=자신감+침착함

필수예제

01

2021년 5급공채 PSAT 상황판단 가책형 8번

다음 글을 근거로 판단할 때, ㉠과 ㉡을 옳게 짝지은 것은?

> 동물로봇공학에서는 다양한 형태의 동물 로봇을 개발한다. 로봇 연구자들이 가장 본뜨고 싶어 하는 곤충은 미국바퀴벌레이다. 이 바퀴벌레는 초당 150cm의 속력으로 달린다. 이는 1초에 몸길이의 50배가 되는 거리를 간다는 뜻이다. 신장이 180cm인 육상선수가 1초에 신장의 50배가 되는 거리를 가려면 시속 (㉠)km로 달려야 한다. 이 바퀴벌레의 걸음걸이를 관찰한 결과, 모양이 서로 다른 세 쌍의 다리를 달아주면 로봇의 보행 속력을 끌어올릴 수 있는 것으로 밝혀졌다.
>
> 한편 동물로봇공학에서는 수중 로봇에 대한 연구도 활발하다. 바닷가재나 칠성장어의 운동 능력을 본뜬 수중 로봇도 연구되고 있다. 미국에서 개발된 바닷가재 로봇은 높이 20cm, 길이 61cm, 무게 2.9kg으로, 물속의 기뢰제거에 사용될 계획이다. 2005년 10월에는 세계 최초의 물고기 로봇이 영국 런던의 수족관에 출현했다. 길이 (㉡)cm, 두께 12cm인 이 물고기 로봇은 미국바퀴벌레의 1/3 속력으로 헤엄칠 수 있다. 수중에서의 속력이라는 점을 감안하면 엄청난 수준이다. 이는 1분에 몸길이의 200배가 되는 거리를 간다는 뜻이다. 이 물고기 로봇은 해저탐사나 기름 유출의 탐지 등에 활용될 것으로 전망되었다.

	㉠	㉡
①	81	5
②	162	10
③	162	15
④	324	10
⑤	324	15

해설

STEP 1 **기준을 정확히 처리하였는가?**

제시문에서 기준이 되는 단위가 시, 분, 초와 같이 여러 가지로 표현될 때에는 정확한 처리가 요구된다.
주어진 문제에서도 기준이 되는 단위가 여러 가지로 표현되고 있으므로 ㉠, ㉡에서 요구하는 기준으로 바꾸면 다음과 같다.

> 1) ㉠을 먼저 살펴보자. 신장이 180cm인 육상선수가 1초에 신장의 50배가 되는 거리를 가려면 180×50=9,000(cm)로 달려야 한다. 9,000cm=90m=0.09km이므로 초속 0.09km이다. 이때 1시간=3,600초이므로 0.09km/s를 시속으로 바꾸면, 0.09×3,600=324(km/h)가 된다. 따라서 ㉠은 324이다.
> 2) 미국바퀴벌레는 초당 150cm의 속력으로 달리므로 미국바퀴벌레의 1/3 속력은 50cm/s이다. 이를 분속으로 바꾸면, 1분=60초이므로 50cm/s×60s=3,000(cm/min)이 된다. 마지막 문단 끝에서 두 번째 문장에서 물고기 로봇은 1분에 몸길이의 200배가 되는 거리를 간다고 했으므로, 물고기 로봇의 몸길이의 200배는 3,000cm이다. 따라서 물고기 로봇의 몸길이는 3,000÷200=15(cm)가 된다. 따라서 ㉡은 15이다.

STEP 2 **끝자리가 다름을 활용하였는가?**

특정 자릿수가 선택지마다 다르다면, 그 부분을 중점적으로 확인하는 것이 효과적이다. 주어진 문제에서도 선택지마다 끝자리가 ㉠은 1, 2, 4로 다르고, ㉡은 0, 5로 다름을 확인할 수 있다. 이러한 경우, 계산과정을 통해 정확한 값을 도출하기보다는 끝자리만 구함으로써 효과적으로 해결할 수 있다.

정답 ⑤

기본유형 연습문제

02

다음 [표]는 기업에서 에너지를 절약할 수 있는 방법과 그에 따른 절약률을 정리한 자료이다. 원래 기업의 전기 요금이 1천만 원이고, 수도 요금이 5백만 원일 때 사용하지 않는 기기 플러그 뽑기, 승강기 대신 계단 이용하기, 절수 페달 사용하기를 실천하는 경우 절약되는 요금의 총액은 얼마인지 고르면?

[표] 기업 에너지 절약 방법에 따른 절약률

방법		절약률(%)
절전	사용하지 않는 기기 플러그 뽑기	2.74
	LED 조명 사용하기	1.81
	승강기 대신 계단 이용하기	3.06
	에어컨 온도 26℃ 이상으로 설정하기	4.60
절수	양치컵 사용하기	1.22
	절수 페달 사용하기	3.18

※ 절약률은 각 요금에 대해 절약되는 비율을 의미함. 즉, 원래 수도 요금이 10,000원이었다면 양치컵을 사용한 경우 122원이 절약됨.
※ 세 가지 이상의 에너지 절약 방법을 실천하는 경우, 절약된 금액에서 추가로 20%만큼을 더 절약할 수 있음.

① 845,700원
② 868,200원
③ 886,800원
④ 903,000원
⑤ 921,600원

CHECK POINT

1. 주석의 내용을 간과하지 않았는가?
2. 계산을 한 번에 처리할 수 있는가?

해설

(1) 사용하지 않는 기기 플러그 뽑기, 승강기 대신 계단 이용하기를 실천할 경우 전기 요금에서 각각 2.74%, 3.06%를 절약할 수 있다. 전기 요금이 1천만 원이므로 절약되는 금액은 $1,000\times\frac{2.74}{100}=27.4$(만 원)과 $1,000\times\frac{3.06}{100}=30.6$(만 원)으로 총 58만 원이다.

(2) 절수 페달 사용하기를 실천할 경우 수도 요금에서 3.18%를 절약할 수 있다. 수도 요금이 5백만 원이므로 절약되는 금액은 $500\times\frac{3.18}{100}=15.9$(만 원)이다.

(3) 추가 절약 전 전체 절약 금액은 58+15.9=73.9(만 원)이다.

(4) 세 가지의 에너지 절약 방법을 실천하므로 절약된 금액에서 20%를 추가로 절약할 수 있다.

(5) 따라서 739,000×1.2=886,800(원)이다.

준범쌤의 빠른 풀이 TIP

선택지의 백의 자리가 7, 2, 8, 0, 6으로 모두 다르다는 것을 이용한다. 수도 요금은 전기 요금의 $\frac{1}{2}$이고, 전기 요금이 1천만 원으로 단순하기 때문에 절수 페달 사용 시 절약되는 3.18%를 절반으로 줄여 한 번에 계산할 수 있다. 추가 절약 전의 전체 절약률은 $2.74+3.06+\frac{3.18}{2}=7.39$(%)로 $1,000\times\frac{7.39}{100}=73.9$(만 원)이 절약되고, 여기에 추가 20%를 더 절약할 수 있으므로 1.2를 곱하면 백의 자리는 8이 된다.

정답 ③

PSAT 기출 연습문제

03

2018년 5급공채 PSAT 상황판단 나책형 11번

다음 글을 근거로 판단할 때, 선수 A와 B의 '합계점수'를 더하면?

스키점프는 스키를 타고 급경사면을 내려오다가 도약대에서 점프하여 날아가 착지하는 스포츠로, 착지의 기준점을 뜻하는 K점에 따라 경기 종목이 구분된다. 도약대로부터 K점까지의 거리가 75m 이상 99m 이하이면 '노멀힐', 100m 이상이면 '라지힐' 경기이다. 예를 들어 '노멀힐 K-98'의 경우 도약대로부터 K점까지의 거리가 98m인 노멀힐 경기를 뜻한다.

출전선수의 점수는 '거리점수'와 '자세점수'를 합산하여 결정되며, 이를 '합계점수'라 한다. 거리점수는 도약대로부터 K점을 초과한 비행거리 1m당 노멀힐의 경우 2점이, 라지힐의 경우 1.8점이 기본점수 60점에 가산된다. 반면 K점에 미달하는 비행거리 1m당 가산점과 같은 점수가 기본점수에서 차감된다. 자세점수는 날아가는 동안의 자세, 균형 등을 고려하여 5명의 심판이 각각 20점 만점을 기준으로 채점하며, 심판들이 매긴 점수 중 가장 높은 것과 가장 낮은 것을 각각 하나씩 제외한 나머지를 합산한 점수이다.

다음은 선수 A와 B의 경기 결과이다.

〈경기 결과〉

출전종목	선수	비행거리(m)	자세점수(점)				
			심판1	심판2	심판3	심판4	심판5
노멀힐 K-98	A	100	17	16	17	19	17
라지힐 K-125	B	123	19	17	20	19.5	17.5

① 226.6

② 227

③ 227.4

④ 364

⑤ 364.4

CHECK POINT

1. 질문지 목표를 정확히 이해하였는가?
2. 제시문 구조를 파악할 수 있는가?
3. 반드시 모든 계산을 하여야만 하는가?
4. 선택지를 활용함으로써 빠르게 정답을 찾을 수 있는가?

해설

(1) 선수 A와 B의 경기 결과를 바탕으로 '거리점수'와 '자세점수', 그리고 '합계점수'를 구하면 아래와 같다.

출전종목	선수	비행거리 (m)	거리점수(점)	자세점수(점)					자세점수 (점)	합계점수 (점)
				심판1	심판2	심판3	심판4	심판5		
노멀힐 K-98	A	100	60+2×(100-98)=64	17	~~16~~	17	~~19~~	17	51	115
라지힐 K-125	B	123	60-1.8×(125-123)=56.4	19	~~17~~	~~20~~	19.5	17.5	56	112.4

(2) 따라서 선수 A와 B의 '합계점수'를 더하면 115+112.4=227.4이므로 정답은 ③이다.

준범쌤의 빠른 풀이 TIP

(1) 선수 A와 B의 '합계점수'는 선수 A와 B의 '거리점수'와 '자세점수'를 합산한 값이다. 이때 거리점수는 기본점수 60점에 도약대로부터 K점을 초과 혹은 미달한 비행거리 1m당 가산 혹은 차감하게 되는데, A와 B의 비행거리는 K점에서 큰 차이를 보이지 않으므로 선수 A와 B의 거리점수는 대략 60점임을 알 수 있다.

(2) 자세점수는 심판들이 매긴 점수 중 가장 높은 것과 가장 낮은 것을 각각 하나씩 제외한 나머지를 합산한 점수이므로 결국 3명의 심판들이 매긴 점수의 합이고, 모든 심판들의 자세점수는 16점~20점이므로 선수 A와 B의 자세점수 역시 대략 60점임을 알 수 있다.

(3) 따라서 선수 A와 B의 '합계점수'는 대략 240점이므로 ④와 ⑤는 정답이 될 수 없다.

(4) ①~③ 사이에 차이가 나는 부분은 소수 첫째 자리뿐이다. 심판들이 매긴 점수 중 가장 높은 것과 가장 낮은 것을 각각 하나씩 제외한 나머지를 합산한 점수는 정수임을 쉽게 알 수 있으므로 자세점수 역시 정수임을 알 수 있다. 따라서 소수 첫째 자리에 영향을 미치는 것은 오직 라지힐의 거리점수뿐이므로 이 값의 소수 첫째 자리만 구하면 정답은 ③임을 알 수 있다.

정답 ③

NCS 기출 변형 연습문제

04

다음 글과 [표]를 근거로 판단할 때, 민경이가 [표]의 모든 화장품들을 가장 저렴하게 구매하기 위해 지불해야 하는 총액을 고르면?(단, 민경이는 화장품을 여러 번에 나누어 구매할 수 있으며, 모든 쿠폰은 결제 시 사용할 수 있다.)

민경이는 8월 25일에 파리로 출국할 예정이며, 오늘은 8월 3일이다. 민경이는 출국 전 인터넷면세점에서 면세물품을 구입하기 위해 신규가입을 하고, 출국정보를 입력하려고 한다. 또한 출국 전 모든 물건에 대한 결제를 완료해야 한다. 각 쿠폰의 혜택과 사용 조건은 다음과 같다.

- 위클리(weekly) 쿠폰 결제액에서 10,000원이 할인된다. 매주 쿠폰이 발급되며 해당 주에만 사용 가능하다. 발급 및 사용기간은 다음과 같다.

1차 : 8. 1. ~ 8. 8.	2차 : 8. 9. ~ 8. 15.
3차 : 8. 16. ~ 8. 22.	4차 : 8. 23. ~ 8. 31.

- 신규가입 쿠폰 신규가입 시 1회 발급되며, 결제액에서 5,000원이 할인된다.
- 출국정보 입력쿠폰 출국정보 입력 시 1회 발급되며, 결제액에서 10,000원이 할인된다.
- 10% 할인쿠폰 결제액이 10만 원 이상인 경우 매월 1회 사용가능하며, 결제액에서 10%가 할인된다.

단, 위클리 쿠폰만 타 쿠폰과 중복 사용이 가능하며, 이 경우 타 쿠폰을 먼저 사용한다. 즉, 위클리 쿠폰을 제외한 다른 쿠폰 간에는 중복 사용이 불가하다.

[표] 구매목록

화장품	면세점 가격
클렌징 워터 500ml	21,000원
수분크림 125ml	62,000원
틴트 6ml	37,000원
핸드크림 75ml	22,000원
향수 60ml	54,000원

① 124,900원 ② 129,400원 ③ 131,100원
④ 138,500원 ⑤ 139,700원

해설

(1) 민경이가 [표]의 모든 화장품들을 가장 저렴하게 구매하기 위해서는 발급 가능한 쿠폰을 모두 발급받은 후 화장품들을 나누어 구매하여야 한다.

(2) 오늘이 8월 3일이고, 출국 예정일이 8월 25일이므로 민경이는 위클리 쿠폰 4장을 모두 사용할 수 있다. 따라서 총 4번에 나누어 구매하여야 한다. 또한, 한 번은 10% 할인쿠폰 사용을 위하여 결제액이 10만 원 이상이 되도록 한다.

(3) 먼저, 위클리 쿠폰 4장을 모두 사용하려면 한 번은 2개의 화장품을 함께 구매하고 나머지 세 번은 각각 하나씩 구매하여야 한다. 화장품 2개의 가격을 합하여 결제액이 10만 원 이상인 화장품은 '수분크림과 향수'이다. 따라서 수분크림과 향수는 '위클리 쿠폰'과 '10% 할인쿠폰'을 사용하여 한 번에 구매한다.

62,000+54,000=116,000(원)

→ 10% 할인 후: 104,400원

→ 위클리 쿠폰 사용 후: 94,400원

(4) 나머지 3개의 화장품은 한 주씩 세 번에 나누어 구매한다. 이 중 두 번은 각각 신규가입 쿠폰과 출국정보 입력쿠폰을 사용할 수 있다. 따라서 나머지 3개의 화장품 총액에서 위클리 쿠폰 3장 30,000원과 신규가입 쿠폰 5,000원, 출국정보 입력쿠폰 10,000원이 할인되어 총 45,000원이 할인된다.

21,000+37,000+22,000=80,000(원)

→ 쿠폰 할인 후: 35,000원

(5) 따라서 민경이가 [표]의 모든 화장품들을 가장 저렴하게 구매하기 위해 지불해야 하는 총액은 94,400+35,000=129,400(원)이다.

준범쌤의 빠른 풀이 TIP

각 선택지의 백의 자릿수가 모두 다르므로 끝자리 비교법을 활용하여 해결할 수 있다.

정답 ②

에듀윌이
너를
지지할게

ENERGY

되고 싶은 사람의 모습에
자신의 현재의 모습을 투영하라.

– 에드가 제스트(Edgar Jest)

유형별 필수 전략&적용하기

PART 2

CHAPTER 01

논리추론형

01 논리형

1) 명제논리

1. 명제논리의 의의

명제란 참 또는 거짓을 판별할 수 있는 진술을 의미한다. 명제를 이용한 문제의 유형에는 주어진 명제들을 바탕으로 하여 반드시 참(거짓)인 명제를 찾거나, 참말 또는 거짓말을 하는 사람들로부터 정보를 얻는 유형 등이 있다. 이러한 문제들의 경우 해결 방식이 대체로 정해져 있으므로 최소한의 이론을 숙지하고 반복하여 연습하는 것이 중요하다.

명제논리 유형을 위해 수많은 논리 이론들을 공부하고 외우는 것은 비효율적이다. 출제 경향을 보면 어려운 수준의 문제는 거의 출제되지 않고, 기본적인 이론들만 알고 있으면 충분히 해결할 수 있는 문제들이 대부분이기 때문이다.

2. 기호화하기

명제논리 문제에서 가장 먼저 해야 할 일은 여러 명제를 단순하게 기호화하는 것이다.

준범쌤의 1타 강의

일반적으로 기호화에 사용하는 네 가지 기호는 다음과 같습니다.

1. ~P: P가 아니다(부정)
2. P&Q: P 그리고 Q이다, P이고 Q이다.
   (P∧Q로 쓰기도 하지만 '또는'의 기호 '∨'와 자칫 헷갈릴 수 있기 때문에 &를 사용하는 것을 추천합니다.)
3. P∨Q: P 또는 Q이다, P이거나 Q이다.
   (P 또는 Q이지만 P가 성립한다면 Q가 성립하지 않고, Q가 성립한다면 P가 성립하지 않는 배타적인 관계, 즉 둘 중 하나만 성립하는 관계는 P(∨)Q로 표현합니다.)
4. P ⟶ Q: P이면 Q이다, 오직 Q만이(오직 Q인 경우에만) P이다.
   (조건으로 이루어져 있어 '조건 명제'라 하고, P를 전건, Q를 후건이라 합니다.)

P와 Q는 각각 명제이지만 실전에서 기호화할 때는 주요 단어만을 사용하여 표현한다. 예를 들어 '수학을 잘한다.'와 '수학을 잘하는 것은 아니다.'는 '수학', '~수학'으로 간단히 처리한다. 문제에서 주어진 명제를 빨리 변환할 수 있도록 반복해서 연습해야 한다.

3. 명제의 참과 거짓

기호화에서 사용되는 P와 Q뿐만 아니라, P&Q, P∨Q, P → Q도 각각 하나의 명제이다. 명제에서는 참과 거짓을 판별하는 것이 중요한데, P가 참인 경우 ~P는 거짓이고 P&Q는 P와 Q가 모두 참인 경우에만 참이며, P∨Q는 P와 Q 중 하나만 참이어도 참이다. P → Q의 경우는 조금 특이한데, P가 참이고 Q가 거짓인 경우에만 거짓이 되고, 나머지 경우는 모두 참이다. 따라서 P → Q는 ~P∨Q와 동일하다. 이상을 표로 정리하면 다음과 같다.

P	Q	~P	P&Q	P∨Q	P → Q
참	참	거짓	참	참	참
참	거짓	거짓	거짓	참	거짓
거짓	참	참	거짓	참	참
거짓	거짓	참	거짓	거짓	참

4. 조건명제의 역, 이, 대우

조건명제 P → Q에서 P와 Q의 위치, 부정에 따라 다음 세 가지 형태의 조건명제로 나눌 수 있다.

암기 ① 역: Q이면 P이다.(Q → P)
② 이: P가 아니면 Q가 아니다.(~P → ~Q)
③ 대우: Q가 아니면 P가 아니다.(~Q → ~P)

'역', '이', '대우' 중 문제를 해결하는 데 있어서 가장 중요한 것은 '대우'이다. '대우'는 원래의 조건명제와 동일하다. 따라서 **'대우'의 참과 거짓 여부는 원래 조건명제의 참과 거짓 여부와 동일하지만, '역'과 '이'의 참과 거짓 여부는 원래의 조건명제와 논리적 관련이 전혀 없으므로** 만약 선택지에서 이것들의 참과 거짓 여부를 단정 짓는다면 옳지 않은 선택지가 된다.

5. 모순: 동시에 참이 될 수도, 거짓이 될 수도 없는 관계

명제논리에서 또 하나의 중요한 개념은 '모순'이다. **모순이란 동시에 참이 될 수도 없고 동시에 거짓이 될 수도 없는 관계**이다. 즉, 하나가 참이라면 다른 하나는 거짓이 되고, 하나가 거짓이라면 다른 하나는 참이 된다.

단순하게 생각하면, 명제 전체를 부정하는 경우 원래의 명제와 부정 명제는 모순관계가 된다. 즉, P와 ~P는 모순관계이다. P&Q의 부정 형태인 ~(P&Q)는 ~P∨~Q이고, P∨Q의 부정 형태인 ~(P∨Q)는 ~P&~Q이다. &와 ∨가 괄호 밖으로 나올 때 각각 ∨와 &로 바뀌는 것에 주의하자. ~(P → Q)는 ~(~P∨Q)와 같으므로 P&~Q가 된다.

예를 들어 명제 P가 '민호는 축구를 좋아한다.'이고, 명제 Q가 '민호는 야구를 좋아한다.'라면 '민호는 축구를 좋아한다.'의 모순은 '민호는 축구를 좋아하지 않는다.'이다. 마찬가지로 '민호는 축구를 좋아하고 야구도 좋아한다.'의 모순은 '민호는 축구를 좋아하지 않거나 야구를 좋아하지 않는다.'이고, '민호는 축구를 좋아하거나 야구를 좋아한다.'의 모순은 '민호는 축구를 좋아하지 않고 야구를 좋아하지 않는다.(민호는 축구와 야구를 모두 좋아하지 않는다.)'이다. 또한 '민호가 축구를 좋아하면 야구도 좋아한다.'의 모순은 '민호는 축구를 좋아하지만(좋아하고) 야구는 좋아하지 않는다.'이다.

주의해야 하는 점은 '모든 S는 P이다.'와 '모든 S는 P가 아니다.'는 모순관계가 아니라는 것이다. 어떤 S만 P라면 둘 다 거짓이 되기 때문이다. '모든 S는 P이다.'는 '어떤 S는 P가 아니다.'와 모순관계이고 마찬가지로 '모든 S는 P가 아니다.'는 '어떤 S는 P이다.'와 모순관계이다. 이상을 모두 정리하면 다음과 같다.

원래의 명제	모순인 명제
P	~P
P&Q	~P∨~Q
P∨Q	~P&~Q
P → Q	P&~Q
모든 S는 P이다.	어떤 S는 P가 아니다.
모든 S는 P가 아니다.	어떤 S는 P이다.

6. 복잡한 명제의 해결

명제 중에는 조건명제와 &, ∨이 합쳐져서 생긴 복잡한 명제들도 존재한다. 이는 아래 표와 같이 바꾸어 쓸 수 있다.

복잡한 명제	동일한 명제
P&(Q∨R)	(P&Q)∨(P&R)
P∨(Q&R)	(P∨Q)&(P∨R)
(P&Q) → R	P → (Q → R)
	(P → R)∨(Q → R)
(P∨Q) → R	(P → R)&(Q → R)
P → (Q&R)	(P → Q)&(P → R)
P → (Q∨R)	(P → Q)∨(P → R)

위쪽 두 개의 경우 '&와 ∨는 P에 붙어서 이동한다.'고 외우고, 아래쪽 네 개의 경우 '앞쪽에 &나 ∨가 있으면 바꾸어 쓸 때 각각 ∨와 &로 바뀌고, 뒤 쪽에 &나 ∨가 있을 때에는 바뀌지 않는다.'고 외우면 편하다.

7. 논증의 구성과 문제 해결

논증은 전제(논거, 근거)인 명제와 결론(논지, 주장)인 명제로 구성되어 있으며 타당한 논증은 전제가 모두 참이면 결론도 참인 논증을 의미한다. 명제논리의 문제는 크게 명제를 여러 개 주고 도출되는 결론을 찾는 유형과 전제와 결론을 주고 다른 전제를 찾는 유형으로 나눌 수 있다. 기본적으로 사용되는 논증의 구조는 다음과 같다.

전제 1	전제 2	결론
P → Q	P	Q
P → Q	~Q	~P
P → Q	Q → R	P → R
P∨Q	~P	Q
(P → Q)&(R → S)	P∨R	Q∨S

도출되는 결론을 찾는 유형의 경우 주어진 명제를 기호화한 후 같은 내용이 있는 부분을 매개로 하여 명제들을 연결하여 선택지의 명제를 만들 수 있는지 확인한다. 전제를 찾는 유형의 경우에도 명제를 기호화하여 주어진 전제와 결론을 연결할 수 있는, 즉 둘의 내용을 모두 담고 있는 명제를 찾으면 된다.

8. 오답의 구성

오답은 대체로 다음과 같은 유형의 오류들로 구성하니 숙지하도록 한다.

전제 1	전제 2	오류인 결론
P → Q	~P	~Q
P → Q	Q	P
P∨Q	P	~Q

첫 번째는 조건명제가 참일 때 조건명제의 '이'를 참으로 잘못 판단하는 경우이고, 두 번째는 조건명제의 '역'을 참으로 잘못 판단하는 경우, 세 번째는 이미 P가 참이므로 Q의 참 또는 거짓 여부를 확정지을 수 없는데 거짓으로 잘못 판단하는 경우이다.

1. 명제의 참과 거짓

P	Q	~P	P&Q	P∨Q	P → Q
참	참	거짓	참	참	참
참	거짓	거짓	거짓	참	거짓
거짓	참	참	거짓	참	참
거짓	거짓	참	거짓	거짓	참

2. 모순인 명제

원래의 명제	모순인 명제
P	~P
P&Q	~P∨~Q
P∨Q	~P&~Q
P → Q	P&~Q
모든 S는 P이다.	어떤 S는 P가 아니다.
모든 S는 P가 아니다.	어떤 S는 P이다.

3. 복잡한 명제의 해결

복잡한 명제	동일한 명제
P&(Q∨R)	(P&Q)∨(P&R)
P∨(Q&R)	(P∨Q)&(P∨R)
(P&Q) → R	P → (Q → R)
	(P → R)∨(Q → R)
(P∨Q) → R	(P → R)&(Q → R)
P → (Q&R)	(P → Q)&(P → R)
P → (Q∨R)	(P → Q)∨(P → R)

4. 기본적인 논증 구성

전제 1	전제 2	결론
P → Q	P	Q
P → Q	~Q	~P
P → Q	Q → R	P → R
P∨Q	~P	Q
(P → Q)&(R → S)	P∨R	Q∨S

5. 오답의 구성

전제 1	전제 2	오류인 결론
P → Q	~P	~Q
P → Q	Q	P
P∨Q	P	~Q

CH 01 01 논리형

필수예제

01

2011년 민경채 PSAT 언어논리 간책형 9번

A, B, C, D 네 개의 국책 사업 추진 여부를 두고, 정부가 다음과 같은 기본 방침을 정했다고 하자. 이를 따를 때 반드시 참이라고는 할 수 없는 것은?

- A를 추진한다면, B도 추진한다.
- C를 추진한다면, D도 추진한다.
- A나 C 가운데 적어도 한 사업은 추진한다.

① 적어도 두 사업은 추진한다.

② A를 추진하지 않기로 결정한다면, 추진하는 사업은 정확히 두 개다.

③ B를 추진하지 않기로 결정한다면, C는 추진한다.

④ C를 추진하지 않기로 결정한다면, B는 추진한다.

⑤ D를 추진하지 않기로 결정한다면, 다른 세 사업의 추진 여부도 모두 정해진다.

해설

STEP 1 **명제를 기호화할 수 있는가?**

앞에서 설명했듯이 명제는 기호화할 수 있다. 주어진 명제를 기호화하면 다음과 같다.

1) A 추진 → B 추진

2) C 추진 → D 추진

3) A 추진∨C 추진

STEP 2 **명제와 명제의 결합으로 새로운 명제를 도출할 수 있는가?**

명제가 세 개뿐이고 A와 C의 추진에 대한 내용이 '3)'에서 공통되므로 새로운 명제를 도출할 수 있다.

'1)'의 대우가 '~B 추진 → ~A 추진'이므로 '3)'과 하나로 합치면 '~B 추진 → C 추진'을 도출할 수 있다. 또한 '2)'의 대우가 '~D 추진 → ~C 추진'이므로 '3)'과 하나로 합치면 '~D 추진 → A 추진'을 도출할 수 있다.

1) A 추진 → B 추진 ⇒ ~B 추진 → ~A 추진

2) C 추진 → D 추진 ⇒ ~D 추진 → ~C 추진

∴ 1)+3)=~B 추진 → C 추진

∴ 2)+3)=~D 추진 → A 추진

STEP 3 **도출된 명제를 바탕으로 선택지를 처리할 수 있는가?**

선택지에서 제시된 명제와 새롭게 도출한 명제를 토대로 선택지를 소거해보자.

① '3)'에 따라 'A 추진∨C 추진'이며 '1)'에 따라 'A 추진 → B 추진'이고, '2)'에 따라 'C 추진 → D 추진'임을 알 수 있다. 따라서 적어도 두 사업은 추진한다. (○)

② '~A 추진'인 경우 '3)'에 따라 'C 추진'이 도출된다. '2)'에 따라 'C 추진 → D 추진'임을 도출할 수 있다. 그러나 B의 추진 여부는 정확하게 알 수 없다. (×)

③ STEP 2에서 새롭게 도출한 명제이다. '1)'의 대우가 '~B 추진 → ~A 추진'이므로 '3)'과 합치면 '~B 추진 → C 추진'을 도출할 수 있다. (○)

④ '~C 추진'인 경우 '3)'에 따라 'A 추진'이 도출된다. '1)'에 따라 'A 추진 → B 추진'임을 도출할 수 있다. (○)

⑤ STEP 2에서 새롭게 도출한 명제이다. '2)'의 대우가 '~D 추진 → ~C 추진'이므로 '3)'과 합치면 '~D 추진 → A 추진'을 도출할 수 있다. '1)'에 따라 'A 추진 → B 추진'을 도출할 수 있어 다른 세 사업의 추진 여부가 모두 정해진다. (○)

정답 ②

기본유형 연습문제

02

다음 명제들이 모두 참이라고 할 때, 반드시 참인 것을 고르면?

- 날이 더우면 모든 아이스크림의 판매량은 증가한다.
- 날이 덥지 않으면 에어컨의 판매량이 증가하지 않는다.

① 날이 덥지 않으면 어떤 아이스크림의 판매량은 증가한다.
② 모든 아이스크림의 판매량이 증가하면 날이 덥다.
③ 어떤 아이스크림의 판매량이 증가하지 않으면 에어컨의 판매량이 증가하지 않는다.
④ 에어컨의 판매량이 증가하지 않으면 모든 아이스크림의 판매량도 증가하지 않는다.
⑤ 날이 더우면 에어컨의 판매량이 증가한다.

CHECK POINT

1. 명제를 기호화할 수 있는가?
2. 명제와 명제로부터 새로운 명제를 도출할 수 있는가?
3. 도출된 명제를 바탕으로 선택지를 처리할 수 있는가?

해설

주어진 명제를 기호화하면 다음과 같다.
(1) 날이 더움 → 모든 아이스크림 판매량 증가
(2) ~날이 더움 → ~에어컨 판매량 증가
(1)의 대우는 ~어떤 아이스크림 판매량 증가 → ~날이 더움이고 (2)와 합치면 ~어떤 아이스크림 판매량 증가 → ~에어컨 판매량 증가이다.

(오답풀이)

① 어떤 아이스크림의 판매량은 증가한다는 내용이 앞에 오는 조건명제의 참 거짓은 판단할 수 없다.
② (1)의 역으로 참 거짓 여부를 알 수 없다.
④ 에어컨의 판매량이 증가하지 않는다는 내용이 앞에 오는 조건명제의 참 거짓은 판단할 수 없다.
⑤ 에어컨의 판매량이 증가한다는 내용이 뒤에 오는 조건명제의 참 거짓은 판단할 수 없다.

준범쌤의 빠른 풀이 TIP

명제가 두 개뿐이고, 날이 더운지에 대한 내용이 공통되므로 이를 매개로 하나로 합칠 수 있다. 이를 합치면 에어컨 판매량 증가 → 모든 아이스크림 판매량 증가 혹은 그 대우인 ~어떤 아이스크림 판매량 증가 → ~에어컨 판매량 증가이고 이 내용은 ③에 있다.

정답 ③

PSAT 기출 연습문제

03

2017년 민경채 PSAT 언어논리 나책형 6번

다음 글의 내용이 참일 때, 반드시 참인 것만을 [보기]에서 모두 고르면?

교수 갑~정 중에서 적어도 한 명을 국가공무원 5급 및 7급 민간경력자 일괄채용 면접위원으로 위촉한다. 위촉 조건은 아래와 같다.

- 갑과 을 모두 위촉되면, 병도 위촉된다.
- 병이 위촉되면, 정도 위촉된다.
- 정은 위촉되지 않는다.

보기

ㄱ. 갑과 병 모두 위촉된다.
ㄴ. 정과 을 누구도 위촉되지 않는다.
ㄷ. 갑이 위촉되지 않으면, 을이 위촉된다.

① ㄱ
② ㄷ
③ ㄱ, ㄴ
④ ㄴ, ㄷ
⑤ ㄱ, ㄴ, ㄷ

CHECK POINT

1. 숨겨진 조건을 찾을 수 있었는가?
2. 조건을 기호화하는 데 익숙해졌는가?

해설

위촉조건을 기호화하면 다음과 같다.

(1) 갑∨을∨병∨정
(2) (갑&을) → 병
(3) 병 → 정
(4) ~정

(4)와 (3)의 대우에 의해 ~병이고, (2)의 대우에 의해 ~(갑&을)=~갑∨~을이다.

ㄱ. 병은 위촉되지 않고 갑의 위촉여부는 결정되지 않는다. (×)
ㄴ. 정은 위촉되지 않지만 을의 위촉여부는 결정되지 않는다. (×)
ㄷ. 병과 정이 위촉되지 않으므로 갑이 위촉되지 않는다면 (1)에 의해 을이 위촉된다. (○)

정답 ②

04

월드컵 예선 B조에는 네덜란드, 스페인, 호주, 칠레가 포함되어 있다. 상위 토너먼트인 16강에 진출하기 위해서 각 팀이 치열한 경쟁을 펼치고 있는 가운데 다음의 진술들이 모두 참이라고 하자. 정의 결론이 참이기 위해서 빈칸에 들어갈 진술로 적절한 것을 고르면?

> 갑: 스페인이 다음 경기에 패배하고 칠레마저 다음 경기에 패배한다면 네덜란드는 16강에 진출할 거야.
> 을: 스페인이 패배하지 않는다면 네덜란드는 16강에 진출하게 된다는 것도 사실이지.
> 병: (   )
> 정: 그렇다면 네덜란드의 16강 진출은 사실상 확정이네.

① 칠레가 패배하지 않는다면 네덜란드는 16강에 진출하게 된다.
② 네덜란드는 다음 경기에서 반드시 승리할 것이다.
③ 호주는 다음 경기에서 반드시 패배할 것이다.
④ 스페인 혹은 칠레 두 팀 중 최소한 한 팀은 반드시 패배할 것이다.
⑤ 스페인이 승리한다면 칠레는 반드시 패배할 것이다.

해설

먼저 주어진 진술을 정리하면 다음과 같다.
(1) (스페인&칠레) → 네덜란드
(2) ~스페인 → 네덜란드
(3) (   )
(4) 네덜란드
갑의 첫 번째 진술을 보면 스페인과 칠레가 모두 패배하면 네덜란드가 16강 진출을 한다. 또한 최종적으로 정은 병의 발언을 들은 뒤 네덜란드가 상위 라운드에 진출하는 것으로 결론을 내리고 있다. 그런데 을에 따르면 스페인이 패배하지 않으면 네덜란드가 16강 진출을 한다. 그렇다면 이를 통해서 (3)에는 스페인과 칠레의 패배 여부와 무관하게 네덜란드의 진출이 확정되었다는 진술이 필요하다. 따라서 정답은 '~칠레 → 네덜란드'가 된다.
이를 다시 기호로 정리하여 표현해보자.
(1) (p&q) → r
(2) ~p → r
(3) ~q → r
(2), (3)에 따라 (~p → r)&(~q → r)=(~p∨~q) → r=~(p&q) → r
최종적으로 도출한 명제와 (1) 명제를 함께 고려하면 무조건 r이 도출됨을 알 수 있다.

정답 ①

2) 논리적 오류

1. 형식적 오류

형식적 오류란 p.130에 제시된 명제논리의 8. 오답의 구성에서 나오는 오류와 같이 **형식이 정해져 있는 오류**를 말한다. '전건 부정의 오류'나 '후건 긍정의 오류' 같은 이름이 있지만 문제에서는 오류의 이름이 아니라 어떤 오류인지 그 내용을 묻는 것이므로 내용을 잘 숙지하도록 한다. 형식적 오류의 내용을 다시 정리해보자.

전제 1	전제 2	결론
P → Q	~P	~Q
P → Q	Q	P
P∨Q	P	~Q

2. 비형식적 오류

우리나라에서 가장 일반적으로 사용하고 있는 비형식적 오류는 다음과 같은 것들이 있다. 일반적으로 어떤 상황을 주고 그 상황과 비슷한 논리적 오류를 찾는 유형의 문제가 출제되므로 내용을 이해하는 것이 중요하다.

① 힘에 호소하는 오류

자신에게(혹은 자신이 속한 집단에게) 힘(권력, 무력 등)이 있다는 이유를 들어 자신의 주장을 관철하거나 상대방의 주장을 반박하는 오류이다.

예) 자네의 인사권을 가지고 있는 상관으로서 말하네만, 이 프로젝트에 대한 안건을 경영진에게 제출하는 행동 따위는 하지 말게.

② 연민에 호소하는 오류

자신의 주장을 합리화하기 위해서 상대방에게 동정심을 유발하는 주장을 제시할 때 발생하는 오류이다.

예) 부장님. 이번에도 제가 대리진급에서 누락되면, 많이 병약하신 제 노모가 정신적인 충격을 받으셔서 어떻게 될지도 모릅니다.

③ 군중에 호소하는 오류

군중이나 특정 집단에 귀속되려는 심리를 이용하여 자신의 주장을 합리화하려는 오류이다.

예) 대한민국 남자로서, 떳떳한 사회인으로서 더불어 살아가려면 회식문화에 대해서는 긍정적으로 받아들일 수 있어야 한다. 그러니 너도 대한민국 남자 직장인으로 멋지게 살아가려면, 이 정도의 회식에는 적극적으로 참여해라.

④ 잘못된 권위에 호소하는 오류

관계가 없는 분야의 권위자를 내세워 주장을 합리화하는 오류이다.

예) 앞으로 상당 기간 남북관계가 경색될 것으로 보인다. 왜냐하면 노벨화학상 수상자이자 화학분야의 세계적인 석학인 R씨가 이와 같이 전망을 하였기 때문이다.

⑤ 허수아비 논증의 오류

상대방의 주장을 문제성이 있는 유사한 주장으로 바꾸어 상대방을 논박하는 경우에 발생하는 오류이다.

예) '복지'라는 개념의 탄생과정을 보면 과거 유럽의 공산주의적 발상에서 영향을 받은 것임을 알 수 있습니다. 자유민주주의를 국시로 하고 있는 우리나라에서 이러한 복지를 용납해서야 되겠습니까?

⑥ 인과전도의 오류

실제로는 A가 원인이고 B가 결과인데, 반대로 B가 원인이고 A가 결과라고 생각할 때 발생하는 오류이다.

예) 헬스장에 가면 몸이 좋은 사람들 밖에 없어. 몸이 좋은 사람들만 헬스장에서 열심히 운동하는 게 틀림없어.

⑦ 미끄러운 비탈길의 오류

A와 B는 서로 인과관계가 성립한다. 다만 A는 B를 발생시키는 충분조건이 아니며, 다른 원인이 존재할 수도 있고, B가 발생하기까지 다른 관계들이 개입할 수도 있다. 즉 A가 발생(존재)하였을 때, 반드시 B가 발생(존재)하게 되는 것이 아님에도 그러하다고 주장할 때 범하게 되는 오류이다.

예 담배는 폐암의 원인인데, 그 사람은 담배를 피므로 폐암에 걸릴 것이다.

⑧ 의도확대 해석의 오류

상대방의 말이나 행동의 의도, 목적을 잘못 해석하거나 확대해석하게 되는 경우 범하게 되는 오류이다.

예 흡연은 각종 호흡기 질환을 유발한다고 알려져 있지. 네가 애연가인 것은 각종 호흡기 질환에 걸리고 싶기 때문이지?

⑨ 우물에 독 뿌리기 오류(원천 봉쇄의 오류)

자신의 의견에 반대하는 모든 주장에 대해서 비윤리적·비도덕적과 같은 사전적 평가를 부여함으로써 자신의 주장에 대한 논리적 반박을 사전에 차단하는 오류이다.

예 올림픽을 유치하자는 제 주장은 애국심에서 비롯된 것입니다. 만약 이 의견에 반대한다면 그는 나라를 사랑하는 마음이 없는 것이라고 단언할 수 있겠군요.

⑩ 인신공격의 오류

주장과는 관련이 없는 개인적인 것을 문제 삼아, 당사자의 주장이 부당하다고 제기할 때 발생하는 오류이다.

예 이번 노동환경상임위에 제기된 국회의원 P씨의 법안은 고려할 가치조차 없습니다. 왜냐하면 그는 과거 유력정치인이었던 J씨가 정치자금법 위반으로 의원직을 상실할 당시, J씨를 최측근에서 보좌했던 사람이기 때문입니다.

⑪ 정황적 오류

상대방의 신분, 처지 등을 문제 삼아 자신의 주장을 합리화하려는 오류이다.

예 당신은 A의 행동이 사전에 모의된 계획에 의한 범행이 아니라고 주장하시는 것이오? 당신 역시 A가 다녔던 같은 고등학교 출신으로 A와 선후배지간이라는 점을 생각해보면, 당신의 주장 역시 일고의 가치도 없소.

⑫ 피장파장의 오류

비판을 받은 뒤 자신의 상황과 비난을 하고 있는 상대방의 상황이 다르지 않다는 주장을 함으로써 곤란한 상황을 모면하려고 할 때 발생하는 오류이다.

예 건강을 위해서 술 좀 적게 마시라고? 그렇게 말하는 너도 술 마시는 거 좋아하잖아?

⑬ 무지에 근거한 오류

어떤 주장 A가 거짓이라는 점을 증명하지 못했다고 하여 주장 A가 참이라고 주장할 때(혹은 어떤 주장 A가 참이라는 점을 증명하지 못했다고 하여 주장 A가 거짓이라고 주장할 때) 범하게 되는 오류이다.

예 유전자조작식품들이 인체에 유해하다는 것이 과학적으로 증명된 바는 전혀 없습니다. 따라서 유전자조작식품들의 수입 및 판매는 허용되어야 합니다.

⑭ 우연의 오류

일반적인 원리나 규칙을 예외적인 특수한 상황까지 적용하는 과정에서 발생하는 오류이다.

예 우리나라는 사유재산권에 대해서 엄격히 보호해주고 있다. 따라서 범인 A씨가 시민들을 상대로 휘두르고 있는 무기를 빼앗는 것은 허용될 수 없다.

⑮ 성급한 일반화의 오류

예외적인 것이나 특수한 경우의 것을 일반적인 것으로 확대 해석하는 과정에서 범하는 오류이다.

예 서울에 거주하고 있는 대학생 중 무작위로 1,000명을 선정하여 조사한 결과, 가장 좋아하는 버라이어티 프로그램으로 무한도전을 꼽았다. 따라서 대한민국의 국민들이 가장 좋아하는 버라이어티 프로그램은 무한도전이라 할 수 있다.

⑯ 거짓 원인의 오류

발생한 결과의 원인이 아닌 일을 원인인 것으로 오인하는 오류이다.

예 지난 주말에 내가 중계방송을 보았는데 하필 그날 내가 응원하던 팀이 졌다. 오늘 역시 똑같은 일이 벌어지고 말았다. 내가 응원하는 팀이 이기려면 내가 중계방송을 보지 말아야 한다.

⑰ 공통 원인 무시의 오류

두 사건의 공통 원인이 있음에도 불구하고 한 사건을 다른 사건의 원인이라고 오인하는 오류이다.

예 기침이 나면 열이 나므로 기침은 열의 원인이다. ('감기'라는 공통 원인을 무시하였다.)

⑱ 선결문제 요구의 오류

증명을 필요로 하는 전제들을 이미 증명된 것으로 가정할 때 범하게 되는 오류이다.

예 인간 배아를 복제 연구에 이용하는 것은 옳지 않다. 왜냐하면 살인은 윤리적 관점에서 절대 옳지 않기 때문이다.(이 논증의 결론은 "인간 배아를 복제 연구에 이용하는 것은 옳지 않다."이다. 하지만 이 결론은 "살인은 윤리적 관점에서 절대 옳지 않기 때문이다."라는 전제만으로는 도출될 수 없다. 추가적으로 "인간 배아를 복제 연구에 이용하는 것은 살인과 같다."라는 전제가 필요하다. 전제와 결론이 동일한 경우도 순환논증의 오류라고 하여 선결문제 요구의 오류에 해당한다.)

⑲ 복합질문의 오류

복수의 질문을 하면서 하나의 질문에만 '예', '아니요'로 응답하기를 요구할 때 발생하는 오류이다.

예 "요즘에는 수업시간에 졸지 않지?"라는 질문을 하고, 이 질문에 대해서 '예', '아니요'로 대답할 경우, "요즘 수업시간에 졸거나 그렇지 않다."라는 것만 대답하게 되는 것이 아니다. 왜냐하면 "예전에는 수업시간에 졸았지?"라고 하는 숨겨진 질문에 암묵적으로 동의한 것처럼 해석될 수 있기 때문이다.

⑳ 은밀한 재정의의 오류

사회적으로 공인된 어휘의 의미를 자의적으로 재정의하여 사용함으로써 발생하는 오류이다.

예 내가 복권에 당첨되면 너에게 절반을 주기로 했지. 자, 여기 당첨된 복권의 절반을 잘라서 줄게.

㉑ 애매어의 오류

논증에서 하나의 단어를 여러 의미로 사용하였을 경우 발생하는 오류이다.

예 죄인은 감옥에 가야 한다. 모든 인간은 신 앞에 죄인일 뿐이다. 따라서 모든 인간은 감옥에 가야 한다.

㉒ 애매문의 오류

애매어의 오류와는 다르게, 문장이 여러 가지로 해석될 경우 발생할 수 있는 오류를 의미한다.

예 누군가 잃어버린 물건을 습득하면, 주인에게 되돌려주어야 한다. 이 책은 박완서 씨의 책이다. 따라서 박완서 씨에게 되돌려주어야 한다. 두 번째 문장은 두 가지의 의미로 해석이 된다. 하나는 원래 책의 소유자가 박완서 씨라는 것과, 다른 하나는 책의 저자가 박완서 씨라는 것이다.

㉓ 강조의 오류

문장을 통해 원래 주장하고 싶었던 내용 이외의 부분을 지나치게 강조함으로써 원 의미를 왜곡하여 해석할 경우 발생하는 오류이다.

예 "밤늦게 술 마시고 돌아다니지 마라."라는 문장에 대해 "술만 마시지 않는다면 밤늦게 돌아다녀도 문제가 없다는 주장이군."이라는 결론을 내렸다면 이는 강조의 오류에 해당한다.

㉔ **결합의 오류**

특정한 부분의 속성이 그러한 부분의 결합으로 이루어진 전체에도 그대로 적용될 것이라고 판단하는 과정에서 발생하는 오류이다. 성급한 일반화의 오류와 헷갈리기 쉬운데, 성급한 일반화의 오류는 전체의 일부분이 가지는 어떤 특성이 '전체의 나머지 부분'에도 그대로 적용될 것이라고 생각하는 것이다. 하지만 결합의 오류는 전체의 일부분이 가지는 특성이 '전체에 그대로' 적용될 것이라고 생각하는 것이다.

예 원자들은 인간의 눈으로 직접 관찰할 수 없다. 그런데 칠판은 원자들로 이루어져 있다. 그러므로 칠판은 인간의 눈으로 직접 관찰할 수 없다.

㉕ **분해의 오류**

결합의 오류와는 반대로, 전체의 속성이 전체의 부분에도 그대로 적용될 것이라 판단하는 과정에서 발생하는 오류이다.

예 개는 흔한 동물이다. 진돗개는 개다. 따라서 진돗개도 흔한 동물이다.

필수예제

01

다음 글의 A~C에 해당하는 사례를 [보기]에서 찾아 연결한 것으로 가장 적절한 것을 고르면?

어떤 사건과 다른 사건 사이에 원인과 결과 관계가 성립할 때 인과관계가 있다고 판단한다. 그러나 우리는 인과관계가 성립하는 두 사건에 대하여 원인과 결과를 반대로 해석하는 경우가 있다. 이러한 오류를 A라고 한다. 또한 어떤 사건이 발생한 경우 반드시 다른 사건이 발생하는 것이 아님에도 원인과 결과 관계가 성립한다고 판단하는 경우가 있다. 이러한 오류를 B라고 한다. 한편 어떤 사건이 다른 사건의 원인이 아님에도 이를 원인으로 오인하는 경우가 있다. 이러한 오류를 C라고 한다.

보기

甲: 경부고속도로는 서울과 부산을 연결하는 고속도로야. 저기 보이는 차가 경부고속도로에 진입한 것을 보니 부산으로 갈 것임을 알 수 있어.

乙: 내가 우산을 챙겨서 나갈 때마다 비가 오지 않았어. 오늘도 우산을 챙겨왔으니까 비가 오지 않을 거야.

丙: 안경을 쓴 사람들은 다들 시력이 좋지 않더라. 이러한 사실을 통해 안경을 쓰면 시력이 나빠진다는 것을 알 수 있어.

	A	B	C
①	甲	丙	乙
②	乙	甲	丙
③	乙	丙	甲
④	丙	甲	乙
⑤	丙	乙	甲

해설

STEP 1 **오류의 유형에 대해서 알고 있는가?**

오류의 유형을 정확히 파악했는지 확인해야 한다. A~C에 해당하는 오류를 살펴보면 다음과 같다.

- 오류 A: 원인과 결과를 반대로 해석하는 경우로 '인과전도의 오류'에 해당한다.
- 오류 B: A가 발생하였을 때, 반드시 B가 발생하게 되는 것이 아님에도 그러하다고 주장할 때 범하는 오류로 '미끄러운 비탈길의 오류'에 해당한다.
- 오류 C: 발생한 결과의 원인이 아닌 사건을 원인인 것으로 오인하는 오류로 '거짓 원인의 오류'에 해당한다.

STEP 2 **인과 결과를 구분할 수 있는가?**

[보기]에서 제시된 사례의 원인과 결과를 구분하여 연결해보자.

- 甲의 사례
  경부고속도로에 진입하는 것이 원인이고, 그에 대한 결과는 제시되어 있지 않다. 경부고속도로에 진입한다고 해서 반드시 부산으로 가는 것이 아님에도 부산으로 갈 것이라고 판단하였으므로 오류 B(미끄러운 비탈길의 오류)에 해당한다.
- 乙의 사례
  비가 오지 않는 것이 결과이고, 비가 오지 않는 원인은 제시되어 있지 않다. 우산을 챙겨 나간 것이 비가 오지 않은 것의 원인이 아님에도 이를 원인으로 오인하여 비가 오지 않을 것이라고 보고 있으므로 오류 C(거짓 원인의 오류)에 해당한다.
- 丙의 사례
  시력이 나빠지는 것이 원인이고, 안경을 쓰는 것이 결과이다. 丙은 이를 반대로 해석하고 있으므로 오류 A(인과전도의 오류)에 해당한다.

정답 ④

기본유형 연습문제

02

다음 글에서 나타난 논리적 오류와 가장 유사한 것을 고르면?

> 서당에 다니는 무리는 그 상이 아름답고, 시장의 무리는 그 상이 검으며, 뱃사공이나 마부는 그 상이 사납고 약빠르다. 대체로 그 익히는 것이 오래됨으로써 그 성품이 날마다 변하게 되고, 그 마음속으로 생각하고 있는 것이 겉으로 나타나서 상이 변하게 되는 것이다. 그런데도 사람들은 그 상이 변한 것을 보고 말하기를, "그 상이 이렇게 생겼기 때문에 그 익히는 것이 저와 같다."라고 하니 그것은 틀린 말이다.

① 넬의 음반이 발매되는 날은 언제나 비가 왔었다. 내일도 넬의 신보가 발매되는 날이다. 따라서 내일 분명히 비가 올 것이다.

② 지금껏 여러분은 철수가 학우의 학용품을 훔친 정황적 추측들은 많이 제시해주셨습니다. 하지만 결정적으로 그가 훔쳤다는 증거를 제시한 분은 없으시군요. 따라서 철수는 범인이 아닙니다.

③ 한 아프리카 추장은 AIDS 환자들을 치료하기 위해서 본인의 마을에 의사들이 들어온 후, AIDS로 진단내려진 사람들이 늘어나자 의사들 때문에 AIDS 환자들이 늘어났다며 의사들을 다 쫓아내버렸다.

④ 번개가 치면 항상 천둥소리가 들린다. 따라서 번개는 천둥의 원인임에 틀림없다.

⑤ 책상은 원자로 이루어져 있다. 그런데 원자는 가볍다. 따라서 책상도 가벼울 것이다.

CHECK POINT

1. 오류의 유형에 대해서 알고 있는가?
2. 원인과 결과를 구분할 수 있는가?

해설

익히는 것이 오래됨으로써 그 성품이 날마다 변하게 되고, 그 마음속으로 생각하고 있는 것이 겉으로 나타나서 상이 변하게 된다고 하였다. 그런데 사람들은 상이 그러하기 때문에 익히는 것과 효과가 저와 같다고 생각한다. 이것은 바로 원인과 결과를 혼동한 것으로 '인과전도의 오류'에 해당한다.

의사들이 들어왔기 때문에 AIDS 환자가 늘어난 것이 아니라 AIDS 환자 때문에 의사들이 들어온 것이므로 원인과 결과를 혼동한 '인과전도의 오류'에 해당한다.

오답풀이

① 넬의 음반 발매와 비가 오는 것은 논리적 인과관계가 없으므로 '거짓 원인의 오류'에 해당한다.
② 결정적 증거가 없으므로 범인이 아니라는 것은 '증거의 없음'을 '없음의 증거'로 오해하는 '무지에 근거한 오류'에 해당한다.
④ 번개와 천둥의 공통 원인이 있는데 이를 무시한 것이므로 '공통 원인 무시의 오류'에 해당한다.
⑤ 원자의 특성이 책상에도 적용될 것이라고 잘못 생각하는 '결합의 오류'에 해당한다.

정답 ③

PSAT 기출 연습문제

03

2006년 행정외무고시 PSAT 상황판단 무책형 17번

아래 예시된 논증과 같은 유형의 추론상 오류를 범하는 것은?

> 국회의원 홍길순 씨는 경기를 활성화하기 위해 고소득자의 세금 부담을 경감하자는 취지의 법안을 제출했다. 하지만 그는 최근 일어난 뇌물사건에 연루된 인물이므로 이 법안은 반드시 거부되어야 한다.

① 김갑수 씨를 우리 회사의 새 경영자로 초빙하는 것은 좋은 생각이 아닌 듯싶다. 지난 15년간 그는 다섯 개의 사업을 했는데, 그의 무능한 경영의 결과로 모두 다 파산하였다.

② 새 시장이 선출된 이후 6개월 동안 버스가 전복되고, 교량이 붕괴되고, 그리고 시내 대형 건물에서 화재가 발생하는 사고가 있었다. 시민의 안전을 위해 시장을 물러나게 할 수밖에 없다.

③ 러시아에서 온 사업가 세르게이는 어제 한국 관료 조직의 부정부패에 대해 심하게 불평하였다. 그러나 이는 앞뒤가 맞지 않는다. 잘 알다시피 러시아는 한국보다 더 부정부패가 심한 나라이다.

④ 박길수 씨는 최근 우리 회사에서 이러난 도난 사건의 가장 유력한 용의자가 김씨라고 주장한다. 이 주장은 터무니없다. 왜냐하면 박길수 씨는 최근 음주운전 사고로 물의를 일으킨 적이 있기 때문이다.

⑤ 김철수 씨는 현 정부가 제안하는 모든 정책에 대해 사사건건 시비를 건다. 그가 경영하는 사업체에 국세청 특별세무조사가 실시될 수 있음을 알려 그의 생각이 잘못되었다는 것을 일깨워 줄 필요가 있다.

CHECK POINT

1. 오류의 유형에 대해서 알고 있는가?
2. 타당한 주장과 인신공격의 오류를 구분할 수 있는가?

해설

음주운전을 했기 때문에 박길수 씨의 주장이 타당하지 않다고 주장하는 것은 '인신공격의 오류'에 해당한다.

(오답풀이)

① 과거 김갑수 씨가 경영에 있어 무능하여 문제가 있었으므로 초빙하는 것이 옳지 않다고 주장하는 것은 논리적으로 적절하다.
② 인과관계가 없는 것을 연관하여 이야기하고 있으므로 '거짓 원인의 오류'를 범하고 있다.
③ 자신과 동일한 처지라며 상대방의 주장에 대해서 반박하는 것은 '피장파장의 오류'에 해당한다.
⑤ 자신에게 힘이 있다고 하며 상대방의 주장을 반박하는 것은 '힘에 호소하는 오류'에 해당한다.

정답 ④

NCS 기출 변형 연습문제

04

다음은 한 학생이 쓴 독후감이다. 이 글에서 나타난 오류와 유사한 오류를 범하고 있는 것을 고르면?

> 난중일기는 임진왜란 중 장수로서 왜적에 맞서 싸웠던 이순신 장군이 남긴 일기이다. 이 일기 속에는 가족에 대한 걱정, 한 사람으로서의 고뇌도 드러나 있지만, 무엇보다도 나라를 걱정하고 한민족을 위하는 충정이 강조되어 잘 나타나 있다. 그러나 내가 이 책을 읽고 깊게 감동을 받은 부분은 단순히 내용에 대한 것만이 아니었다. 자신이 쓴 이 글을 후손들이 읽게 함으로써 수많은 우국지사들을 만들어내려 했던 이순신의 선견지명에 감탄하고 또 감탄하였다. 실제로 일제강점기에 활동했던 많은 열사와 의사들이 난중일기를 읽으며 자신의 의지를 다졌다는 것은 너무나 잘 알려진 이야기이다.

① 현재까지 전자파가 사람의 건강에 유해하다는 바는 전혀 밝혀진 바가 없다. 따라서 전자파가 사람에 유해하다는 주장은 옳지 않다.

② 수학자들은 모두 똑똑한 사람들이다. 왜냐하면 똑똑하지 않고는 수학자가 될 수 없기 때문이다.

③ 오늘 아침 어떤 고등학교 학생들의 교내폭력 사건이 보도되었다. 옛날과 다르게 요즘 고등학교 학생들은 지나치게 폭력적이다.

④ 아침 등굣길에 장례차량을 보면 그날 하루 운이 참 좋았다. 오늘 아침 등굣길에 장례차량을 보았으니 오늘도 행운의 하루가 되겠구나.

⑤ 너는 흡연을 참 좋아하는구나. 그런데 알다시피 흡연은 각종 폐질환을 유발하기도 하지. 난 네가 그런 폐질환에 걸리고 싶어 한다는 것을 도저히 이해할 수 없어.

해설

본문에서 제시한 내용은 바로 '의도확대 해석의 오류'이다. 이순신이 난중일기를 쓴 것도 사실이고, 후대 사람들이 난중일기를 보며 나라를 위한 우국지사가 된 것도 사실이라고 할 수 있다. 하지만 그 두 가지가 사실이라고 하더라도 이순신이 후대의 우국지사들을 양성하기 위해서(그런 목적으로) 이 책을 쓴 것이라고 해석할 수는 없다.

흡연을 하는 것도 사실이고, 흡연이 각종 폐질환을 유발하는 것도 사실이지만 폐질환에 걸리고 싶어서 흡연을 하는 것은 아니므로 '의도확대 해석의 오류'에 해당한다.

오답풀이

① '증거의 없음'을 '없음의 증거'로 오해하는 '무지에 근거한 오류'에 해당한다.

② 수학자가 똑똑하다는 근거로 ~똑똑함 → ~수학자를 들고 있는데 이는 대우의 관계로 동일한 명제이다. 따라서 전제와 결론이 동일한 '순환논증의 오류'에 해당한다.

③ 어떤 고등학교 학생들의 교내 폭력사건 하나만으로 요즘 고등학생들이 지나치게 폭력적이라는 성급한 결론을 내리고 있으므로 '성급한 일반화의 오류'에 해당한다.

④ 장례차량을 보는 것과 운이 좋은 것은 논리적 인과관계가 없으므로 '거짓 원인의 오류'에 해당한다.

정답 ⑤

3) 참말과 거짓말

1. 참말과 거짓말의 의의

참말과 거짓말은 기본적으로 여러 사람의 진술과 그 중 참(거짓)인 진술의 개수가 주어지고, 그에 따라 참(거짓)인 진술을 하는 사람을 찾거나 선택지의 내용 중 참(거짓)인 내용을 찾는 유형이다.

2. 모순관계의 활용

진술의 참과 거짓 유형에서 가장 중요한 것은 진술들이 동시에 참(거짓)이 될 수 있는지의 여부이다. 이것을 찾으면 문제를 쉽게 해결할 수 있다. 이때 앞에서 배운 개념인 '모순'을 적극적으로 활용하면 유용하다.

예를 들어, 네 사람 중 한 사람의 진술만 거짓이고 나머지 사람들의 진술은 참일 때, 어떤 두 사람의 진술이 동시에 참일 수 없다면 당연히 남은 두 사람의 진술은 무조건 참일 것이다. 그 두 사람의 진술로 정답이 결정되는 경우라면 더 이상 살펴볼 필요도 없고, 만약 거짓 진술을 하는 사람을 찾아야 하는 문제라면 소거법을 활용하여 남은 두 사람이 포함된 선택지를 먼저 소거할 수 있다.

3. 경우의 수 나누기

확실한 것부터 먼저 처리한 후에는 경우의 수를 나누어 접근한다. 진술이 동시에 참일 수 없는 두 사람을 찾았다면 그 중 한 사람의 진술이 참이고 다른 사람의 진술이 거짓인 경우와, 그 반대의 경우 두 가지로 나누는 것이다. 두 경우 중 하나의 경우로 확정이 될 수도 있고, 두 경우가 모두 가능할 수도 있다.

4. 가정하여 해결하기

만약 각 진술들이 담고 있는 내용이 많아 진술들 사이에 동시에 참(거짓)이 될 수 있는지 여부를 확인하는 것이 복잡하다면 다음과 같이 해결한다. 먼저, 다른 진술에서 최대한 많이 언급되는 대상에 대해 말하고 있는 사람의 진술을 참 또는 거짓 중 하나로 가정한다. 이에 따라 도출되는 정보의 내용을 가지고 다른 사람의 진술의 참과 거짓을 판단한다. 그 과정에서 혹시 모순이 발견된다면, 처음의 가정을 반대로 바꾸면 된다. 그렇지 않고 처음 가정에 따라 모든 진술의 참과 거짓이 문제없이 판단된다면 이를 이용하여 선택지를 판단하면 된다.

그러나 처음 가정에 따라 모든 진술이 판단되었다 하더라도 반대의 가정에 따라 또 다른 구성의 참과 거짓의 판단이 나올 수 있음을 간과하여서는 안 된다. 이는 대체로 질문지의 형태에 의해서 혹은 선택지를 처리하였는데 두 개 이상이 처리되지 않고 남아있는 것으로부터 유추가 가능하다.

1. 모순관계

동시에 참이 될 수도, 동시에 거짓이 될 수도 없는 관계

2. 참말과 거짓말 문제에서는 모순관계를 적극적으로 활용해야 함!

3. 동시에 참이 될 수 없는 진술을 한 사람들 찾기

① 한 사람의 진술만 거짓이라면, 동시에 참이 될 수 없는 진술을 한 사람들을 제외한 나머지의 말은 모두 참

② 한 사람의 진술만 거짓인데, 특정한 사람의 진술이 참이라고 가정한 경우 두 사람의 진술이 거짓이 되는 경우가 있음. 이때는 특정한 사람의 진술이 무조건 거짓

4. 경우의 수를 나누어 접근하기

5. 특정한 사람의 진술을 참 또는 거짓으로 가정하여 해결하기

필수예제

01

2016년 5급공채 PSAT 상황판단 4책형 12번

다음 글을 근거로 판단할 때, 도형의 모양으로 옳게 짝지은 것은?

5명의 학생은 5개 도형 A~E의 모양을 맞히는 게임을 하고 있다. 5개의 도형은 모두 서로 다른 모양을 가지며 각각 삼각형, 사각형, 오각형, 육각형, 원 중 하나의 모양으로 이루어진다. 학생들에게 아주 짧은 시간 동안 5개의 도형을 보여준 후 도형의 모양을 2개씩 진술하게 하였다. 학생들이 진술한 도형의 모양은 다음과 같고, 모두 하나씩만 정확하게 맞혔다.

지영: C=삼각형, D=사각형
종형: B=오각형, E=사각형
미석: C=원, D=오각형
길원: A=육각형, E=사각형
수연: A=육각형, B=삼각형

① A=육각형, D=사각형
② B=오각형, C=삼각형
③ A=삼각형, E=사각형
④ C=오각형, D=원
⑤ D=오각형, E=육각형

해설

STEP 1 **동시에 진실을 말할 수 없는 두 사람을 찾을 수 있는가?**

앞에서 설명했듯이 진술의 참과 거짓 유형에서 가장 중요한 것은 진술들이 동시에 참(거짓)이 될 수 있는지 여부이다. 동시에 참(거짓)이 될 수 없는 진술을 찾으면 다음과 같다.

> 1) 지영: C=삼각형, D=사각형
> 2) 미석: C=원, D=오각형
> 학생들이 진술한 도형의 모양 중 모두 하나씩만 정확하게 맞힌 상황에서, 지영과 미석이 둘 다 C와 D에 대해 진술하고 있으므로 지영이 진술한 C가 참이면 미석이 진술한 C가 참일 수 없으므로 미석의 D에 관한 진술이 참이고, 지영이 진술한 D가 참이면 미석이 진술한 D가 참일 수 없으므로 미석의 C에 관한 진술이 참이다.

STEP 2 **경우의 수를 나누어 접근할 수 있는가?**

지영과 미석의 진술을 통해 두 사람이 동일한 도형에 대해 동시에 진실을 말할 수 없음을 알 수 있으므로 경우의 수를 나누어 접근하면 다음과 같다.

> 1) C에 대해 지영이 참을 말한 경우
> C=삼각형이다. 이때 미석의 첫 번째 진술은 거짓이므로 두 번째 진술은 참이 된다. 따라서 D=오각형이다. D=오각형이므로 종형의 첫 번째 진술은 거짓이고 두 번째 진술은 참이 된다. 따라서 E=사각형이다. 길원의 두 번째 진술은 참이므로 첫 번째 진술은 거짓이 된다. 따라서 A≠육각형이다. 수연의 첫 번째 진술이 거짓이므로 두 번째 진술은 참이 되어 B=삼각형이어야 하는데, 처음에 지영이 C에 대해 정확히 맞힌 경우 C=삼각형이라고 하였으므로 모순이다. 따라서 이 경우는 가능하지 않다.
> 2) C에 대해 미석이 참을 말한 경우
> C=원이다. 이때 지영의 첫 번째 진술은 거짓이므로 두 번째 진술은 참이 된다. 따라서 D=사각형이다. D=사각형이므로 종형의 두 번째 진술은 거짓이고 첫 번째 진술은 참이 된다. 따라서 B=오각형이다. B=오각형이므로 수연의 두 번째 진술은 거짓이고 첫 번째 진술은 참이 된다. 따라서 A=육각형이고, 나머지 E=삼각형이 된다. 이 경우는 가능하다.
> 3) 따라서 A=육각형, B=오각형, C=원, D=사각형, E=삼각형이다.

정답 ①

기본유형 연습문제

02

1반 학생 5명이 성적에 대해 다음과 같은 진술을 하였다. 한 명을 제외하고는 모두 진실을 말했다고 할 때, 다음 중 거짓말을 하고 있는 학생을 고르면?

> 석희: 나는 가장 높은 성적을 받았어.
> 대헌: 민정이보다 성적이 낮은 학생은 없었어.
> 효준: 나는 석희보다 성적이 높아.
> 정수: 효준이는 나보다 성적이 낮았어.
> 민정: 정수와 대헌이가 나란히 2, 3등을 했어.

① 석희 ② 대헌 ③ 효준 ④ 정수 ⑤ 민정

CHECK POINT

1. 동시에 진실을 말할 수 없는 두 사람을 찾을 수 있는가?
2. 나머지 사람의 말에 의해 등수를 확정할 수 있는가?

해설

(1) 석희의 말이 진실이라면 석희보다 성적이 높다는 효준이의 말은 거짓말이 된다. 그렇다면 석희, 대헌, 정수, 민정이의 말에 따라 성적은 석희 – 정수 – 대헌 – 효준 – 민정 순이다.
(2) 석희의 말이 거짓말이라면 나머지는 모두 진실을 말해야 하는데 등수를 확실하게 언급한 대헌이와 민정이의 말에 따르면 정수, 대헌, 민정이가 각각 2, 3, 5등이다. 그런데 석희가 가장 높은 성적을 받은 것이 아니므로 효준이가 1등, 석희가 4등이어야 한다. 이는 정수의 발언과 모순된다. 따라서 석희의 말이 거짓말이라는 가정이 틀렸다.
(3) 따라서 거짓말을 하고 있는 사람은 효준이다.

준범쌤의 빠른 풀이 TIP

(1) 석희와 효준이는 동시에 진실을 말할 수 없으므로 대헌이와 정수, 민정이는 진실을 말한다.
(2) 대헌이와 민정이의 말에 따르면 정수, 대헌, 민정이가 각각 2, 3, 5등이고, 정수의 말에 따르면 효준이가 4등, 석희가 1등이므로 효준이의 말이 거짓이다.

정답 ③

PSAT 기출 연습문제

03

2008년 입법고시 PSAT 상황판단 가책형 17번

A, B, C, D, E 5명이 서로의 계급에 대해서 다음과 같이 말했는데 이 중에서 1명만 거짓말을 하고 있고, 다른 4명은 진실을 말하고 있다. 이 중 거짓말을 하지 않았다고 확신할 수 있는 사람은?

A: "B는 E보다 계급이 높다."
B: "A는 D보다 계급이 높다."
C: "B는 D보다 계급이 높다."
D: "C는 E보다 계급이 높다."
E: "E는 A보다 계급이 높다."

① A ② B ③ C ④ D ⑤ E

CHECK POINT

1. 모순 관계를 파악할 수 있는가?

해설

5명의 진술을 부등호를 이용하여 도식화시켜보자.
A진술: B>E
B진술: A>D
C진술: B>D
D진술: C>E
E진술: E>A
A, E, B의 진술을 하나로 종합하여 보면 B>E>A>D가 된다.
이때, C의 진술은 B>D이므로 만약 C의 진술이 거짓이라면, B≤D가 되고, 그러면 A, E, B의 진술에서도 반드시 하나 이상이 거짓이 된다. 즉, 5명 중 1명만 거짓말을 하고 있다는 것에 모순이 생기게 되므로 C는 반드시 진실을 말해야 한다. 따라서 거짓말을 하지 않았다고 확신할 수 있는 사람은 C가 되고, 정답은 ③이다.

정답 ③

NCS 기출 변형 연습문제

04

선발 선수로 공격수, 미드필더, 수비수, 골키퍼 각 한 명씩을 뽑았다. 선발된 선수에 대해서 각 선수가 이야기 한 내용 중 한 명만 거짓말을 했고 나머지 선수는 모두 참말만 했다고 할 때, 다음 중 반드시 참인 것을 고르면?

- 갑: 정은 미드필더로 선발 출전하였다.
- 을: 갑은 선발 출전하였지만, 미드필더는 아니었다.
- 병: 을은 골키퍼로 선발 출전했고, 갑의 말은 참이다.
- 정: 병의 말은 참말이 아니다.
- 무: 병이 수비수로 선발 출전하였고, 을은 선발 출전하지 못하였다.

① 갑은 미드필더로 선발 출전하였다.
② 을은 선발 출전하지 못하였다.
③ 병은 공격수로 선발 출전하였다.
④ 정은 골키퍼로 선발 출전하였다.
⑤ 무는 수비수로 선발 출전하였다.

해설

만약 정의 진술이 거짓이라면, 병과 무의 발언에 모순이 생긴다. 따라서 정의 진술은 참이다. 정의 진술이 참이라면 병의 진술은 거짓이 된다. 그런데 갑의 말은 참이므로 병의 진술 중 을이 골키퍼로 선발 출전했다는 부분이 거짓이다. 나머지 사람들의 진술까지 정리하면 다음과 같다.

- 갑 – 정: 미드필더
- 을 – 갑: ~미드필더
- 병 – 을: ~골키퍼
- 무 – 병: 수비수, 을: ~선발출전

위의 진술만으로는 갑과 무가 어떤 포지션인지 확정되지 않는다. 그러나 을이 선발 출전하지 않는 것은 확실히 참이므로 답은 ②이다.

준범쌤의 빠른 풀이 TIP

병과 정의 발언은 동시에 참이 될 수 없으므로 나머지 사람들의 말은 참이 된다. 따라서 무의 발언에 의해 을은 선발 출전하지 않는다는 것을 바로 알 수 있다.

정답 ②

4) 대응관계

1. 대응관계의 의의

대응관계는 주어진 조건들을 이용하여 대상과 그에 대한 정보를 연결하여 문제를 해결하는 유형으로, 주어진 인원들을 조건에 맞게 나누어 팀을 구성하는 문제 또한 대응관계 문제의 한 유형이다. PART 1에서 배운 도표화를 이용하여 정리하면 문제를 쉽게 해결할 수 있다.

2. 해결의 순서

해결의 순서는 다음과 같다. 가장 먼저 확실하게 주어진 조건으로부터 확정적인 정보를 도표에 기입한다. 그 후에는 채워진 정보와 관련 있는 조건을 바탕으로 나머지 정보를 채워나간다.

준범쌤의 1타 강의

때로는 두 개 이상의 조건을 조합하여야 정보가 도출되는 경우도 있습니다. 이때 도표를 다 채우려는 욕심은 버려야 합니다. 모든 조건을 활용하더라도 도표가 다 채워지지 않는 경우도 있기 때문이죠. 따라서 도표가 어느 정도 채워진 후에는 선택지를 확인해 봅시다.
그리고 어떤 때는 선택지를 소거하는 방식으로 해결할 수도 있습니다. 선택지를 먼저 본 다음 그 선택지와 관련된 조건을 우선적으로 확인하여 정답이 될 수 없는 선택지를 지웁니다. 이 과정에서 정답을 찾을 수도 있고, 시간을 단축할 수 있어요.

3. 문제의 난이도

대응관계 문제에서 조건의 개수가 지나치게 많거나 대응되는 항목이 많은 경우 문제를 푸는 데 시간이 오래 걸릴 수 있다. 문제를 푸는 데 시간이 오래 걸린다면 그 문제를 맞히더라도 시험의 전체적인 운영에 있어서 손해이므로 풀지 않고 넘어가는 것이 현명하다.

준범쌤이 알려주는 실전포인트!

1. 대응관계의 기본적인 접근 방법: 도표화
2. 해결의 순서
   ① 적절한 도표 그리기
   ② 확정적인 정보를 도표에 기입하기
   ③ 연결되는 정보로 확장시키면서 빈칸 채우기
   ④ 일정 부분 채워진 후에는 선택지 확인하기
   ⑤ 선택지 소거법이나 대입법 활용 시도하기
3. 선구안
   ① 조건의 개수가 지나치게 많은 고난도 문제는 넘어갈 수 있어야 함
   ② 그럼에도 불구하고 시도할 때에는 선택지를 적극 활용해 볼 것

필수예제

01

2009년 행정외무고시 PSAT 상황판단 극책형 14번

A, B, C, D 4개의 밭이 나란히 있다. 첫 해에 A에는 장미, B에는 진달래, C에는 튤립을 심었고, D에는 아무것도 심지 않았다. 그리고 2년차에는 C에 아무것도 심지 않기로 하였다. 이 경우 다음 [조건]에 따를 때 3년차에 가능한 것은?

조건

- 한 밭에는 한 가지 꽃만 심는다.
- 심을 수 있는 꽃은 장미, 튤립, 진달래, 백합, 나팔꽃이다.
- 한 가지 꽃을 두 군데 이상 심으면 안 된다.
- 장미와 튤립을 인접해서 심으면 안 된다.
- 전 해에 장미를 심었던 밭에는 아무것도 심지 않거나 진달래를 심고, 진달래를 심었던 밭에는 아무것도 심지 않거나 장미를 심어야 한다.(단, 아무것도 심지 않았던 밭에는 그 전 해에 장미를 심었으면 진달래를, 진달래를 심었으면 장미를 심어야 한다.)
- 매년 한 군데 밭에만 아무것도 심지 않아야 한다.
- 각각의 밭은 4년에 한 번만 아무것도 심지 않아야 한다.
- 전 해에 심지 않은 꽃 중 적어도 한 가지는 심어야 한다.
- 튤립은 2년에 1번씩 심어야 한다.

	A	B	C	D
①	장미	진달래	튤립	심지 않음
②	심지 않음	진달래	나팔꽃	백합
③	장미	심지 않음	나팔꽃	튤립
④	심지 않음	진달래	백합	나팔꽃
⑤	장미	진달래	심지 않음	튤립

해설

STEP 1 **확정적인 정보는 무엇인가?**

앞에서 설명했듯이 문제 해결의 실마리 역할을 하는 대표적인 장치가 바로 '확정적인 정보'이다. 주어진 문제에서 제시문과 [조건] 1, 2, 3을 통해 확정적인 정보를 알 수 있다. 이를 표로 정리하면 다음과 같다.

구분	A	B	C	D
1년차	장미	진달래	튤립	×
2년차			×	
3년차				

STEP 2 **연결되는 정보로 확장시킬 수 있었는가?**

확정적인 정보를 도표에 기입하였다면, 확정적인 정보를 바탕으로 연결되는 정보로 확장해 나가야 한다.

1) [조건] 5에 의해서 2년차의 A와 B를 예상할 수 있고, [조건] 8에 의해서 2년차의 D를 예상할 수 있다.

구분	A	B	C	D
1년차	장미	진달래	튤립	×
2년차	×/진달래	×/장미	×	백합/나팔꽃
3년차				

2) [조건] 6에 의해서 매년 한 군데 밭에만 아무것도 심지 않아야 하므로 2년차의 A와 B는 비어있는 밭이 아니라 진달래와 장미가 된다. 또한 [조건] 5에 의해서 3년차의 A와 B를 예상할 수 있고, [조건] 9에 의해서 3년차의 C와 D 둘 중 한 곳은 튤립이 되어야 한다.

구분	A	B	C	D
1년차	장미	진달래	튤립	×
2년차	진달래	장미	×	백합/나팔꽃
3년차	×/장미	×/진달래	둘 중 한 곳에 튤립	

STEP 3 **선택지 소거법을 활용하였는가?**

주어진 문제는 [조건]에 따를 때 3년차에 가능한 선택지를 묻고 있으므로 조건에 위배되어 정답이 될 수 없는 선택지를 지워 나가는 방법을 적극적으로 활용하면 효과적이다.

1) 3년차의 C와 D 둘 중 한 곳은 튤립이 되어야 하므로 ②, ④는 튤립이 없어 소거된다.
2) 각각의 밭은 4년에 한 번만 아무것도 심지 않아야 하는데, ①은 D에서, ⑤는 C에서 조건에 위배되므로 소거된다.

정답 ③

기본유형 연습문제

02

A, B, C, D, E 여행사는 유럽 5개국 여행 패키지를 제공하고 있다. A, B, C, D, E 여행사의 유럽 5개국 여행 패키지에 대해 알려진 사실이 다음과 같을 때, 반드시 참인 것을 고르면?

- 유럽 5개국은 각각 영국, 프랑스, 스페인, 독일, 이탈리아이다.
- 각 여행사의 여행지 방문 순서는 하나도 겹치지 않고 각 여행지의 여행기간은 동일하다.
- 지금은 세 번째 여행지를 방문 중이고 현재 여행지는 다음과 같다.
  [A: 프랑스, B: 독일, C: 이탈리아, D: 영국, E: 스페인]
- 이탈리아를 아직 방문하지 않은 패키지의 여행사는 A와 D이다.
- B 여행사 패키지의 다음 여행지는 순서대로 스페인과 영국이다.
- C와 E 여행사의 패키지는 독일을 이미 방문했다.
- D 여행사의 패키지는 처음에 프랑스를 방문했고, 다음으로 스페인을 방문했다.
- A 여행사 패키지의 마지막 여행지와 C 여행사 패키지의 현재 여행지는 같다.

① B 여행사의 패키지는 아직 이탈리아를 방문하지 않았다.

② A 여행사의 패키지는 아직 독일을 방문하지 않았다.

③ 지금까지 영국을 방문한 패키지의 여행사는 A, C, E이다.

④ 네 번째 여행지가 프랑스인 여행사는 E이다.

⑤ 마지막 여행지가 이탈리아인 여행사는 D이다.

CHECK POINT

1. 도표를 만들어 채워야만 해결할 수 있는가?
2. 소거법을 적용할 수 있는가?

해설

(1) 조건 3을 이용하여 채우면 다음과 같다.

구분	영국	프랑스	스페인	독일	이탈리아
1					
2					
3	D	A	E	B	C
4					
5					

(2) 조건 5를 이용하여 채우면 다음과 같다.

구분	영국	프랑스	스페인	독일	이탈리아
1					
2					
3	D	A	E	B	C
4			B		
5	B				

(3) 조건 7을 이용하여 채우면 다음과 같다.

구분	영국	프랑스	스페인	독일	이탈리아
1		D			
2			D		
3	D	A	E	B	C
4			B		
5	B				

(4) 조건 8을 이용하여 채우면 다음과 같다.

구분	영국	프랑스	스페인	독일	이탈리아
1		D			
2			D		
3	D	A	E	B	C
4			B		
5	B				A

(5) 조건 4를 이용하여 채우면 다음과 같다.

구분	영국	프랑스	스페인	독일	이탈리아
1		D			
2			D		
3	D	A	E	B	C
4			B		D
5	B				A

(6) 조건 6과 지금까지 채워진 표를 이용하여 채우면 다음과 같다.

구분	영국	프랑스	스페인	독일	이탈리아
1		D		(C or E)	
2			D	(E or C)	
3	D	A	E	B	C
4			B	A	D
5	B			D	A

(7) B 여행사의 패키지는 프랑스와 이탈리아를 이미 방문했는데, D 여행사의 패키지에서 첫 번째로 프랑스를 방문했으므로 B 여행사의 패키지는 첫 번째로 이탈리아, 두 번째로 프랑스를 방문했다. 이와 같은 방법으로 나머지 표를 채우면 다음과 같다. 4개의 여행사가 먼저 채워진 행이나 열을 기준으로 채워나가면 된다. 여행사 앞의 숫자는 채워나간 순서를 의미한다.

구분	영국	프랑스	스페인	독일	이탈리아
1	⑥ C	D	⑤ A	③ E	① B
2	④ A	① B	D	③ C	② E
3	D	A	E	B	C
4	⑧ E	⑧ C	B	A	D
5	B	⑦ E	⑥ C	D	A

따라서 A 여행사의 패키지는 네 번째에 독일을 방문하므로 아직 독일을 방문하지 않았다.

오답풀이

① B 여행사의 패키지는 첫 번째에 이탈리아를 방문했다.
③ 지금까지 영국을 방문한 패키지의 여행사는 A, C, D이다.
④ 네 번째 여행지가 프랑스인 여행사는 C이다.
⑤ 마지막 여행지가 이탈리아인 여행사는 A이다.

준범쌤의 빠른 풀이 TIP

조건 3과 6을 보면 지금까지 독일을 방문한 패키지의 여행사는 B, C, E이므로 A는 아직 독일을 방문하지 않았음을 알 수 있다.

정답 ②

03

2020년 5급공채 PSAT 상황판단 나책형 34번

다음 [상황]과 자기소개를 근거로 판단할 때 옳지 않은 것은?

상황

5명의 직장인(甲~戊)이 커플 매칭 프로그램에 참여했다.

- 남성이 3명이고 여성이 2명이다.
- 5명의 나이는 34세, 32세, 30세, 28세, 26세이다.
- 5명의 직업은 의사, 간호사, TV드라마감독, 라디오작가, 요리사이다.
- 의사와 간호사는 성별이 같다.
- 라디오작가는 요리사와 매칭된다.
- 남성과 여성의 평균 나이는 같다.
- 한 사람당 한 명의 이성과 매칭이 가능하다.

자기소개

甲: 안녕하세요. 저는 32세이고 의료 관련 일을 합니다.
乙: 저는 방송업계에서 일하는 남성입니다.
丙: 저는 20대 남성입니다.
丁: 반갑습니다. 저는 방송업계에서 일하는 여성입니다.
戊: 제가 이 중 막내네요. 저는 요리사입니다.

① TV드라마감독은 乙보다 네 살이 많다.
② 의사와 간호사 나이의 평균은 30세이다.
③ 요리사와 라디오작가는 네 살 차이이다.
④ 甲의 나이는 방송업계에서 일하는 사람들 나이의 평균과 같다.
⑤ 丁은 의료계에서 일하는 두 사람 중 나이가 적은 사람보다 두 살 많다.

CHECK POINT

1. 실마리: 확정적인 정보부터 → [상황] 및 자기소개에서 확정적인 정보 탐색
2. 1대1 대응관계 → 접근 방법: 도표화

해설

(1) [상황] 1, 3, 4, 乙과 丁의 자기소개에 따라 의사, 간호사는 남성, 요리사는 여성임을 알 수 있다. 이때 戊의 자기소개에 따르면, 戊는 요리사이므로 여성이고, 막내이므로 26세이다. 또한 丙은 20대 남성이라고 하였는데, 戊가 26세이므로 丙은 28세이다. 이를 정리하면 아래 표와 같다.

구분	성별	나이	직업
甲	남성	32세	
乙	남성		
丙	남성	28세	
丁	여성		
戊	여성	26세	요리사

(2) [상황] 5, 7에 따라 라디오작가는 남성이다. 따라서 乙은 라디오작가이고, 丁은 TV드라마감독임을 알 수 있다.

구분	성별	나이	직업
甲	남성	32세	
乙	남성		라디오작가
丙	남성	28세	
丁	여성		TV드라마감독
戊	여성	26세	요리사

(3) [상황] 6에 따라 남성과 여성의 평균 나이가 같으려면 각각 전체 평균 나이와 같아야 한다. [상황] 2에서 5명의 전체 평균 나이를 계산하면 30세이므로 乙의 나이는 30세, 丁의 나이는 34세임을 알 수 있다.

구분	성별	나이	직업
甲	남성	32세	
乙	남성	30세	라디오작가
丙	남성	28세	
丁	여성	34세	TV드라마감독
戊	여성	26세	요리사

(4) 더 이상의 정보가 없으므로 甲과 丙의 직업은 하나로 확정되지 않으며, 최종적으로 정리하면 아래 표와 같다.

구분	성별	나이	직업
甲	남성	32세	의사/간호사
乙	남성	30세	라디오작가
丙	남성	28세	간호사/의사
丁	여성	34세	TV드라마감독
戊	여성	26세	요리사

丁은 34세이고, 의료계에서 일하는 두 사람 중 나이가 적은 사람은 丙으로 28세이다. 따라서 丁은 의료계에서 일하는 두 사람 중 나이가 적은 사람보다 두 살이 아니라 여섯 살이 많다.

(오답풀이)

① TV드라마감독은 丁으로 34세이고, 30세인 乙보다 네 살이 많다.

② 의사와 간호사는 甲과 丙(순서는 알 수 없음)이고, 각각 32세, 28세이므로 평균은 30세이다.

③ 요리사인 戊는 26세, 라디오작가인 乙은 30세로 네 살 차이이다.

④ 방송업계에서 일하는 사람은 라디오작가인 乙과 TV드라마감독인 丁이고, 이들의 나이는 각각 30세, 34세로 평균은 32세이다. 甲의 나이는 32세이므로 방송업계에서 일하는 사람들 나이의 평균과 같다.

정답 ⑤

NCS 기출 변형 연습문제

04

다음 글을 근거로 판단할 때, 乙이 세 번째 날과 마지막 날에 입은 티셔츠의 색을 바르게 짝지은 것을 고르면?

- 쌍둥이인 甲과 乙은 3박 4일 동안 여행을 다녀왔는데, 이들은 키와 몸무게가 동일하여 서로의 옷을 공유했다.
- 쌍둥이가 가져간 옷은 적색 티셔츠 두 벌, 녹색 티셔츠 세 벌, 청색 티셔츠 한 벌과 적색 바지 세 벌, 청색 바지 네 벌, 녹색 바지 한 벌이다.
- 甲과 乙이 입은 티셔츠의 색은 항상 서로 달랐으며, 바지 역시 서로 달랐다. 또한 이들은 동일한 색의 티셔츠와 바지를 한꺼번에 입지 않았다.
- 甲과 乙은 동일한 색의 티셔츠를 이틀 이상 연속하여 입지 않았다.
- 甲은 청색 티셔츠를 하루만 입었고, 乙은 청색 티셔츠를 입지 않았다.
- 티셔츠의 경우 입고 나서 세탁을 해야 하므로 다음날에는 해당 티셔츠를 입을 수 없다.
- 여행 첫 번째 날에 甲은 청색 바지, 乙은 적색 바지를 입었다. 마지막 날에 甲은 청색 티셔츠를 입었다.

	세 번째 날	마지막 날
①	녹색	청색
②	녹색	적색
③	적색	녹색
④	적색	청색
⑤	청색	적색

해설

(1) 확정적인 정보를 바탕으로 甲과 乙이 날짜별로 입었던 티셔츠와 바지의 조합을 표로 정리하면 다음과 같다. 적색 옷은 R, 청색 옷은 B, 녹색 옷은 G로 표기한다.(티셔츠의 경우 같은 색의 서로 다른 옷은 숫자로 구분한다.)

옷	사람	1일	2일	3일	4일
티셔츠	甲				B1
	乙				
바지	甲	B			
	乙	R			

(2) 첫 번째 날에 甲은 청색 바지를 입었으므로 적색 또는 녹색 티셔츠를 입어야 한다. 乙은 첫 번째 날에 적색 바지를 입었으므로 청색 또는 녹색의 티셔츠를 입어야 하는데, 乙은 청색 티셔츠를 입지 않았으므로 녹색 티셔츠를 입어야 한다. 甲과 乙이 입은 티셔츠의 색은 항상 서로 달랐으므로 甲은 적색 티셔츠를 입어야 한다.

옷	사람	1일	2일	3일	4일
티셔츠	甲	R1			B1
	乙	G1			
바지	甲	B			
	乙	R			

(3) 甲은 첫 번째 날에 적색 티셔츠를 입었으므로 두 번째 날에는 녹색 또는 청색 티셔츠를 입어야 하는데, 청색 티셔츠를 하루만 입었다고 했으므로 두 번째 날에는 녹색 티셔츠를 입어야 한다. 이때 첫 번째 날에 乙이 G1을 입었으므로 甲은 같은 녹색이지만 다른 티셔츠인 G2를 입어야 한다. 乙은 甲과는 다른 색의 티셔츠를 입어야 하고, 청색을 입지 않았으므로 적색 티셔츠인 R2를 입어야 한다.

옷	사람	1일	2일	3일	4일
티셔츠	甲	R1	G2		B1
	乙	G1	R2		
바지	甲	B			
	乙	R			

(4) 甲은 두 번째 날에 녹색 티셔츠를 입었으므로 세 번째 날에는 적색 또는 청색 티셔츠를 입어야 하는데, 청색 티셔츠를 하루만 입었다고 했으므로 세 번째 날에는 적색 티셔츠를 입어야 한다. 다만 전날에 乙이 R2를 입었으므로 R1을 입어야 한다. 乙은 전날에 입은 티셔츠와 다른 색인 녹색 또는 청색을 입어야 하는데, 청색을 입지 않았으므로 녹색을 입어야 한다. 다만 녹색 티셔츠는 총 세 벌이므로 G2를 제외한 G1, G3가 모두 가능하다.

옷	사람	1일	2일	3일	4일
티셔츠	甲	R1	G2	R1	B1
	乙	G1	R2	G1/G3	
바지	甲	B			
	乙	R			

(5) 甲은 마지막 날에 청색 티셔츠를 입었고, 乙은 甲의 티셔츠 색인 청색과 다르며 전날에 입었던 녹색과 다른 색의 티셔츠를 입어야 하므로 乙은 마지막 날에 적색 티셔츠 R2를 입어야 한다.

옷	사람	1일	2일	3일	4일
티셔츠	甲	R1	G2	R1	B1
	乙	G1	R2	G1/G3	R2
바지	甲	B			
	乙	R			

(6) 따라서 乙이 세 번째 날과 마지막 날에 입은 티셔츠의 색은 각각 녹색, 적색이다.

준범쌤의 빠른 풀이 TIP

바지의 경우 세탁으로 인해 동일한 옷을 이틀 연속 입을 수 없다는 조건이 적용되지 않고, 총 개수도 8벌로 넉넉한 편이므로 티셔츠를 중심으로 생각한다. 또한 문제에서 요구하고 있는 목표도 乙이 세 번째 날과 마지막 날에 입은 티셔츠의 색이다.

정답 ②

5) 순서, 대소 관계

1. 순서, 대소 관계의 의의

주어진 조건들을 바탕으로 서로 간의 시간에 따른 순서를 매기거나, 값의 대소를 비교하도록 요구하는 유형이다. 관계의 정리를 필요로 하는 대상이 최소 4개 이상 출제되므로 조건 역시 5개 이상으로 많이 주어지는 편이다. 따라서 어떤 순서로 조건을 처리하여 문제를 해결할 것인지가 중요하다.

2. 기호화

해결의 순서는 다음과 같다. 우선 주어진 조건들을 간략하게 기호로 정리하는 기호화 과정이 필요하다. 이때 활용되는 기호들은 대표적으로 부등호나 블록, 블랭크(_), 대시(-) 등이다. 부등호는 대소를 표현할 때 유용하며, 누구에게나 익숙한 기호이므로 부연 설명은 하지 않겠다. 블록은 두 대상의 순서를 알 수 있으며, 이들 대상이 인접한 경우에 활용된다. 즉, '바로 앞, 연이어, 직전'과 같은 표현이 등장하는 경우에는 블록으로 기호화하는 것이 유용하다. 블랭크는 빈칸을 의미하는 것으로 두 대상의 순서를 알 수 있으며, 이와 더불어 중간에 몇 개 혹은 몇 명이 포함되어 있는지 알 수 있을 때에 활용된다. 이때 블랭크는 블록으로도 표현할 수 있다. 예를 들어, A와 B 사이에 하나만 존재하는 경우 'A_B'로 표현하거나

A		B

로 표현할 수 있다. 대시는 줄표를 의미하는 것으로 두 대상의 순서는 알 수 있으나 중간에 몇 개 혹은 몇 명이 포함되어 있는지는 알 수 없을 때에 활용된다. 이러한 기호들을 바탕으로 조건들을 한 눈에 파악할 수 있도록 정리하는 과정이 필수적으로 선행되어야 한다.

3. 종합화

다음으로 기호들을 최대한 하나로 합치는 종합화 과정이 필요하다. 종합화는 앞뒤로 연결할 수 있는 대상들을 찾아서 하나로 만드는 과정이다. 모든 대상들이 하나로 종합화된다는 보장은 없다. 따라서 반드시 하나로 만들겠다는 생각보다는 최대한 모을 수 있는 만큼 한데 모은다는 생각으로 종합화시키는 것이 바람직하다.

4. 실수의 모습

이때 서술어 표현에 따른 기호의 방향은 처음부터 일치시키도록 해야 실수를 방지할 수 있다. 예컨대, 대소를 표현하는 서술어로 '높다'와 '낮다'가 섞여 있는 경우, 기호화 과정에서 주어를 기준으로 표현할 경우 부등호의 방향이 섞여 있게 되면서 종합화 과정에서 실수가 생길 가능성이 커지게 된다. 따라서 서술어가 어떠한 표현으로 주어져 있든지 간에 주어를 기준으로 부등호로 기호화할 것이 아니라, 우리에게 익숙한 형태인 높은 쪽(큰 쪽)을 좌측, 낮은 쪽(작은 쪽)을 우측으로 설정하여 부등호로 표현한다면 이후 종합화 과정에서도 실수를 방지할 수 있다.

1. 기호화: 부등호 및 기타 기호(블록)의 활용

① [A|B]: 바로 앞, 연이어, 직전 → 블록으로 처리

② A _ B, A _ _ B: 중간에 몇 명 있는지 알 수 있는 경우 → [A| |B] (블록으로도 처리 가능)

③ A – B: 중간에 몇 명 있는지 모르고, 선후 관계만 아는 경우

2. 종합화: 앞뒤로 연결할 수 있는 것을 찾아서 하나로 종합

역시 확정적인 정보부터 확장시켜 나가는 방식

3. 실수 주의

서술어 표현에 따른 부등호의 방향은 처음부터 맞춰주기!

필수예제

01

2014년 5급공채 PSAT 상황판단 A책형 16번

다음 글과 [조건]을 근거로 판단할 때, 甲이 두 번째로 전화를 걸 대상은?

○○국은 자문위원 간담회를 열 계획이다. 담당자 甲은 〈자문위원 명단〉을 보고 모든 자문위원에게 직접 전화를 걸어 참석여부를 확인하려 한다.

〈자문위원 명단〉

성명	소속	분야	참석경험 유무
A	가 대학	세계경제	○
B	나 기업	세계경제	×
C	다 연구소	경제원조	×
D	다 연구소	경제협력	○
E	라 협회	통상	×
F	가 대학	경제협력	×

조건

- 같은 소속이면 참석경험이 있는 자문위원에게 먼저 전화를 건다.
- 같은 분야면 참석경험이 있는 자문위원에게 먼저 전화를 건다.
- 같은 소속의 자문위원에게 연이어 전화를 걸 수 없다.
- 같은 분야의 자문위원에게 연이어 전화를 걸 수 없다.
- 참석경험이 있는 자문위원에게 연이어 전화를 걸 수 없다.
- 명단에 있는 모든 자문위원에게 1회만 전화를 건다.

① A

② B

③ C

④ D

⑤ E

해설

STEP 1 **질문에서 출제자가 묻고자 하는 것은 무엇인가?**

질문은 문제 해결의 시발점이다. 따라서 질문만큼은 침착하고 정확하게 이해하여 목표를 설정하여야 한다. 주어진 문제의 경우, 甲이 자문위원들 중 '두 번째'로 전화를 걸 대상을 찾는 것이다.

STEP 2 **주어진 조건들을 기호화하는 과정을 거쳤는가?**

주어진 조건들을 바탕으로 서로 간의 시간에 따른 순서를 매기는 유형에서는 관계의 정리를 필요로 하는 대상들이 출제된다. 따라서 주어진 조건들을 간략하게 기호로 정리하는 기호화 과정이 필요하다.

1) [조건] 1 기호화
[조건] 1에 따르면 F보다 A에게, C보다 D에게 먼저 전화를 걸어야 한다. 이를 기호화하면 A－F, D－C로 나타낼 수 있다.
2) [조건] 2 기호화
[조건] 2에 따르면 B보다 A에게, F보다 D에게 먼저 전화를 걸어야 한다. 이를 기호화하면 A－B, D－F로 나타낼 수 있다.

STEP 3 **기호들을 최대한 하나로 합치는 종합화 과정을 거쳤는가?**

종합화는 앞뒤로 연결할 수 있는 대상들을 찾아서 하나로 만드는 과정이다. 모든 대상들이 하나로 종합화된다는 보장은 없으므로 반드시 하나로 만들겠다는 생각보다는 최대한 모을 수 있는 만큼 모은다는 생각으로 종합화시키는 것이 바람직하다.

1) 앞서 기호화하는 과정을 통해 첫 번째로 전화를 걸 수 있는 대상은 A, D, E가 가능하다는 것을 알 수 있다. 각 경우를 나누어서 연결할 수 있는 대상들을 찾아서 하나로 만들어보자.
2) A에게 첫 번째로 전화를 거는 경우, [조건] 3에 따라 F에게, [조건] 4에 따라 B에게, [조건] 5에 따라 D에게 두 번째로 전화를 걸 수 없다. 또한 [조건] 1에 따라 C보다 D에게 먼저 전화를 걸어야 하므로 C에게도 두 번째로 전화를 걸 수 없다. 따라서 甲이 두 번째로 전화를 걸 대상은 반드시 E가 된다.
3) D에게 첫 번째로 전화를 거는 경우, [조건] 3에 따라 C에게, [조건] 4에 따라 F에게, [조건] 5에 따라 A에게 두 번째로 전화를 걸 수 없다. 또한 [조건] 2에 따라 B보다 A에게 먼저 전화를 걸어야 하므로 B에게도 두 번째로 전화를 걸 수 없다. 따라서 甲이 두 번째로 전화를 걸 대상은 반드시 E가 된다.
4) E에게 첫 번째로 전화를 거는 경우, 1)에서 알 수 있듯이 두 번째로 전화 걸 대상은 A 혹은 D가 되어야 한다. 이 경우 2)와 3)에 의해 세 번째로 전화 걸 대상은 존재하지 않게 된다. 따라서 E에게는 첫 번째로 전화를 걸 수 없다.
5) 2)와 3)에서 알 수 있듯이, A에게 첫 번째로 전화를 걸거나 D에게 첫 번째로 전화를 거는 경우 모두 甲이 두 번째로 전화를 걸 대상은 E가 된다.

정답 ⑤

기본유형 연습문제

02

A~F 6명의 학생들이 달리기를 하였다. 학생들이 도착한 순서에 대한 정보가 다음과 같을 때, 두 번째로 도착한 학생은 누구인지 고르면?

- B는 C보다 나중에 도착했다.
- E는 C보다 먼저 도착하지 않았다.
- D는 B보다 먼저 도착하지 않았다.
- E는 세 번째로 도착했다.
- A는 D보다 나중에 도착했다.
- C는 첫 번째로 도착하지 않았다.
- E는 F보다 먼저 도착하지 않았고, D보다 나중에 도착하지 않았다.
- 동시에 도착한 학생들은 없다.

① A　② B　③ C
④ D　⑤ F

CHECK POINT

1. 질문지에서 무엇을 묻고 있는가?
2. 어떤 조건을 가장 먼저 확인하였는가?

해설

주어진 조건들을 도식화한 후, 합하여 해결한다. 각 조건들을 도식화시키면 다음과 같다.

(1) C – B

(2) C – E

(3) B – D

(4)

		E			

(5) D – A

(6) C: ~1

(7) F – E – D

(1)~(7)을 합해보면 도착한 학생들의 순서는 F – C – E – B – D – A가 되고, 두 번째로 도착한 학생은 C이다.

준범쌤의 빠른 풀이 TIP

문제에서 묻는 것은 전체 순서가 아니고 두 번째로 도착한 학생이므로 두 번째로 도착한 학생이 결정되었다면 더 이상 풀지 않는다. E가 세 번째에 도착했으므로 E보다 먼저 들어온 사람은 2명이다. (2), (6)에 따르면 C가 E보다 먼저 도착했는데 가장 먼저 도착한 것은 아니므로 두 번째로 도착한 사람은 C이다.

참고

(1)~(7) 중에 (4)를 먼저 기준으로 하는 것이 바람직하다. 왜냐하면 (4)가 확실하면서도 가장 간결한 정보이기 때문이다. (4)를 중심으로 하여 E가 포함된 (2), (7)을 그 다음으로 처리한 후 (1), (3), (5)를 연결한다.

정답 ③

PSAT 기출 연습문제

03

2022년 7급공채 PSAT 상황판단 가책형 17번

다음 글을 근거로 판단할 때 옳은 것은?

甲부처 신입직원 선발시험은 전공, 영어, 적성 3개 과목으로 이루어진다. 3개 과목 합계 점수가 높은 사람순으로 정원까지 합격한다. 응시자는 7명(A~G)이며, 7명의 각 과목 성적에 대해서는 다음과 같은 사실이 알려졌다.

- 전공시험 점수: A는 B보다 높고, B는 E보다 높고, C는 D보다 높다.
- 영어시험 점수: E는 F보다 높고, F는 G보다 높다.
- 적성시험 점수: G는 B보다도 높고 C보다도 높다.

합격자 선발 결과, 전공시험 점수가 일정 점수 이상인 응시자는 모두 합격한 반면 그 점수에 달하지 않은 응시자는 모두 불합격한 것으로 밝혀졌고, 이는 영어시험과 적성시험에서도 마찬가지였다.

① A가 합격하였다면, B도 합격하였다.
② G가 합격하였다면, C도 합격하였다.
③ A와 B가 합격하였다면, C와 D도 합격하였다.
④ B와 E가 합격하였다면, F와 G도 합격하였다.
⑤ B가 합격하였다면, B를 포함하여 적어도 6명이 합격하였다.

CHECK POINT

1. 응시자별 시험 점수의 대소 관계를 도식화시킬 수 있는가?
2. 출제자의 핵심 의도를 파악할 수 있는가?
   : 어떤 사람이 합격했다면 한 과목이라도 그 사람보다 점수가 높은 사람은 반드시 합격한다.
3. 주어진 조건들을 논리기호를 사용하여 단순화시킬 수 있는가?

해설

(1) 각 과목의 점수에 따른 상대적인 순위를 도표로 나타내면 다음과 같다. 이때 위쪽 칸에 위치한 응시자의 성적이 더 높다.

<table>
<tr><th colspan="2">전공시험</th><th>영어시험</th><th>적성시험</th></tr>
<tr><td rowspan="2">A</td><td rowspan="3">C</td><td rowspan="2">E</td><td rowspan="3">G</td></tr>
<tr></tr>
<tr><td rowspan="2">B</td><td rowspan="2">F</td></tr>
<tr><td rowspan="3">D</td><td rowspan="3">B, C</td></tr>
<tr><td rowspan="2">E</td><td rowspan="2">G</td></tr>
<tr></tr>
</table>

(2) 합격자 선발 결과, 전공·영어·적성시험 점수가 일정 점수 이상인 응시자는 모두 합격한 반면 그 점수에 달하지 않은 응시자는 모두 불합격한 것으로 밝혀졌다. 따라서 점수가 낮은 응시자가 합격했다면, 그보다 점수가 더 높은 응시자는 합격했을 것이다. 예를 들어 E가 합격했다면 A와 B도 합격했을 것이다.

(3) B와 E가 합격하였다면 B보다 전공시험 점수가 높은 A도 합격하였을 것이고, B보다 적성시험 점수가 높은 G도 합격하였을 것이다. 또한 G보다 영어시험 점수가 높은 F도 합격하였을 것이다. 따라서 B와 E가 합격하였다면, F와 G도 합격하였음을 알 수 있다.

(오답풀이)

① A가 합격하였더라도 A가 B보다 전공시험 점수가 높기 때문에 B의 합격 여부는 알 수 없다.

② G가 합격하였다면 G보다 영어시험 점수가 높은 E와 F도 합격하였을 것이다. 또한 E보다 전공시험 점수가 높은 A와 B도 합격하였을 것이다. 그러나 C의 합격 여부는 알 수 없다.

③ A와 B가 합격하였다면 B보다 적성시험 점수가 높은 G도 합격하였을 것이다. 또한 G보다 영어시험 점수가 높은 E와 F도 합격하였을 것이다. 그러나 C와 D의 합격 여부는 알 수 없다.

⑤ B가 합격하였다면 B보다 전공시험 점수가 높은 A도 합격하였을 것이고, B보다 적성시험 점수가 높은 G도 합격하였을 것이다. 또한 G보다 영어시험 점수가 높은 E와 F도 합격하였을 것이다. 따라서 합격하였다는 것을 확실히 알 수 있는 응시자는 A, B, E, F, G 5명이므로, B가 합격하였다면 B를 포함하여 적어도 5명이 합격하였다.

준범쌤의 빠른 풀이 TIP

이 문제는 우리에게 익숙한 '→' 기호를 활용하여 단순하게 바꿀 수 있다. 한 사람이 합격했다면 어떤 과목이든 그보다 점수가 높은 사람은 반드시 합격하므로 주어진 조건을 다음과 같이 기호화할 수 있다.

i) E → B → A
ii) D → C
iii) G → F → E
iv) B → G
v) C → G

이렇게 기호화하면 선택지와 논리구조가 동일하므로 더 빠르게 문제를 풀 수 있다. 예컨대 ④의 경우 iii)과 iv)를 연결하면 'B → G → F'가 된다. 즉 B와 E가 합격하였다면, F와 G도 합격하였다는 사실을 알 수 있다.

정답 ④

NCS 기출 변형 연습문제

04

다음 글에 따를 때, 단막극의 공연 순서로 가능한 것을 고르면?

○○극장에서는 하루에 가~마 총 5개의 단막극을 공연한다. 의상을 갈아입을 시간이 필요하기 때문에 한 연기자가 연달아 두 단막극에 출연할 수 없다. 출연이 가능한 연기자는 남자인 A, B, C와 여자인 D, E, F로 총 6명이다. 단, 1인 2역은 불가능하며, C의 경우 필요에 따라 여자 역할을 맡을 수 있다. 각 단막극 별로 필요한 연기자의 수는 다음과 같다.

단막극	필요인원	
	남자	여자
가	1명	1명
나	2명	0명
다	3명	0명
라	1명	3명
마	0명	2명

① 가 → 나 → 라 → 다 → 마
② 나 → 가 → 라 → 마 → 다
③ 다 → 마 → 라 → 나 → 가
④ 라 → 가 → 나 → 마 → 다
⑤ 라 → 나 → 마 → 다 → 가

해설

라(A / C, E, F) → 가(B / D) → 나(A, C) → 마(D, F) → 다(A, B, C)로 가능하다.

(오답풀이)

① 남자 3명이 필요한 '다'를 공연할 수 없다. 바로 앞 순서인 '라'에서 적어도 남자 1명이 출연해야 하기 때문이다.
② 여자 2명이 필요한 '마'를 공연할 수 없다. 바로 앞 순서인 '라'에서 여자 3명이 출연해야 하기 때문에 필요에 따라 여자 역할을 맡을 수 있는 C까지 동원한다고 하더라도 여자 인원이 부족하다.
③ 여자 3명이 필요한 '라'를 공연할 수 없다. 바로 앞 순서인 '마'에서 여자 2명이 출연해야 하기 때문에 필요에 따라 여자 역할을 맡을 수 있는 C까지 동원한다고 하더라도 여자 인원이 부족하다.
⑤ 남자 1명이 필요한 '가'를 공연할 수 없다. 바로 앞 순서인 '다'에서 남자 3명이 출연해야 하기 때문이다.

준범쌤의 빠른 풀이 TIP

(1) 우선 남자의 경우 여자가 대신 출연할 수 없으므로, 연달아 진행되는 두 단막극에서 필요한 남자 수의 합이 3명을 초과하면 안 된다. 따라서 '다'는 첫 번째 또는 마지막 순서로만 가능하며, 뒤 혹은 앞에는 '마'만 올 수 있다. 따라서 ①, ⑤는 불가능하다.
(2) 다음으로 여자의 경우 남자인 C가 대신 출연할 수 있으므로, 연달아 진행되는 두 단막극에서 필요한 여자 수의 합이 4명을 초과하면 안 된다. 따라서 '라'와 '마'는 연달아 공연할 수 없다. 따라서 ②, ③은 불가능하다.
(3) 따라서 정답은 ④가 된다.

정답 ④

6) 위치 관계

1. 위치 관계의 의의

주어진 조건들을 바탕으로 서로 간의 위치 관계를 정리한 후 문제에서 요구하는 해답을 찾는 유형이다. 이 유형 역시 순서, 대소 관계와 마찬가지로 관계의 정리를 필요로 하는 대상이 최소 4개 이상 출제되므로 조건 역시 5개 이상으로 많이 주어지는 편이다. 따라서 어떤 순서로 조건을 처리하여 문제를 해결할 것인지가 중요하다.

2. 확정적인 정보 → 연결되는 정보

해결의 순서는 다음과 같다. 우선 기준이 될 수 있는 확정적인 정보가 있는지를 탐색해야 한다. 확정적인 정보가 존재하는 경우에는 그 정보를 실마리로 삼아 해당 대상으로 고정시킨 후에 연결되는 정보로 확장시켜 나간다. 이런 식으로 연결되는 정보들을 찾아 연쇄적으로 이어 나가면 어렵지 않게 정답을 찾을 수 있는 경우가 많다. 반드시 최종 단계까지 연결되지 않더라도 정답이 도출되는 경우가 종종 있기 때문이다. 항상 선택지를 적극적으로 활용하는 습관을 갖도록 하자.

3. 도식화 활용

만약 확정적인 정보가 보이지 않는다면, 연결되어 있는 정보끼리 묶어서 여러 개의 그룹을 만든 후에 이를 바탕으로 각 선택지를 판단하여야 한다. 확정적인 정보가 있는 경우와 그렇지 않은 경우의 두 가지 모두 위치 관계를 시각적으로 파악할 수 있도록 정리하는 도식화가 요구된다.

4. 실수의 모습

위치 관계는 상/하, 좌/우, 남/북, 동/서와 같이 대칭적인 모습을 띤다. 그러다 보니 실수 또한 많이 생긴다. 위치 관계를 파악할 때에는 주어를 중심으로만 살펴볼 것이 아니라, 목적어를 중심으로도 살펴보는 능력이 필요하다. 우리는 일반적으로 주어를 중심으로 문장을 이해하는 데 익숙하지만, 경우에 따라서는 목적어를 중심으로 파악하는 것이 문장을 이해하는 데 훨씬 용이하기 때문이다.

1. 위치=방향+거리

둘 중 일부만 주어진 조건보다 둘 모두 주어진 조건이 더 확정적

2. 접근 방법

확정적인 정보 → 연결되는 정보
(실마리) (확장)

3. 도식화

한 눈에 보면서 처리할 수 있도록 간략하게 그려가며 해결

4. 실수 주의

① 대칭적인 용어 多: 반대로 처리하는 실수 주의

② 주어 기준 ↔ 목적어 기준: 정확한 변환 필요

③ 도식화하면서 방향, 방위, 거리 표현 시 실수 주의: 조건의 내용과 다르게 표현된 그림은 득점 실패 유발

필수예제

01

2021년 7급공채 PSAT 상황판단 나책형 7번

다음 글을 근거로 판단할 때, 마지막에 송편을 먹었다면 그 직전에 먹은 떡은?

> 원 쟁반의 둘레를 따라 쑥떡, 인절미, 송편, 무지개떡, 팥떡, 호박떡이 순서대로 한 개씩 시계방향으로 놓여 있다. 이 떡을 먹는 순서는 다음과 같은 규칙에 따른다. 특정한 떡을 시작점(첫 번째)으로 하여 시계방향으로 떡을 세다가 여섯 번째에 해당하는 떡을 먹는다. 떡을 먹고 나면 시계방향으로 이어지는 바로 다음 떡이 새로운 시작점이 된다. 이 과정을 반복하여 떡이 한 개 남게 되면 마지막으로 그 떡을 먹는다.

① 무지개떡　② 쑥떡　③ 인절미
④ 팥떡　⑤ 호박떡

해설

STEP 1 위치 관계를 시각적으로 파악할 수 있도록 도식화를 하였는가?

위치 관계는 주어진 조건들을 바탕으로 서로 간의 위치 관계를 정리한 후 문제에서 요구하는 해답을 찾는 유형이다. 위치 관계 문제 유형은 풀이 과정에서 위치 관계를 시각적으로 파악할 수 있도록 정리하는 도식화가 요구된다.
주어진 문제를 도식화하면 다음과 같다.

1) 떡이 아래 그림과 같이 원 쟁반 둘레를 따라 놓여 있다고 가정한다. 이 중 굵은 선으로 표시한 임의의 떡을 시작점으로 설정하여 문제에서 주어진 규칙을 적용하면, ①에 위치한 떡이 처음으로 먹는 떡이 된다.

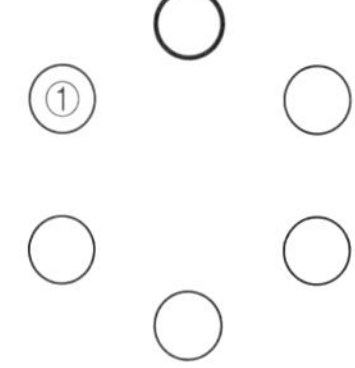

STEP 2 **연결되는 정보로 확장시킬 수 있었는가?**

문제 해결의 실마리 역할을 하는 대표적인 장치가 바로 '확정적인 정보'이다. 확정적인 정보가 존재하는 경우에는 그 정보를 실마리로 삼아 고정시킨 후에 연결되는 조건을 활용하여 확장시켜 나가야 한다. 주어진 문제의 경우 특정한 떡을 시작점(첫 번째)으로 하여 떡을 먹는 순서를 제시하고 있으므로, 시작점을 기준으로 떡을 먹는 순서로 정보를 확장시켜 나갈 수 있다.

1) 굵은 선으로 표시한 임의의 떡을 시작점으로 설정하여 문제에서 주어진 규칙을 적용하면, ①에 위치한 떡이 처음으로 먹는 떡이 된다.
2) ①의 시계방향으로 이어지는 바로 다음 떡을 새로운 시작점(굵은 선)으로 하여 ①을 제외한 나머지 떡에 대해 같은 규칙을 적용하면, 새로운 시작점이었던 떡이 두 번째로 먹는 떡(②)이 된다. 이때 ①에 위치한 떡은 먹었으므로 남아 있지 않게 되며, 음영으로 표시하였다.

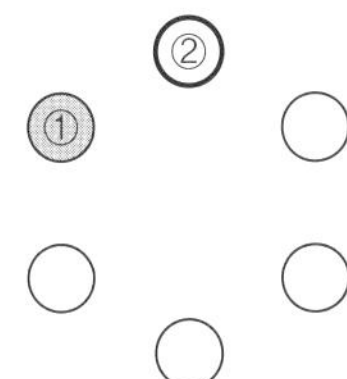

3) 마찬가지 방식으로, ②의 시계방향으로 이어지는 바로 다음 떡을 새로운 시작점(굵은 선)으로 하여 ①, ②를 제외한 나머지 떡에 대해 같은 규칙을 적용하면, 세 번째로 먹는 떡(③)은 아래와 같다. 이때 ①, ②에 위치한 떡은 먹었으므로 남아 있지 않게 되며, 음영으로 표시하였다.

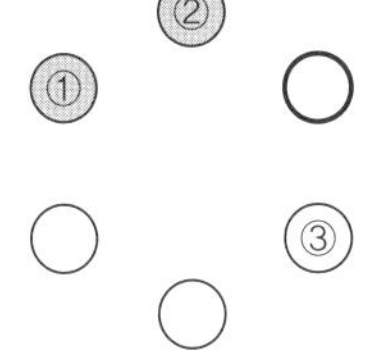

4) 해당 과정을 반복하면, 떡을 먹는 순서는 아래와 같이 구해진다.

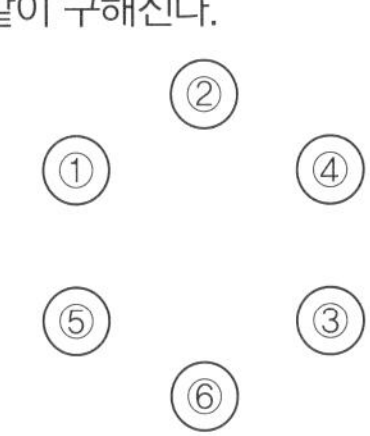

STEP 3 **질문에서 출제자가 묻고자 하는 것은 무엇인가?**

질문은 문제 해결의 시발점이다. 따라서 질문만큼은 침착하고 정확하게 이해하여 목표를 설정하여야 한다. 주어진 문제의 경우, 마지막에 송편을 먹었다면 그 직전에 먹은 떡을 찾는 것이다.

1) 질문에서 마지막으로 먹은 떡(⑥)은 송편이라고 했다. 이에 따라 떡을 배치하면 아래와 같다.

2) 따라서 송편을 먹기 직전에 먹은 떡(⑤)은 무지개떡이다.

정답 ①

기본유형 연습문제

02

○○기업의 홍보팀, 법무팀, 총무팀, 보안팀, 영업팀, 운영팀이 101~108호 중 각각 하나의 사무실을 쓰고 있다. [조건]이 다음과 같을 때 이에 대한 설명으로 옳은 것을 고르면?

조건

101호	복도	105호
102호		106호
103호		107호
104호		108호

- 102호와 107호는 비어 있다.
- 영업팀과 법무팀의 사무실은 마주보고 있다.
- 홍보팀의 사무실은 105호이다.
- 보안팀 사무실의 방 호수는 홀수이다.
- 운영팀과 법무팀의 사무실은 붙어 있다.

① 영업팀 사무실의 방 호수는 홀수이다.
② 홍보팀과 총무팀의 사무실은 붙어 있다.
③ 법무팀의 사무실은 103호이다.
④ 영업팀의 사무실은 101호이다.
⑤ 운영팀 사무실의 맞은편에는 보안팀 사무실이 있다.

CHECK POINT

1. 확정적인 정보는 무엇인가?
2. 답이 될 수 없는 선택지를 소거할 수 있는가?

해설

(1) [조건] 1과 3의 내용을 정리하면 다음과 같다.

101호	복도	105호 홍보팀
~~102호~~		106호
103호		~~107호~~
104호		108호

(2) [조건] 2에서 영업팀과 법무팀의 사무실이 마주보고 있다고 했는데 가능한 경우는 (104호, 108호)뿐이다.
(3) [조건] 5에서 운영팀과 법무팀의 사무실이 붙어 있다고 했는데 가능한 경우는 (103호, 104호)뿐이다.
(4) 따라서 (운영팀, 법무팀, 영업팀)의 사무실은 (103호, 104호, 108호)이다.

101호	복도	105호 홍보팀
~~102호~~		106호
103호 운영팀		~~107호~~
104호 법무팀		108호 영업팀

(5) 남은 호수는 101호와 106호이며, 보안팀 사무실의 방 호수가 홀수이므로 101호, 총무팀이 106호이다.

101호 보안팀	복도	105호 홍보팀
~~102호~~		106호 총무팀
103호 운영팀		~~107호~~
104호 법무팀		108호 영업팀

따라서 홍보팀과 총무팀의 사무실은 붙어 있다.

오답풀이

① 영업팀 사무실은 108호로 짝수이다.
③ 법무팀의 사무실은 104호이다.
④ 영업팀의 사무실은 108호이다.
⑤ 운영팀 사무실의 맞은편은 비어 있다.

준범쌤의 빠른 풀이 TIP

확실한 조건인 [조건] 1과 3을 이용해 채우면 영업팀과 법무팀 사무실은 104호 또는 108호이므로 ①, ③, ④가 소거된다. 그리고 맞은편으로 가능한 사무실은 101호와 105호가 남는데 105호는 홍보팀 사무실이므로 운영팀과 보안팀의 사무실이 마주볼 수는 없다.

정답 ②

PSAT 기출 연습문제

03

2018년 5급공채 PSAT 상황판단 나책형 16번

다음 글을 근거로 판단할 때, A에서 가장 멀리 떨어진 도시는?

- 甲지역에는 7개의 도시(A~G)가 있다.
- E, F, G는 정남북 방향으로 일직선상에 위치하며, B는 C로부터 정동쪽으로 250km 떨어져 있다.
- C는 A로부터 정남쪽으로 150km 떨어져 있다.
- D는 B의 정북쪽에 있으며, B와 D 간의 거리는 A와 C 간의 거리보다 짧다.
- E와 F 간의 거리는 C와 D 간의 직선거리와 같다.
- G는 D로부터 정동쪽으로 350km 거리에 위치해 있으며, A의 정동쪽에 위치한 도시는 F가 유일하다.

※ 모든 도시는 동일 평면상에 있으며, 도시의 크기는 고려하지 않는다.

① B ② D ③ E
④ F ⑤ G

CHECK POINT

1. 실마리를 어떻게 찾을 것인가?
2. 위치는 방향과 거리로 이루어짐을 이해하였는가?
3. 실수하지 않고 위치 관계를 도식화할 수 있는가?

해설

(1) 조건 3에 의해 A의 정남쪽 150km 지점에는 C가 위치해 있다.
(2) 조건 2에 의해 C의 정동쪽 250km 지점에는 B가 위치해 있다.
(3) 조건 4에 의해 B의 정북쪽에는 D가 위치해 있으며, 이 거리는 150km 미만이다.
(4) 조건 6에 의해 D의 정동쪽 350km 지점에는 G가 위치해 있고, A의 정동쪽에는 F가 위치해 있다.
(5) 조건 2에서 E, F, G는 정남북 방향으로 일직선상에 위치한다고 하였으므로 F는 A의 정동쪽 600km 지점에 위치해 있음을 알 수 있다.
(6) 위 내용들을 바탕으로 각 도시들의 위치를 도식화 해보면 다음과 같다.

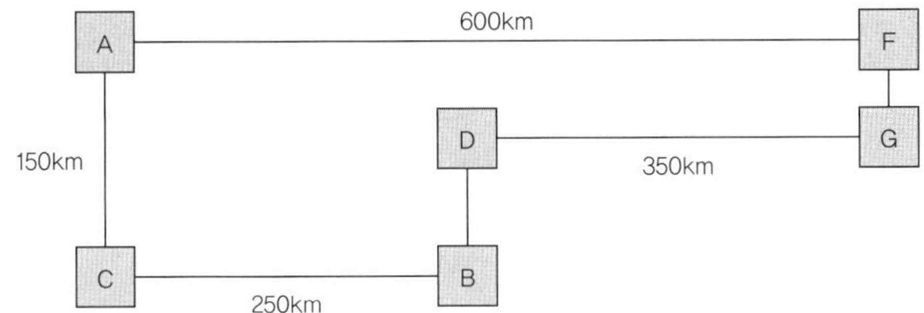

(7) 조건 5에서 E와 F 간의 거리는 C와 D 간의 직선거리와 같다고 하였다. C와 D 간의 거리는 직각삼각형 CDB의 빗변의 길이이므로 밑변인 250km보다 길다. 따라서 E는 F의 정북쪽 혹은 정남쪽에 위치해 있어야 하며, 그 거리는 250km를 초과하여야 한다.
(8) 이때 E가 F의 정북쪽 혹은 정남쪽 어디에 위치해 있든지 간에 A에서 가장 멀리 떨어진 도시는 E이다.

정답 ③

NCS 기출 변형 연습문제

04

다음 글을 근거로 판단할 때, 경품이 들어있지 않은 상자의 개수를 고르면?

- 1부터 12까지 숫자가 쓰여 있는 12개의 랜덤 상자가 아래 그림과 같이 놓여있다. 각 상자에는 □, △, ☆, ○, ♡ 중 하나의 스티커가 붙어있다.
- 같은 모양의 스티커가 붙어있는 랜덤 상자 중에서 일부는 경품이 들어있고, 일부는 경품이 들어있지 않다. 즉 ♡ 모양의 스티커가 붙어 있는 상자가 2개라면 반드시 1개에만 경품이 들어있다.
- 경품이 들어있는 상자는 각각 2개 이상 인접해 있고, 4개 이상 연속해서 인접해 있지는 않다. 예를 들어 아래 그림에서 2번 상자에 경품이 들어있다면 1번 또는 3번 상자에는 반드시 경품이 들어있어야 한다. 그러나 1번부터 4번 상자 모두에 경품이 들어있을 수는 없다. 경품이 들어있지 않은 상자 역시 마찬가지이다.
- 아래 그림에서 1번 상자에는 경품이 들어있고, 11번 상자에는 경품이 들어있지 않다.

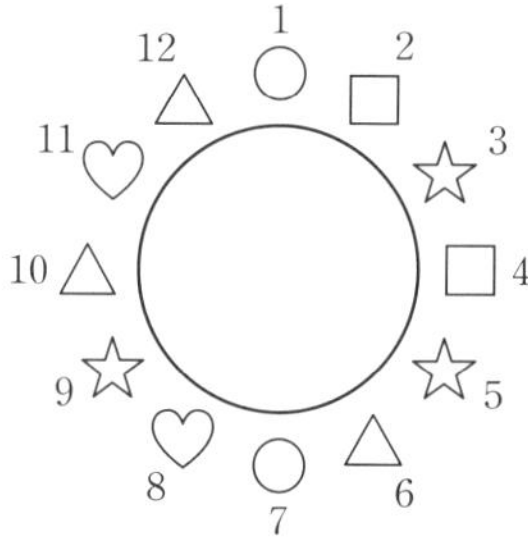

① 3개 ② 4개 ③ 5개
④ 6개 ⑤ 7개

해설

(1) 1번 상자에 경품이 들어있다면 조건 2에 따라 7번 상자에는 경품이 들어있지 않아야 하고, 11번 상자에 경품이 들어있지 않다면 8번 상자에는 경품이 들어있어야 한다. 이때 조건 3에 의해 경품이 들어있거나 들어있지 않은 상자 모두 2개 이상 인접해 있어야 하므로 6번 상자에는 경품이 들어있지 않아야 하고, 9번 상자에는 경품이 들어있어야 한다. 이를 그림으로 나타내면 다음과 같다.

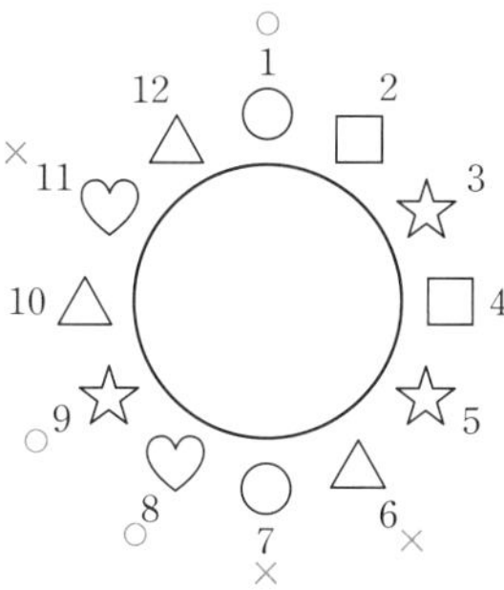

(2) 2번 상자에 경품이 들어있다고 가정하여 모든 조건을 만족할 수 있는지 확인해 보자. 2번 상자에 경품이 들어있다면 조건 2에 의해 4번 상자에는 경품이 들어있지 않아야 한다.

i) 이때 5번 상자에 경품이 들어있다면 경품이 들어있는 상자가 2개 이상 인접해야 한다는 조건 3에 위배된다. 이를 그림으로 나타내면 다음과 같다.

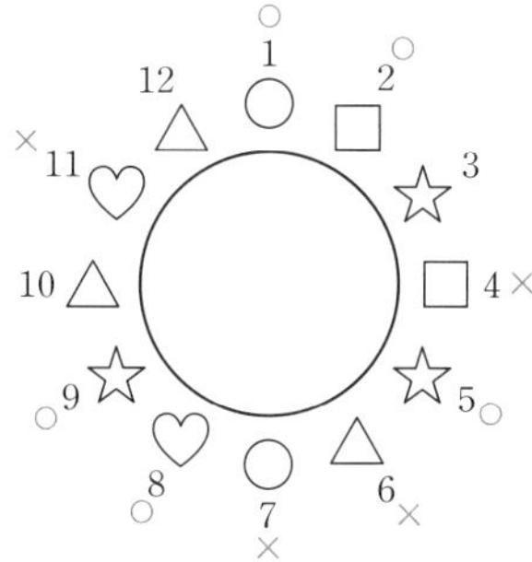

ii) 만약 5번 상자에 경품이 들어있지 않다면 4번부터 7번 상자가 모두 경품이 들어있지 않아 경품이 들어있지 않은 상자가 4개 이상 인접해 있지는 않다는 조건 3에 위배된다. 이를 그림으로 나타내면 다음과 같다.

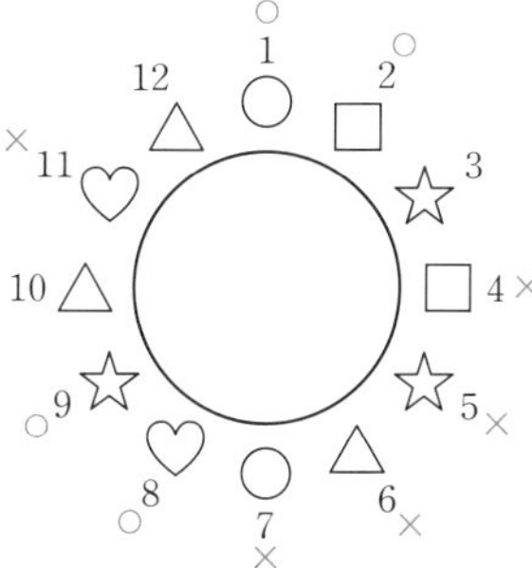

따라서 2번 상자에는 경품이 들어있지 않다.

(3) 2번 상자에 경품이 들어있지 않다면 조건 2에 의해 4번 상자에는 경품이 들어있어야 한다. 이 경우 조건 3에 의해 3번 상자에는 경품이 들어있지 않고, 5번 상자에는 경품이 들어있어야 한다. 1번 상자에 경품이 들어있고 2번 상자에 경품이 들어있지 않다면 조건 3에 의해 12번 상자에는 경품이 들어있어야 한다. 마지막으로 조건 3에 의해 10번 상자에는 경품이 들어있지 않아야 한다. 이를 그림으로 나타내면 다음과 같다.

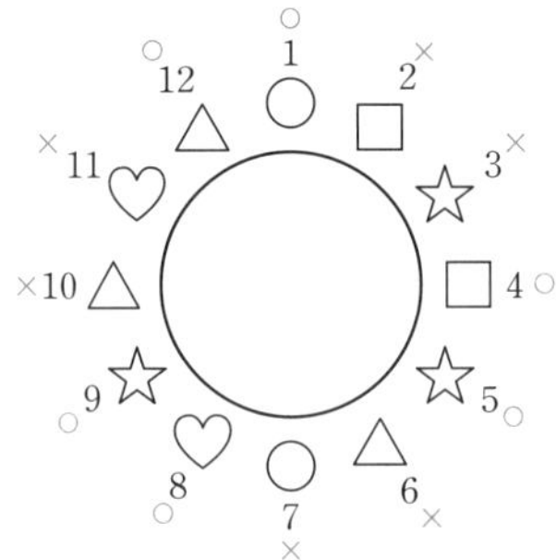

(4) 따라서 경품이 들어있지 않은 상자는 2번, 3번, 6번, 7번, 10번, 11번으로 총 6개이다.

준범쌤의 빠른 풀이 TIP

상자에 붙어있는 스티커 종류는 5가지이다. 이때 조건 2에 의해 경품이 들어있지 않은 상자는 최소 5개가 됨을 알 수 있다. 따라서 ①과 ②는 정답이 될 수 없다.

정답 ④

02 수리형

1) 사칙연산의 활용

1. 출제 의도 파악

수리적 감각의 문제는 짝수와 홀수의 성질이나, 약수와 배수의 내용을 이용하여 해결한다. 짝수와 홀수의 연산 결과에 관한 문제나 최대공약수와 최소공배수, 약수의 개수에 관련된 문제 등이 주로 출제된다. 그러나 문제의 형태를 보면 이러한 내용을 직접 묻는 것이 아니라 다른 소재로 포장되어 있는 경우가 많다. 따라서 문제에서 무엇을 묻고 있는지 먼저 파악하는 것이 중요하다.

2. 짝수와 홀수

이미 학교에 다닐 때 배운 개념들이지만 다시 한 번 떠올려보자. 일의 자리가 0, 2, 4, 6, 8로 끝나는 수가 짝수, 그 외의 수가 홀수이다. 다음 표는 홀수와 짝수의 연산결과를 정리한 것이다.

종류	덧셈 결과	뺄셈 결과	곱셈 결과
짝수와 짝수	짝수	짝수	짝수
짝수와 홀수	홀수	홀수	짝수
홀수와 홀수	짝수	짝수	홀수

3. 최대공약수와 최소공배수

최대공약수란 두 개 이상의 수에서 공통된 약수인 공약수 중 가장 큰 수를 의미하고, 최소공배수란 두 개 이상의 수에서 공통되는 배수인 공배수 중 가장 작은 수를 의미한다. 두 수의 최소공배수를 쉽게 구하는 방법은 둘 중 하나의 수를 두 수의 최대공약수로 나누고, 그 몫을 남아있는 다른 하나의 수와 곱하는 것이다.

4. 소수와 소인수분해 및 약수의 개수

소수란 1과 자기 자신만을 약수로 가지는 1보다 큰 자연수를 말한다. 이러한 소수들만의 곱으로 하나의 숫자를 나타낸 것을 소인수분해라 한다.

어떤 수를 소인수분해한 후 각 소수들의 지수에 1을 더한 후 전부 곱하게 되면 그 수의 약수의 개수가 된다. 이에 따르면 원래의 수가 어떤 수의 제곱인 경우에만 약수의 개수가 홀수가 된다.

5. 주기

주기는 같은 현상이나 특징이 한 번 나타나고부터 다음번 되풀이되기까지의 기간을 의미한다. 예를 들어 일주일은 주기가 7일이고, 1년은 주기가 365일이다. 주기에 해당하는 기간으로 나누었을 때 나머지가 동일한 것들끼리 같은 특징을 가진다는 사실을 이용하여 문제를 해결하면 된다.

참고 2~11의 배수 판정법

- 2의 배수 판정법: 일의 자리가 0 또는 짝수이면 원래의 수는 2의 배수
- 3의 배수 판정법: 각 자리 수의 합이 3의 배수이면 원래의 수도 3의 배수
- 4의 배수 판정법: 끝의 두 자리 수가 00이거나 4의 배수이면 원래의 수도 4의 배수
- 5의 배수 판정법: 일의 자리가 0 또는 5이면 원래의 수는 5의 배수
- 6의 배수 판정법: 2의 배수이면서 동시에 3의 배수이면 원래의 수는 6의 배수
- 7의 배수 판정법: 다음 ①~③ 중 하나의 방법 활용
  ① 일의 자리부터 시작하여 커지는 방향으로 각 자리 수에 1, 3, 2, 6, 4, 5를 반복하여 곱한 후 곱한 수들을 모두 더한다. 이것이 7의 배수이면 원래 수도 7의 배수이다.
  ② 일의 자리를 a, 일의 자리를 제외한 나머지 수를 b라고 할 때 b−2a가 0또는 7의 배수이면 원래의 수도 7의 배수이다.
  ③ 네 자리 이상인 경우 뒤의 세 자리와 나머지 부분의 차이가 7의 배수이면 원래의 수도 7의 배수이다.
- 8의 배수 판정법: 끝의 세 자리 수가 000이거나 8의 배수이면 원래의 수도 8의 배수
- 9의 배수 판정법: 각 자리 수의 합이 9의 배수이면 원래의 수도 9의 배수
- 11의 배수 판정법: 홀수 번째 자리의 합과 짝수 번째 자리의 합의 차이가 11의 배수 또는 0이면 원래의 수는 11의 배수

적용 3,991,680의 판정

- 2의 배수 여부: 일의 자리가 0이므로 2의 배수
- 3의 배수 여부: 3+9+9+1+6+8=36이므로 3의 배수
- 4의 배수 여부: 끝 두 자리 수가 80으로 4의 배수
- 5의 배수 여부: 일의 자리가 0이므로 5의 배수
- 6의 배수 여부: 2의 배수이면서 동시에 3의 배수이므로 6의 배수
- 7의 배수 여부
  ① 1×0+3×8+2×6+6×1+4×9+5×9+1×3=0+24+12+6+36+45+3=126이 7의 배수이다.
  (0+24+12+6+36+45+3이 7의 배수인지 판단하기 위해서 나눗셈의 나머지를 이용해도 된다. 즉, 24를 7로 나눈 나머지인 3과 12를 7로 나눈 나머지인 5를 더하는 식이다. 0+3+5+6+1+3+3=21이므로 7의 배수이다.)
  ② 399,168−0×2 → 39,916−2×8 → 3,990−0×2 → 399−0×2 → 39−2×9=21
  ③ 3,991−680=3,311 → 311−3=308
  (308÷7은 어렵지 않게 해결할 수 있기는 하나 ②의 방법을 함께 활용하면 30−2×8=14로 바로 판단할 수 있다.)
- 8의 배수 여부: 끝의 세 자리 수가 680으로 8의 배수
- 9의 배수 여부: 각 자리를 더한 값이 36으로 9의 배수
- 11의 배수 여부: 3+9+6+0=18이고, 9+1+8=18로 차이는 0이므로 11의 배수

준범쌤이 알려주는 실전포인트!

1. 접근 방법

① 질문지+조건의 개수+선택지 구성 파악 → 선구안 판단

② 어떤 소재를 포장하고 있는지 간파 → 난이도 가늠

③ 선택지 소거법 or 대입법 활용 모색

2. 기본적인 개념과 속성 이해

① 최대공약수와 최소공배수의 개념 이해 및 관계 정리

② 소수: 1과 자기 자신만을 약수로 가지는 1보다 큰 자연수

③ $a^m b^n$의 약수의 개수=(m+1)(n+1)

④ 주기: 반복의 모습 확인하여 나눈 후 나머지 활용

필수예제

01

2020년 7급공채 PSAT 모의평가 10번

다음 글과 [사무용품 배분방법]을 근거로 판단할 때, 11월 1일 현재 甲기관의 직원 수는?

甲기관은 사무용품 절약을 위해 [사무용품 배분방법]으로 한 달 동안 사용할 네 종류(A, B, C, D)의 사무용품을 매월 1일에 배분한다. 이에 따라 11월 1일에 네 종류의 사무용품을 모든 직원에게 배분하였다. 甲기관이 배분한 사무용품의 개수는 총 1,050개였다.

사무용품 배분방법

- A는 1인당 1개씩 배분한다.
- B는 2인당 1개씩 배분한다.
- C는 4인당 1개씩 배분한다.
- D는 8인당 1개씩 배분한다.

① 320명　② 400명　③ 480명　④ 560명　⑤ 640명

해설

STEP 1 주어진 인원수가 8의 배수임을 활용할 수 있는가?

[사무용품 배분방법]에 제시된 1, 2, 4, 8은 모두 8의 약수이므로 사무용품의 개수가 자연수임을 고려하면 직원의 수는 8의 배수여야 한다.

STEP 2 방정식을 정확하게 세울 수 있는가?

직원의 수가 8의 배수인을 알고 있으므로 다음과 같은 방정식을 세울 수 있다.

1) 甲기관의 직원을 $8x$라 하자. A는 1인당 1개씩 배분하므로 총 $8x$개가 배분되고, B는 2인당 1개씩 배분하므로 총 $4x$개가 배분된다. C는 4인당 1개씩 배분하므로 총 $2x$개가 배분되고, D는 8인당 1개씩 배분하므로 총 x개가 배분된다.
2) 甲기관이 배분한 사무용품의 개수에 관한 방정식을 세우면 다음과 같다.
   $8x+4x+2x+x=15x=1,050$이다.
3) 따라서 $x=70$이며, 甲기관의 직원은 $8x$이므로 560명이다.

정답 ④

기본유형 연습문제

02

다음 [조건]을 모두 고려했을 때, 사탕을 하나도 못 받은 학생의 수로 옳은 것을 고르면?

조건

100명의 학생을 일렬로 세워 번호를 붙인 후 사탕을 나누어주려고 한다.

- 첫 번째에는 2번 학생부터 한 명씩 건너뛰며 사탕을 준다.
- 두 번째에는 3번 학생부터 두 명씩 건너뛰며 사탕을 준다.
- 세 번째에는 5번 학생부터 네 명씩 건너뛰며 사탕을 준다.

① 23명 ② 26명 ③ 29명 ④ 32명 ⑤ 35명

CHECK POINT

1. 문제에서 묻는 것이 무엇인지 파악할 수 있는가?
2. 특정 범위 내에서 배수의 개수를 구하는 방법을 알고 있는가?

해설

(1) 처음은 번호가 2의 배수인 학생들이, 두 번째는 번호가 3의 배수인 학생들이, 세 번째는 번호가 5의 배수인 학생들이 사탕을 받게 된다.

(2) 사탕을 하나도 못 받은 학생의 수는 100명 중 사탕을 받은 학생의 수를 빼서 구할 수 있다.

(3) 사탕을 받은 학생은 번호가 2의 배수이거나, 3의 배수이거나, 5의 배수인 학생이다. 합집합 원소의 개수를 구하는 공식을 떠올려 보자. 집합이 A, B, C 3개일 때 $n(A \cup B \cup C)=n(A)+n(B)+n(C)-n(A \cap B)-n(B \cap C)-n(C \cap A)+n(A \cap B \cap C)$이다. 여기에서 집합 A는 2의 배수, 집합 B는 3의 배수, 집합 C는 5의 배수이고 $A \cap B$는 6의 배수, $B \cap C$는 15의 배수, $C \cap A$는 10의 배수, $A \cap B \cap C$는 2와 3과 5의 최소공배수인 30의 배수이다.

(4) 100 이하 중 n의 배수의 개수는 $100 \div n$의 결과의 정수 부분과 같다.

(5) $n(A)=50$, $n(B)=33$, $n(C)=20$, $n(A \cap B)=16$, $n(B \cap C)=6$, $n(C \cap A)=10$, $n(A \cap B \cap C)=3$이므로 $n(A \cup B \cup C)=50+33+20-16-6-10+3=74$이다.

(6) 따라서 사탕을 하나도 못 받은 학생의 수는 $100-74=26$(명)이다.

준범쌤의 빠른 풀이 TIP

100에서 74를 빼는 것이 아니라, 일의 자리만 봤을 때 4와 합하여 0이 될 수 있는 6을 찾는다.

정답 ②

PSAT 기출 연습문제

03

2021년 5급공채 PSAT 상황판단 가책형 26번

다음 글을 근거로 판단할 때, '친구 단위'로 입장한 사람의 수와 '가족 단위'로 입장한 사람의 수를 옳게 짝지은 것은?

A놀이공원은 2명의 친구 단위 또는 4명의 가족 단위로만 입장이 가능하다. 발권기계는 2명의 친구 단위 또는 4명의 가족 단위당 1장의 표를 발권한다. 놀이공원의 입장객은 총 158명이며, 모두 50장의 표가 발권되었다.

	'친구 단위'로 입장한 사람의 수	'가족 단위'로 입장한 사람의 수
①	30	128
②	34	124
③	38	120
④	42	116
⑤	46	112

CHECK POINT

1. 선구안: 분량이 매우 짧아 이해할 수 있는 시간이 충분히 확보되고, 매칭형이므로 선택지 소거법 및 대입법 활용 가능하므로 1턴에서 해결 가능
2. 연립방정식을 세울 수 있는가?
3. 선택지 대입법을 활용할 수 있는가?
4. 수리적 감각을 발휘할 수 있는가?

해설

(1) '친구 단위'로 발권된 표의 수를 x, '가족 단위'로 발권된 표의 수를 y라 하면, 제시문으로부터 아래 두 식을 도출할 수 있다.

　i) $x+y=50$

　ii) $2x+4y=158$

(2) i)과 ii)를 연립하여 풀면, $x=21$, $y=29$가 된다.

(3) 따라서 '친구 단위'로 입장한 사람의 수는 2×21=42(명), '가족 단위'로 입장한 사람의 수는 4×29=116(명)이다.

준범쌤의 빠른 풀이 TIP 1

①부터 ⑤에서 '친구 단위'로 입장한 사람의 수와 '가족 단위'로 입장한 사람의 수를 합하면 모두 동일하게 158이다. 이때 각 선택지에서 '친구 단위'로 입장한 사람의 수를 2로 나눈 값과 '가족 단위'로 입장한 사람의 수를 4로 나눈 값을 합하면, 발권된 표의 수가 된다. 이 값이 50인 선택지는 ④뿐이므로 정답은 ④이다.

준범쌤의 빠른 풀이 TIP 2

먼저 모든 팀이 '친구 단위'로 입장했다고 가정하는 경우, 놀이공원의 입장객은 2×50=100(명)일 것이다. 하지만 이는 실제 놀이공원의 입장객인 158명에 비해 58명이 적은 값이다. 하나의 팀이 '친구 단위'에서 '가족 단위'로 교체될 때마다 늘어나는 입장객 수는 2명이므로, 실제 놀이공원의 입장객인 158명이 되려면 29개 팀이 '친구 단위'가 아닌 '가족 단위'로 입장하여야 한다. 따라서 '친구 단위'로 입장한 팀은 21팀, '가족 단위'로 입장한 팀은 29팀이다.

정답 ④

04

다음 글을 근거로 판단할 때 甲이 부모님께 드린 용돈의 금액을 고르면?

> 甲은 설을 맞아 조카들에게 줄 용돈과 부모님께 드릴 용돈으로 총 100만 원을 준비하였다.
>
> - 甲의 조카들은 총 10명이고, 이 중 3명만 성인이다.
> - 甲은 성인인 조카들에게는 10만 원의 용돈을 주었다. 甲은 성인이 아닌 조카들에게는 중학생 이상이라면 5만 원을, 초등학생이거나 미취학 아동이라면 3만 원의 용돈을 주었다.
> - 용돈을 나눠주고 보니, 甲은 준비한 용돈의 60% 미만을 조카들에게 나눠주었다. 또한 중학생 이상인 미성년 조카들에게 준 용돈 총액은 초등학생이거나 미취학 아동인 조카들에게 준 용돈 총액보다 많았다. 단, 중학생 이상인 미성년 조카들에게 준 용돈 총액은 초등학생이거나 미취학 아동인 조카들에게 준 용돈 총액의 2배 미만이었다.
> - 甲은 준비한 용돈에서 조카들에게 주고 남은 금액은 모두 부모님께 용돈으로 드렸다.

① 41만 원 ② 43만 원 ③ 45만 원 ④ 47만 원 ⑤ 49만 원

해설

(1) 조건 1에 따라 성인이 아닌 조카 중 중학생 이상인 조카들의 수를 A, 초등학생이거나 미취학 아동인 조카들의 수를 B라고 하면, A+B−7이다.

(2) 조건 1과 조건 2에 따르면 甲이 조카들에게 준 용돈의 총액은 '30+5A+3B'(만 원)이라고 할 수 있다.

(3) 조건 3에 따르면 30+5A+3B<60이 성립한다. 또한 5A>3B이며, 5A<6B이다.

(4) 위의 두 식 ⅰ) A+B=7, ⅱ) 30+5A+3B<60을 연립하면 가능한 A와 B의 조합은 (A, B)=(0, 7), (1, 6), (2, 5), (3, 4), (4, 3)으로 총 5가지이다.

(5) 위 조합에서 3B<5A<6B를 만족하는 것은 (3, 4)이다.

(6) 따라서 조카들에게 준 용돈의 총액은 57만 원이고, 부모님께 드린 용돈은 43만 원이다.

정답 ②

2) 경우의 수와 확률

1. 경우의 수와 기본 법칙

미래에 발생할 수 있는 사건의 가짓수를 경우의 수라고 하며, 경우의 수에서 가장 기본적인 법칙은 합의 법칙과 곱의 법칙이다. 합의 법칙은 각 사건이 동시에 발생하지 않을 때에는 경우의 수를 각각 더해주는 것이고, 곱의 법칙은 각 사건이 동시에 발생할 수 있다면 경우의 수를 각각 곱해주는 것이다.

2. 순열, 조합, 같은 것이 있는 경우의 순열

경우의 수와 관련된 개념에는 여러 가지가 있지만 NCS 필기시험에서 나올 만한 개념은 크게 세 가지로 압축할 수 있다.

첫 번째는 순열(Permutation)로, 서로 다른 물건들 중 몇 가지 대상을 뽑아 순서대로 나열하는 것을 의미하며 서로 다른 n개 중 r개를 골라 순서대로 나열하는 경우의 수는 ${}_{n}\mathrm{P}_{r}=\dfrac{n!}{(n-r)!}$이다.

두 번째는 조합(Combination)으로, 서로 다른 물건들 중 몇 가지 대상을 순서와 무관하게 단순히 뽑는 것을 의미하며, 서로 다른 n개 중 r개를 고르는 경우의 수는 ${}_{n}\mathrm{C}_{r}=\dfrac{n!}{r!(n-r)!}$이다.

순열과 조합은 뽑는 순서에 의미가 있는지에 따라 차이가 있으며 순열의 예로는 반장과 부반장을 뽑는 것이 있고, 조합의 예로는 두 명 이상의 학급임원을 뽑는 것이 있다.

세 번째는 같은 것이 있는 경우의 순열로, 같은 물건이 있는 경우에 순서대로 나열하는 것을 의미하며 두 종류의 물건이 각각 r개, s개 있는 경우에 순서대로 나열하는 경우의 수는 $\dfrac{(r+s)!}{r!s!}$이다. 이는 격자무늬로 된 길에서 최단거리로 가는 경우의 수를 구하는 데 활용할 수 있다.

3. 확률과 조건부 확률

확률은 하나의 사건이 일어날 수 있는 가능성을 수치로 나타낸 것이며, 특정한 사건이 나오는 경우의 수를 전체 경우의 수로 나누어 구할 수 있다. 확률에도 경우의 수 기본 법칙인 합의 법칙과 곱의 법칙이 적용된다.

확률과 관계된 내용 중 시험에 빈출되는 개념은 조건부 확률로, 특정한 조건하에 사건이 일어날 확률을 의미한다. B가 일어난 경우에 A가 일어날 조건부 확률은 $P(A|B)$로 표기하며, $\dfrac{P(A\cap B)}{P(B)}$로 계산한다.

때로는 문제에 다음과 같은 표를 주기도 하는데, 이 표를 이용하는 경우 조건부 확률 문제를 해결하는 것이 쉬워진다. 표의 내용은 소민이가 밤에 초록색과 파란색 택시를 구분하는 능력에 관한 실험 결과이다. 초록색 택시 80대, 파란색 택시 20대 총 100대로 실험을 진행하였다. 아래의 표를 읽는 방법은 다음과 같다. 실제 택시 색깔이 초록색일 때 소민이가 그 택시를 초록색이라고 판정한 경우가 64번, 파란색으로 판정한 경우가 16번이다.

소민이의 판정 실제 택시 색깔	초록색	파란색	계
초록색	64	16	80
파란색	4	16	20
계	68	32	100

CH 01 02 수리형

이를 바탕으로 소민이가 택시를 파란색으로 판정한 경우에 그 택시가 실제로 파란색일 확률은 다음과 같이 구할 수 있다.

$$\frac{\text{택시를 파란색으로 판정했고, 택시가 실제로 파란색}}{\text{택시를 파란색으로 판정}}=\frac{16}{32}=0.5$$

준범쌤이 알려주는 실전포인트!

1. 합의 법칙과 곱의 법칙

① 합의 법칙: 동시에 발생하지 않을 때(더하기)

② 곱의 법칙: 동시에 발생할 때(곱하기)

2. 순열, 조합, 같은 것이 있는 경우의 순열

① 순열: 순서대로 나열 $_{n}\mathrm{P}_{r}=\frac{n!}{(n-r)!}$

② 조합: 순서무관 뽑기 $_{n}\mathrm{C}_{r}=\frac{n!}{r!(n\ \ r)!}$

③ 같은 것이 있는 경우의 순열: $\frac{(r+s)!}{r!s!}$

3. 확률과 조건부 확률

① 확률 $=\frac{\text{특정 사건 경우의 수}}{\text{전체 경우의 수}}$

② 조건부 확률 $P(A|B)=\frac{P(A\cap B)}{P(B)}$

필수예제

01

2021년 7급공채 PSAT 상황판단 나책형 22번

다음 글과 [상황]을 근거로 판단할 때, 날씨 예보 앱을 설치한 잠재 사용자의 총수는?

내일 비가 오는지를 예측하는 날씨 예보시스템을 개발한 A청은 다음과 같은 날씨 예보 앱의 '사전테스트전략'을 수립하였다.

- 같은 날씨 변화를 경험하는 잠재 사용자의 전화번호를 개인의 동의를 얻어 확보한다.
- 첫째 날에는 잠재 사용자를 같은 수의 두 그룹으로 나누어, 한쪽은 "비가 온다"로 다른 한쪽에는 "비가 오지 않는다"로 메시지를 보낸다.
- 둘째 날에는 직전일에 보낸 메시지와 날씨가 일치한 그룹을 다시 같은 수의 두 그룹으로 나누어, 한쪽은 "비가 온다"로 다른 한쪽에는 "비가 오지 않는다"로 메시지를 보낸다.
- 이후 날에도 같은 작업을 계속 반복한다.
- 보낸 메시지와 날씨가 일치하지 않은 잠재 사용자를 대상으로도 같은 작업을 반복한다. 즉, 직전일에 보낸 메시지와 날씨가 일치하지 않은 잠재 사용자를 같은 수의 두 그룹으로 나누어, 한쪽은 "비가 온다"로 다른 한쪽에는 "비가 오지 않는다"로 메시지를 보낸다.

상황

A청은 사전테스트전략대로 200,000명의 잠재 사용자에게 월요일부터 금요일까지 5일간 메시지를 보냈다. 받은 메시지와 날씨가 3일 연속 일치한 경우, 해당 잠재 사용자는 날씨 예보 앱을 그날 설치한 후 제거하지 않았다.

① 12,500명
② 25,000명
③ 37,500명
④ 43,750명
⑤ 50,000명

해설

STEP 1 일치·불일치 여부를 판단함에 있어 전체 경우의 수를 구할 수 있는가?

확률은 하나의 사건이 일어날 수 있는 가능성을 수치로 나타낸 것이며, 특정한 사건이 나오는 경우의 수를 전체 경우의 수로 나누어 구할 수 있다. 주어진 문제에서는 5일간의 일치·불일치 여부를 판단하고 있으므로 전체 경우의 수는 $2^5=32$(가지)이다.

STEP 2 경우의 수를 나누어 접근할 수 있는가?

전체 경우의 수를 구하였으므로 특정 사건이 발생할 경우의 수를 구하면 확률을 알 수 있다. 주어진 문제에서는 받은 메시지와 날씨가 3일 연속 일치한 경우를 묻고 있으므로 경우의 수를 나누어 판단해보자.

1) 메시지와 날씨가 3일 연속 일치한 경우를 묻고 있으므로, 메시지와 날씨가 5일 동안 일치하거나 4일 동안 일치하거나 3일 동안 일치한 경우로 나누어볼 수 있다. 받은 메시지와 날씨가 일치하는 경우를 ○, 일치하지 않는 경우를 ×로 표시하여 표로 나타내면 다음과 같다.

i) 메시지와 날씨가 5일 동안 일치하는 경우: 1가지

월요일	화요일	수요일	목요일	금요일
○	○	○	○	○

ii) 메시지와 날씨가 4일 동안 일치하는 경우: 4가지

월요일	화요일	수요일	목요일	금요일
○	○	○	○	×
○	○	○	×	○
○	×	○	○	○
×	○	○	○	○

iii) 메시지와 날씨가 3일 동안 일치하는 경우: 3가지

월요일	화요일	수요일	목요일	금요일
○	○	○	×	×
×	○	○	○	×
×	×	○	○	○

2) 3일 연속으로 일치하여 날씨 예보 앱을 설치하는 경우는 총 8가지이다.

3) 날씨 예보 앱을 설치할 확률은 3일 연속으로 일치하는 경우인 8가지를 전체 경우의 수 32가지로 나누어 구할 수 있다. 따라서 날씨 예보 앱을 설치할 확률은 $\frac{8}{32}$이다.

STEP 3 질문에서 출제자가 묻고자 하는 것은 무엇인가?

질문은 문제 해결의 시발점(始發點)이다. 따라서 질문만큼은 침착하고 정확하게 이해하여 목표를 설정하여야 한다. 주어진 문제의 경우, 날씨 예보 앱을 설치한 잠재 사용자의 총수를 찾는 것이다. 따라서 200,000명의 잠재 사용자에 대하여 앞서 구한 확률을 곱하여야 한다.

200,000명의 잠재 사용자 중 날씨 예보 앱을 설치한 총수는 $200,000\times\frac{8}{32}=50,000$(명)이다.

정답 ⑤

기본유형 연습문제

02

검은색 주머니와 흰색 주머니에 빨간 공이 각각 3개와 4개, 파란 공이 각각 1개와 3개가 들어있다. 각 주머니에서 한 개씩의 공을 꺼냈을 때, 빨간 공과 파란 공이 하나씩 나올 확률을 고르면?

① $\frac{2}{7}$　② $\frac{9}{28}$　③ $\frac{13}{28}$　④ $\frac{4}{7}$　⑤ $\frac{9}{14}$

CHECK POINT

1. 확률의 기본 내용을 이해하고 있는가?
2. 경우의 수를 나누어 접근할 수 있는가?

해설

검은색 주머니에서 빨간 공이 나오고 흰색 주머니에서 파란 공이 나오는 경우와, 검은색 주머니에서 파란 공이 나오고 흰색 주머니에서 빨간 공이 나오는 경우 두 가지로 나눌 수 있다.

(1) 검은색 주머니에서 빨간 공이 나오고 흰색 주머니에서 파란 공이 나올 확률: $\frac{3}{4}\times\frac{3}{7}=\frac{9}{28}$

(2) 검은색 주머니에서 파란 공이 나오고 흰색 주머니에서 빨간 공이 나올 확률: $\frac{1}{4}\times\frac{4}{7}=\frac{4}{28}$

(3) 두 확률을 더하면 $\frac{9+4}{28}=\frac{13}{28}$이다.

정답 ③

PSAT 기출 연습문제

03

2022년 7급공채 PSAT 상황판단 가책형 14번

다음 글을 근거로 판단할 때, [보기]에서 옳은 것만을 모두 고르면?

○○부의 甲국장은 직원 연수 프로그램을 마련하기 위하여 乙주무관에게 직원 1,000명 전원을 대상으로 연수 희망 여부와 희망 지역에 대한 의견을 수렴할 것을 요청하였다. 이에 따라 乙은 설문조사를 실시하였고, 甲과 乙은 그 결과에 대해 대화를 나누고 있다.

甲: 설문조사는 잘 시행되었나요?

乙: 예. 직원 1,000명 모두 연수 희망 여부에 대해 응답하였습니다. 연수를 희망하는 응답자는 43%였으며, 남자직원의 40%와 여자직원의 50%가 연수를 희망하는 것으로 나타났습니다.

甲: 연수 희망자 전원이 희망 지역에 대해 응답했나요?

乙: 예. A지역과 B지역 두 곳 중에서 희망하는 지역을 선택하라고 했더니 B지역을 희망하는 비율이 약간 더 높았습니다. 그리고 연수를 희망하는 여자직원 중 B지역 희망 비율은 연수를 희망하는 남자직원 중 B지역 희망 비율의 2배인 80%였습니다.

보기

ㄱ. 전체 직원 중 남자직원의 비율은 50%를 넘는다.
ㄴ. 연수 희망자 중 여자직원의 비율은 40%를 넘는다.
ㄷ. A지역 연수를 희망하는 직원은 200명을 넘지 않는다.
ㄹ. B지역 연수를 희망하는 남자직원은 100명을 넘는다.

① ㄱ, ㄷ　② ㄴ, ㄷ　③ ㄴ, ㄹ
④ ㄱ, ㄴ, ㄹ　⑤ ㄱ, ㄷ, ㄹ

CHECK POINT

1. 선구안: 가중평균과 조건부 확률에 대한 수리적 감각이 필요하므로 1턴에서 바로 시도하지는 않도록 한다.
2. 1,000명의 직원을 '남자/여자', '연수 희망/연수 비희망', 'A지역/B지역'의 기준으로 도표를 그려 분류할 수 있는가?
3. 대부분의 〈보기 조합형〉은 모든 [보기]를 판단해야 할 필요는 없음을 명심하자.

해설

(1) 甲과 乙의 대화에 따르면 직원 1,000명 모두 연수 희망 여부에 대해 응답하였고, 연수를 희망하는 응답자는 43%였으며, 남자직원의 40%와 여자직원의 50%가 연수를 희망하는 것으로 나타났다. 남자직원을 x명이라고 할 때,

$(40\%\times\frac{x}{1,000})+(50\%\times\frac{1,000-x}{1,000})=43(\%)$가 되어야 하므로 $x=700$(명)이다. 따라서 남자직원은 700명, 여자직원은 300명이다.

(2) 연수를 희망하는 여자직원 중 B지역 희망 비율은 연수를 희망하는 남자직원 중 B지역 희망 비율의 2배인 80%이므로 연수를 희망하는 남자직원 중 B지역 희망 비율은 40%이다. 따라서 B지역 연수를 희망하는 남자직원은 280×0.4=112(명)이고, B지역 연수를 희망하는 여자직원은 150×0.8=120(명)이다. 따라서 A지역 연수를 희망하는 남자직원은 168명, A지역 연수를 희망하는 여자직원은 30명이다. 이를 정리하면 다음과 같다.

<table>
<tr><td rowspan="6">전체 직원
1,000명</td><td rowspan="3">남자직원
700명</td><td rowspan="2">연수 희망 280명</td><td>A지역 168명</td></tr>
<tr><td>B지역 112명</td></tr>
<tr><td>연수 비희망 420명</td><td></td></tr>
<tr><td rowspan="3">여자직원
300명</td><td rowspan="2">연수 희망 150명</td><td>A지역 30명</td></tr>
<tr><td>B지역 120명</td></tr>
<tr><td>연수 비희망 150명</td><td></td></tr>
</table>

(3) 이를 바탕으로 각 [보기]를 판단해 보자.

ㄱ. 전체 직원 중 남자직원의 비율은 $\frac{700명}{1,000명}\times100=70(\%)$이므로 50%를 넘는다. (○)

ㄴ. 연수 희망자 중 여자직원의 비율은 $\frac{150명}{430명}\times100=34.9(\%)$이므로 40%를 넘지 않는다. (×)

ㄷ. A지역 연수를 희망하는 직원은 168+30=198(명)이므로 200명을 넘지 않는다. (○)

ㄹ. B지역 연수를 희망하는 남자직원은 112명이므로 100명을 넘는다. (○)

준범쌤의 빠른 풀이 TIP

ㄱ. 연수를 희망하는 남자직원은 전체 남자직원 중 40%이고, 연수를 희망하는 여자직원은 전체 여자직원 중 50%이다. 따라서 만약 전체 직원 중 남자직원의 비율이 50%를 넘는다면 연수를 희망하는 응답자는 전체 직원 중 45% 미만이 된다. 연수를 희망하는 응답자는 43%였으므로 전체 직원 중 남자직원의 비율은 50%가 넘는다는 것을 알 수 있다.

ㄴ. $\frac{160}{400}=0.4$임을 이용하면 40%를 넘는지 여부를 쉽게 판단할 수 있다. $\frac{150}{430}$은 분모가 400보다 크고, 분자가 160보다 작기 때문에 $\frac{150}{430}<0.4$임을 쉽게 판단할 수 있다.

참고

전체 직원의 43%, 남자직원의 40%, 여자직원의 50%가 연수를 희망한다고 응답하였다. 이때 43%는 40%와 50%의 가중평균이고 차이는 각각 3%p, 7%p 차이다. 따라서 남자직원과 여자직원의 비율은 그 반대인 7:3이 되어야 한다.

정답 ⑤

NCS 기출 변형 연습문제

04

다음 글을 근거로 판단할 때, ㉠과 ㉡에 해당하는 값의 합을 고르면?

COVID-19의 영향으로 인해 채용 일정이 줄줄이 연기되거나 취소되면서 구직자들은 혹독한 고용 한파를 체감하고 있다. 전국에 있는 350개의 공공기관을 대상으로 상반기에 대졸 신입사원 채용계획이 있는지 여부를 조사한 결과, 채용계획이 있는 공공기관은 40%밖에 되지 않았다. 채용방식에서도 상반기에 대졸 신입사원 채용계획이 있는 공공기관의 10%만이 오프라인 대면 채용방식을 택하였다. 이를 통해 전국의 공공기관 중 상반기에 대졸 신입사원을 오프라인 대면 채용방식으로 채용할 계획이 있는 공공기관은 [㉠]개임을 알 수 있다.

한편, 민간기업에서는 인공지능(AI)을 활용한 채용방식이 확산되고 있다. 그러나 AI 면접관과 사람 면접관 사이에 상이한 심사 결과가 나타남에 따라 채용방식의 신뢰성에 대한 문제 제기가 이어지고 있다. 최근 한 기업의 사례를 살펴보자. 사람 면접관은 100명의 지원자 중 10명에 대해 합격 결정을 내리고, 나머지 90명에 대하여는 불합격 결정을 내렸다. AI 면접관은 사람 면접관이 합격 결정을 내린 (　　)명 중 4명에 대하여 불합격 결정을 내렸고, 불합격 결정을 내린 (　　)명 중 14명에 대하여 합격 결정을 내렸다. 이를 통해 AI 면접관이 합격 결정을 내린 지원자에 대하여 사람 면접관도 합격 결정을 내린 비중은 [㉡]%임을 알 수 있다.

① 42

② 43

③ 44

④ 45

⑤ 46

해설

(1) 첫 번째 문단의 ㉠에 해당하는 값을 먼저 구하면 다음과 같다.

i) 350개의 공공기관 중 상반기에 대졸 신입사원 채용계획이 있는 기관이 40%이므로 대졸 신입사원 채용계획이 있는 공공기관은 $350 \times 0.4 = 140$(개)이다.

ii) 채용계획이 있는 공공기관 140개 중 오프라인 대면 채용방식을 택한 곳이 10%이므로 $140 \times 0.1 = 14$(개)의 공공기관이 대졸 신입사원 채용계획이 있으면서 오프라인 대면 채용방식을 택하였다.

iii) 따라서 ㉠에 해당하는 값은 14이다.

(2) 두 번째 문단의 ㉡에 해당하는 값을 구하면 다음과 같다.

i) AI 면접관은 사람 면접관이 합격 결정을 내린 10명 중 4명에 대하여 불합격 결정을 내렸으므로 나머지 6명에 대하여 합격 결정을 내렸음을 알 수 있다.

ii) AI 면접관은 사람 면접관이 불합격 결정을 내린 90명 중 14명에 대하여 합격 결정을 내렸다. 따라서 AI 면접관이 합격 결정을 내린 지원자는 총 $6 + 14 = 20$(명)이다.

iii) AI 면접관이 합격 결정을 내린 지원자 20명 중 사람 면접관도 합격 결정을 내린 지원자는 6명으로 그 비중은 $\frac{6}{20} \times 100 = 30(\%)$이다. 따라서 ㉡에 해당하는 값은 30이다.

(3) ㉠과 ㉡에 해당하는 값의 합은 $14 + 30 = 44$이다.

준범쌤의 빠른 풀이 TIP

(1) ㉡과 같이 조건부 확률을 묻는 문제의 경우, 표로 정리하면 효과적으로 해결할 수 있다. 두 번째 문단의 사례를 표로 정리하면 다음과 같다.

구분		AI 면접관		
		합격	불합격	합계
사람 면접관	합격	6	4	10
	불합격	14	76	90
	합계	20	80	100

(2) AI 면접관이 합격 결정을 내린 지원자에 대하여 사람 면접관도 합격 결정을 내린 비중은 $\frac{6}{20} \times 100 = 30(\%)$임을 표를 통해 쉽게 파악할 수 있다.

정답 ③

상황판단형

01 시간관리

1) PERT 분석

1. PERT의 내용

PERT는 'Program Evaluation and Review Technique'의 약자로 작업의 순서나 진행 상황을 한눈에 파악할 수 있도록 작성한 것이며, 아래의 그림과 같이 도식의 형태로 나타내거나 때로는 표의 형태로 주어지기도 한다.

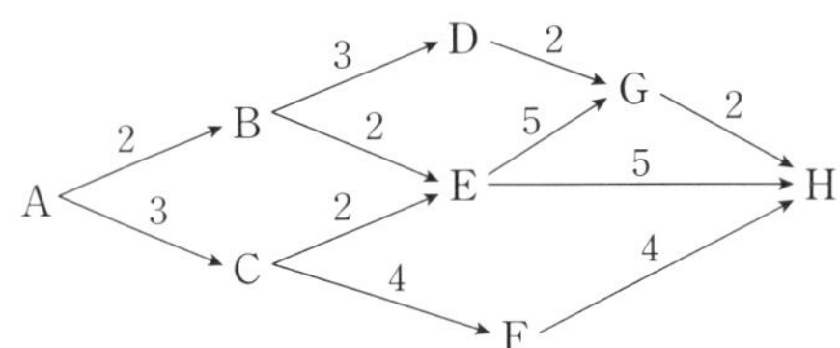

2. PERT의 해석&응용

그림에서 화살표는 단위업무를 나타내며 화살표 위의 숫자는 그 업무를 수행하는 데 소요되는 일수를 나타낸다. 화살표 좌우의 알파벳은 각각 단위업무의 시작과 끝을 나타내고 선행하는 화살표가 나타내는 업무는 후속하는 화살표가 나타내는 업무보다 먼저 수행되어야 한다. 이를 통해 업무를 마치는 데까지 걸리는 시간을 계산할 수 있다.

이때 주의해야 할 것은 시간이 가장 짧게 걸리는 경로인 A → B → D → G → H가 A에서 H까지 수행하는 데 걸리는 시간이 아니라는 점이다. H를 수행하기 위해서는 E, F, G를 먼저 수행해야 하고 G를 수행하기 위해서는 D와 E를 수행해야 한다. 이를 고려한다면, 결국 가장 긴 경로인 A → C → E → G → H가 A에서 H까지 수행하는 데 걸리는 시간이 되는 것이다. 따라서 전체 일정을 줄이기 위해서는 이 경로에 해당하는 업무의 수행시간을 우선적으로 줄여야 한다.

준범쌤의 1타 강의

PERT를 이용하여 업무수행에 걸리는 기간을 계산하거나, 기간을 단축하는 과정에 대해 묻는 유형의 문제가 나옵니다. 그리고 때로는 업무에 투입되는 인원이나 업무 처리 비용, 업무 단축 비용 등이 추가되어 문제가 출제되기도 합니다. 하루에 투입할 수 있는 인원이나 비용이 정해져 있으므로 투입 인원이 많거나 투입 비용이 큰 업무를 기준으로 해결해나갈 수 있도록 합시다. 다음의 필수예제를 통해 PERT를 연습하고 대비해봅시다!

준범쌤이 알려주는 실전포인트!

1. PERT 출제 형태
   ① 도식을 활용한 형태: 단계별로 선을 그려 나눈 후 해결
   ② 도표를 활용한 형태: 위에서부터 차례대로 내려가면서 해결
2. 해결의 실마리
   ① 도식을 활용한 형태에서는 각 업무 기준이 아닌, 각 단계를 기준으로 파악하기
   ② 각 단계별 최소 시간(인원, 비용)이 되도록 설정하기
   : 한 단계라도 지체되면 해당 경로는 최소 시간이 될 수 없음!
   ③ 시작 단계에서부터 접근하여 각 단계마다 최소가 되도록 설정하기

필수예제

01

2009년 행정외무고시 PSAT 상황판단 극책형 34번

다음 [조건]에 따라 판단할 때 옳지 않은 것은?

조건

- 프로젝트는 A부터 E까지의 작업만으로 구성되며, 모든 작업은 동일 작업장 내에서 행해진다.
- A작업은 4명의 인원과 9일의 기간이 소요된다.
- B작업은 2명의 인원과 18일의 기간이 소요되며, A작업이 완료된 이후에 시작할 수 있다.
- C작업은 4명의 인원과 50일의 기간이 소요된다.
- D작업과 E작업은 각 작업당 2명의 인원과 18일씩의 기간이 소요되며, D작업이 완료된 이후에 E작업을 시작할 수 있다.
- 각 인력은 A부터 E까지 모든 작업에 동원될 수 있으며, 각 작업에 투입된 인력의 생산성은 동일하다.
- 프로젝트에 소요되는 비용은 1인당 1일 10만 원의 인건비와 하루 50만 원의 작업장 사용료로 구성된다.
- 각 작업의 소요인원은 증원 또는 감원될 수 없다.

① 프로젝트 완료에 소요되는 최소인력은 4명이다.

② 프로젝트 완료에 소요되는 최단기간은 50일이다.

③ 프로젝트 완료에 소요되는 최소비용은 6천만 원 이하이다.

④ 프로젝트의 최단기간 완료에 소요되는 최소인력은 10명이다.

⑤ 프로젝트를 최소인력으로 완료하는 데 소요되는 최단기간은 95일이다.

해설

STEP 1 **PERT에 대해 이해하고 있는가?**

PERT는 작업의 순서나 진행 상황을 한눈에 파악할 수 있도록 작성한 것이며 도식의 형태로 나타내거나 표의 형태로 주어진다. 주어진 문제의 경우 작업의 순서나 진행 상황이 [조건]으로 제시되어 있으며 이를 도식의 형태로 나타내면 다음과 같다.

> 1) A작업 → B작업
> 2) D작업 → E작업

STEP 2 **투입 인원이 가장 많은 작업과 소요기간이 가장 긴 작업은 무엇인가?**

PERT 문제는 투입 인원과 소요기간이 정해져 있으므로 투입 인원이 가장 많거나 소요기간이 가장 긴 작업을 기준으로 해결해나가는 것이 실마리이다.

주어진 문제에서는 A작업과 C작업이 4명으로 투입 인원이 가장 많으며, C작업이 50일로 소요기간이 가장 길다.

STEP 3 **주어진 조건을 정확하게 처리하였는가?**

PERT는 반드시 주어진 작업 순서를 준수하여야 한다. 따라서 투입 인원이 가장 많은 직업과 소요기간이 가장 긴 작업을 기준으로 주어진 조건을 처리하면 다음과 같다.

> 선택지별로 정오 여부를 판단하면 다음과 같다.
> ① 프로젝트 중 가장 많은 인원이 투입되는 것은 A작업과 C작업으로 4명이다. 따라서 프로젝트 완료에 소요되는 최소 인력은 4명이다. (○)
> ② 프로젝트 중 가장 오랜 기간이 소요되는 것은 C작업으로 50일이다. C작업을 하는 도중에 A작업(9일) – B작업(18일)을 할 수 있고, D작업(18일) – E작업(18일)을 할 수 있으므로 최단기간은 50일이다. (○)
> ③ 프로젝트의 완료에 소요되는 최단기간이 50일이므로 작업장 사용료는 50일×50만 원=2,500(만 원)이 필요하다. 각 작업에 소요되는 인력은 다음과 같다.
> i) A작업: 9일×4명=36(명)
> ii) B작업: 18일×2명=36(명)
> iii) C작업: 50일×4명=200(명)
> iv) D작업: 18일×2명=36(명)
> v) E작업: 18일×2명=36(명)
> i)~v)를 모두 더하면 총 344명이 필요하고 인건비 총액은 344×10=3,440(만 원)이다.
> 총 비용=작업장 사용료+인건비 총액=2,500+3,440=5,940(만 원)
> 따라서 프로젝트 완료에 소요되는 최소비용은 6천만 원 이하이다. (○)
> ④ A작업에 투입되는 4명 중 2명이 B작업을 이어서 수행하면 되고, 나머지 2명이 D작업과 E작업을 이어서 수행하면 된다. 즉, A–B, D–E 작업을 4명이 완료하는데 총 45일이 필요하다. C작업을 완료하기 위해서는 4명이 추가적으로 필요하므로 프로젝트의 최단기간 완료에 소요되는 최소인력은 8명이다. (×)
> ⑤ ④의 경우에 A–B, D–E 작업을 수행한 4명이 이어서 C작업을 진행하면 4명의 인력으로 모든 작업을 마칠 수 있고 이 때 소요되는 기간은 95일이다. (○)

정답 ④

02

Z기업에서는 새해를 맞아 새로운 프로젝트를 시작하였다. 이를 위해서 다음 [표]와 같이 업무별 소요기간이 필요하며, 동시에 여러 업무를 수행할 수 있지만 선행 업무를 끝내야만 해당 업무를 수행할 수 있다. 모든 업무를 수행하기 위해서는 최소 며칠이 소요되는지 고르면?

[표] 업무별 소요기간 및 선행 업무

업무	소요기간(일)	선행 업무
a	3	–
b	2	a
c	5	b
d	1	a
e	4	d
f	14	b, c
g	12	a, e
h	2	g
i	7	e
j	6	f, h, i

① 21일　　② 24일　　③ 28일
④ 30일　　⑤ 33일

CHECK POINT

1. PERT에 대해 이해하고 있는가?
2. f, h, i 중 완성까지 가장 긴 기간이 소요되는 업무는 무엇일 것 같은가?

해설

(1) 마지막 업무인 j 업무를 수행하기 위해서는 f, h, i 업무가 선행되어야 한다. f, h, i 업무의 소요기간을 거꾸로 생각해보면 다음과 같다.

(2) f 업무를 수행하기 위해서는 b, c 업무가 선행되어야 하고, b 업무를 수행하기 위해서는 a 업무가, c 업무를 수행하기 위해서는 b 업무가 선행되어야 하므로 결국 순서는 a－b－c－f가 된다. 이때 소요기간은 3＋2＋5＋14＝24(일)이다.

(3) h 업무를 수행하기 위해서는 g 업무가 선행되어야 하고, g 업무를 수행하기 위해서는 a와 e 업무가 선행되어야 하며, e 업무를 수행하기 위해서는 d 업무가, d 업무를 수행하기 위해서는 a 업무가 선행되어야 한다. 따라서 순서는 a－d－e－g－h이며 소요기간은 3＋1＋4＋12＋2＝22(일)이다.

(4) i 업무를 수행하기 위해서는 e 업무가 선행되어야 한다. (3)의 내용에 따르면 순서는 a－d－e－i이며 소요기간은 3＋1＋4＋7＝15(일)이다.

(5) 따라서 모든 업무를 수행하기 위해서는 f 업무까지 수행하는 데 걸리는 24일에 j 업무 소요기간인 6일을 더한 30일이 소요된다.

정답 ④

PSAT 기출 연습문제

03

2012년 5급공채 PSAT 상황판단 인책형 12번

甲조선소는 6척(A~F)의 선박 건조를 수주하였다. 오늘을 포함하여 30일 이내에 선박을 건조할 계획이며 甲조선소의 하루 최대투입가능 근로자 수는 100명이다. 다음 〈공정표〉에 근거할 때, 옳은 것을 [보기]에서 모두 고르면?(단, 작업은 오늘부터 개시되며 각 근로자는 자신이 투입된 선박의 건조가 끝나야만 다른 선박의 건조에 투입될 수 있다.)

〈공정표〉

상품(선박)	소요기간	1일 필요 근로자 수	수익
A	5일	20명	15억 원
B	10일	30명	20억 원
C	10일	50명	40억 원
D	15일	40명	35억 원
E	15일	60명	45억 원
F	20일	70명	85억 원

※ 1일 필요 근로자 수 이상의 근로자가 투입되더라도 선박당 건조 소요기간은 변하지 않는다.

보기

ㄱ. 甲조선소가 건조할 수 있는 선박의 수는 최대 4척이다.
ㄴ. 甲조선소가 벌어들일 수 있는 수익은 최대 160억 원이다.
ㄷ. 계획한 기간이 15일 연장된다면 수주한 모든 선박을 건조할 수 있다.
ㄹ. 최대투입가능 근로자 수를 120명/일로 증가시킨다면 계획한 기간 내에 모든 선박을 건조할 수 있다.

① ㄱ, ㄷ　② ㄱ, ㄹ　③ ㄴ, ㄷ
④ ㄱ, ㄴ, ㄹ　⑤ ㄴ, ㄷ, ㄹ

CHECK POINT

1. 1일 필요 근로자 수: A+B+C=D+E=100(명)
2. F의 수익이 유난히 큼을 느낄 수 있는가?
3. 소요기간과 1일 필요 근로자 수가 가장 큰 F부터 기준을 잡아서 처리할 수 있는가?

해설

ㄱ. F를 제외한 나머지 모든 선박을 기간 내에 건조할 수 있다. 따라서 건조할 수 있는 선박의 수는 최대 5척이다. (×)

ㄴ. A, B, C, F를 건조할 경우 수익이 최대가 되며 이때의 수익은 160억 원이다. 참고로, A, B, C, D, E를 건조하는 경우의 수익은 155억 원이다. (○)

ㄷ. A, B, C를 동시에 건조하고, D와 E를 건조하고, F를 건조하면 총 45일 만에 수주한 모든 선박을 건조할 수 있다. (○)

ㄹ. 최대투입가능 근로자 수를 120명/일로 증가시키더라도 E와 F를 동시에 건조할 수 없다. 이 둘을 건조하기 위해서는 최소 35일이 소요되며, 이는 계획된 기간인 30일을 초과하게 된다. (×)

준범쌤의 빠른 풀이 TIP

F는 D 또는 E와 동시에 건조될 수 없다는 것을 감안하여 접근하면 보다 용이하게 문제를 풀 수 있다.

정답 ③

NCS 기출 변형 연습문제

04

다음 글을 근거로 판단할 때, 甲과 乙이 프로젝트 완료를 위해 필요한 최소 시간을 고르면?(단, 甲과 乙은 각자 자신이 하고 있던 일을 끝내야 다음 일을 시작할 수 있다.)

- 甲과 乙은 함께 학술대회에서 발표하기 위한 프로젝트를 준비하고 있다.
- 프로젝트는 3개의 과제로 구성되어 있다. 甲은 각 과제의 발표자료를 제작하고, 乙은 각 과제의 발표준비를 하는 것으로 역할을 분담하였다.
- 乙이 어떤 과제의 발표준비를 시작하기 위해서는 甲이 해당 과제의 발표자료를 제작하는 것을 끝내야 한다.
- 甲과 乙이 발표자료를 제작하거나 발표준비를 하는 데 걸리는 시간은 다음과 같다.

과제	발표자료 제작 소요시간	발표준비 소요시간
동물연구	7시간	5시간
식물연구	3시간	8시간
토질연구	9시간	6시간

① 23시간　② 24시간　③ 25시간
④ 26시간　⑤ 27시간

해설

(1) 프로젝트를 수행하는 경우의 수는 총 6가지가 있으며, 각 경우에서의 소요시간은 다음과 같다.

과제 순서	소요시간
동물연구 – 식물연구 – 토질연구	26시간
동물연구 – 토질연구 – 식물연구	30시간
식물연구 – 동물연구 – 토질연구	25시간
식물연구 – 토질연구 – 동물연구	24시간
토질연구 – 동물연구 – 식물연구	29시간
토질연구 – 식물연구 – 동물연구	28시간

(2) 식물연구 – 토질연구 – 동물연구의 순서에서 다음과 같이 소요시간이 24시간으로 최소가 된다.

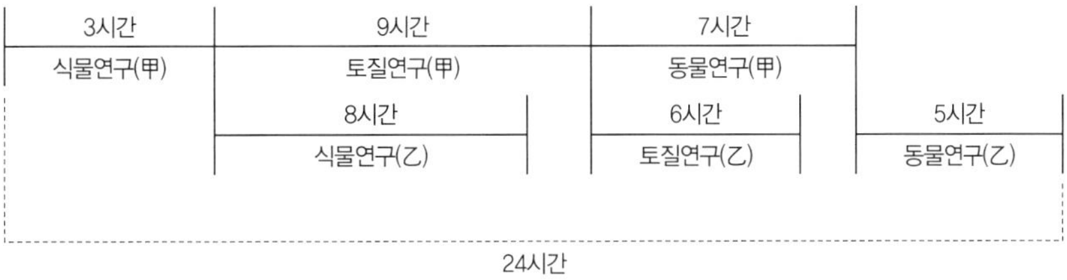

3시간	9시간		7시간	
식물연구(甲)	토질연구(甲)		동물연구(甲)	
	8시간		6시간	5시간
	식물연구(乙)		토질연구(乙)	동물연구(乙)

24시간

준범쌤의 빠른 풀이 TIP

한 단계의 소요시간이 가장 적은 과제를 찾는다. 식물연구의 발표자료 제작 소요시간이 가장 적으므로 식물연구를 처음에 한다. 식물연구를 제외하고 그 다음으로 소요시간이 가장 적은 과제는 동물연구 발표준비 소요시간이다. 이를 맨 마지막에 한다. 그리고 남은 토질연구를 중간에 한다.

정답 ②

2) 일정 수립하기

1. 일정 수립하기의 의의

우리가 공부나 운동을 할 때 계획을 세우고 친구를 만나기 위해 약속을 잡듯이 기업에서는 업무를 수행하기 위해 일정을 수립한다. 문제는 대체로 주어진 조건을 모두 만족하는 일정을 고르거나, 그에 대한 설명의 정오를 판단하는 유형이 출제된다.

2. 일정 수립하기 문제의 해결

4개 혹은 5개의 선택지 중에서 가능한 일정은 하나이므로 주어진 조건을 차례차례 적용하면서 소거해가면 정답을 찾을 수 있다. 일반적인 난도는 그리 높지 않지만 조건이 많거나 일정이 하나로 정해지지 않고 여러 가지 경우의 수로 나온다면 시간을 많이 소비하게 될 수 있으니 유의해야 한다.

3. 시차

외국의 기업과 함께 업무를 수행하는 경우, 일정을 짜는데 있어서 우리나라 시간뿐만 아니라 외국의 시간도 함께 고려해야 한다. 이러한 시차에 관한 내용은 p.233~p.241에서 집중적으로 다루었다.

준범쌤이 알려주는 실전포인트!

1. 일정 수립하기의 접근 방법
   ① 모든 조건에 부합하는 일정 고르기: 적용해야 할 조건이 적은 경우(5개 이하)에 유용
   ② 선택지 소거법: 적용해야 할 조건이 많은 경우(6개 이상)에 유용
2. 선구안
   ① 처리해야 하는 일정의 범위가 길지 않거나(1개월 이내), 확정적인 정보(고정되어 있는 일정)가 있는 경우에는 시도
   ② 처리해야 하는 일정의 범위가 길거나(1개월 초과), 확정적인 정보(고정되어 있는 일정)가 발견되지 않거나, 처리해야 할 조건이 8개 이상으로 매우 많은 경우에는 Pass!

필수예제

01

2014년 5급공채 PSAT 상황판단 A책형 17번

다음 글을 근거로 판단할 때, 김과장이 단식을 시작한 첫 주 월요일부터 일요일까지 한 끼만 먹은 요일(끼니때)은?

김과장은 건강상의 이유로 간헐적 단식을 시작하기로 했다. 김과장이 선택한 간헐적 단식 방법은 월요일부터 일요일까지 일주일 중에 2일을 선택하여 아침 혹은 저녁 한 끼 식사만 하는 것이다. 단, 단식을 하는 날 전후로 각각 최소 2일간은 정상적으로 세 끼 식사를 하고, 업무상의 식사 약속을 고려하여 단식일과 방법을 유동적으로 결정하기로 했다. 또한 단식을 하는 날 이외에는 항상 세 끼 식사를 한다.

간헐적 단식 2주째인 김과장은 그동안 단식을 했던 날짜를 기록해두기 위해 아래와 같이 최근 식사와 관련된 기억을 떠올렸다.

- 2주차 월요일에는 단식을 했다.
- 지난주에 먹은 아침식사 횟수와 저녁식사 횟수가 같다.
- 지난주 월요일, 수요일, 금요일에는 조찬회의에 참석하여 아침식사를 했다.
- 지난주 목요일에는 업무약속이 있어서 점심식사를 했다.

① 월요일(저녁), 목요일(저녁)
② 화요일(아침), 금요일(아침)
③ 화요일(아침), 금요일(저녁)
④ 화요일(저녁), 금요일(아침)
⑤ 화요일(저녁), 토요일(아침)

해설

STEP 1 확정적인 정보는 무엇인가?

앞에서 설명했듯이 문제 해결의 실마리 역할을 하는 대표적인 장치가 바로 '확정적인 정보'이다. 문제에서 확정적인 정보는 〈기억 1〉이다. 〈기억 1〉에 따르면 2주차 월요일에는 단식을 했으므로 첫 번째 문단 세 번째 문장에 의해, 1주차 토요일과 일요일은 단식일이 아니며 정상적으로 세 끼 식사를 하였을 것이다.

요일	월	화	수	목	금	토	일	월
식단						정상	정상	단식

STEP 2 연결되는 정보는 어떤 순서인가?

확정적인 정보를 바탕으로 연결되는 정보로 확장시켜 나가면 아래와 같다.

1) 〈기억 4〉에 따르면 지난주(1주차) 목요일에는 업무약속이 있어 점심식사를 했다고 하였다. 첫 번째 문단 두 번째 문장에서 간헐적 단식 방법은 아침 혹은 저녁 한 끼 식사만 하는 것이므로 점심식사를 했다는 것은 단식을 하는 날이 아님을 의미한다. 따라서 1주차 목요일은 단식일이 아니다.

요일	월	화	수	목	금	토	일	월
식단				정상		정상	정상	단식

2) 만약 1주차 금요일도 단식일이 아니라면 1주차 월요일~수요일 중 2일이 단식일이 되어야 한다. 그러나 첫 번째 문단 세 번째 문장에서 단식일 전후로 각각 최소 2일간은 정상적으로 세 끼 식사를 한다고 하였으므로 1주차 월요일~수요일 중 2일이 단식일이 될 수는 없다. 따라서 1주차 금요일은 단식일이 된다. 〈기억 3〉에서 1주차 금요일에는 조찬회의에 참석하여 아침식사를 했다고 하였으므로 이 날은 단식일로 아침식사만 하였을 것이다.

요일	월	화	수	목	금	토	일	월
식단				정상	단식(아침)	정상	정상	단식

3) 첫 번째 문단 세 번째 문장에 따라 수요일과 목요일은 단식일이 아니며 정상적으로 세 끼 식사를 했음을 알 수 있다. 따라서 월요일과 화요일 중 하루가 단식일이 된다.

요일	월	화	수	목	금	토	일	월
식단			정상	정상	단식(아침)	정상	정상	단식

4) 〈기억 2〉에서 1주차에 먹은 아침식사 횟수와 저녁식사 횟수가 같다고 하였는데, 단식일인 금요일에는 아침식사만 하였으므로 나머지 단식일에는 저녁식사만 하였을 것이다. 〈기억 3〉에 따르면 월요일에는 조찬회의에 참석하여 아침식사를 하였으므로 월요일은 단식일이 될 수 없다. 따라서 단식일은 화요일이 되고 이 날은 저녁식사만 하였을 것이다.

요일	월	화	수	목	금	토	일	월
식단	정상	단식(저녁)	정상	정상	단식(아침)	정상	정상	단식

STEP 3 선택지를 소거하는 방법으로 접근할 수 있는가?

선택지 소거법은 조건에 위배되어 정답이 될 수 없는 선택지를 지워나가는 방법으로 이를 적극적으로 활용하면 득점 확률이 올라간다. 앞서 살펴본 정보를 연결시켜 나가는 과정에서 선택지를 소거해나가면 다음과 같다.

1) 〈기억 2〉에 따르면 단식일의 끼니때는 달라야 한다. 따라서 끼니때가 동일한 ①과 ②를 소거할 수 있다.
2) 〈기억 3〉에 따르면 금요일에는 조찬회의에 참석하여 아침식사를 하였으므로 ③을 소거할 수 있다.
3) 〈기억 1〉과 첫 번째 문단 세 번째 문장에 따르면, 토요일은 단식일이 될 수 없으므로 ⑤를 소거할 수 있다. 따라서 정답은 ④가 된다.

정답 ④

기본유형 연습문제

02

다음은 각 팀 팀장의 일정을 나타낸 달력 일부이다. 각 팀은 일주일에 한 번씩 회의를 하며, 회의에는 팀장이 꼭 참여해야 한다. 회의가 오전에 진행된다고 할 때, 14~25일 중 회의 날짜와 그날 회의를 할 수 있는 팀으로 짝지어진 것을 고르면?

일	월	화	수	목	금	토
13	14 인사팀장 휴가 3일	15 홍보팀장 출장 2일	16 개발팀장 출장 2일	17 회계팀장 병가	18 개발팀장 오전 반차	19
20	21 총무팀장 출장 3일	22 영업팀장 휴가 3일	23 인사팀장 오후 반차	24 법무팀장 휴가 2일	25 총무팀장 병가	26
27	28	29	30	31		

※ 반차란 오전과 오후 중 하나를 정해 쉬는 것을 뜻하며, 오전에 쉬고 오후에 출근하는 것을 오전 반차라 함.

① 15일, 개발팀과 인사팀 ② 17일, 회계팀과 홍보팀 ③ 18일, 개발팀과 총무팀
④ 22일, 법무팀과 인사팀 ⑤ 24일, 총무팀과 영업팀

CHECK POINT

1. 각 달력에 쓰인 일정을 이해할 수 있는가?
2. 특정한 날에 하나의 팀이 회의를 할 수 없다면 나머지 팀을 확인해야 하는가?

해설

22일에는 법무팀과 인사팀 모두 회의를 할 수 있다.

(오답풀이)

① 인사팀장의 휴가는 14~16일이므로 15일에 인사팀은 회의를 할 수 없다.
② 17일에는 회계팀장이 병가를 썼으므로 17일에 회계팀은 회의를 할 수 없다.
③ 개발팀장은 18일 오전 반차를 썼으므로 18일에 개발팀은 회의를 할 수 없다.
⑤ 영업팀장의 휴가는 22~24일이므로 24일에 영업팀은 회의를 할 수 없다.

정답 ④

PSAT 기출 연습문제

03

2016년 5급공채 PSAT 상황판단 4책형 31번

다음 글과 〈자료〉를 근거로 판단할 때, 甲이 여행을 다녀온 시기로 가능한 것은?

- 甲은 선박으로 '포항 → 울릉도 → 독도 → 울릉도 → 포항' 순으로 여행을 다녀왔다.
- '포항 → 울릉도' 선박은 매일 오전 10시, '울릉도 → 포항' 선박은 매일 오후 3시에 출발하며, 편도 운항에 3시간이 소요된다.
- 울릉도에서 출발해 독도를 돌아보는 선박은 매주 화요일과 목요일 오전 8시에 출발하여 당일 오전 11시에 돌아온다.
- 최대 파고가 3m 이상인 날은 모든 노선의 선박이 운항되지 않는다.
- 甲은 매주 금요일에 술을 마시는데, 술을 마신 다음날은 멀미가 심해 선박을 탈 수 없다.
- 이번 여행 중 甲은 울릉도에서 호박엿 만들기 체험을 했는데, 호박엿 만들기 체험은 매주 월·금요일 오후 6시에만 할 수 있다.

〈자료〉

㉣: 최대 파고(단위: m)

일	월	화	수	목	금	토
16 ㉣ 1.0	17 ㉣ 1.4	18 ㉣ 3.2	19 ㉣ 2.7	20 ㉣ 2.8	21 ㉣ 3.7	22 ㉣ 2.0
23 ㉣ 0.7	24 ㉣ 3.3	25 ㉣ 2.8	26 ㉣ 2.7	27 ㉣ 0.5	28 ㉣ 3.7	29 ㉣ 3.3

① 16일(일)~19일(수)
② 19일(수)~22일(토)
③ 20일(목)~23일(일)
④ 23일(일)~26일(수)
⑤ 25일(화)~28일(금)

CHECK POINT

1. 출제자가 장치한 모든 조건들을 빠짐없이 적용할 수 있는가?
2. 각 조건들의 의미를 정확히 이해하였는가?
3. 조건에 담겨있는 의미를 환원시켜 생각할 수 있는가?
4. 선택지를 소거하는 방법으로 접근할 수 있는가?

해설

(1) 최대 파고가 3m 이상인 18일, 21일, 24일, 28일, 29일에는 모든 노선의 선박이 운항되지 않으므로 甲은 이동할 수 없다.

(2) 甲은 매주 금요일에 술을 마시는데, 술을 마신 다음날은 멀미가 심해 선박을 탈 수 없다고 하였으므로 甲은 토요일인 22일과 29일에는 이동할 수 없다.(29일의 경우 최대 파고 때문에도 이동 불가)

(3) 18일 화요일에는 최대 파고가 3m 이상으로 모든 노선의 선박이 운항되지 않으므로 울릉도에서 출발해 독도를 돌아보는 일정이 가능한 날은 20일 목요일, 25일 화요일, 27일 목요일이다.

(4) 甲은 이번 여행 중 울릉도에서 호박엿 만들기 체험을 했다고 하였으므로, 甲은 여행 중에 월요일이나 금요일 오후 6시에 울릉도에 있었던 적이 있다.
23일 일요일에 포항에서 울릉도로 이동한 후, 24일 월요일에 울릉도에서 호박엿 만들기 체험을 하고, 25일 화요일에 독도를 다녀오는 배를 타고, 26일 수요일에 울릉도에서 포항으로 이동하는 여행 일정이 가능하다.

오답풀이

① 울릉도에서 출발해 독도를 돌아보는 선박은 매주 화요일과 목요일 오전 8시에 출발하여 당일 오전 11시에 돌아온다고 하였는데, 甲의 여행 시기가 16일(일)~19일(수)라면 甲은 18일 화요일에 울릉도에서 출발해 독도를 돌아봐야 한다. 그러나 (3)에서 알 수 있듯이, 18일 화요일은 최대 파고가 3m 이상이므로 모든 노선의 선박이 운항되지 않아 甲이 여행을 다녀온 시기로 가능하지 않다.

② (2)에서 알 수 있듯이, 22일 토요일은 甲이 술을 마신 다음날이므로 멀미가 심해 선박을 탈 수 없어 여행의 마지막 날이 될 수 없다. 따라서 甲이 여행을 다녀온 시기로 가능하지 않다.

③ 甲의 여행 시기가 20일(목)~23일(일)이라면, (3)에서 알 수 있듯이 甲은 20일 목요일에 울릉도에서 출발해 독도를 돌아봐야 한다. 울릉도에서 출발해 독도를 돌아보는 선박은 오전 8시에 출발하므로 甲은 20일 목요일 오전 8시 이전에 울릉도에 도착해야 한다. 하지만 '포항 → 울릉도' 선박은 매일 오전 10시에 출발하며 편도 운항에 3시간이 소요되므로 여행 시작일이 20일 목요일이라면 오후 1시에 울릉도에 도착하게 된다. 따라서 甲이 여행을 다녀온 시기로 가능하지 않다.

⑤ (1)에서 알 수 있듯이, 28일 금요일은 파고가 3m 이상인 날로 선박이 운행하지 않아 여행의 마지막 날이 될 수 없다. 따라서 甲이 여행을 다녀온 시기로 가능하지 않다.

준범쌤의 빠른 풀이 TIP

(1) 최대 파고가 3m 이상인 날에는 모든 노선의 선박이 운항되지 않으므로 여행 마지막 날의 최대 파고가 3m 이상인 ⑤를 제외할 수 있다.

(2) 술을 마신 다음날인 토요일에는 선박을 탈 수 없으므로 여행 마지막 날이 토요일인 ②를 제외할 수 있다.

(3) 울릉도에서 출발해 독도를 돌아보는 선박은 매주 화요일과 목요일에 있다. ①의 경우 여행 중 18일 화요일에만 독도를 갈 수 있지만 최대 파고가 3m 이상이므로 독도를 돌아보는 것이 불가능하다. ③의 경우 여행 중 20일 목요일에만 독도를 갈 수 있는데, 목요일은 여행 시작일로 '포항 → 울릉도' 선박을 타야하므로 울릉도 도착 시간이 오후 1시로 독도를 돌아보는 선박의 출발 시간인 오전 8시보다 늦어서 독도를 돌아보는 것이 불가능하다.

(4) 따라서 甲이 여행을 다녀온 시기로 가능한 것은 ④뿐이다.

정답 ④

NCS 기출 변형 연습문제

04

다음 글을 근거로 판단할 때, [보기]에서 옳은 것만을 모두 고르면?

- A국에서는 전염성이 높은 바이러스로 인해 점심시간 5인 이상·저녁시간 3인 이상 식사모임을 금지하고 있다.
- A국에 사는 회사 동기 5명(甲~戊)은 위 방역수칙을 준수하여 5월 중 식사모임을 하였다. 식사모임은 방역수칙을 지키면서 가능한 최대 인원으로만 진행되었다.
- 甲~戊의 5월 식사모임이 가능한 때는 다음과 같았다.
  - 甲: 주중 점심때만 식사모임이 가능하지만, 주중 공휴일에는 저녁때만 식사모임이 가능함
  - 乙: 주중에는 점심과 저녁 모두 식사모임이 가능하지만, 주말에는 점심만 가능함. 주중과 주말 모두 공휴일 여부는 관계없음
  - 丙: 공휴일을 제외하고 아무 때나 식사모임이 가능함
  - 丁: 공휴일이 아닌 주중에는 식사모임이 불가능하고, 주말과 공휴일 점심에만 가능함
  - 戊: 주중, 주말 및 공휴일과 관계없이 5월 중 16일까지는 점심에만, 그 이후에는 저녁에만 식사모임이 가능함

[5월 달력]

일	월	화	수	목	금	토
1	2	3	4	5	6	7
8	9	10	11	12	13	14
15	16	17	18	19	20	21
22	23	24	25	26	27	28
29	30	31				

※ 5월 중 공휴일은 5일(어린이날)과 19일(석가탄신일)이 있음.

보기

㉠ 5월 첫째 주에 점심 식사모임이 2번 있었고 甲이 2번 모두 참여했다면, 丁은 5월 첫째 주 식사모임에 참여하지 못했을 것이다.

㉡ 5월 둘째 주 주말(14일, 15일)에 식사모임을 했다면 점심이었을 것이다.

㉢ 5월 15일~19일 중 있었던 2번(점심 1번, 저녁 1번)의 식사모임을 거치면서 乙이 다른 모든 회사 동기들과 식사를 할 수 있었다면, 16일 월요일 점심 식사모임을 했을 것이다.

① ㉠　② ㉠, ㉡　③ ㉠, ㉢

④ ㉡, ㉢　⑤ ㉠, ㉡, ㉢

해설

㉠ 甲이 식사모임이 가능한 때는 공휴일이 아닌 주중 점심과 공휴일인 주중 저녁뿐이다. 5월 첫째 주에 있었던 2번의 점심 식사모임에 甲이 모두 참여했다면 2일(월요일), 3일(화요일), 4일(수요일), 6일(금요일) 중 식사모임이 있었을 것이다. 丁은 공휴일이 아닌 주중에 식사모임이 불가능하므로 5월 첫째 주 식사모임에 참여하지 못했을 것이다. (○)

㉡ 주말에 甲은 식사모임이 불가능하고, 乙은 점심에만, 丙은 아무 때나, 丁은 점심에만, 戊는 점심에만 가능하다. 따라서 방역수칙을 준수하여 최대 인원으로 진행된 식사모임에서 5월 둘째 주 주말에 식사모임을 했다면 점심이었을 것이다. (○)

㉢ 5월 15일~19일 중 甲~戊가 식사모임이 가능한 때를 정리하면 다음과 같다.

구분	15일	16일	17일	18일	19일
甲	–	점심	점심	점심	저녁
乙	점심	점심, 저녁	점심, 저녁	점심, 저녁	점심, 저녁
丙	점심, 저녁	점심, 저녁	점심, 저녁	점심, 저녁	–
丁	점심	–	–	–	점심
戊	점심	점심	저녁	저녁	저녁

따라서 乙이 위 기간 중 2번의 식사모임에서 다른 모든 회사 동기(甲, 丙, 丁, 戊)들과 식사를 할 수 있었다면, 15일(일요일) 점심과 19일(목요일) 저녁에 식사모임이 이루어졌을 것이다. 만약 16일 월요일 점심 식사모임을 했다면, 乙이 丁과 식사모임을 15일~19일 사이 저녁에 해야 하나 이는 조건에 따라 가능하지 않다. 따라서 16일 월요일 점심 식사모임을 한 것은 아니다. (×)

정답 ②

3) 최단시간 및 최단거리 경로 찾기

1. 업무의 효율적인 수행

같은 업무를 수행하더라도 시간이 덜 걸린다면 업무를 효율적으로 수행한 것이 된다. 예를 들어 여러 장소를 방문해야 하는 경우, 방문하는 장소의 순서에 따라 이동 거리와 시간이 달라진다면 이동 거리가 더 짧은 경로를 선택하는 것이 시간과 비용 측면에서 효율적일 것이다. 기업 입장에서는 당연히 더 효율적인 업무 수행을 추구할 것이다.

2. 최단시간 및 최단거리 경로 찾기 문제의 출제 유형

문제가 출제되는 유형에는 이동수단에 대한 정보가 주어지고, 주어진 경로를 이동하는 데 걸리는 최단시간을 계산하거나, 여러 장소와 경로를 주고 그 장소를 모두 방문하면서 이동할 때의 최단거리를 계산하는 유형이 있다. 최단시간을 묻는 문제의 경우에는 비용 등의 제약 조건이 있을 때가 많으며, 최단거리를 묻는 문제의 경우에는 주유비용을 묻는 예산관리 내용과 함께 출제되기도 한다.

주어진 경로를 이동하는 데 걸리는 최단시간을 계산하는 문제의 경우 소요시간을 계산하는 것 자체는 어렵지 않지만, 주어진 조건을 빠짐없이 모두 정확하게 반영해야 하므로 꼼꼼함이 요구된다.

3. 최단시간 및 최단거리 경로 찾기 문제의 해결

최단거리를 묻는 문제에서 경우의 수를 줄이는 방법은 도로가 가장 적게 연결된 장소를 중심으로 살펴보는 것이다. 어떤 장소에서 연결되는 도로가 하나뿐이라면 그 장소는 시작 또는 도착지점이 된다. 또한 그 장소와 연결된 다른 장소는 연달아 방문할 수밖에 없다. 문제에 따라서는 마지막에 시작지점으로 돌아오는 경우도 있는데, 이 경우에는 방향만 서로 반대인 최단거리 경로가 있음에 주의한다. 두 경로는 결국 동일한 경로이므로 한 가지 경로에 대해서만 정확히 찾으면 된다.

준범쌤의 1타 강의

경우의 수를 나누어 방문 순서를 찾는 경우 부분적으로 동일한 경로가 반복되는 경우가 있습니다. 이때에는 PART 1의 '상수와 변수'에서 배웠던 내용을 적용하여 차이가 나는 부분만 확인할 수 있도록 합시다.

문제에서 최단시간 또는 최단거리를 물으면 일반적으로 시간이 가장 짧게 걸리거나 거리가 가장 짧은 경로를 우선적으로 고려하게 됩니다. 그러나 그 경로를 선택한다면 시간이 오래 걸리거나 거리가 긴 경로가 함께 포함됨으로써 결과적으로는 시간이 더 오래 걸리고, 거리가 더 길어질 가능성이 높습니다. 따라서 유달리 시간이 오래 걸리거나 거리가 긴 경로는 배제하고 해결하는 것이 바람직하죠.

준범쌤이 알려주는 실전포인트!

1. 업무를 효율적으로 수행하는 방법: 시간과 비용 줄이기
2. 주어진 조건 빠짐없이 적용하기: 꼼꼼하게 확인하기!
3. 최단거리 경로 찾기 문제의 해결
   ① 도로가 가장 적게 연결된 장소를 중심으로!
   ② 시작지점으로 돌아오는 경우 반대방향에 주의
   ③ 가장 짧은 경로가 포함될 가능성보다는 가장 긴 경로가 포함되지 않을 가능성이 더 높음

필수예제

01

2020년 5급공채 PSAT 상황판단 나책형 30번

다음 글을 근거로 판단할 때, ○○공장에서 4월 1일과 4월 2일에 작업한 최소 시간의 합은?

○○공장은 작업반 A와 B로 구성되어 있고 제품 X와 제품 Y를 생산한다. 다음 표는 각 작업반이 1시간에 생산할 수 있는 각 제품의 수량을 나타낸다. 각 작업반은 X와 Y를 동시에 생산할 수 없고 작업 속도는 일정하다.

〈작업반별 시간당 생산량〉

(단위: 개)

구분	X	Y
작업반 A	2	3
작업반 B	1	3

○○공장은 4월 1일 오전 9시에 X 24개와 Y 18개를 주문받았으며, 4월 2일에도 같은 시간에 동일한 주문을 받았다. 당일 주문받은 물량은 당일에 모두 생산하였다.

4월 1일에는 작업 여건상 두 작업반이 같은 시간대에 동일한 종류의 제품만을 생산해야 했지만, 4월 2일에는 그러한 제약이 없었다. 두 작업반은 매일 동시에 작업을 시작하며, 작업 시간은 작업 시작 시점부터 주문받은 물량 생산 완료 시점까지의 시간을 의미한다.

① 19시간

② 20시간

③ 21시간

④ 22시간

⑤ 23시간

해설

STEP 1 **본 문제에서 출제자가 의도하고 있는 가장 중요한 장치는 무엇인가?**

문제에서 의도하고 있는 가장 중요한 장치는 '4월 1일에는 두 작업반이 같은 시간대에 동일한 종류의 제품만을 생산해야 했지만, 4월 2일에는 그러한 제약이 없었다.'는 부분이다. 작업반 A와 작업반 B의 제품별 시간당 생산량이 상이한 상황에서 출제자가 의도하고 있는 장치가 반영될 경우, 4월 1일과 4월 2일의 제품 생산 시간이 달라지게 된다는 점에 유의하여야 한다.

STEP 2 **비교우위에 있는 제품이 무엇인지 파악하였는가?**

4월 1일과 달리 4월 2일은 작업반이 제품을 생산하는 데에 있어서 제약이 존재하지 않는다. 아무런 제약이 존재하지 않는 상황에서 제품을 최소 시간으로 생산하기 위해서는 비교우위에 있는 제품을 먼저 생산하여야 한다. 작업반 A의 X에 대한 시간당 생산량은 작업반 B의 2배이므로 작업반 A는 X만 생산하는 것이 효율적이며, 작업반 B는 Y만 생산하는 것이 효율적이다.

STEP 3 **주어진 조건을 빠짐없이 적용하였는가?**

최단시간을 묻는 문제의 경우에는 비용 등의 제약 조건이 있을 때가 많으며, 주어진 조건을 빠짐없이 모두 정확하게 반영해야 하므로 꼼꼼함이 요구된다. 주어진 문제에서도 〈작업반별 시간당 생산량〉과 날짜별 작업반의 생산 제약조건이 주어졌으므로 이를 빠짐없이 고려하면 다음과 같다.

1) 4월 1일

4월 1일에는 작업 여건상 두 작업반이 같은 시간대에 동일한 종류의 제품만을 생산해야 한다. 그러므로 작업반 A와 작업반 B의 제품 X와 제품 Y의 생산량을 각각 합하여 생각한다. 이 경우 제품 X는 1시간에 3개를, 제품 Y는 1시간에 6개를 생산할 수 있으므로 그 결과 제품 X 24개를 생산하는 데 24÷3=8(시간), 제품 Y 18개를 생산하는 데 18÷6=3(시간)이 소요된다. 따라서 4월 1일에 작업한 최소 시간은 8+3=11(시간)이다.

2) 4월 2일

4월 2일에는 4월 1일과 같은 제약이 없다. 따라서 각 작업반은 비교우위가 있는 제품의 생산에 집중한다. 즉 작업반 A는 제품 X 생산에, 작업반 B는 제품 Y 생산에 집중한다. 6시간 경과 후, 작업반 B는 제품 Y를 18개 생산하므로 주문받은 물량을 모두 생산한다. 6시간 동안 작업반 A는 제품 X를 12개 생산한다. 이후 작업반 B 역시 제품 X를 생산한다. 두 작업반이 모두 제품 X를 생산하면 시간당 3개를 생산하므로 4시간이 추가적으로 소요되면 주문받은 제품 X의 물량 역시 모두 생산할 수 있다. 따라서 4월 2일에 작업한 최소 시간은 6+4=10(시간)이다. 이를 이해하기 쉽게 표로 정리하면 다음과 같다.

제품	6시간	4시간
X	작업반 A: 12개 생산	작업반 A, B: 12개 생산
Y	작업반 B: 18개 생산	

3) 따라서 ○○공장에서 4월 1일과 4월 2일에 작업한 최소 시간의 합은 11+10=21(시간)이다.

정답 ③

기본유형 연습문제

02

대구에 사는 A는 서울세계불꽃축제에 참가하고자 가장 빨리 도착할 교통편을 알아보고 있다. A는 토요일 오후 3시에 회사에서 모든 일정을 마치며, 집에 들른 후 짐을 챙겨 서울로 이동하고자 한다. A의 회사에서 집까지 25분이 걸린다고 할 때, 다음 자료를 바탕으로 불꽃쇼를 시작부터 관람하고자 하는 A가 선택할 교통편으로 옳은 것을 고르면?

서울세계불꽃축제 2018 안내

2018년 10월 06일(토) 13:00~21:30, 여의도 한강공원
※ 불꽃쇼는 축제 종료 2시간 10분 전부터 시작함.

[표1] 집에서 공항 및 기차역까지 소요시간

출발지	도착지	소요시간
A의 집	대구공항	125분
	동대구역	60분

※ 공항까지의 소요시간은 수속시간을 모두 고려한 시간임.

[표2] 비행기 및 기차 운행요일 및 소요시간

구분	운행요일	출발지	출발시각	소요시간
비행기	화/목/토	대구공항	17:30	55분
KTX	매일	동대구역	매시 30분	110분

[표3] 각 교통편별 여의도 한강공원까지 소요시간

교통편	출발지	소요시간
버스	김포공항	100분
	서울역	85분
택시	김포공항	90분
	서울역	70분
지하철	김포공항	67분
	서울역	60분

① 비행기 – 버스 ② 비행기 – 택시 ③ 비행기 – 지하철
④ KTX – 택시 ⑤ KTX – 지하철

CHECK POINT

1. 출발 시각과 도착 시각은 각각 언제인가?
2. 가장 빨리 도착하기 위해 이용해야 하는 '교통편'은 무엇인가?

해설

A는 15시 25분에 집에서 출발할 수 있다. 불꽃쇼는 축제 종료 2시간 10분 전인 19시 20분에 시작한다. KTX를 타고 서울역에 18시 20분에 도착한 뒤 지하철을 타면 60분이 걸리므로 19시 20분에 도착한다. 따라서 불꽃쇼 시작 전에 도착할 수 있는 교통편은 ⑤ KTX – 지하철이다.

(오답풀이)

① 대구공항까지 125분이 걸리므로 17시 30분에 출발하는 비행기를 탈 수 있다. 55분이 걸리므로 김포공항에 도착하면 18시 25분이다. 버스를 타고 여의도 한강공원으로 이동하면 100분이 걸리므로 20시 05분에 도착한다.
② 비행기를 타고 김포공항에 18시 25분에 도착한 뒤 택시를 타면 90분이 걸리므로 19시 55분에 도착한다.
③ 비행기를 타고 김포공항에 18시 25분에 도착한 뒤 지하철을 타면 67분이 걸리므로 19시 32분에 도착한다.
④ 동대구역까지 60분이 걸리므로 16시 30분에 출발하는 KTX를 탈 수 있다. 110분이 걸리므로 서울역에 도착하면 18시 20분이다. 택시를 타고 여의도 한강공원으로 이동하면 70분이 걸리므로 19시 30분에 도착한다.

준범쌤의 빠른 풀이 TIP

문제를 보면 불꽃쇼가 시작하기 전에만 도착하면 되므로 가장 빨리 도착하는 것이 답이다. ①, ②, ③은 비행기를 이용하고, ④, ⑤는 KTX를 이용한다. 지하철을 이용하는 경우가 가장 빠르므로 정답은 ③과 ⑤ 둘 중 하나이다. 또한 기차가 서울에 더 빨리 도착하는데, 여의도 한강공원까지 가는 모든 교통편이 공항에서 가는 시간보다 기차역에서 가는 시간이 덜 걸리므로 KTX를 이용하는 ⑤가 가장 빨리 도착한다.

정답 ⑤

PSAT 기출 연습문제

03 2022년 5급공채 PSAT 상황판단 나책형 11번

다음 글과 [상황]을 근거로 판단할 때, A가 새로 읽기 시작한 350쪽의 책을 다 읽은 때는?

- A는 특별한 일이 없는 경우 월~금요일까지 매일 시외버스를 타고 30분씩 각각 출근과 퇴근을 하며 밤 9시 이전에 집에 도착한다.
- A는 대중교통을 이용할 때 책을 읽는다. 단, 시내버스에서는 책을 읽지 않고, 또 밤 9시가 넘으면 어떤 대중교통을 이용해도 책을 읽지 않는다.
- A는 10분에 20쪽의 속도로 책을 읽는다. 다만 책의 1쪽부터 30쪽까지는 10분에 15쪽의 속도로 읽는다.

상황

A는 이번 주 월~금요일까지 출퇴근을 했는데, 화요일에는 회사 앞에서 회식이 있어 밤 8시 30분에 시외버스를 타고 30분 후에 집 근처 정류장에 내려 퇴근했다. 수요일에는 오전 근무를 마치고 회의를 위해서 지하철로 20분 이동한 후 다시 시내버스를 30분 타고 회의 장소로 갔다. 회의가 끝난 직후 밤 9시 10분에 지하철을 40분 타고 퇴근했다. A는 200쪽까지 읽은 280쪽의 책을 월요일 아침 출근부터 이어서 읽었고, 그 책을 다 읽은 직후 곧바로 350쪽의 새로운 책을 읽기 시작했다.

① 수요일 회의 장소 이동 중

② 수요일 퇴근 중

③ 목요일 출근 중

④ 목요일 퇴근 중

⑤ 금요일 출근 중

CHECK POINT

1. 선구안: 수리적 감각이 요구되며, 장치들을 빠짐없이 정확하게 처리해야 하는 정밀함이 필요하다는 측면에서 해당 유형에 대한 평소 실력에 따라 1턴 또는 2턴 선택
2. 질문 정독하기
   'A가 새로 읽기 시작한 350쪽의 책을 다 읽은 때는?' → 새로운 책? 기존에 읽고 있던 책도 있을 수 있음
3. 여러 가지 조건들을 정리할 수 있는가?
4. 선택지 소거법을 활용할 수 있는가?
   → 밤 9시가 넘으면 책을 읽지 않음
   → [상황]에서 수요일에는 밤 9시 10분에 퇴근하므로 수요일 퇴근은 정답이 될 수 없음
   → ② 소거

해설

(1) 주어진 조건을 정리하면 다음과 같다.
- 특별한 일이 없는 경우 월~금요일까지 매일 시외버스를 타고 30분씩 각각 출근과 퇴근을 하며 밤 9시 이전에 집에 도착
- 시내버스에서는 책을 읽지 않음
- 밤 9시가 넘으면 책을 읽지 않음
- A의 책 읽는 속도
  - 원칙: 20쪽/10분
  - 예외(책의 1쪽부터 30쪽까지): 15쪽/10분

(2) 이를 바탕으로 [상황]의 책 읽은 쪽수를 정리하면 다음과 같다.

요일	이동수단 및 시간	읽은 책 및 쪽수	비고
월	출근 시외버스 30분	기존 책 201~260쪽	
	퇴근 시외버스 30분	기존 책 261~280쪽(10분) 새로운 책 1~30쪽(20분)	
화	출근 시외버스 30분	새로운 책 31~90쪽	
	퇴근 시외버스 30분	새로운 책 91~150쪽	
수	출근 시외버스 30분	새로운 책 151~210쪽	
	회의 이동 지하철 20분	새로운 책 211~250쪽	
	회의 이동 시내버스 30분	–	시내버스에서는 책을 읽지 않음
	퇴근 지하철 40분(밤 9시 10분)	–	밤 9시가 넘으면 책을 읽지 않음
목	출근 시외버스 30분	새로운 책 251~310쪽	
	퇴근 시외버스 30분	새로운 책 311~350쪽(20분)	

(3) 따라서 A가 새로 읽기 시작한 350쪽의 책을 다 읽은 때는 목요일 퇴근 중이다.

준범쌤의 빠른 풀이 TIP

(1) 기존 책과 새로운 책을 읽는데 걸리는 총소요시간은 다음과 같다.
  - 기존 책: 40분(201~280쪽)
  - 새로운 책: 20분(1~30쪽)+160분(31~350쪽)=180분
  - 총소요시간: 220분

(2) 각각의 요일 및 독서 가능시간

요일	이동수단 및 시간	누적 독서 가능 시간	비고
월	출근 시외버스 30분	30분	
	퇴근 시외버스 30분	60분	
화	출근 시외버스 30분	90분	
	퇴근 시외버스 30분	120분	
수	출근 시외버스 30분	150분	
	회의 이동 지하철 20분	170분	
	회의 이동 시내버스 30분	–	시내버스에서는 책을 읽지 않음
	퇴근 지하철 40분(밤 9시 10분)	–	밤 9시가 넘으면 책을 읽지 않음
목	출근 시외버스 30분	200분	
	퇴근 시외버스 30분	230분	

(3) 따라서 총소요시간인 220분은 목요일 퇴근시간에 도달함을 알 수 있다.

정답 ④

04

명선이는 A정류장에서 B정류장까지 가기 위해 버스를 기다리고 있다. [조건]과 [상황]에 근거하여 판단할 때, B정류장까지 가장 빨리 도착하고자 하는 명선이가 A정류장에서 탈 버스를 고르면?

조건

- A정류장에는 150번, 152번, 153번, 751번, M5121번 버스가 정차한다.
- 150번, 152번, 153번 버스는 A정류장에서 타면 B정류장에서 하차할 수 있다. A정류장에서 B정류장까지 150번 버스는 20분, 152번 버스는 15분, 153번 버스는 32분이 소요된다.
- 751번 버스는 A정류장에서 B정류장으로 바로 가지는 않지만, 중간에 C정류장에서 내려 서대문03번 마을버스를 타면 B정류장으로 갈 수 있다. 751번 버스는 A정류장에서 C정류장까지 15분, 서대문03번 마을버스는 C정류장에서 B정류장까지 5분이 소요된다.
- M5121번 버스는 A정류장에서 B정류장으로 바로 가지는 않지만, 중간에 D정류장에서 내려 서대문04번 마을버스를 타면 B정류장으로 갈 수 있다. M5121번 버스는 A정류장에서 D정류장까지 10분, 서대문04번 마을버스는 D정류장에서 B정류장까지 10분이 소요된다.
- 버스를 타고 내리는 데 소요되는 시간은 고려하지 않는다.

상황

- 현재 A정류장에 도착할 버스 정보는 다음과 같다.

버스 번호	도착까지 남은 시간
150	17분
152	25분
153	15분
751	4분
M5121	6분

- 현재 C정류장에 도착할 버스 정보는 다음과 같다.

버스 번호	도착까지 남은 시간
서대문03	18분, 25분

- 현재 D정류장에 도착할 버스 정보는 다음과 같다.

버스 번호	도착까지 남은 시간
서대문04	15분, 22분

※ 도착까지 남은 시간은 모두 현재를 기준으로 함.

① 150번 버스
② 152번 버스
③ 153번 버스
④ 751번 버스
⑤ M5121번 버스

해설

751번 버스는 4분 뒤에 도착하고 C정류장까지 15분이 소요되므로 현재로부터 19분 뒤에 C정류장에 도착한다. 따라서 18분 뒤에 C정류장에 도착하는 서대문03번 마을버스는 탈 수 없고, 25분 뒤에 도착하는 서대문03번 마을버스를 타야 한다. 서대문03번 마을버스를 타고 B정류장까지는 5분이 소요되므로 현재로부터 30분 뒤에 B정류장에 도착한다.

(오답풀이)

① 150번 버스는 17분 뒤에 도착하고 B정류장까지 20분이 소요된다. 현재로부터 총 37분이 소요된다.

② 152번 버스는 25분 뒤에 도착하고 B정류장까지 15분이 소요된다. 현재로부터 총 40분이 소요된다.

③ 153번 버스는 15분 뒤에 도착하고 B정류장까지 32분이 소요된다. 현재로부터 총 47분이 소요된다.

⑤ M5121번 버스는 6분 뒤에 도착하고 D정류장까지 10분이 소요되므로 현재로부터 16분 뒤에 D정류장에 도착한다. 따라서 15분 뒤에 D정류장에 도착하는 서대문04번 마을버스는 탈 수 없고, 22분 뒤에 도착하는 서대문04번 마을버스를 타야 한다. 서대문04번 마을버스를 타고 B정류장까지는 10분이 소요되므로 현재로부터 32분 뒤에 B정류장에 도착한다.

정답 ④

4) 시차

1. 합격 후의 모습

우선 이 책을 활용하여 공사, 공단을 준비하는 모든 수험생들이 각자 원하는 공사, 공단에 반드시 합격하기를 진심으로 기원한다. 그렇다면 여러분들은 합격 후에 무엇을 가장 하고 싶은가? 많은 분들이 여행을 꼽는다. 특히 지구 반대편 먼 곳으로의 여행은 그 상상만으로도 많은 사람들을 설레게 한다. 그런 여행지에서 가장 어려움을 겪는 것은 보통 시차 적응이다. 시차는 여행에서뿐만 아니라 시험에서도 여러분들을 괴롭히는 대표적인 난관이다.

2. 시차의 의의

우리나라에서 외국으로 떠나는 비행기는 크게 두 방향으로 나눌 수 있다. 동쪽(미국, 캐나다, 남미 등)으로 떠나는 비행기와 그 반대인 서쪽(중국, 인도, 유럽 등)으로 떠나는 비행기이다. 이처럼 우리나라를 기준으로 동서 방향의 먼 곳으로 여행을 떠난다면 해당 국가의 시각은 우리나라와 큰 차이를 보이게 된다. 즉, 여행을 떠난 국가는 저녁이지만 우리나라는 아침인 상황이 있을 수 있고, 그 반대 역시 가능하다. 이를 시차(時差)라 하며, NCS뿐만 아니라 가장 발전된 형태의 적성시험인 PSAT에서도 꾸준히 출제되는 유형 중 하나이다.

3. 기준의 통일과 표준시의 이해

시차 문제를 해결할 때 가장 주의하여야 할 것은 기준의 통일이다. 즉, 기준시가 다른 여러 곳을 두고 각 장소 간의 시차를 반영하여 처리하게끔 하는 유형이 가장 대표적이므로 각 국가별 시차를 가감하여 한 곳의 시간으로 통일시켜야 한다. 이를 위해서는 국가 간 시간의 빠름과 느림에 관한 표현을 이해할 수 있어야 한다. 대한민국의 표준시는 런던의 그리니치 표준시보다 9시간 빠르다. 따라서 런던이 2020년 1월 1일 00시이면 서울은 2020년 1월 1일 09시가 된다. 또한 시애틀의 표준시는 그리니치 표준시보다 7시간 느리므로 2019년 12월 31일 17시가 된다. 즉, 런던은 GMT+0, 서울은 GMT+9, 시애틀은 GMT−7을 표준시로 사용한다.

4. 시차 문제 극복법

시차 문제는 많은 수험생들이 큰 부담을 느끼고 자신 없어 하는 대표적인 유형이다. 시차 문제를 두고 헷갈릴 때는 '중국−한국−일본'의 관계를 생각해보자.(물론 실제로는 한국과 일본의 시차는 존재하지 않는다.) 국가 간 동서 방향의 관계가 위와 같을 때 우리나라의 현재 시간은 여러분들이 당연히 알 수 있을 것이며, 이때 우리나라의 동쪽에 있는 일본은 몇 시이며, 반대로 서쪽에 있는 중국은 몇 시일까를 떠올려 본다면, 대략적인 시간을 감지할 수 있다. 이를 바탕으로 정확한 시간의 차이를 처리한다면 시간을 더하고 빼는 데 있어서 실수하지 않고 득점할 수 있을 것이다.

준범쌤이 알려주는 실전포인트!

1. 시차의 계산

① K국보다 x시간 빠르다: K국 시각$+x$

② K국보다 y시간 느리다: K국 시각$-y$

2. 지구의 자전

24시간 동안 360° 회전 → 1시간에 15° 회전

3. 서머타임 제도

적용 국가의 시각에 +1하기

필수예제

01

2017년 5급공채 PSAT 상황판단 가책형 20번

다음 [상황]을 근거로 판단할 때, A도시 시간 기준으로 甲이 C도시에 도착할 수 있는 가장 빠른 시각은?

상황
• A도시는 B도시보다 40분 먼저 정오가 되고, C도시보다는 10분 늦게 정오가 된다. • '○○레일웨이'는 A도시의 시간을 기준으로 열차를 운행한다. A도시 발 B도시 행 '○○레일웨이' 열차는 매시 정각과 30분에 출발하며 운행시간은 3시간이다. • '△△캐리어'는 C도시의 시간을 기준으로 열차를 운행한다. B도시 발 C도시 행 '△△캐리어' 열차는 매시 15분과 45분에 출발하며 운행시간은 4시간 30분이다. • 甲은 A도시의 역에 A도시 시간을 기준으로 오전 7시 40분에 도착하여 '○○레일웨이' 열차로 B도시에 가서 '△△캐리어' 열차를 타고 C도시까지 간다.

※ 열차를 갈아타는 데 걸리는 이동시간은 고려하지 않음.

① 15시 10분

② 15시 15분

③ 15시 25분

④ 15시 35분

⑤ 15시 55분

해설

STEP 1 **각 도시별 시차를 계산할 수 있는가?**

앞에서 설명했듯이 시차를 계산함에 있어서 'K국보다 x시간 빠른 경우에는 K국 시각에서 x시간을 더해주면 되며, K국보다 y시간 느린 경우에는 K국 시각에서 y시간을 빼주면 된다.'

주어진 문제를 살펴보면, [상황] 1에서 A도시는 B도시보다 40분 먼저 정오가 되므로, A도시의 시각을 기준으로 40분을 빼면 B도시의 시각이 된다. 마찬가지 방식으로 C도시의 시각은 A도시의 시각에 10분을 더한 것과 같다.

STEP 2 **열차별로 적용되는 기준이 다른 것을 파악하였는가?**

시차 문제를 해결할 때 가장 주의하여야 할 것은 기준을 정확하게 파악하는 것이다. A도시에서 C도시로 가고자 하는 甲은 '○○레일웨이' 열차를 타고 A도시에서 B도시로 가야 하며, '△△캐리어' 열차를 타고 B도시에서 C도시로 가야 한다.

이때 '○○레일웨이' 열차는 A도시의 시간을 기준으로 매시 정각과 30분에 출발하는 반면에, '△△캐리어' 열차는 C도시의 시간을 기준으로 매시 15분과 45분에 출발한다.

STEP 3 **출제자가 질문에서 묻고 있는 시각을 정확히 이해하였는가?**

출제자는 A도시 시간을 기준으로 甲이 C도시에 도착할 수 있는 가장 빠른 시각을 묻고 있다. 이를 정확하게 반영하여 풀이하면 다음과 같다.

1) [상황] 2에서 '○○레일웨이'는 A도시의 시간을 기준으로 A도시 발 B도시 행 열차를 운행하며, 출발 시각은 매시 정각과 30분이다. 따라서 [상황] 4에서 7시 40분에 A도시의 역에 도착한 甲이 가장 빠르게 B도시로 가기 위해서는 A도시 시간을 기준으로 8시 00분에 '○○레일웨이' 열차에 탑승해야 한다.
2) 甲이 A도시 시간을 기준으로 8시 00분에 '○○레일웨이' 열차를 탑승하는 경우 운행시간은 3시간이므로, B도시에 도착하는 시각은 A도시 시간을 기준으로 11시 00분이다.
3) [상황] 3에서 B도시에서 C도시로 가는 열차는 '△△캐리어'가 운행하며, 이 회사는 C도시의 시간을 기준으로 열차를 운행한다. 甲이 B도시에 도착하는 시각은 C도시의 시간을 기준으로 할 때 11시 10분인데, '△△캐리어' 열차는 매시 15분과 45분에 출발하므로 11시 10분에 B도시의 역에 도착한 甲이 가장 빠르게 C도시로 가기 위해서는 C도시 시간을 기준으로 11시 15분에 '△△캐리어' 열차에 탑승해야 한다.
4) 甲이 C도시 시간을 기준으로 11시 15분에 '△△캐리어' 열차를 탑승하는 경우 운행시간은 4시간 30분이므로, C도시에 도착하는 시각은 C도시 시간을 기준으로 15시 45분이다. 이는 A도시 시간을 기준으로 할 때 15시 35분에 해당한다.
5) 각 도시별 시차와 甲의 각 도시별 출발 및 도착 시간을 정리하면 다음과 같다.

구분	시차	A도시 도착	○○레일웨이 출발	B도시 도착	△△캐리어 출발	C도시 도착
A도시	0	7시 40분	8시 00분	11시 00분		15시 35분
B도시	−40분					
C도시	+10분			11시 10분	11시 15분	15시 45분

따라서 A도시 시간 기준으로 甲이 C도시에 도착할 수 있는 가장 빠른 시각은 15시 35분이다.

정답 ④

기본유형 연습문제

02

세희는 방학을 맞아 해외로 여행을 떠나려고 한다. 다음 이동계획에 따라 연착 없이 계획대로 여행지에 도착했다면, 도착했을 때의 현지 시각을 고르면?

- 서울 시각으로 17일 오후 1시 35분에 출발하는 비행기를 타고, 경유지 1곳을 들러 여행지에 도착한다.
- 경유지는 서울보다 4시간 느리고, 여행지보다 3시간 빠르다.
- 첫 번째 비행은 5시간 25분이 소요된다.
- 경유지에서 18시간 10분을 대기하고 출발한다.
- 두 번째 비행은 6시간 45분이 소요된다.

① 17일 오전 11시 35분　② 17일 오후 12시 55분　③ 18일 오전 12시 25분
④ 18일 오후 12시 55분　⑤ 18일 오후 1시 25분

CHECK POINT

1. 서울과 여행지의 시차를 계산할 수 있는가?
2. 선택지를 줄이는 방법이 있는가?
3. 절대로 답이 될 수 없는 선택지에 대해 생각할 수 있는가?

해설

(1) 경유지가 서울보다 4시간 느리고, 여행지보다는 3시간이 빠르므로 여행지는 서울보다 7시간 느리다.
(2) 비행시간과 경유지 대기 시간을 더하면 5:25+18:10+6:45=30:20, 즉 30시간 20분이다.
(3) 여행지 도착 시각을 서울 시각으로 계산하면 18일 오후 7시 55분이고, 여행지 시각은 서울 시각에서 7시간을 빼야 하므로 18일 오후 12시 55분이다.

준범쌤의 빠른 풀이 TIP

서울과 여행지 시각에서 '분'은 동일하므로 '분'만 따로 계산을 하면 35+25+10+45=115이다. 1시간은 60분이므로 결국 55분이 된다. 그러면 ②와 ④가 남는데, ②의 경우 출발시각보다도 빠른 시각으로 경유 시간이 18시간이나 되므로 옳지 않다고 쉽게 판단할 수 있다.

정답 ④

PSAT 기출 연습문제

03

2018년 5급공채 PSAT 상황판단 나책형 38번

다음 글을 근거로 판단할 때, ㉠에 들어갈 일시는?

- 서울에 있는 甲사무관, 런던에 있는 乙사무관, 시애틀에 있는 丙사무관은 같은 프로젝트를 진행하면서 다음과 같이 영상업무회의를 진행하였다.
- 회의 시각은 런던을 기준으로 11월 1일 오전 9시였다.
- 런던은 GMT+0, 서울은 GMT+9, 시애틀은 GMT−7을 표준시로 사용한다.(즉, 런던이 오전 9시일 때, 서울은 같은 날 오후 6시이며 시애틀은 같은 날 오전 2시이다.)

甲: 제가 프로젝트에서 맡은 업무는 오늘 오후 10시면 마칠 수 있습니다. 런던에서 받아서 1차 수정을 부탁드립니다.

乙: 네, 저는 甲사무관님께서 제시간에 끝내 주시면 다음날 오후 3시면 마칠 수 있습니다. 시애틀에서 받아서 마지막 수정을 부탁드립니다.

丙: 알겠습니다. 저는 앞선 두 분이 제시간에 끝내 주신다면 서울을 기준으로 모레 오전 10시면 마칠 수 있습니다. 제가 업무를 마치면 프로젝트가 최종 마무리되겠군요.

甲: 잠깐, 다들 말씀하신 시각의 기준이 다른 것 같은데요? 저는 처음부터 런던을 기준으로 이해하고 말씀드렸습니다.

乙: 저는 처음부터 시애틀을 기준으로 이해하고 말씀드렸는데요?

丙: 저는 처음부터 서울을 기준으로 이해하고 말씀드렸습니다. 그렇다면 계획대로 진행될 때 서울을 기준으로 (㉠)에 프로젝트를 최종 마무리할 수 있겠네요.

甲, 乙: 네, 맞습니다.

① 11월 2일 오후 3시

② 11월 2일 오후 11시

③ 11월 3일 오전 10시

④ 11월 3일 오후 3시

⑤ 11월 3일 오후 7시

CHECK POINT

1. 각자의 적용 기준이 일관됨을 이해하였는가?
2. 이러한 특징을 실마리로 삼아 접근할 수 있었는가?
3. GMT 개념을 이해할 수 있는가?

해설

(1) 문제 해결에 중요한 것은 프로젝트 수행에 시간이 얼마나 소요되는지를 파악하는 것이지, 甲, 乙, 丙이 어디를 기준으로 시간을 인식하고 있는지가 아니다. 왜냐하면 甲, 乙, 丙 각각은 다른 지역을 기준으로 시간을 파악하고는 있지만, 그 기준을 일관되게 적용하고 있기 때문이다. 따라서 우선 프로젝트 수행에 甲, 乙, 丙이 얼마나 시간을 투입해야 하는지를 구해본다.

(2) 甲은 현재 런던 기준 11월 1일 오전 9시부터 런던 기준 오후 10시까지 해당 프로젝트를 수행한다. 즉, 13시간 동안 프로젝트를 수행한다.

(3) 甲이 오후 10시에 프로젝트를 끝낸다면 乙은 다음날 오후 3시까지 프로젝트를 수행할 수 있다고 하였다. 즉, 17시간 동안 프로젝트를 수행한다.

(4) 마지막으로 乙이 다음날 오후 3시에 프로젝트를 끝낸다면 丙은 모레 오전 10시에 프로젝트를 끝낼 수 있다고 하였다. 즉, 19시간 동안 프로젝트를 수행한다.

(5) 따라서 甲, 乙, 丙이 프로젝트를 수행하는 데에는 총 49시간이 소요되므로 현재 런던 기준 11월 1일 오전 9시부터 프로젝트를 진행한다면 11월 3일 오전 10시에 프로젝트를 마무리할 수 있다.

(6) 서울은 GMT+9이므로 런던이 오전 10시라면 서울은 오후 7시가 된다. 따라서 프로젝트를 마무리하는 일시는 11월 3일 오후 7시이다.

정답 ⑤

04

다음 글과 [정보]를 근거로 판단할 때, ㉠~㉢ 중에서 잘못된 부분을 바르게 고친 것을 고르면?

甲, 乙, 丙은 함께 두바이를 경유하여 런던으로 여행을 가려고 한다. 이들은 [정보]의 얼룩이 묻기 전의 출국 스케줄을 보며 다음과 같이 대화를 나누었다.

甲: 서울에서 늦게 출발하니까 비행기에서 자면 되겠다.
乙: 그래도 생각보다 두바이가 가깝네. ㉠ 4시간 30분밖에 안 걸려.
甲: 하지만 두바이에서 기다리는 경유 시간이 엄청 길어서 고생이겠는걸. ㉡ 10시간 30분이나 되잖아.
乙: 그동안 시내 구경도 하고 쇼핑도 하면서 기다리다가 비행기에 타서 기내식 먹으면 될 것 같아. 그래도 거기서부터는 ㉢ 4시간 50분 걸리니까 금방 도착하겠다.
丙: 너희들 무슨 소리 하는 거야? 스케줄 표의 모든 시각은 서울이 아니라 각각의 도시가 기준이야! 생각보다 오래 걸릴 것 같은데?

정보

- 이들이 대화를 나눈 후 스케줄 표에 얼룩이 묻어 다음과 같이 일부분이 보이지 않는 상태이다.

출발	서울	19. 07. 04.	23 : 55
도착	두바이	19. 07. 05.	
출발	두바이	19. 07. 05.	
도착	런던	19. 07. 05.	19 : 45

- 이들은 대화 도중 동시에 시각을 확인하였는데, 甲은 서울 기준 6월 2일 새벽 2시, 乙은 두바이 기준 6월 1일 밤 9시, 丙은 런던 기준 6월 1일 밤 6시라고 이야기하였다.

① ㉠ – 7시간 30분
② ㉠ – 8시간 30분
③ ㉡ – 9시간 30분
④ ㉢ – 7시간 50분
⑤ ㉢ – 8시간 50분

해설

(1) [정보] 2로부터 서울은 두바이보다 5시간 빠르고, 런던보다 8시간 빠름을 알 수 있다.

(2) 대화를 통해 얼룩으로 지워진 부분을 유추할 수 있는데, 丙의 마지막 진술로부터 甲과 乙은 모든 시각을 서울 기준으로 오해하였음을 알 수 있다.

i) 乙은 두바이 도착 시각을 서울 기준으로 생각하고 비행시간을 4시간 30분으로 오해하였으므로, 얼룩의 첫 번째 칸에는 23시 55분에서 4시간 30분이 지난 4시 25분이 들어갈 것이다.

ii) 마찬가지로, 甲이 한 말을 통해 얼룩의 두 번째 칸에는 4시 25분에서 10시간 30분이 지난 14시 55분이 들어갈 것이다.

(3) ㉠과 관련하여, 두바이 도착 시각인 2019년 7월 5일 4시 25분을 서울 기준으로 바꾸면 2019년 7월 5일 9시 25분이다. 따라서 비행시간은 4시간 30분이 아닌 9시간 30분이다.(㉠ – 9시간 30분)

(4) ㉡과 관련하여, 경유 시간은 두바이 도착 시각과 두바이 출발 시각 간 간격이므로 동일한 기준이다. 따라서 ㉡의 10시간 30분은 잘못되지 않았으므로 고칠 필요가 없다.

(5) ㉢과 관련하여, 런던 도착 시각인 2019년 7월 5일 19시 45분을 두바이 기준으로 바꾸면 2019년 7월 5일 22시 45분이다. 이를 두바이 기준 출발 시각 2019년 7월 5일 14시 55분과 비교하면, 비행시간은 4시간 50분이 아닌 7시간 50분임 알 수 있다.(㉢ – 7시간 50분)

(6) 따라서 ㉠~㉢ 중에서 잘못된 부분을 바르게 고친 것은 '㉢ – 7시간 50분'이다.

정답 ④

02 예산관리

1) 수익체계표

1. 수익체계표의 의의 및 형태

수익체계표란 경쟁관계인 두 회사의 제품별 홍보에 따른 수익체계를 정리한 표이다. 여기에 기간별로 수익의 변화 조건을 추가하여 특정 기간의 수익을 계산하는 문제가 출제된다. 기본적인 형태의 수익체계표는 다음과 같다.

(단위: 억 원)

구분		B회사		
		제품 1	제품 2	제품 3
A회사	제품 1	(9, 2)	(−1, 7)	(8, 0)
	제품 2	(3, −4)	(10, 5)	(−2, 9)
	제품 3	(5, 12)	(6, 6)	(3, 8)

2. 수익체계표 읽기

수익체계표에서 괄호 안의 숫자는 양수인 경우 수익을 뜻하고 음수인 경우 손해를 뜻한다. 그리고 보통 순서는 (A회사의 수익 또는 손해, B회사의 수익 또는 손해)이다. 예를 들어 A회사가 제품 1을 홍보하고, B회사가 제품 2를 홍보하였을 때, A회사의 손해는 1억 원이고, B회사의 수익은 7억 원이다. 다만 읽는 방법이 따로 주어져 있다면 그 방법을 따라야 한다.

3. 수익체계표 문제의 풀이

일반적으로 문제에서는 특정한 제품 홍보 시 수익의 합이나 차를 묻거나 두 회사 수익 합의 최댓값, 변화 조건을 반영한 수익의 값 등을 묻는다. 덧셈과 뺄셈 등의 단순한 연산이고, 숫자도 복잡하지 않으므로 계산을 할 때 실수하지만 않는다면 충분히 득점할 수 있는 유형이다. 이하의 필수예제를 통해 수익체계표를 해석하는 연습을 하고 자신 있게 득점하자.

준범쌤이 알려주는 실전포인트!

1. 수익체계표 읽는 법
   ① 원칙: (A회사, B회사)
   예외: 문제에서 주어진 대로 읽기
   ② '+'는 수익, '–'는 손해
2. 실수 주의!
   ① 근거 칸 정확히 찾기
   → X축, Y축 혼동하지 않기
   → 제품 번호 혼동하지 않기
   ② 수익의 합이나 평균 활용: 사칙연산 실수하지 않기
   ③ '–'를 수익으로 착각하지 않기

필수예제

01

2020년 5급공채 PSAT 상황판단 나책형 18번

다음 글을 근거로 판단할 때, 태은이의 만족도 점수의 합은?

태은이는 모처럼의 휴일을 즐길 계획을 세우고 있다. 예산 10만 원을 모두 사용하여 외식, 전시회 관람, 쇼핑을 한 번씩 한다. 태은이는 만족도 점수의 합이 최대가 되도록 항목별로 최대 6만 원까지 1만 원 단위로 지출한다. 다음은 항목별 지출에 따른 태은이의 만족도 점수이다.

구분	1만 원	2만 원	3만 원	4만 원	5만 원	6만 원
외식	3점	5점	7점	13점	15점	16점
전시회 관람	1점	3점	6점	9점	12점	13점
쇼핑	1점	2점	6점	8점	10점	13점

① 23점

② 24점

③ 25점

④ 26점

⑤ 27점

해설

(STEP 1) **추가로 얻게 되는 만족도 점수를 기준으로 표를 정리할 수 있는가?**

문제는 만족도 점수의 합이 최대가 되도록 하고자 하면서 1만 원 단위로 지출하고자 한다. 따라서 표를 1만 원을 추가로 사용함에 따라 추가로 얻게 되는 만족도 점수를 기준으로 정리하면 효과적으로 풀이할 수 있다. 표를 정리하면 다음과 같다.

구분	1만 원	2만 원	3만 원	4만 원	5만 원	6만 원
외식	3점	2점	2점	6점	2점	1점
전시회 관람	1점	2점	3점	3점	3점	1점
쇼핑	1점	1점	4점	2점	2점	3점

(STEP 2) **확정적인 정보는 무엇인가?**

앞에서 설명했듯이 문제 해결의 실마리 역할을 하는 대표적인 장치가 바로 '확정적인 정보'이다. 문제에서 확정적인 정보는 10만 원을 모두 사용한다는 것과 태은이가 외식, 전시회 관람, 쇼핑을 한 번씩 한다고 한 것이다. 이를 표에 반영하면 다음과 같다.(태은이의 선택은 음영으로 표시한다.)

구분	1만 원	2만 원	3만 원	4만 원	5만 원	6만 원
외식	3점	2점	2점	6점	2점	1점
전시회 관람	1점	2점	3점	3점	3점	1점
쇼핑	1점	1점	4점	2점	2점	3점

(STEP 3) **추가로 얻게 되는 만족도 점수를 기준으로 접근할 수 있는가?**

태은이가 10만 원을 모두 사용하여 만족도 점수의 합이 최대가 되려면, 1만 원을 추가로 사용할 때마다 추가로 얻게 되는 만족도 점수가 가장 큰 대안을 선택해야 한다. 추가로 얻게 되는 만족도 점수를 기준으로 풀이하면 다음과 같다.

1) 외식, 전시회 관람, 쇼핑을 한 번씩 한 상황에서 추가로 얻게 되는 만족도 점수가 가장 큰 대안은 외식과 전시회 관람이다.

구분	1만 원	2만 원	3만 원	4만 원	5만 원	6만 원
외식	3점	2점	2점	6점	2점	1점
전시회 관람	1점	2점	3점	3점	3점	1점
쇼핑	1점	1점	4점	2점	2점	3점

2) 다음으로 태은이가 추가로 얻게 되는 만족도 점수가 가장 큰 대안은 전시회 관람이다.

구분	1만 원	2만 원	3만 원	4만 원	5만 원	6만 원
외식	3점	2점	2점	6점	2점	1점
전시회 관람	1점	2점	3점	3점	3점	1점
쇼핑	1점	1점	4점	2점	2점	3점

3) 이와 같은 방식으로 태은이의 선택을 정리하면 다음과 같다.

구분	1만 원	2만 원	3만 원	4만 원	5만 원	6만 원
외식	3점	2점	2점	6점	2점	1점
전시회 관람	1점	2점	3점	3점	3점	1점
쇼핑	1점	1점	4점	2점	2점	3점

4) 따라서 태은이는 외식에 4만 원, 전시회 관람에 5만 원, 쇼핑에 1만 원을 사용하고, 만족도 점수의 합은 13+12+1=26(점)이다.

정답 ④

기본유형 연습문제

02

다음 [표]는 경쟁관계인 A회사와 B회사가 각 제품의 홍보에 따라 벌어들일 수 있는 수익체계를 정리한 자료이다. 8월에 A회사와 B회사는 상대방의 홍보 제품에 관계없이 제품 1~3 중 수익의 평균이 최대가 되는 제품을 선택하기로 했다고 할 때, A회사와 B회사가 각각 선택한 제품을 고르면?

[표1] 수익체계표

(단위: 억 원)

구분		B회사		
		제품 1	제품 2	제품 3
A회사	제품 1	(4, 7)	(−1, 3)	(11, 8)
	제품 2	(−2, 5)	(7, 1)	(6, 0)
	제품 3	(12, 4)	(8, −7)	(2, −8)

※ 괄호 안의 숫자는 A회사와 B회사의 해당 제품 홍보로 인한 월 수익 또는 손해를 뜻함. 예를 들어 A회사가 제품 1을 홍보하고 B회사가 제품 2를 홍보하였을 때, A회사 제품 1의 월 손해는 1억 원이고, B회사 제품 2의 월 수익은 3억 원임.

[표2] 시기별 소비자 선호도

시기	1~3월	4~6월	7~9월	10~12월
선호 품목	제품 1	제품 2, 3	제품 3	제품 2

※ 각 제품을 선호하는 시기에 홍보를 하면 수익체계표에 제시된 해당 제품의 월 수익이 100% 증가하고, 월 손해는 50%가 감소함.

① A회사: 제품 1, B회사: 제품 2

② A회사: 제품 1, B회사: 제품 3

③ A회사: 제품 2, B회사: 제품 3

④ A회사: 제품 3, B회사: 제품 1

⑤ A회사: 제품 3, B회사: 제품 3

CHECK POINT

1. 수익체계표를 읽을 수 있는가?
2. 선호도에 따라 수익체계표를 수정할 수 있는가?

해설

8월에 소비자들은 제품 3을 선호한다. 이를 반영하여 수익체계표를 새로 작성하면 다음과 같다.

구분		B회사		
		제품 1	제품 2	제품 3
A회사	제품 1	(4, 7)	(−1, 3)	(11, 16)
	제품 2	(−2, 5)	(7, 1)	(6, 0)
	제품 3	(24, 4)	(16, −7)	(4, −4)

(1) A회사의 경우

- 제품 1 수익의 평균: $\frac{4+(-1)+11}{3} \fallingdotseq 4.7$
- 제품 2 수익의 평균: $\frac{(-2)+7+6}{3} \fallingdotseq 3.7$
- 제품 3 수익의 평균: $\frac{24+16+4}{3} \fallingdotseq 14.7$

(2) B회사의 경우

- 제품 1 수익의 평균: $\frac{7+5+4}{3} \fallingdotseq 5.3$
- 제품 2 수익의 평균: $\frac{3+1+(-7)}{3} = -1$
- 제품 3 수익의 평균: $\frac{16+0+(-4)}{3} = 4$

따라서 A회사는 제품 3, B회사는 제품 1을 선택한다.

준범쌤의 빠른 풀이 TIP

평균을 구하기 위해 3으로 나누는 것이 모두 공통되므로 수익의 합으로만 판단하면 된다. 예를 들어 A회사의 경우 제품 1 수익의 합은 4−1+11=14이고, 제품 2 수익의 합은 −2+7+6=11, 제품 3 수익의 합은 24+16+4=44로 제품 3의 수익이 가장 크므로 평균도 가장 크다.

정답 ④

03

2013년 5급공채 PSAT 상황판단 인책형 12번

어느 날 甲 과장은 부서원들에게 예정에 없는 회식을 제안했다. 다음 [조건]에 근거할 때 옳은 것은?

조건

- 부서원은 A를 포함하여 5명이고, 편익을 극대화하기 위한 의사결정을 한다.
- 과장은 부서원 중 참석 희망자가 3명 이상이면 이들만을 대상으로 회식을 실시한다.
- 참석 희망 여부는 한 번 결정하면 변경이 불가능하고, 현재 A는 다른 사람이 어떤 결정을 내릴 것인지 알지 못한다.
- A는 12만큼의 편익을 얻을 수 있는 선약이 있다. A가 회식참석을 결정하면 선약을 미리 취소해야 하고, 회식불참을 결정하면 선약은 지켜진다.
- A의 편익은 아래의 〈표〉와 같다.
  - A가 회식참석을 결정하고 회식이 실시되면, A의 편익은 (참석자 수)×3이다. 그러나 A가 회식참석을 결정했을지라도 회식이 취소되면, A의 편익은 0이다.
  - A가 회식불참을 결정했으나 회식이 실시되면, A의 편익은 12−(참석자 수)이다. 그러나 A가 회식불참을 결정하고 회식도 취소되면, A의 편익은 12가 된다.

〈표〉

회식 실시 여부 / A의 행동	실시	취소
회식참석·선약취소	(참석자 수)×3	0
회식불참·선약실행	12−(참석자 수)	12

※ 부서원 수 및 참석자 수에는 과장이 포함되지 않는다.

① A의 최대편익과 최소편익의 차이는 12이다.

② 다른 부서원들의 결정과 무관하게 불참을 결정하는 것이 A에게 유리하다.

③ A의 편익이 최대가 되는 경우는 불참을 결정하고 회식도 취소되는 경우이다.

④ 다른 부서원 2명이 회식에 참석하겠다고 결정하면, A도 참석하는 것이 유리하다.

⑤ 다른 부서원 3명 이상이 회식에 참석하겠다고 결정하면, A도 참석하는 것이 유리하다.

CHECK POINT

1. 〈표〉의 의미를 정확히 해석할 수 있는가?
2. A의 편익을 표로 정리할 수 있는가?
3. 정리된 표를 바탕으로 각 선택지를 판단할 수 있는가?
4. 실수할 수 있는 부분은 무엇인가?

해설

A의 편익을 표로 정리하면 다음과 같다.

구분	회식 실시 (참석 희망자 3명 이상)	회식 취소 (참석 희망자 2명 이하)
A 회식참석·선약취소	9, 12, 15 (3명, 4명, 5명 참석)	0
A 회식불참·선약실행	9, 8 (3명, 4명 참석)	12

다른 부서원 3명 이상이 회식에 참석하겠다고 결정하면, 회식은 반드시 실시된다. 이때, A가 회식에 참석한다면 12(4명 참석) 또는 15(5명 참석)의 편익을 얻을 수 있다. 이는 A가 회식에 불참할 때의 편익인 9(3명 참석) 또는 8(4명 참석)보다 반드시 더 높으므로 A는 참석하는 것이 유리하다.

(오답풀이)

① A의 최대편익은 회식이 실시되고, A를 포함한 부서원 5명이 모두 참석할 때의 편익 15이다. A의 최소편익은 A가 선약을 취소하고, 회식참석을 결정했으나 참석 희망자가 2명 이하로 회식이 취소될 때의 편익 0이다. 따라서 A의 최대편익과 최소편익의 차이는 15이다.

② 다른 부서원들의 결정과 무관하게 불참을 결정하는 것이 A에게 언제나 유리한 것은 아니다. 예를 들어, A를 제외한 참석 희망자가 3명으로 회식이 실시될 경우 A가 회식에 참석할 때의 편익은 4×3=12이고, 불참할 때의 편익은 12−3=9가 된다. 이 경우 A는 회식에 참석하는 것이 더 유리하다.

③ A의 편익이 최대가 되는 경우는 위 표에서 알 수 있듯이 A를 포함하여 부서원 5명 모두가 회식에 참여하여 회식이 실시되는 경우이다. 이때, A의 편익은 15이다.

④ 다른 부서원 2명이 회식에 참석하겠다고 결정하면, A가 참석할 때의 편익은 3×3=9이고, 불참할 때는 회식이 취소되므로 이때의 편익은 12이다. 따라서 A는 참석하지 않는 것이 유리하다.

정답 ⑤

NCS 기출 변형 연습문제

04

甲은 다음 [조건]에 따라 집 구조를 비교하여 편익이 가장 큰 집을 구입하려고 한다. 甲이 구입하는 집을 고르면?

조건

- 기본 조건
  - 집에 대한 甲의 기본 편익은 20이며, 거실, 침실, 주방, 욕실, 현관 중 어느 하나라도 갖추지 못한 경우에는 기본 편익을 얻지 못함
  - 방이 2개 이상인 경우 두 번째 방부터 1개당 편익 +5
    ※ 방이란 침실, 서재, 다용도실만을 의미한다.
- 추가 조건
  - 거실이 $20m^2$ 미만인 경우: 미달분 $1m^2$당 편익 −2
  - 침실이 $15m^2$ 초과인 경우: 초과분 $1m^2$당 편익 +1
  - 현관과 주방이 접해있는 경우: 편익 −3
    ※ 한 면이 1m 이상 맞닿아 있는 경우를 접해있다고 한다.
  - 베란다가 남향인 경우: 편익 +5

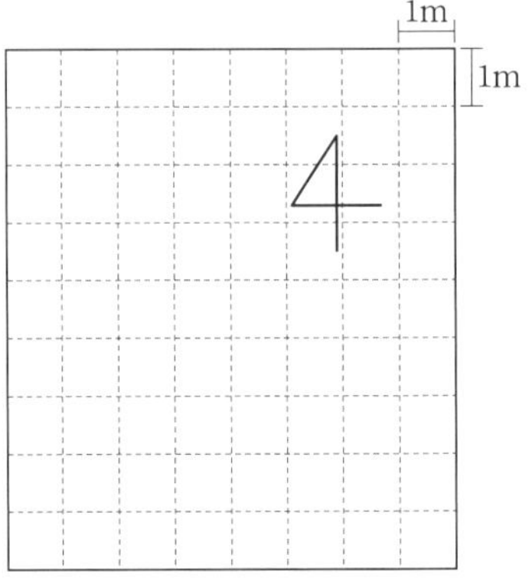

①
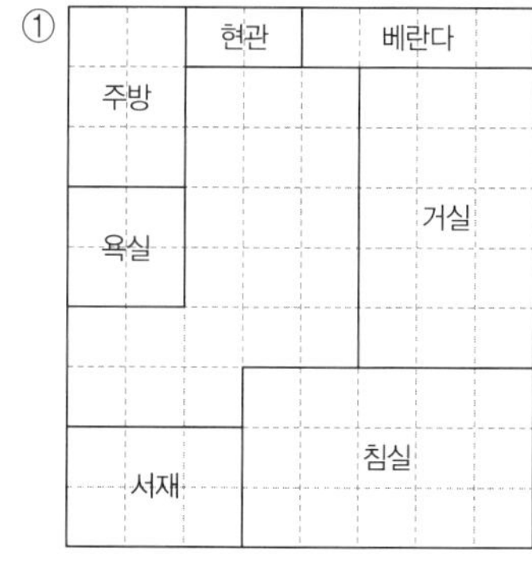
현관
베란다
주방
욕실
거실
서재
침실

②

주방
욕실
침실
거실
현관

③

욕실
다용도실
현관
침실
거실
주방
베란다

④
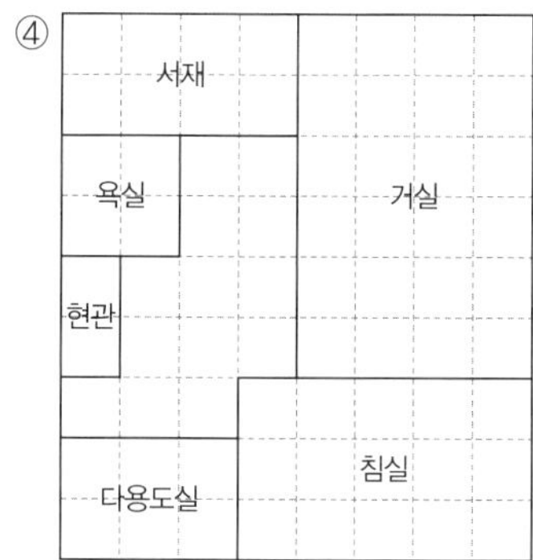
서재
욕실
거실
현관
침실
다용도실

⑤
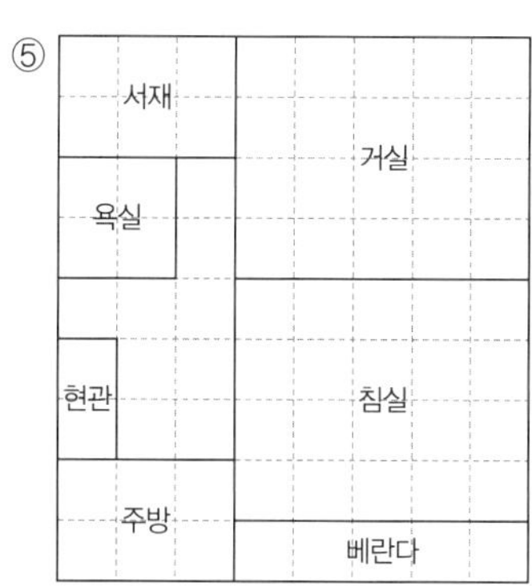
서재
거실
욕실
현관
침실
주방
베란다

해설

〈기본 조건 1〉에 따라 거실, 침실, 주방, 욕실, 현관을 모두 갖추었으므로 기본 편익 20을 얻는다. 침실과 다용도실 2개의 방이 있으므로 〈기본 조건 2〉에 따라 편익 +5이다. 또한 거실의 면적은 20m^2이므로 〈추가 조건 1〉에는 해당되지 않고, 침실은 18m^2이므로 〈추가 조건 2〉에 따라 편익 +3이다. 한편 현관과 주방은 접해있지 않으므로 〈추가 조건 3〉에는 해당되지 않고, 베란다는 남향이므로 〈추가 조건 4〉에 따라 편익 +5이다. 따라서 총 편익은 20+5+3+5=33이다.

오답풀이

① 〈기본 조건 1〉에 따라 거실, 침실, 주방, 욕실, 현관을 모두 갖추었으므로 기본 편익 20을 얻는다. 침실과 서재 2개의 방이 있으므로 〈기본 조건 2〉에 따라 편익 +5이다. 또한 거실의 면적은 15m^2이므로 〈추가 조건 1〉에 따라 편익 −10이고, 침실은 15m^2이므로 〈추가 조건 2〉에는 해당되지 않는다. 한편 현관과 주방은 접해있으므로 〈추가 조건 3〉에 따라 편익 −3이고, 베란다는 남향이 아니므로 〈추가 조건 4〉에는 해당되지 않는다. 따라서 총 편익은 20+5−10−3=12이다.

② 〈기본 조건 1〉에 따라 거실, 침실, 주방, 욕실, 현관을 모두 갖추었으므로 기본 편익 20을 얻는다. 그 다음, 방은 침실 1개이므로 〈기본 조건 2〉에는 해당되지 않는다. 또한 거실의 면적은 30m^2이므로 〈추가 조건 1〉에는 해당되지 않고, 침실은 12m^2이므로 〈추가 조건 2〉에도 해당되지 않는다. 한편 현관과 주방은 접해있지 않으므로 〈추가 조건 3〉에는 해당되지 않고, 베란다가 없으므로 〈추가 조건 4〉에도 해당되지 않는다. 따라서 총 편익은 20이다.

④ 〈기본 조건 1〉에 따라 주방을 갖추지 못했으므로 기본 편익을 얻지 못한다. 침실과 서재, 다용도실 3개의 방이 있으므로 〈기본 조건 2〉에 따라 편익 +10이다. 또한 거실의 면적은 24m^2이므로 〈추가 조건 1〉에는 해당되지 않고, 침실은 15m^2이므로 〈추가 조건 2〉에도 해당되지 않는다. 한편 주방이 없으므로 〈추가 조건 3〉에는 해당되지 않고, 베란다가 없으므로 〈추가 조건 4〉에도 해당되지 않는다. 따라서 총 편익은 10이다.

⑤ 〈기본 조건 1〉에 따라 거실, 침실, 주방, 욕실, 현관을 모두 갖추었으므로 기본 편익 20을 얻는다. 침실과 서재 2개의 방이 있으므로 〈기본 조건 2〉에 따라 편익 +5이다. 또한 거실의 면적은 20m^2이므로 〈추가 조건 1〉에는 해당되지 않고, 침실은 20m^2이므로 〈추가 조건 2〉에 따라 편익 +5이다. 한편 현관과 주방은 접해있으므로 〈추가 조건 3〉에 따라 편익 −3이고, 베란다는 남향이므로 〈추가 조건 4〉에 따라 편익 +5이다. 따라서 총 편익은 20+5+5−3+5=32이다.

준범쌤의 빠른 풀이 TIP

먼저 ④는 주방을 갖추지 못했으므로 기본 편익 20을 얻지 못하며, 따라서 다른 집들보다 편익이 현저하게 낮을 것이다. 또한 〈추가 조건 1〉에 따라 거실은 너무 커서도, 작아서도 안 된다. 거실이 20m^2 미만으로 편익이 깎일 정도는 아니되, 지나치게 커서 편익을 얻을 수 있는 다른 공간을 낭비해도 안 되는 것이다.

마찬가지로, 거실이나 침실, 주방, 현관 등의 사이에 있는 공간이 너무 커서도 안 된다. 이와 같이 생각할 때, ②는 거실 및 빈 공간이 다른 집들에 비해 커서 낭비되는 공간이 크다. 따라서 다른 집들보다 편익이 작을 것이다.

마찬가지로 ①은 거실과 침실이 모두 다른 집들에 비해 작으므로 거실 면적 때문에 편익이 깎이거나 침실 면적을 통해 추가 편익을 얻지 못할 가능성이 크다. 따라서 ①, ②, ④를 제외하고 나머지 ③, ⑤만을 계산하여 좀 더 빠르게 해결할 수 있다.

정답 ③

2) 환율

1. 환율의 이해

환율은 한 나라의 화폐와 외국 화폐와의 교환 비율이다. 우리나라에서 환율은 외국 화폐 1단위당 원화금액(예: 1,100원/1달러)으로 표시한다. 다만 일본의 경우 100엔을 기준으로 환율을 표시한다.

국가	화폐단위	국가	화폐단위
미국	달러(USD)	스위스	프랑(CHF)
일본	엔(JPY)	필리핀	페소(PHP)
유럽연합	유로(EUR)	베트남	동(VND)
중국	위안(CNY)	태국	바트(THB)
영국	파운드(GBP)	튀르키예	리라(TRY)

2. 환율 문제의 출제 유형

출제되는 문제 유형으로는 환율을 이용하여 환전금액을 직접 계산하거나, 환전 시의 손익 등 환율에 관한 내용을 적용하여 문제를 해결하는 유형이 있다.

일반적으로 환전수수료를 포함하여 우리나라 화폐인 원화와 외국의 화폐인 외화를 교환하는 경우의 계산은 다음과 같이 한다. 만약 문제에서 환율계산방법이 따로 주어진다면 그 방법을 따르도록 한다.

① 특정 액수의 원화를 외화로 교환할 때: $\frac{\text{원화금액}}{\text{환율}\times(1+\text{환전수수료})}=\text{외화금액}$

일반적으로 환전수수료는 %로 주어지며, 100으로 나눈 값을 환전수수료 항목에 대입하여 계산한다. 즉, 환율이 1,200원/달러, 환전수수료가 3%일 때, 100만 원을 달러로 환전하면 $\frac{1{,}000{,}000}{1{,}200\times(1+0.03)}\fallingdotseq 809$(달러)이다.

② 특정 액수의 외화를 원화로 교환할 때: 외화금액×환율×(1+환전수수료)=원화금액

환율이 1,200원/달러, 환전수수료가 3%일 때, 200달러를 원화로 환전하면 200×1,200×(1+0.03)=247,200(원)이다.

준범쌤이 알려주는 실전포인트!

1. 환율 계산법

① 원화 → 외화: $\frac{\text{원화금액}}{\text{환율}\times(1+\text{환전수수료})}=\text{외화금액}$

② 외화 → 원화: 외화금액×환율×(1+환전수수료)=원화금액

③ 계산법이 잘 떠오르지 않는다면 '단위' 생각하기

원화 → 달러: 결과는 '달러'이므로 '원/달러'의 단위를 갖는 환율은 분모에, 환전수수료는 항상 환율에 곱해져야 함

2. 실전에서의 처리

① 선구안 판단

② 어림산 시도

③ 선택지 소거법 및 선택지 대입법의 활용

필수예제

01

2021년 5급공채 PSAT 상황판단 가책형 18번

다음 글과 [상황]을 근거로 판단할 때, 甲이 보고할 내용으로 옳은 것은?

대규모 외환거래는 런던, 뉴욕, 도쿄, 프랑크푸르트, 싱가포르 같은 금융중심지에서 이루어진다. 최근 들어 세계 외환거래 규모는 급증하고 있다. 하루 평균 세계 외환거래액은 1989년에 6천억 달러 수준이었는데, 2019년에는 6조 6천억 달러로 크게 늘어났다.

은행 간 외환거래는 대부분 미국 달러를 통해 이루어진다. 달러는 이처럼 외환거래에서 중심적인 역할을 하기 때문에 기축통화라고 불린다. 기축통화는 서로 다른 통화를 사용하는 거래 참여자가 국제거래를 위해 널리 사용하는 통화이다. 1999년 도입된 유럽 유로는 달러와 동등하게 기축통화로 발전할 것으로 예상되었으나, 2020년 세계 외환거래액의 32%를 차지하는 데 그쳤다. 이는 4년 전보다는 2%p 높아진 것이지만 10년 전보다는 오히려 8%p 낮아진 수치이다.

상황

2010년과 2016년의 하루 평균 세계 외환거래액은 각각 3조 9천억 달러와 5조 2천억 달러였다. ○○은행 국제자본이동분석팀장 甲은 2016년 유로로 이루어진 하루 평균 세계 외환거래액을 2010년과 비교(달러 기준)하여 보고하려 한다.

① 10억 달러 감소
② 10억 달러 증가
③ 100억 달러 감소
④ 100억 달러 증가
⑤ 변화 없음

해설

STEP 1 질문에서 출제자가 묻고자 하는 것은 무엇인가?

질문은 문제 해결의 시발점이다. 따라서 질문만큼은 침착하고 정확하게 이해하여 목표를 설정하여야 한다. 주어진 문제의 경우, 甲이 보고할 내용을 묻고 있으며 보고 내용은 [상황]을 통해 2016년 유로로 이루어진 하루 평균 세계 외환거래액을 2010년과 비교(달러 기준)하는 것임을 알 수 있다

STEP 2 %와 %p의 의미를 정확하게 구별할 수 있는가?

%와 %p의 의미를 정확히 구별할 수 있어야 한다. 주어진 문제와 같이 %와 %p가 함께 제시되는 경우에 둘의 의미를 정확하게 구별하여 문제는 %p로 주어져 있는데, 풀이 과정에서 %로 변화한다고 착각하여 득점에 실패하지 않도록 주의하여야 한다.

STEP 3 세계 외환거래액에서 유로가 차지하고 있는 비중을 구할 수 있는가?

甲은 2016년 유로로 이루어진 하루 평균 세계 외환거래액을 2010년과 비교하고자 하므로 세계 외환거래액에서 유로가 차지하고 있는 비중을 구하여야 한다. %와 %p의 의미를 정확히 구별하여 비중을 구하면 다음과 같다.

1) 마지막 문단 끝에서 두 번째 문장 이후가 근거이다. 유럽 유로는 2020년 세계 외환거래액의 32%를 차지하였고, 이는 4년 전인 2016년에 비해 2%p 높아진 것이라 하였다. 따라서 2016년에는 세계 외환거래액의 30%를 차지하고 있었음을 알 수 있다.
2) 2020년의 수치는 10년 전인 2010년에 비해 8%p 낮아진 수치라고 하였으므로 2010년에는 세계 외환거래액의 40%를 차지하였음을 알 수 있다.

STEP 4 환전금액을 계산할 수 있는가?

甲은 달러 기준으로 2016년 유로로 이루어진 하루 평균 세계 외환거래액을 2010년과 비교하고자 한다. 따라서 달러 기준으로 나타내어진 하루 평균 세계 외환거래액에서 유로의 비중을 곱하면 달러 기준으로 환전할 수 있다. 이를 계산하면 다음과 같다.

1) 표로 정리하면 다음과 같다.

연도	하루 평균 세계 외환거래액	유로의 비중	유로로 이루어진 하루 평균 세계 외환거래액 (달러 기준)
2010년	39,000억 달러	40%	39,000×0.4=15,600(억 달러)
2016년	52,000억 달러	30%	52,000×0.3=15,600(억 달러)

2) 유로로 이루어진 하루 평균 세계 외환거래액이 15,600억 달러로 2010년과 2016년이 동일하다는 것을 알 수 있다. 따라서 ○○은행 국제자본이동분석팀장 甲은 2016년 유로로 이루어진 하루 평균 세계 외환거래액(달러 기준)을 2010년과 비교하여 '변화 없음'이라고 보고할 것이다.

정답 ⑤

기본유형 연습문제

02

당신은 100만 원을 환전하여 필리핀으로 여행을 가고자 한다. 예산을 최대한 사용하여 환전한다면 원화에서 필리핀 페소(PHP)로 바로 환전하였을 때와 원화를 미국 달러(USD)로 환전한 뒤 필리핀 페소(PHP)로 이중환전하였을 때 환전한 금액의 차이는 얼마인지 고르면?(단, 각 단계에서 소수점 아래 첫째 자리에 반올림한다.)

인천공항 K은행 환전센터

- 원화 → 필리핀 페소(PHP)
  9월 1일 매매 환율: 23.1원/페소
  환전수수료: 8%
- 원화 → 미국 달러(USD)
  9월 1일 매매 환율: 1,176원/달러
  환전수수료: 2%

마닐라 공항 환전센터

- 미국 달러(USD) → 필리핀 페소(PHP)
  9월 1일 매매 환율 : 50.1페소/달러
  환전수수료 : 0%

① 약 1,100페소
② 약 1,400페소
③ 약 1,700페소
④ 약 2,000페소
⑤ 약 2,300페소

CHECK POINT

1. 환전금액을 계산할 수 있는가?
2. 계산에 대한 출제자의 장치를 찾을 수 있는가?

해설

(1) 원화를 필리핀 페소로 바로 환전하는 경우

$\frac{1,000,000}{23.1\times1.08}\fallingdotseq40,083$(페소)

(2) 원화를 미국 달러로 환전 후 필리핀 페소로 환전하는 경우

- $\frac{1,000,000}{1.176\times1.02}\fallingdotseq834$(달러)
- $834\times50.1\fallingdotseq41,783$(페소)

(3) 따라서 환전한 금액의 차이는 41,783−40,083=1,700(페소)이다.

준범쌤의 빠른 풀이 TIP

선택지 간 차이가 300페소로 꽤 크므로 어림산을 활용한다.
23.1×1.08≒25이므로 100만 원을 환전하면 약 40,000페소이다.
1.176×1.02≒1,200이므로 100만 원을 환전하면 약 833달러이다.
$\left(\frac{100}{6}=16.66\cdots\text{이므로 }\frac{100}{12}=8.33\cdots\text{임을 이용한다.}\right)$
833×50.1=833×(50+0.1)=41,650+83.3인데 40,000페소와의 차이를 구해야 하므로 41,650에서 40,000을 제외한 나머지 부분만 계산하면 1,650+83.3=1,733.3(페소)로 약 1,700페소이다.

정답 ③

PSAT 기출 연습문제

03

2013년 외교관 PSAT 상황판단 인책형 7번

다음 글과 [상황]을 근거로 판단할 때, 甲주식회사에 대한 부가가치세 과세표준액은?

수출하는 재화가 선박에 선적 완료된 날을 공급시기로 한다. 수출대금을 외국통화로 받는 경우에는 아래와 같이 환산한 금액을 부가가치세 과세표준액으로 한다.

- 공급시기 전에 환가한 경우
  수출재화의 공급시기 전에 수출대금을 외화로 받아 외국환 은행을 통하여 원화로 환가한 경우에는 환가 당일의 '적용환율'로 계산한 금액
- 공급시기 이후에 환가한 경우
  수출재화의 공급시기까지 외화로 받은 수출대금을 원화로 환가하지 않고 공급시기 이후에 외국환 은행을 통하여 원화로 환가한 경우 또는 공급시기 이후에 외화로 받은 수출대금을 외국환 은행을 통하여 원화로 환가한 경우에는 공급시기의 '기준환율'로 계산한 금액

상황

甲주식회사는 미국의 A법인과 2월 4일 수출계약을 체결하였으며, 甲주식회사의 수출과 관련된 사항은 아래와 같다.

1) 수출대금: $50,000
2) 2. 4.: 수출선수금 $20,000를 송금받아 외국환 은행에서 환가
3) 2. 12.: 세관에 수출 신고
4) 2. 16.: 수출물품 선적 완료
5) 2. 20.: 수출대금 잔액 $30,000를 송금받아 외국환 은행에서 환가

〈외화시세〉

(단위: 원/달러)

일자	기준환율	적용환율
2. 4.	960	950
2. 12.	980	970
2. 16.	1,000	990
2. 20.	1,020	1,010

① 49,000,000원　② 49,030,000원　③ 49,200,000원
④ 49,300,000원　⑤ 49,600,000원

CHECK POINT

1. 기준환율과 적용환율을 정확히 구별할 수 있는가?
2. 각 일자별 환율을 올바르게 적용할 수 있는가?

해설

(1) 첫 번째 문단 첫 번째 문장에 의해, 수출하는 재화가 선박에 선적 완료된 날을 공급시기로 하므로 [상황]에서 공급시기는 수출물품이 선적 완료된 날인 2월 16일이다.

(2) 2월 4일에 수출선수금 $20,000를 송금받아 외국환 은행에서 환가한 경우, 공급시기 전에 환가한 경우에 해당하므로 환가 당일의 '적용환율'인 950원/달러가 적용된다. 따라서 $20,000×950원/달러=19,000,000(원)이다.

(3) 2월 20일에 수출대금 잔액 $30,000를 송금받아 외국환 은행에서 환가한 경우, 공급시기 이후에 환가한 경우에 해당하므로 공급시기의 '기준환율'인 1,000원/달러가 적용된다. 따라서 $30,000×1,000원/달러=30,000,000(원)이다.

(4) 따라서 부가가치세 과세표준액은 19,000,000+30,000,000=49,000,000(원)이다.

정답 ①

NCS 기출 변형 연습문제

04

다음 글과 [상황]을 근거로 판단할 때, B 시점에 원화 기준으로 가장 많은 금액을 가지고 있는 사람부터 적은 금액을 가지고 있는 사람 순으로 바르게 나열한 것을 고르면?(단, 환율 계산 과정에서 소수점 이하는 버린다.)

• 환율은 한 나라의 통화와 다른 나라 통화 사이의 교환비율이다. 즉 외국통화 1단위에 대해 지불하는 국내통화의 단위가 환율이다. 예를 들어 미국의 달러화 1단위에 대해 지불하는 원화 가격이 1,200원이라면, 원화 기준으로 달러당 환율이 1,200원인 것이다.

[표] 원화 기준 환율

A 시점		B 시점	
미국 달러(1$)	1,200원	미국 달러(1$)	1,100원
유럽 유로(1€)	1,300원	유럽 유로(1€)	1,450원
일본 엔(100¥)	1,030원	일본 엔(100¥)	1,080원
중국 위안(1¥)	165원	중국 위안(1¥)	170원

상황

• 甲은 A 시점에 중국 위안 450¥을 원화로 환전하여 전액 다시 유럽 유로로 환전하였다. 그리고 B 시점에 가지고 있는 유로를 원화로 환전하였다.
• 乙은 A 시점에 80,000원 중 60,000원을 미국 달러로, 20,000원을 유럽 유로로 환전하였다. 그리고 B 시점에 모두 다시 원화로 환전하였다.
• 丙은 A 시점에 유럽 유로 60€을 원화로 환전하여 전액 다시 중국 위안으로 환전하였다. 그리고 B 시점에 가지고 있는 위안을 원화로 환전하였다.

※ 환전 시 수수료는 고려하지 않음.

① 甲 – 乙 – 丙
② 甲 – 丙 – 乙
③ 乙 – 丙 – 甲
④ 丙 – 甲 – 乙
⑤ 丙 – 乙 – 甲

해설

(1) 甲: A 시점에 450위안을 원화로 환전하면 450(위안)×165(원/위안)=74,250(원)이다. 이를 모두 유로로 환전하면, 74,250(원)÷1,300(원/유로)≒57(유로)이다. 57유로를 B 시점에 원화로 환전하면 57(유로)×1,450(원/유로)=82,650(원)이다.

(2) 乙: A 시점에 환전한 결과는 60,000(원)÷1,200(원/달러)=50(달러), 20,000(원)÷1,300(원/유로)≒15(유로)이다. 이를 B 시점에 다시 원화로 환전하면 50(달러)×1,100(원/달러)+15(유로)×1,450(원/유로)=76,750(원)이다.

(3) 丙: A 시점에 60유로를 원화로 환전하면 60(유로)×1,300(원/유로)=78,000(원)이다. 이를 다시 중국 위안으로 환전하면 78,000(원)÷165(원/위안)≒472(위안)이다. 472위안을 B 시점에 다시 원화로 환전하면 472(위안)×170(원/위안)=80,240(원)이다.

(4) 따라서 B 시점에 원화 기준으로 가장 많은 금액을 가지고 있는 사람부터 적은 금액을 가지고 있는 사람 순으로 나열하면 甲 – 丙 – 乙이다.

정답 ②

3) 최저 비용

1. 최저 비용의 의의

기업은 이윤을 추구하는 곳이다. 이윤은 총매출액에서 비용을 제외한 값으로, 이윤을 늘리기 위해서는 총매출액이 증가하거나 비용을 줄여야 한다. 제품의 품질 향상과 적절한 마케팅으로 제품의 판매량을 증가시켜 총매출액을 증가시킬 수도 있다. 하지만 결과적으로 매출액은 기업 내부에서는 조정할 수 없는, 제품을 직접 구매하는 고객들에 의해 결정된다. 반면 비용은 기업 내부에서의 조정을 통해 줄일 수 있다. 따라서 최저 비용을 줄이는 것은 기업의 이윤 증가와 깊은 관련이 있다.

2. 최저 비용 문제의 유형과 전략

최저 비용과 관련된 문제의 모습은 다양하지만 결국 핵심은 비용의 정확한 계산에 있다. 일반적으로 출제되는 문제의 유형으로는 주어진 조건을 적용하여 가장 비용이 적게 드는 경우를 찾거나 그 비용 자체를 계산하는 형태가 있다. 때로는 최단 거리 문제와 연계하여 연료의 가격을 준 뒤 최저 연료비를 계산하는 문제가 출제되기도 한다. 연료비를 계산하는 공식은 다음과 같다.

$$\text{연료비} = \frac{\text{거리} \times \text{리터당 연료 가격}}{\text{연비}}$$

준범쌤의 1타 강의

비용을 계산하는 문제의 경우 다른 계산문제들에 비해 숫자의 자릿수가 크고, 따라서 다양한 숫자가 나올 수 있기 때문에 PART 1에서 공부했던 끝자리 비교법을 적극적으로 활용해볼 수 있습니다. 또한 기본적으로 어느 정도의 계산을 필요로 하기 때문에 시간이 오래 걸리는 경우가 많고, 중간 과정이 다른 유형에 비해 복잡하여 실수하기 쉬워요. 그래서 자신이 없다면 과감하게 넘기는 것도 좋은 전략이 될 수 있습니다.

준범쌤이 알려주는 실전포인트!

1. 연료비 계산 공식

$$연료비 = \frac{거리 \times 리터당\ 연료\ 가격}{연비}$$

2. 실전에서의 처리

① 선구안 판단

② 정확한 계산 실력 발휘

③ 끝자리 비교법의 활용

필수예제

01

2020년 5급공채 PSAT 상황판단 나책형 8번

다음 글을 근거로 판단할 때, 창렬이가 결제할 최소 금액은?

• 창렬이는 이번 달에 인터넷 면세점에서 가방, 영양제, 목베개를 각 1개씩 구매한다. 각 물품의 정가와 이번 달 개별 물품의 할인율은 다음과 같다.

구분	정가(달러)	이번 달 할인율(%)
가방	150	10
영양제	100	30
목베개	50	10

• 이번 달 개별 물품의 할인율은 자동 적용된다.
• 이번 달 구매하는 모든 물품의 결제 금액에 대해 20%를 일괄적으로 할인받는 '이달의 할인 쿠폰'을 사용할 수 있다.
• 이번 달은 쇼핑 행사가 열려, 결제해야 할 금액이 200달러를 초과할 때 '20,000원 추가 할인 쿠폰'을 사용할 수 있다.
• 할인은 '개별 물품 할인 → 이달의 할인 쿠폰 → 20,000원 추가 할인 쿠폰' 순서로 적용된다.
• 환율은 1달러 당 1,000원이다.

① 180,000원
② 189,000원
③ 196,000원
④ 200,000원
⑤ 210,000원

해설

STEP 1 **여러분들의 선구안은 어떠한가?**

선구안은 개인마다 자신 있는 유형과 그렇지 않은 유형이 다르기 때문에 일률적으로 제시하기는 어렵다. 하지만 많은 수험생들이 대체로 수월하게 느끼는 유형과 까다롭게 느끼는 유형은 유사하게 나타나므로 우선 큰 틀에서 이에 대한 구별을 하고 개략적으로 정립한 뒤, 자신만의 선구안을 가감할 필요가 있다.
주어진 문제의 경우 주어진 조건을 적용하여 가장 비용이 적게 드는 경우를 찾는 문제로 계산과정이 복잡하지 않으므로 기본적으로 득점해야 할 문제에 해당한다.

STEP 2 **적용되는 할인의 순서와 조건을 정확하게 파악하였는가?**

최저비용 문제의 핵심은 주어진 조건을 적용하여 비용을 정확하게 계산해내는 데에 있다. 주어진 문제는 여러 가지 할인을 조건으로 제시하고 있으며, 할인은 '개별 물품 할인 → 이달의 할인 쿠폰 → 20,000원 추가 할인 쿠폰' 순서로 적용된다. 따라서 개별 물품의 할인을 가장 먼저 적용하고, 모든 물품의 결제 금액에 대해 20%를 일괄적으로 할인하여야 한다. 마지막으로 '20,000원 추가 할인 쿠폰'을 적용하기에 앞서 결제해야 할 금액이 200달러를 초과하는지 여부를 검토하고 적용함에 유의하여야 한다.

STEP 3 **주어진 조건을 차례대로 정확하게 처리하였는가?**

적용되는 할인의 순서와 조건에 따라 계산하면 다음과 같다.

1) 우선 개별 물품 할인을 적용하면, 가방은 150×0.9=135(달러), 영양제는 100×0.7=70(달러), 목베개는 50×0.9=45(달러)이다.
2) 다음으로 모든 물품의 결제 금액에 대해 20%를 일괄적으로 할인받는 '이달의 할인 쿠폰'을 적용하면 개별 물품 할인을 적용한 가방, 영양제, 목베개 금액의 합은 135+70+45=250(달러)이므로, 이달의 할인 쿠폰을 적용한 금액은 250×0.8=200(달러)가 된다.
3) 마지막으로 결제해야 할 금액이 200달러를 초과할 때 '20,000원 추가 할인 쿠폰'을 사용할 수 있는데, 결제해야 할 금액이 200달러로 200달러를 초과하지 않으므로 '20,000원 추가 할인 쿠폰'은 사용할 수 없다.
4) 따라서 창렬이가 결제할 최소 금액은 200달러이다.
5) 1달러 당 1,000원의 환율을 적용하면, 200(달러)×1,000(원/달러)=200,000(원)이다.

정답 ④

기본유형 연습문제

02

A는 사내 행사의 기념품 주문을 맡게 되었다. 다음 [표]를 바탕으로 A가 회사 이름이 인쇄된 두꺼운 수건 42장과 회사 마크가 인쇄된 큰 사이즈 물병 50개를 가장 저렴하게 주문할 때 비용을 고르면?

[표] 기념품 주문 가격표 (단위: 원/개)

구분	항목	가격	구분	항목	가격
수건	기본가	2,000	물병	기본가	4,000
	두껍게	기본가 + 600		큰 사이즈	기본가 + 1,200
	큰 사이즈	기본가 + 800		파우치 추가	기본가 + 1,500
	인쇄	기본가 + 500		인쇄	기본가 + 500
우산	기본가	5,000	무릎 담요	기본가	6,000
	자동우산	기본가 + 1,000		큰 사이즈	기본가 + 2,100
	큰 사이즈	기본가 + 1,000		파우치 추가	기본가 + 2,300
	인쇄	기본가 + 500		인쇄	기본가 + 500

※ 1) 추가사항은 3개까지 중복적용이 가능하며 추가 금액만큼 단순 합산됨. 예를 들어 큰 사이즈의 우산에 인쇄를 한다면 한 개당 5,000+1,000+500=6,500(원)임.
2) 20개 이상 주문 시 1개 무료 / 40개 이상 주문 시 2개 무료 / 60개 이상 주문 시 4개 무료
3) 두 종류 이상 주문 시 총액의 10% 할인
4) 동일 종류 50개 이상(무료 제품 제외) 주문 시 총액의 5% 할인(단, 두 종류 이상 주문 할인 적용 시에는 총액이 아닌 할인 적용 후 금액의 5% 할인)

① 353,200원
② 355,275원
③ 357,840원
④ 373,680원
⑤ 378,325원

CHECK POINT

1. 적용되는 할인의 종류를 정확하게 파악할 수 있는가?
2. 두 가지 주문방법이 가능함을 생각할 수 있는가?

해설

(1) 회사 이름이 인쇄된 두꺼운 수건은 개당 2,000+600+500=3,100(원)이다. 40개 주문 시 2개가 무료이므로 40개만 주문하면 된다. 수건과 물병 두 종류를 주문하므로 10%를 할인받을 수 있다.
→ 3,100×40×0.9=111,600(원)

(2) 50개를 주문하는 방법에는 48개를 주문하고 2개를 무료로 받는 것과, 50개를 주문하여 할인을 받는 두 가지의 방법이 있다.
 i) 48개를 주문하고 2개를 무료로 받는 경우(10% 할인)
 회사 마크가 인쇄된 큰 사이즈 물병은 개당 4,000+1,200+500=5,700(원)이다.
 → 5,700×48×0.9=246,240(원)
 ii) 50개를 주문하고 5%를 추가로 할인받는 경우
 → 5,700×50×0.9×0.95=243,675(원)

(3) 따라서 총 주문 금액은 111,600+243,675=355,275(원)이다.

준범쌤의 빠른 풀이 TIP

50개의 5%(=0.05)는 2.5개이므로 결국 50개를 주문하고 5%를 추가로 할인받는 경우는 5,700×47.5×0.9와 같다. 따라서 이 경우가 48개를 주문하고 2개를 무료로 받는 경우보다 더 저렴하다. 단위를 보면 5원까지 나오므로 답은 ②나 ⑤ 중 하나이고, 0.9가 곱해지므로 9의 배수를 찾으면 ②밖에 없다.

정답 ②

03

2019년 5급공채 PSAT 상황판단 가책형 29번

다음 글과 〈표〉를 근거로 판단할 때, A사무관이 선택할 4월의 광고수단은?

- 주어진 예산은 월 3천만 원이며, A사무관은 월별 광고효과가 가장 큰 광고수단 하나만을 선택한다.
- 광고비용이 예산을 초과하면 해당 광고수단은 선택하지 않는다.
- 광고효과는 아래와 같이 계산한다.

$$\text{광고효과} = \frac{\text{총 광고 횟수} \times \text{회당 광고노출자 수}}{\text{광고비용}}$$

- 광고수단은 한 달 단위로 선택된다.

〈표〉

광고수단	광고 횟수	회당 광고노출자 수	월 광고비용(천 원)
TV	월 3회	100만 명	30,000
버스	일 1회	10만 명	20,000
KTX	일 70회	1만 명	35,000
지하철	일 60회	2천 명	25,000
포털사이트	일 50회	5천 명	30,000

① TV

② 버스

③ KTX

④ 지하철

⑤ 포털사이트

CHECK POINT

1. 전제로 주어진 조건은? 예산 초과 → KTX 소거
2. 실전적인 접근을 할 수 있는가? 비교
   ① 버스＞TV → TV 소거
   ② 포털사이트＞지하철 → 지하철 소거
   ③ 포털사이트＞버스 → 버스 소거 → 정답: 포털사이트

해설

(1) KTX의 경우 월 광고비용이 3천 5백만 원으로 주어진 예산 3천만 원을 초과하기 때문에 광고수단으로 선택될 수 없다.

(2) KTX를 제외하고 나머지 광고수단의 광고효과를 계산하여 정리하면 다음과 같다.

광고수단	광고효과
TV	$\frac{\text{3회×100만 명/회}}{\text{30,000천 원}}$=0.1(명/원)
버스	$\frac{\text{1회/일×30일×10만 명/회}}{\text{20,000천 원}}$=0.15(명/원)
지하철	$\frac{\text{60회/일×30일×2천 명/회}}{\text{25,000천 원}}$=0.144(명/원)
포털사이트	$\frac{\text{50회/일×30일×5천 명/회}}{\text{30,000천 원}}$=0.25(명/원)

(3) 따라서 A사무관이 선택할 4월의 광고수단은 '포털사이트'이다.

준범쌤의 빠른 풀이 TIP 1

〈표〉에서 주어진 단위를 통일시키기만 하면 광고효과의 상대적인 비교가 가능하다. 즉, 광고 횟수는 월 단위로, 회당 광고노출자 수는 명 단위로, 월 광고비용은 천 원 단위로 통일시켜 계산하면 다음과 같다.

i) TV: $\frac{3\times100\text{만}}{30{,}000}=100$

ii) 버스: $\frac{30\times10\text{만}}{20{,}000}=150$

iii) 지하철: $\frac{1{,}800\times2\text{천}}{25{,}000}=144$

iv) 포털사이트: $\frac{1{,}500\times5\text{천}}{30{,}000}=250$

준범쌤의 빠른 풀이 TIP 2

(1) 먼저 TV와 버스의 비교에서 구체적인 수치를 비교하지 않더라도 (광고횟수)×(회당 광고노출자 수)가 동일함을 알 수 있다. 따라서 월 광고비용이 더 적은 버스가 TV보다 더 좋은 광고수단이다.

(2) 지하철과 포털사이트의 비교에서 회당 광고노출자 수는 포털사이트가 지하철에 비해 2.5배인데 반해 (광고 횟수)÷(월 광고비용)은 지하철이 포털사이트에 비해 2.5배에 미치지 못함을 쉽게 확인할 수 있다. 즉, 포털사이트가 지하철보다 더 좋은 광고수단이다.

(3) 따라서 구체적인 수치 비교는 버스와 포털사이트만 처리함으로써 시간을 단축시킬 수 있다.

정답 ⑤

04

다음 글과 [상황]을 근거로 판단할 때, 甲이 납부해야 하는 과태료의 총액을 고르면?(단, 주어진 조건 외에는 고려하지 않는다.)

과태료 부과 규칙

• 제한속도 초과

초과 속도	승용차	승합차
20km/h 이하	3만 원	5만 원
20km/h 초과 40km/h 이하	6만 원	8만 원
40km/h 초과 60km/h 이하	9만 원	12만 원
60km/h 초과	12만 원	15만 원

※ 어린이보호구역에서 제한속도를 초과한 경우 과태료는 2배가 됨.

• 불법 주정차

장소	승용차	승합차
일반도로	4만 원	5만 원
어린이보호구역	8만 원	9만 원
소화전 5m 이내	10만 원	11만 원

• 과태료 사전납부: 과태료 부과일로부터 1달 이내에 납부하는 경우 과태료의 20%를 감면한다.

상황

• 甲은 제한속도 50km/h 구간에서 85km/h로 승용차를 운행하다가 적발되어 2019. 10. 1. 과태료가 부과되었다.
• 甲의 아내 乙은 제한속도 30km/h인 어린이보호구역에서 45km/h로 승합차를 운행하다가 2019. 12. 1. 과태료가 부과되었고, 동일 차량을 2020. 1. 2. 일반도로에서 불법 주정차하여 과태료가 부과되었다.
• 甲의 아들 丙은 소화전으로부터 3m 떨어진 곳에 승용차를 불법 주정차하여 2020. 1. 4. 과태료가 부과되었다.
• 甲은 2020. 2. 1. 자신의 가족에게 부과된 과태료를 모두 납부하려고 하고 있다.

① 23만 원　② 28만 원　③ 30만 원
④ 32만 원　⑤ 34만 원

해설

甲: 제한속도를 35km/h 초과하여 승용차를 운행하였으므로 6만 원의 과태료가 부과되고, 납부일이 부과일로부터 4달 후이므로 감면되지 않는다.

乙: 어린이보호구역에서 제한속도를 15km/h 초과하여 승합차를 운행하였으므로 5×2=10(만 원)이 제한속도 초과 과태료로 부과된다. 또한 일반도로에서 승합차를 불법 주정차하였으므로 5만 원이 부과되는데, 납부일이 부과일로부터 1달 이내이므로 20%가 감면되어 4만 원만 부과된다. 따라서 乙에게 부과되는 과태료는 14만 원이다.

丙: 소화전 5m 이내 장소에 승용차를 불법 주정차하였으므로 10만 원이 원칙적으로 부과되어야 하나, 납부일이 부과일로부터 1달 이내이므로 20%가 감면되어 8만 원만 부과된다. 따라서 丙에게 부과된 과태료는 8만 원이다.

따라서 甲이 납부해야 하는 과태료의 총액은 6+14+8=28(만 원)이다.

정답 ②

03 물적자원관리

1) 기준에 맞는 물품 선택

1. 기준에 맞는 물품 선택의 의의

기업이 활동을 하기 위해서는 물적자원이 필요하다. 동일한 역할을 하는 물품의 종류는 여러 가지가 있으며, 기업이 새로운 물품을 구매하기 위해서는 이러한 여러 물품들 중에서 하나를 선택해야 한다. 물품을 선택하기 위한 기준으로는 가격이나 특성 등이 있다. 이를 반영하여 물적자원관리에서는 여러 개의 물품과 그에 대한 조건이 주어지고, 기준에 맞는 물품을 선택하는 유형의 문제가 출제된다.

2. 조건 확인하기

조건은 주어진 순서대로 처음부터 적용하는 것이 아니라 전체적으로 어떤 조건이 있는지 먼저 전부 확인한 후에 문제를 해결해야 한다. 특정한 조건 기준에 미달하는 물품의 경우 처음부터 확실하게 소거함으로써 그 물품이 다른 조건에 맞는지 확인하는 시간의 낭비를 막아야 한다.

3. 가중치의 해결: 차이값

이 유형의 문제 중에는 기준항목을 정해두고 각 항목에 대해 각각의 물품마다 점수를 부여한 다음 항목마다 다른 가중치를 적용하여 최종점수를 계산하는 유형의 문제도 있다. 가중치는 %나 소수 등으로 나타내기도 하지만 가장 간단한 형태의 자연수로 약분하여 계산하는 것이 편하다. 그리고 특정 제품보다 모든 항목의 점수가 낮은 제품이 있다면 그 제품을 제외한 뒤 차이값을 이용하여 계산하는데, 그 방법은 다음과 같다.

항목	가중치	항목별 성취도				
		가	나	다	라	마
유용성	100	8	9	9	8	9
가격	80	7	8	9	9	8
디자인	60	10	10	8	10	10
무게	40	9	9	10	10	8

위 표에서 가중치는 모두 20의 배수이므로 각각 5, 4, 3, 2로 약분할 수 있다. 그리고 가 제품과 라 제품을 비교하면 라 제품의 항목별 성취도가 모두 가 제품보다 크거나 같으므로 가 제품은 제외하고 생각할 수 있다. 그 후에는 다음 표와 같이 각 항목별로 성취도의 빈도가 가장 큰 값(혹은 성취도 중 가장 작은 값)을 기준으로 하여 차이값을 표시한다.

항목	가중치	항목별 성취도			
		나	다	라	마
유용성	100 5	~~9~~	~~9~~	8 1	~~9~~
가격	~~80~~ 4	~~8~~	~~9~~ +1	~~9~~ +1	~~8~~
디자인	~~60~~ 3	~~10~~	8 −2	~~10~~	~~10~~
무게	~~40~~ 2	~~9~~ −1	~~10~~	~~10~~	~~9~~ −2

그 다음에는 가중치와 곱하여 덧셈을 하고, 제품별로 그 값을 비교하면 된다.

항목	가중치	항목별 성취도			
		나	다	라	마
유용성	~~100~~ 5	0	0	−5	0
가격	~~80~~ 4	0	+4	+4	0
디자인	~~60~~ 3	0	−6	0	0
무게	~~40~~ 2	−2	0	0	−4
결과		−2	−2	−1	−4

따라서 나~마 제품 중 가중치를 반영한 점수가 가장 높은 제품은 라 제품이다. 다만 주의할 점은 이 방법은 제품들 간의 점수를 '비교'하는 것이므로 절대적인 점수를 묻는 경우라면 차이값을 계산하면 안 되고, 정확하게 계산을 해야 한다.

준범쌤이 알려주는 실전포인트!

1. 해결 순서

전제: 특정한 조건 기준에 미달하는 물품의 경우 처음부터 소거

↓

비교: 가중치의 간소화나 차이값을 활용한 어림산

↓

계산: 정량이나 수치를 요구하는 경우에는 정확한 계산 필요

↓

단서: 동점자 처리와 같은 단서가 있는 경우 최종적으로 처리

2. 비교, 순서, 서열, 대소: 상대적인 비교

정량, 수치는 절대적인 점수 계산

필수예제

01

2013년 외교관 PSAT 상황판단 인책형 35번

다음 〈표〉와 [선호기준]에 따를 때, 민주, 호성, 유진이 선택할 제품이 옳게 짝지어진 것은?

〈표〉

항목 / 제품	가격 (원/개)	용량 (mL/개)	발림성	보습력	향
반짝이	63,000	75	★★★	★★★★	★★★
섬섬옥수	40,000	85	★★	★★★	★★
수분톡톡	8,900	80	★★★	★★★★	★★★
보드란	6,900	30	★★	★★★	★
솜구름	30,000	120	★★★	★★	★★★

※ 제품의 크기는 용량에 비례하고, ★이 많을수록 해당 항목이 우수하다.

선호기준

- 민주: 난 손이 워낙 건조해서 무엇보다 보습력이 뛰어난 제품이 필요해. 그 다음으로는 산뜻하게 잘 발리는 제품이 좋아! 나머지는 아무래도 상관없어.
- 호성: 난 발림성, 보습력, 향 모두 우수할수록 좋아. 그 다음으로는 제품가격이 낮으면 좋겠지!
- 유진: 무조건 향이 좋아야지! 손을 움직일 때마다 풍기는 향이 사람의 기분을 얼마나 좋게 만드는지 알아? 향이 좋은 것 중에서는 부드럽게 잘 발리는 게 좋아! 그 다음으로는 가방에 넣어 다니려면 제품 크기가 작은 게 좋겠어.

	민주	호성	유진
①	수분톡톡	보드란	수분톡톡
②	수분톡톡	솜구름	반짝이
③	수분톡톡	수분톡톡	반짝이
④	반짝이	수분톡톡	보드란
⑤	반짝이	보드란	수분톡톡

해설

STEP 1 우선하는 선호기준을 정확히 파악할 수 있는가?

기준에 맞는 물품을 선택하는 문제 유형에서는 전체적으로 어떤 조건이 있는지 먼저 전부 확인한 후에 문제를 해결해야 한다. 주어진 문제에서 민주, 호성, 유진이 우선하는 선호기준을 정확히 파악하면 다음과 같다.

> 민주: 보습력 > 발림성 > 그 외
> 호성: 발림성, 보습력, 향 > 제품가격
> 유진: 향 > 발림성 > 용량

STEP 2 주어진 기준에 따라 정확히 처리할 수 있는가?

민주, 호성, 유진이가 우선하는 선호기준에 따라 〈표〉의 제품들을 선택하면 다음과 같다.

> 1) 민주
> 보습력이 가장 뛰어난 제품은 보습력 항목의 ★이 4개인 '반짝이'와 '수분톡톡'이다. 이 두 제품은 발림성 항목도 ★이 3개로 동일하다. 따라서 민주는 '반짝이' 또는 '수분톡톡'을 선택할 것이다.
> 2) 호성
> 발림성이 가장 뛰어난 제품은 ★이 3개인 '반짝이', '수분톡톡', '솜구름'이고, 보습력이 가장 뛰어난 제품은 ★이 4개인 '반짝이', '수분톡톡'이다. 그리고 향이 가장 뛰어난 제품은 ★이 3개인 '반짝이', '수분톡톡', '솜구름'이다. 따라서 이 모두가 우수할수록 좋다면 '반짝이'와 '수분톡톡'이 선택 대상이 된다. 그 다음으로 호성이는 제품가격이 낮으면 좋겠다고 하였으므로 '수분톡톡'을 선택할 것이다.
> 3) 유진
> 향이 가장 뛰어난 제품은 ★이 3개인 '반짝이', '수분톡톡', '솜구름'이다. 이 세 제품은 발림성 항목도 ★이 3개로 동일하다. 그 다음으로 가방에 넣어 다닐 정도로 크기가 작은 것을 원하므로 용량이 가장 작은 '반짝이'를 선택할 것이다.

STEP 3 선택지 소거법을 적극적으로 활용하였는가?

선택지 소거법은 조건에 위배되어 정답이 될 수 없는 선택지를 지워나가는 방법이다. 적극적으로 활용하면 자신감도 생기고, 득점 확률도 올라간다. 주어진 문제에서 민주, 호성, 유진 순서대로 선택할 제품을 구해가면서 선택지를 소거해나가면 다음과 같다.

> 1) 민주는 '반짝이' 또는 '수분톡톡'을 선택할 것이다.
> 2) 호성이는 '수분톡톡'을 선택할 것이다. 따라서 ①, ②, ⑤가 소거된다.
> 3) 유진이가 '반짝이'와 '보드란' 중에서 어떤 제품을 선택하는지를 확인하면 된다. 유진이는 '반짝이'를 선택할 것이다. 따라서 모든 조건을 충족한 ③이 정답이다.

정답 ③

기본유형 연습문제

02

2021년 하반기 한국전력공사 기출 변형

K과장과 L대리가 함께 코인 세탁소를 오픈하기 위해 A~F지역 중 적절한 장소를 물색 중이다. 다음 글과 [대화]에 따라 각 직원이 가장 선호하는 장소를 바르게 연결한 것을 고르면?

K과장과 L대리는 다음과 같이 A~F지역별 입지조건 점수를 매겼다.

구분	A	B	C	D	E	F
주거 밀집도	하	중	중	상	상	상
면적(매장 크기)	상	중	상	상	하	하
층수	1층	2층	1층	1층	1층	1층
경쟁사 유무	없음	없음	없음	있음	없음	있음
비용	상	중	중	하	중	상

※ 주거 밀집도가 '상'일수록 밀집도가 높은 것이고, 면적에서 '상'일수록 면적이 큰 것이고, 비용에서 '상'일수록 비용이 저렴한 것임.

대화

K과장: 모든 조건이 완벽한 입지는 없는 것 같네요. L대리는 어디가 가장 적당하다고 생각하세요?

L대리: 빨랫감을 가지고 다니기가 번거로울 테니 1층이 적절할 것 같아요.

K과장: 저도 그렇게 생각해요. 그리고 이미 코인 세탁소가 있는 지역은 피하는 게 좋을 것 같아요.

L대리: 그렇지만 코인 세탁소가 있는 지역은 주거 밀집도가 높으니 굳이 피할 필요는 없는 것 같아요. 코인 세탁소는 인근 주민들만 이용한다는 점을 고려하면 주거 밀집도가 상인 곳으로 선정해야 해요.

K과장: 그렇군요. 저는 주거 밀집도가 중 이상이면서 경쟁사가 없는 곳이 적당할 것 같아요. 그리고 매장 크기가 넓으면 세탁이 되는 동안 고객들이 쉴 수 있는 공간을 만들 수 있어서 좋을 것 같아요.

L대리: 제 생각에도 그렇게 인테리어를 하면 고객들을 더 많이 모을 수 있을 것 같긴 한데 예산이 문제네요. 그래서 저는 면적보다는 비용이 더 저렴한 곳이 좋을 것 같아요.

	K과장	L대리
①	C	D
②	C	E
③	C	F
④	E	D
⑤	E	F

CHECK POINT

1. 정보가 이해하기 쉽게 정리되어 있고, 자주 출제되는 유형이므로 자신 있게 1턴에서 해결하도록 한다.
2. 질문 정독하기: 각 직원이 가장 선호하는 장소가 다를 수 있음을 예상할 수 있는가?
3. 선택지 소거법을 활용하여 선호하지 않는 장소를 소거해 나갈 수 있는가?

해설

K과장과 L대리는 1층을 선호한다. K과장은 경쟁사가 없는 곳 중에서 주거 밀집도가 중 이상인 곳을 선호하므로 C 또는 E를 선호하고, 이 중 면적이 더 넓은 C를 가장 선호한다. L대리는 경쟁사 유무에 관계없이 주거 밀집도가 상인 곳을 선호하므로 D, E, F를 선호하고, 이 중 비용이 가장 저렴한 F를 가장 선호한다.

정답 ③

PSAT 기출 연습문제

03

2016년 5급공채 PSAT 상황판단 4책형 18번

다음 〈맛집 정보〉와 [평가 기준]을 근거로 판단할 때, 총점이 가장 높은 음식점은?

〈맛집 정보〉

평가 항목 / 음식점	음식 종류	이동거리	가격 (1인 기준)	맛 평점 (★ 5개 만점)	방 예약 가능 여부
자금성	중식	150m	7,500원	★★☆	○
샹젤리제	양식	170m	8,000원	★★★	○
경복궁	한식	80m	10,000원	★★★★	×
도쿄타워	일식	350m	9,000원	★★★★☆	×
광화문	한식	300m	12,000원	★★★★★	×

※ ☆은 ★의 반 개이다.

[평가 기준]

- 평가 항목 중 이동거리, 가격, 맛 평점에 대하여 각 항목별로 5, 4, 3, 2, 1점을 각각의 음식점에 하나씩 부여한다.
  - 이동거리가 짧은 음식점일수록 높은 점수를 준다.
  - 가격이 낮은 음식점일수록 높은 점수를 준다.
  - 맛 평점이 높은 음식점일수록 높은 점수를 준다.
- 평가 항목 중 음식 종류에 대하여 일식 5점, 한식 4점, 양식 3점, 중식 2점을 부여한다.
- 방 예약이 가능한 경우 가점 1점을 부여한다.
- 총점은 음식 종류, 이동거리, 가격, 맛 평점의 4가지 평가항목에서 부여 받은 점수와 가점을 합산하여 산출한다.

① 자금성
② 샹젤리제
③ 경복궁
④ 도쿄타워
⑤ 광화문

CHECK POINT

1. 평가항목에 따른 점수를 정확히 환원시킬 수 있는가?
2. 항목별 점수를 합산하여 총점을 구할 수 있는가?
3. 실수할 수 있는 부분은 무엇인가?

해설

평가 항목 / 음식점	음식 종류	이동거리	가격 (1인 기준)	맛 평점 (★ 5개 만점)	방 예약 가능 여부	총점
자금성	중식	150m	7,500원	★★☆	○	13점
	2점	4점	5점	1점	1점	
샹젤리제	양식	170m	8,000원	★★★	○	13점
	3점	3점	4점	2점	1점	
경복궁	한식	80m	10,000원	★★★★	×	14점
	4점	5점	2점	3점	0점	
도쿄타워	일식	350m	9,000원	★★★★☆	×	13점
	5점	1점	3점	4점	0점	
광화문	한식	300m	12,000원	★★★★★	×	12점
	4점	2점	1점	5점	0점	

따라서 총점이 가장 높은 음식점은 14점을 받은 ③ 경복궁이다.

정답 ③

NCS 기출 변형 연습문제

04

다음 글을 근거로 판단할 때, 甲이 선택하는 플랫폼을 고르면?

- 甲은 최근 유행하는 드라마를 보기 위해 드라마·영화 플랫폼을 A~E 중에서 선택하려고 한다.
- 甲은 플랫폼의 콘텐츠 수, 화질, 편의성을 고려하여 다음과 같은 종합점수가 가장 높은 플랫폼을 선택한다.

$$종합점수=\frac{(콘텐츠\ 수)}{100}+(화질\ 점수)+(편의성\ 점수)$$

- 화질 점수는 1,080p까지 지원되는 경우 50점, 720p까지 지원되는 경우 30점, 480p까지만 지원되는 경우 10점이다.
- 편의성 점수는 '상'의 경우 30점, '중'의 경우 20점, '하'의 경우 10점이다.
- 甲은 종합점수가 같을 경우 할인된 가격을 기준으로 최대 동시접속자 1명당 비용이 낮은 플랫폼을 선택한다.
- 甲은 가족과 함께 플랫폼 계정을 공유하려고 하므로 최대 동시접속자가 4명 이상인 플랫폼만 선택한다.
- 다음은 각 플랫폼의 상세정보이다.

플랫폼	A	B	C	D	E
화질	1,080p	720p	480p	720p	720p
콘텐츠 수	3,000개	6,000개	5,000개	7,000개	5,000개
편의성	상	중	상	하	상
최대 동시접속자	4명	6명	8명	2명	4명
계정 정가	20,000원	33,000원	30,000원	10,000원	24,000원
할인 비율	20% 할인			30% 할인	

※ 높은 화질이 지원되는 플랫폼은 그보다 낮은 화질이 모두 지원됨.

① A

② B

③ C

④ D

⑤ E

해설

(1) D의 경우 최대 동시접속자가 2명으로 최대 동시접속자가 4명 이상인 플랫폼만 선택한다는 조건에 위배되기 때문에 甲은 D를 선택하지 않는다.

(2) 플랫폼별 종합점수 및 할인을 적용한 최대 동시접속자 1명당 비용을 표로 정리하면 다음과 같다.

플랫폼	A	B	C	D	E
화질 점수	50	30	10	30	30
콘텐츠 수÷100	30	60	50	70	50
편의성 점수	30	20	30	10	30
종합점수	110	110	90	–	110
최대 동시접속자	4명	6명	8명	2명	4명
할인된 계정 가격	16,000원	26,400원	24,000원	7,000원	16,800원
1명당 비용	4,000원	4,400원	3,000원	3,500원	4,200원

(3) A, B, E의 종합점수가 110점으로 동일하게 가장 높으므로, 甲은 최대 동시접속자 1명당 비용이 4,000원으로 가장 낮은 A를 선택한다.

준범쌤의 빠른 풀이 TIP

먼저 빠르게 D에 결격사유가 있음을 파악할 수 있다. 종합점수의 경우 계산이 복잡하지 않으므로 나머지 네 명의 종합점수를 모두 구할 수 있는데, 이후 A, B, E 간 비교를 할 때 A와 E는 최대 동시접속자가 같으므로 할인가만을 비교하여 빠르게 1명당 계정 가격을 판단할 수 있다.

정답 ①

2) 제품생산

1. 제품생산 유형의 의의

제품을 생산하기 위해 필요한 원료의 양이 주어지고, 이를 바탕으로 생산할 수 있는 제품의 양을 계산하는 유형이다. 추가적으로 원료의 가격이나 제품의 가격을 주고 총 원가를 계산하거나 총 판매액을 묻는 형태로도 출제가 가능하다. 자원관리능력에서는 가장 까다로운 편에 속하고 계산 또한 많이 수반되므로 선구안 판단을 할 때에도 본인의 평소 실력과 선호에 따라 현명하게 처리하여야 한다.

2. 실수의 모습

기본적으로 사칙연산 중에서 가장 실수가 많이 발생하는 나눗셈이 중심이 되므로 더욱 꼼꼼하게 처리할 수 있어야 한다. 고득점의 바탕은 '정확성'임을 늘 명심하여야 한다. 또한 모든 항목의 값이 존재하는 것이 아니라, 0으로 주어진 부분들도 있으므로 이런 부분을 처리할 때 값을 잘못 대입하는 실수 역시 주의하여야 한다.

3. 최대 생산량 계산 시 주의사항

여러 개의 부품으로 이루어진 제품의 최대 생산량을 구할 때에는 각 부품의 생산량 중에서 가장 작은 값을 기준으로 판단함을 주의하여야 한다. 자칫 가장 큰 값을 기준으로 판단하기 쉬우나 각 부품별 생산량이 다르다는 것은 결국 가장 작은 생산량만큼만 생산할 수 있음을 의미함을 이해할 수 있어야 한다.

1. 제품의 최대 생산량은?
   → 각 부품별 최대 생산량의 최솟값
2. 실수의 모습
   ① 나눗셈 처리 시 계산 실수 주의
   ② 0으로 주어진 값 대입 시 정확한 처리 주의

필수예제

01

2013년 외교관 PSAT 상황판단 인책형 32번

다음 글을 근거로 판단할 때, 도자기 장인 A의 제자들이 몇 명까지 배출되면 도자기 제작자들이 하루에 만들 수 있는 도자기 개수의 합이 최대가 되는가?

- 장인 A는 제자 1을 길러내고, 제자 1은 제자 2를, 제자 2는 제자 3을 길러내는 방식으로 제자 수를 늘려나간다. 즉, 각 도자기 제작자는 단 1명에게만 자신의 기술을 전수할 수 있으며, 기술 전수에는 1년이 소요된다.
- 각 제자가 하루에 만들 수 있는 도자기 개수는 자신을 직접 길러낸 스승의 최초 1일 도자기 생산량보다 20개 적다.
- 각 도자기 제작자는 모든 직계 제자를 관리해야 하므로, 도자기 제작자가 만드는 1일 도자기 개수도 제자 1명이 증가할 때마다 10개씩 감소한다. 예컨대 제자 1만 있으면 장인 A의 도자기 생산량은 10개 감소하지만, 제자 2까지 있으면 장인 A는 20개, 제자 1은 10개 감소한다.
- 장인 A의 최초 1일 도자기 생산량은 100개이다.

① 1명

② 2명

③ 3명

④ 4명

⑤ 5명

해설

STEP 1 여러분들의 선구안은 어떠한가?

주어진 문제의 경우 주어진 조건을 적용하여 도자기 제작자들이 하루에 만들 수 있는 도자기 개수의 합이 최대가 되는 경우의 도자기 장인 A의 제자 수를 묻고 있다. 조건의 개수와 규칙이 많은 편이므로 조건과 규칙이 이해되지 않는 경우 Pass하는 것도 좋다.

STEP 2 질문에서 출제자가 묻고자 하는 것은 무엇인가?

질문은 문제 해결의 시발점이다. 따라서 질문만큼은 침착하고 정확하게 이해하여 목표를 설정하여야 한다. 주어진 문제의 경우, 하루에 만들 수 있는 도자기 개수의 합이 최대가 되기 위해 필요한 도자기 장인 A의 제자의 인원을 묻고 있다.

STEP 3 문제 해결에 적합한 표를 그릴 수 있는가?

도표화란 주어진 정보를 표로 정리하는 방법을 말한다. 이를 통해 정보나 조건이 많아 복잡한 문제라도 쉽게 이해할 수 있다. 주어진 문제를 도표화하면 다음과 같다.

1) 제자들이 늘어남에 따른 장인과 제자들의 1일 도자기 생산량을 표로 정리하면 다음과 같다.

구분	장인 A만 생산할 때	제자 1을 길러냈을 때	제자 2를 길러냈을 때	제자 3을 길러냈을 때	제자 4를 길러냈을 때	제자 5를 길러냈을 때
장인 A	100	90	80	70	60	50
제자 1		80	70	60	50	40
제자 2			60	50	40	30
제자 3				40	30	20
제자 4					20	10
제자 5						0
합계	100	170	210	220	200	150

2) 따라서 제자를 3명까지 길러냈을 때 도자기 제작자들이 하루에 만들 수 있는 도자기 개수의 합이 최대가 된다.

정답 ③

02

다음 [표]를 바탕으로 현재 보유하고 있는 부품으로 만들 수 있는 제품의 조합이 아닌 것을 고르면?

[표1] 제품 1개 생산 시 필요한 부품의 종류와 개수 (단위: 개)

구분	1번 부품	2번 부품	3번 부품	4번 부품
제품 A	3	2	–	2
제품 B	–	4	2	–
제품 C	1	–	5	3
제품 D	–	–	4	4

[표2] 부품의 현재 보유량 (단위: 개)

구분	1번 부품	2번 부품	3번 부품	4번 부품
보유	240	650	470	590

	제품 A	제품 B	제품 C	제품 D
①	40개	50개	40개	50개
②	50개	40개	30개	60개
③	50개	60개	40개	30개
④	60개	30개	30개	60개
⑤	70개	40개	20개	60개

CHECK POINT

1. 생산에 필요한 부품에 비해 현재 보유량이 유독 작은 부품이 있는가?
2. 선택지를 어떤 순서대로 볼 것인가?

해설

각 조합에 따른 필요 부품의 개수를 정리하면 다음과 같다.

①

구분	제품 개수	1번 부품	2번 부품	3번 부품	4번 부품
제품 A	40개	120	80	0	80
제품 B	50개	0	200	100	0
제품 C	40개	40	0	200	120
제품 D	50개	0	0	200	200
합계		160	280	500	400

②

구분	제품 개수	1번 부품	2번 부품	3번 부품	4번 부품
제품 A	50개	150	100	0	100
제품 B	40개	0	160	80	0
제품 C	30개	30	0	150	90
제품 D	60개	0	0	240	240
합계		180	260	470	430

③

구분	제품 개수	1번 부품	2번 부품	3번 부품	4번 부품
제품 A	50개	150	100	0	100
제품 B	60개	0	240	120	0
제품 C	40개	40	0	200	120
제품 D	30개	0	0	120	120
합계		190	340	440	340

④

구분	제품 개수	1번 부품	2번 부품	3번 부품	4번 부품
제품 A	60개	180	120	0	120
제품 B	30개	0	120	60	0
제품 C	30개	30	0	150	90
제품 D	60개	0	0	240	240
합계		210	240	450	450

⑤

구분	제품 개수	1번 부품	2번 부품	3번 부품	4번 부품
제품 A	70개	210	140	0	140
제품 B	40개	0	160	80	0
제품 C	20개	20	0	100	60
제품 D	60개	0	0	240	240
합계		230	300	420	440

따라서 ① 조합은 현재 보유한 부품으로 만들 수 없다.

준범쌤의 빠른 풀이 TIP

각 제품을 한 개씩 만들기 위해서는 1번 부품이 4개, 2번 부품이 6개, 3번 부품이 11개, 4번 부품이 9개가 필요하다. 그런데 부품의 현재 보유량과 제품을 한 개씩 만드는 데 필요한 부품량을 비교하면 다른 부품에 비해 3번 부품이 상대적으로 적다.
제품 C를 만들기 위해서는 3번 부품이 5개나 필요하므로 제품 C와 3번 부품을 기준으로 살펴본다. ①과 ③의 경우 제품 C를 40개 만들어야 하므로 3번 부품 200개가 필요하다. 그런데 ①의 경우 제품 B와 제품 D를 50개씩 만드는 데 3번 부품 300개가 더 필요하므로 현재 보유량인 470개를 넘는다.

정답 ①

03 2017년 5급공채 PSAT 상황판단 가책형 32번

다음 글을 근거로 판단할 때, 甲금속회사가 생산한 제품 A, B를 모두 판매하여 얻을 수 있는 최대 금액은?

- 甲금속회사는 특수구리합금 제품 A와 B를 생산 및 판매한다.
- 특수구리합금 제품 A, B는 10kg 단위로만 생산된다.
- 제품 A의 1kg당 가격은 300원이고, 제품 B의 1kg당 가격은 200원이다.
- 甲금속회사는 보유하고 있던 구리 710kg, 철 15kg, 주석 33kg, 아연 155kg, 망간 30kg 중 일부를 활용하여 아래 표의 질량 배합 비율에 따라 제품 A를 300kg 생산한 상태이다.(단, 개별 금속의 추가 구입은 불가능하다.)
- 합금 제품별 질량 배합 비율은 아래와 같으며 배합 비율을 만족하는 경우에만 제품이 될 수 있다.

(단위: %)

구분	구리	철	주석	아연	망간
A	60	5	0	25	10
B	80	0	5	15	0

※ 배합된 개별 금속 질량의 합은 생산된 합금 제품의 질량과 같다.

① 195,000원

② 196,000원

③ 197,000원

④ 198,000원

⑤ 199,000원

CHECK POINT

1. 실마리가 되는 정보는 무엇인가?
2. 각 금속별 해당 제품 최대 생산량을 계산할 수 있는가?
3. 해당 제품의 실제 최대 생산량은 어떻게 구해야 하는가?

해설

(1) 제품 A를 300kg 생산하고 난 후 甲금속회사가 보유하고 있는 개별 금속의 질량은 아래와 같다.

구분	구리	철	주석	아연	망간
기존 보유량	710	15	33	155	30
제품 A 300kg 생산에 드는 금속량	300×0.6=180	300×0.05=15	0	300×0.25=75	300×0.1=30
남은 금속량	530	0	33	80	0

(2) 이때 철과 망간이 더 이상 남아있지 않으므로 철과 망간을 필요로 하는 제품 A는 더 이상 생산할 수 없다. 따라서 甲금속회사는 제품 B만 생산할 수 있다.

(3) 이제 남아 있는 금속을 이용하여 제품 B를 최대 얼마만큼 생산할 수 있는지 계산해 보자. 제품 B의 질량을 Y라 가정할 때, 구리만을 고려하면 Y1×0.8=530, Y1=662.5이다. 주석만을 고려하면 Y2×0.05=33, Y2=660이다. 아연만을 고려하면 Y3×0.15=80, Y3≒533.33이다.

(4) 제품 B의 생산량은 Y1, Y2, Y3 값 중 가장 작은 Y3이 되며, 조건 2에서 10kg 단위로만 생산될 수 있다고 하였으므로 530kg이 甲금속회사가 생산해낼 수 있는 제품 B의 최댓값이다.

(5) 따라서 甲금속회사가 생산한 제품 A, B를 모두 판매하여 얻을 수 있는 최대 금액은 300(kg)×300(원/kg)+530(kg)×200(원/kg)=196,000(원)이다.

정답 ②

04

여행을 간 현주는 메흐시 레스토랑에서 식사를 하려고 한다. [상황]과 [표]를 근거로 판단할 때, 다음 중 현주가 선택할 메뉴들의 조합으로 옳은 것을 고르면?

상황

- 현주는 30,000원의 예산 내에서 메흐시 레스토랑에서 식사를 하려고 한다. 이때 현주는 다이어트 중이므로 예산 내에서 열량이 가장 낮은 메뉴 조합을 선택한다.
- 환율은 USD 1=CAD 1.25=1,000원으로 계산하며, 환전수수료는 없다.
- [표]에는 가격이 USD 또는 CAD로 표기되어 있다.

※ USD=미국 달러
CAD=캐나다 달러

[표] 메흐시 레스토랑 메뉴판

종류	가격		열량(kcal)
	USD	CAD	
토마토 파스타	8	–	200
빠네	12	–	600
까르보나라 파스타	–	16	500
고르곤졸라 피자	–	12	300
페퍼로니 피자	–	14	400
포테이토 피자	9	–	500

① 토마토 파스타, 까르보나라 파스타, 고르곤졸라 피자
② 토마토 파스타, 까르보나라 파스타, 페퍼로니 피자
③ 토마토 파스타, 빠네, 고르곤졸라 피자
④ 빠네, 고르곤졸라 피자, 포테이토 피자
⑤ 고르곤졸라 피자, 페퍼로니 피자, 포테이토 피자

해설

(1) 계산을 용이하게 하기 위해 CAD 1이 원화로 얼마인지 계산해 보자. CAD 1.25=1,000원에서 양변에 $\frac{4}{5}$를 곱하면, CAD 1=800원이 된다.

(2) 각 메뉴의 가격을 원화로 환산하면 다음과 같다.

종류	가격(원)	열량(kcal)
토마토 파스타	8×1,000=8,000	200
빠네	12×1,000=12,000	600
까르보나라 파스타	16×800=12,800	500
고르곤졸라 피자	12×800=9,600	300
페퍼로니 피자	14×800=11,200	400
포테이토 피자	9×1,000=9,000	500

(3) 현주는 30,000원의 예산 내에서 메뉴를 선택할 수 있으므로 선택지별 가격의 합을 구하면 다음과 같다.

① 8,000+12,800+9,600=30,400(원)

② 8,000+12,800+11,200=32,000(원)

③ 8,000+12,000+9,600=29,600(원)

④ 12,000+9,600+9,000=30,600(원)

⑤ 9,600+11,200+9,000=29,800(원)

따라서 현주가 선택 가능한 조합은 ③과 ⑤이다.

(4) 현주는 다이어트 중이므로 열량이 가장 낮은 조합을 선택한다고 하였으므로 ③과 ⑤의 열량을 계산해 보면 다음과 같다.

③ 200+600+300=1,100(kcal)

⑤ 300+400+500=1,200(kcal)

(5) 따라서 현주는 열량이 더 낮은 조합인 토마토 파스타, 빠네, 고르곤졸라 피자를 선택할 것이다.

정답 ③

04 인적자원관리

1. 문제 출제 유형

모든 기업에는 그 기업에서 근무하는 직원들이 있는데, 각각의 직원들은 가진 능력과 장단점 등이 다르므로 각자의 특성에 맞는 업무에 배치되어야 한다. 인적자원관리 문제는 이렇게 다른 특성을 가진 직원을 특정한 업무에 배치하는 유형이나 승진대상자를 뽑는 유형이 출제되며 시간이나 예산 등의 내용과 결합된 형태로 출제되는 경우도 빈번하다. 또한 물적자원관리 유형 중 기준에 맞는 물품 선택에서 소재만 직원으로 바뀌었을 뿐 조건을 적용하여 해결하는 문제가 유사하게 출제되기도 한다. 즉 기준에 맞는 '직원'을 선택하는 유형의 문제가 출제되는 것이다.

2. 문제의 해결

인적자원관리 문제의 경우 시간, 예산, 물적자원관리의 내용을 모두 담고 있으므로 지금까지 배운 모든 내용들이 골고루 적용된다고 할 수 있다. 예를 들어 '기준에 맞는 직원'을 선택해야 하는 문제의 경우 '기준에 맞는 물품 선택'의 내용과 동일하게 가장 먼저 해야 할 일은 어떠한 조건이 있는지를 확인하는 것이고, 이를 확인하여 특정한 조건의 기준에 미달하는 직원이 있는 경우 처음에 확실하게 소거해야 한다. 또한 점수와 가중치에 관한 내용이 인적자원관리 유형 문제에 있어 큰 비중을 차지하므로 확실하게 익숙해지도록 연습한다.

준범쌤이 알려주는 실전포인트!

1. 인적자원관리의 속성: 물적자원관리와 유사

→ 물적자원관리: 기준에 맞는 '물품'

→ 인적자원관리: 기준에 맞는 '직원'

2. 인적자원관리능력에서 필요한 감각

① 선구안 판단

② 전제 있을 경우 소거

③ 기준 활용하여 비교

④ 가중치 적용: 비율의 단순화

⑤ 효율적인 차이값 처리

필수예제

01

2010년 행정외무고시 PSAT 상황판단 선책형 33번

다음은 정부가 지원하는 '○○연구과제'를 수행할 연구자 선정 시의 가점 및 감점 기준이다. 고득점자 순으로 2명을 선정할 때 [보기]의 연구과제 신청자 중 선정될 자를 고르면?

• 아래의 각 항목들은 중복 적용이 가능하며, 각자의 사전평가점수에서 가감된다.

1. 가점 부여항목(각 10점)
   가. 최근 2년 이내(이하 선정시점 기준)에 연구과제 최종 결과평가에서 최우수 등급을 받은 자
   나. 최근 3년 이내에 국내외 과학기술논문색인지수(이하 'SCI'라 함) 논문을 게재한 실적이 있는 자
   다. 최근 3년 이내에 기술실시계약을 체결하여 받은 기술료 총액이 2천만 원 이상인 자
2. 감점 부여항목(각 5점)
   가. 최근 2년 이내(이하 선정시점 기준)에 연구과제 최종 결과평가에서 최하위 등급을 받은 자
   나. 최근 3년 이내에, 연구과제 선정 후 협약체결 포기 경력이 있는 자
   다. 최근 3년 이내에, 연구과제의 연구수행 도중 연구를 포기한 경력이 있는 자

보기

ㄱ. 사전평가점수는 70점으로, 1년 전에 연구과제 최종 결과평가에서 최우수 등급을 부여받은 후, 2건의 기술실시계약을 체결하여 각각 1천 5백만 원을 받았다.

ㄴ. 사전평가점수는 80점으로, 2년 전에 연구과제를 중도 포기하였으나, 그로부터 1년 후 후속연구를 통해 SCI 논문을 게재하였다.

ㄷ. 사전평가점수는 75점으로, 1년 전에 연구과제 최종 결과평가에서 최우수 등급을 부여받았으나, 바로 그 해에 선정된 신규 연구과제의 협약체결을 포기하였다.

ㄹ. 사전평가점수는 90점으로, 3년 전에 연구과제 최종 결과평가에서 최우수 등급을 부여받았으나, 그로부터 1년 후에는 연구과제에 대한 중간평가에서 최하위 등급을 부여받았다.

※ 각 사례에서 시간은 '○○연구과제' 선정시점을 기준으로 함

① ㄱ, ㄴ

② ㄱ, ㄷ

③ ㄱ, ㄹ

④ ㄴ, ㄷ

⑤ ㄴ, ㄹ

해설

STEP 1 **질문에서 출제자가 묻고자 하는 것은 무엇인가?**

질문은 문제 해결의 시발점이다. 따라서 질문만큼은 침착하고 정확하게 이해하여 목표를 설정하여야 한다. 주어진 문제의 경우, 연구과제 신청자 중 선정될 자를 고득점자 순으로 2명을 찾는 것이다.

STEP 2 **단서를 놓치지 않고 정확히 처리하였는가?**

단서는 출제자가 의도적으로 마련해놓은 장치이다. 따라서 단서가 주어진 경우 이를 놓치지 않고 정확하게 처리하여야 한다.

1) 주어진 문제의 경우 가점 부여항목 및 감점 부여항목을 판단함에 있어서 '선정시점'을 기준으로 일정한 기간 이내에 각 부여항목에 해당하여야만 한다. 또한 [보기]의 각주를 통해 각 사례에서 시간은 '○○연구과제' 선정시점을 기준으로 한다고 하고 있다.
2) 단서를 놓치지 않고 정확히 처리하여 [보기] ㄹ에서 '3년 전에 연구과제 최종 결과평가에서 최우수 등급을 부여받았으나 …'라는 내용을 보고 감점 5점을 하지 않도록 주의하여야 한다.

STEP 3 **주어진 조건을 빠짐없이 적용하였는가?**

주어진 문제에서는 〈가점 부여항목〉과 〈감점 부여항목〉을 제시하고, 이 중 최종점수가 높은 두 명의 신청자를 구하고 있다. 앞서 살펴본 단서를 포함하여 주어진 조건을 빠짐없이 적용하면 다음과 같다.

ㄱ. 사전평가점수: 70점
　1년 전에 연구과제 최종 결과평가에서 최우수 등급: +10점(1.가.)
　2건의 기술 실시 계약 체결하여 각각 1천 5백만 원: +10점(1.다.)
　∴ 70+10+10=90(점)
ㄴ. 사전평가점수: 80점
　2년 전에 연구과제 중도 포기: −5점(2.다.)
　1년 후 후속연구를 통해 SCI 논문 게재: +10점(1.나)
　∴ 80−5+10=85(점)
ㄷ. 사전평가점수: 75점
　1년 전에 연구과제 최종 결과평가에서 최우수 등급: +10점(1.가.)
　바로 그 해 선정된 연구과제의 협약체결 포기: −5점(2.나.)
　∴ 75+10−5=80점
ㄹ. 사전평가점수: 90점
　3년 전에 연구과제 최종 결과평가에서 최우수 등급: 0점(3년 전이므로 1.가.에 해당하지 않음)
　1년 후 중간평가에서 최하위 등급을 부여받음: 0점(최종평가가 아니라, 중간평가이므로 2.가.에 해당하지 않음)
　∴ 90+0+0=90(점)
따라서 고득점자 순으로 2명을 선정하면 ㄱ과 ㄹ이 선정된다.

정답 ③

기본유형 연습문제

02

다음은 △△기업에 합격한 사람들의 각 전형별 점수이다. 가중치를 반영한 환산점수가 가장 높은 합격자를 인사팀에, 두 번째로 높은 합격자를 운영지원팀에 각각 배치하려고 한다. 인사팀과 운영지원팀에 배치될 합격자를 바르게 나열한 것을 고르면?

이름	각 전형별 점수			
	서류	필기시험		면접
		직업기초평가	직무능력평가	
최정민	85	76	87	95
김시윤	79	81	90	92
정찬영	80	79	85	94
강미진	83	82	87	96

※ 서류 전형의 가중치는 10%, 필기시험의 가중치는 60%, 면접 전형의 가중치는 30%이며 필기시험 각 평가의 가중치는 동일함.

	인사팀	운영지원팀
①	최정민	김시윤
②	정찬영	최정민
③	정찬영	강미진
④	강미진	김시윤
⑤	강미진	정찬영

CHECK POINT

1. 필기 각 시험과 면접의 가중치는 모두 어떠한가?
2. 차이값을 이용하여 계산할 수 있는가?

해설

가중치를 반영하여 환산점수를 계산하면 다음과 같다.

이름	각 전형별 점수				
	서류	필기시험		면접	환산점수
		직업기초평가	직무능력평가		
최정민	85×0.1=8.5	76×0.3=22.8	87×0.3=26.1	95×0.3=28.5	85.9
김시윤	79×0.1=7.9	81×0.3=24.3	90×0.3=27.0	92×0.3=27.6	86.8
정찬영	80×0.1=8.0	79×0.3=23.7	85×0.3=25.5	94×0.3=28.2	85.4
강미진	83×0.1=8.3	82×0.3=24.6	87×0.3=26.1	96×0.3=28.8	87.8

따라서 환산점수가 가장 높은 강미진은 인사팀에, 두 번째로 높은 김시윤은 운영지원팀에 배치된다.

준범쌤의 빠른 풀이 TIP

차이값을 적용하면 다음과 같다.

이름	각 전형별 점수			
	서류	필기시험		면접
		직업기초평가	직무능력평가	
최정민	85 +6	76	87	95 +3
김시윤	79	81 +5	90 +3	92
정찬영	80 +1	79 +3	85 −2	94 +2
강미진	83 +4	82 +6	87	96 +4

직업기초평가와 직무능력평가, 면접의 가중치는 모두 30%로 동일하므로 이를 반영하여 계산하면 다음과 같다.

이름	서류	필기시험+면접	최종 결과
최정민	+6	+3×3	+15
김시윤		+8×3	+24
정찬영	+1	+3×3	+10
강미진	+4	+10×3	+34

정답 ④

PSAT 기출 연습문제

03

2021년 5급공채 PSAT 상황판단 가책형 16번

다음 글을 근거로 판단할 때, A시 예산성과금을 가장 많이 받는 사람은?

〈A시 예산성과금 공고문〉

• 제도의 취지

– 예산의 집행방법과 제도 개선 등으로 예산을 절감하거나 수입을 증대시킨 경우 그 일부를 기여자에게 성과금(포상금)으로 지급함으로써 예산의 효율적 사용 장려

• 지급요건 및 대상

– 자발적 노력을 통한 제도 개선 등으로 예산을 절감하거나 세입원을 발굴하는 등 세입을 증대한 경우

– 예산절감 및 수입증대 발생시기: 2020년 1월 1일~2020년 12월 31일

– A시 공무원, A시 사무를 위임(위탁) 받아 수행하는 기관의 임직원

– 예산낭비를 신고하거나, 지출절약이나 수입증대에 관한 제안을 제출하여 A시의 예산절감 및 수입증대에 기여한 국민

• 지급기준

–1인당 지급액

구분	예산절감		수입증대
	주요사업비	경상적 경비	
지급액	절약액의 20%	절약액의 50%	증대액의 10%

– 타 부서나 타 사업으로 확산 시 지급액의 30%를 가산하여 지급

① 사업물자 계약방법을 개선하여 2019년 12월 주요사업비 8천만 원을 절약한 A시 사무관 甲

② 제도 개선을 통해 2020년 5월 주요사업비 3천 5백만 원을 절약하여 개선된 제도가 A시청 전 부서에 확대 시행되는 데 기여한 A시 사무관 乙

③ A시 지역축제에 관한 제안을 제출하여 2020년 7월 8천만 원의 수입증대에 기여한 국민 丙

④ A시 위임사무를 수행하면서 제도 개선을 통해 2020년 8월 경상적 경비 1천 8백만 원을 절약한 B기관 이사 丁

⑤ A시장의 지시를 받아 사무용품 조달방법을 개선하여 2020년 9월 경상적 경비 1천만 원을 절약한 A시 사무관 戊

CHECK POINT

1. 선구안: 기출문제에서 자주 보던 구성과 소재로서 자신감 갖고 1턴에서 해결 가능
2. 질문 정독하기: A시 예산성과금을 가장 많이 받는 사람은?
   → 비판적인 시각에서 받지 못하는 사람이 존재함을 예상할 수 있는가?
3. 전제에 위배되는 선택지를 소거할 수 있는가?
4. 단서를 놓치지 않고 처리할 수 있는가?

해설

제도 개선을 통해 주요사업비 3천 5백만 원을 절약했고, 그렇게 개선된 제도가 A시청의 전 부서에 확대 시행되었으므로 주요 사업비 절약액의 20%와 그 지급액의 30%에 해당하는 가산금을 더한 (3,500×0.2)×1.3=910(만 원)이 A시 사무관 乙에게 예산성과금으로 지급된다.

(오답풀이)

① '지급요건 및 대상'의 두 번째 조건이 근거이다. A시 예산성과금을 받기 위해서는 예산절감 및 수입증대 발생시기가 2020년 1월 1일~2020년 12월 31일이어야 한다. 따라서 사업물자 계약방법을 개선하여 2019년 12월 주요사업비 8천만 원을 절약한 A시 사무관 甲은 예산성과금을 받지 못한다.

③ 지역축제에 관한 제안을 제출하여 8천만 원의 수입증대에 기여한 국민 丙에 대해서는 수입증대액의 10%에 해당하는 8,000×0.1=800(만 원)이 예산성과금으로 지급된다.

④ A시 위임사무를 수행하면서 제도 개선을 통해 경상적 경비 1천 8백만 원을 절약한 B기관 이사 丁에 대해서는, 절약액의 50%에 해당하는 1,800×0.5=900(만 원)이 예산성과금으로 지급된다.

⑤ '지급요건 및 대상'의 첫 번째 조건이 근거이다. A시 예산성과금을 받기 위해서는 자발적 노력을 통한 제도 개선 등으로 예산을 절감하거나 세입원을 발굴해야 한다. 하지만 사안에서 A시 사무관 戊는 자발적 노력이 아닌, A시장의 지시에 따라 사무용품 조달방법을 개선하여 경상적 경비를 절약한 것이다. 따라서 해당 사안은 A시 예산성과금 대상이 되지 못한다.

준범쌤의 빠른 풀이 TIP

① 예산절감 및 수입증대 발생시기가 2020년 1월 1일~2020년 12월 31일이어야 하므로 2019년 12월에 주요사업비를 절약한 甲은 A시 예산성과금을 가장 많이 받는 사람이 될 수 없음을 바로 알 수 있다.

(참고)

지급액을 계산하기에 앞서 '지급요건 및 대상'에 해당하는지 먼저 살펴야 한다. 이때 조건 간의 관계가 다소 불분명하나, 첫 번째 조건과 두 번째 조건은 '지급요건'에 해당하므로 모두 만족하여야 하며, 세 번째 조건과 네 번째 조건은 '대상'에 해당하므로 둘 중 하나만 해당하면 대상자라고 볼 수 있다.

정답 ②

NCS 기출 변형 연습문제

04

다음 글과 [상황]을 근거로 판단할 때, X시의 금고지정평가에 있어서 총점이 높은 신청자부터 낮은 신청자 순으로 바르게 나열한 것을 고르면?

- X시의 금고지정평가에 있어서 항목별 배점은 아래 [표]에 따른다.
- 항목별 점수는 신청자의 순위에 따라 부여한다. 신청자의 총점은 항목별 점수를 합산하여 결정한다.
- 항목별 하한은 배점의 60%로 하고, 최후순위자는 하한에 해당하는 점수를 부여한다. 각 항목의 순위 간 점수편차는 배점의 10%를 적용하여 신청자의 순위에 따라 최후순위자의 점수로부터 더해나간다. 예를 들어, 배점한도가 30점인 항목에서 5명 중 4위를 한 신청자는 (30×0.6)+(5−4)×(30×0.1)=21(점)을 부여받게 된다.
- 다만 항목 B와 항목 E의 순위 간 점수편차는 다른 평가 세부항목에 적용되는 비율의 2분의 1을 적용한다.

[표] 항목별 배점

항목	내용	배점
A	금융기관의 대내외적 신용도	30
B	X시에 대한 대출 및 예금 금리	20
C	지역주민이용 편의성	10
D	금고업무 관리능력	20
E	지역사회기여	20
합계	–	100

상황

X시 금고지정평가에는 甲~戊 총 5명의 사업자가 신청하였고, 다음과 같이 항목별 순위가 부여되었다.

사업자＼항목	A	B	C	D	E
甲	2	1	2	1	4
乙	1	3	1	5	1
丙	3	5	3	2	3
丁	4	4	5	3	2
戊	5	2	4	4	5

① 甲 – 乙 – 丙 – 丁 – 戊
② 甲 – 乙 – 丁 – 丙 – 戊
③ 甲 – 丙 – 乙 – 戊 – 丁
④ 乙 – 甲 – 丙 – 戊 – 丁
⑤ 乙 – 甲 – 丁 – 丙 – 戊

해설

(1) 항목별 점수편차에 따른 점수를 계산하면, 다음 표와 같다. 이때 항목 B와 항목 E의 경우 점수편차가 10%가 아닌 5%라는 점에 주의하여야 한다.

항목	1위	2위	3위	4위	5위
A	30	27	24	21	18
B	16	15	14	13	12
C	10	9	8	7	6
D	20	18	16	14	12
E	16	15	14	13	12

(2) 이를 바탕으로 각 신청자의 총점을 계산하면 다음과 같다.

- 甲: 27+16+9+20+13=85
- 乙: 30+14+10+12+16=82
- 丙: 24+12+8+18+14=76
- 丁: 21+13+6+16+15=71
- 戊: 18+15+7+14+12=66

(3) 따라서 X시의 금고지정평가에 있어서 총점이 높은 신청자부터 낮은 신청자 순으로 나열하면, 甲 – 乙 – 丙 – 丁 – 戊이다.

정답 ①

CHAPTER 03

제시문형

01 일치부합형

1) 제시문형

1. 제시문형의 의의

질문지의 기본적인 형태가 "다음을 근거로 [보기] 중 옳은 것을 고르시오"와 같은 유형이다. 충분한 시간을 갖고 침착하게 제시문을 이해한다면 누구나 쉽게 득점할 수 있는 무난한 문제 유형이므로 선구안 판단에서도 적극적으로 해결을 시도해야 하며, 반드시 득점하도록 해야 한다.

2. 주제문(주제어) 찾기

기본적으로 제시문의 이해 능력을 평가하는 유형이므로 독해력이 우수한 수험생들이 유리할 수밖에 없다. 만약 본인의 독해력이 다른 수험생들에 비해 부족할 때, 단기간에 이 유형에 대비한 실력을 향상시키고자 한다면 어떻게 해야 할까?

준범쌤의 1타 강의

기본적으로 독해력을 향상시키는 연습을 병행해야 함을 잊지 말아야 합니다. 우선 PART 1에서 강조했던 대로 질문지에서 요구하는 바를 정확히 이해하고 뚜렷하게 목표를 설정하는 습관을 가져야 해요. 다음으로 제시문의 주제문(주제어)을 파악함으로써 글의 핵심을 이해할 수 있어야 합니다. 이에 더해서, 저는 기출문제를 살펴볼 때 출제자가 [보기]나 선택지를 제시문의 어느 부분에서 만드는지 정밀하게 분석하고 출제자의 시각에서 느껴볼 것을 적극 추천합니다.

3. 출제자의 시각에서 [보기] 예상하기

엄밀히 말하자면, NCS 시험에서 우리에게 필요한 것은 제시문의 완벽한 이해가 아니라, [보기]나 선택지의 정오를 빠르고 정확하게 판별하는 것이다. 그러므로 제시문을 읽으면서 [보기]나 선택지로 활용되기 좋은 부분을 출제자의 시각에서 느낄 수 있다면 각 [보기]나 선택지의 해당 근거 부분을 쉽게 찾을 수 있고, 수험생 여러분들의 지적 능력이라면 해당 [보기]나 선택지의 정오를 판별하는 것 또한 어렵지 않다. 제시문을 전반적으로 활용하여 [보기]나 선택지를 만들기보다는 제시문의 특정 부분을 변형함으로써 정답이나 오답을 만드는 경우가 많기 때문이다.

다음 제시되는 필수예제를 바탕으로 출제자가 어떤 부분에서 어떻게 [보기]나 선택지를 만들고 있는지 분석하고 느껴보자.

준범쌤이 알려주는 실전포인트!

1. 제시문형 문제는 반드시 풀고 득점하기

2. 제시문형의 풀이
   ① 주제문이나 주제어 찾기
   ② 선택지로 활용되기 좋은 부분 예상하기

3. 오답의 유형
   ① 개념에 대한 설명이 틀린 것
   ② 인과관계가 반대로 된 것
   ③ 비교하는 두 항목 간 특징이 반대로 연결된 것
   ④ 크기, 무게, 속도 등의 특성에서 순서관계가 뒤바뀐 것

01

2014년 5급공채 PSAT 상황판단 A책형 1번

다음 글을 근거로 판단할 때 옳은 것은?

북독일과 남독일의 맥주는 맛의 차이가 분명하다. 북독일 맥주는 한마디로 '강한 맛이 생명'이라고 표현할 수 있다. 맥주를 최대한 발효시켜 진액을 거의 남기지 않고 당분을 낮춘다. 반면 홉(hop) 첨가량은 비교적 많기 때문에 '담백하고 씁쓸한', 즉 강렬한 맛의 맥주가 탄생한다. 이른바 쌉쌀한 맛의 맥주라고 할 수 있다. 이에 반해 19세기 말까지 남독일의 고전적인 뮌헨 맥주는 원래 색이 짙고 순하며 단맛이 감도는 특징이 있었다. 이 전통을 계승하여 만들어진 뮌헨 맥주는 홉의 쓴맛보다 맥아 본래의 순한 맛에 역점을 둔 '강하지 않고 진한' 맥주다.

옥토버페스트(Oktoberfest)는 맥주 축제의 대명사이다. 옥토버페스트의 기원은 1810년에 바이에른의 시골에서 열린 축제이다. 바이에른 황태자와 작센에서 온 공주의 결혼을 축하하기 위해 개최한 경마대회가 시초이다. 축제는 뮌헨 중앙역에서 서남서로 2km 떨어진 곳에 있는 테레지아 초원에서 열린다. 처음 이곳은 맥주와 무관했지만, 4년 후 놋쇠 뚜껑이 달린 도기제 맥주잔에 맥주를 담아 판매하는 노점상이 들어섰고, 다시 몇 년이 지나자 테레지아 왕비의 기념 경마대회는 완전히 맥주 축제로 변신했다.

축제가 열리는 동안 세계 각국의 관광객이 독일을 찾는다. 그래서 이 기간에 뮌헨에 숙박하려면 보통 어려운 게 아니다. 저렴하고 좋은 호텔은 봄에 이미 예약이 끝난다. 축제는 2주간 열리고 10월 첫째 주 일요일이 마지막 날로 정해져 있다.

뮌헨에 있는 오래된 6대 맥주 회사만이 옥토버페스트 축제장에 텐트를 설치할 수 있다. 각 회사는 축제장에 대형 텐트로 비어홀을 내는데, 두 곳을 내는 곳도 있어 텐트의 개수는 총 9~10개 정도이다. 텐트 하나에 5천 명 정도 들어갈 수 있고, 텐트 전체로는 5만 명을 수용할 수 있다. 이 축제의 통계를 살펴보면, 기간 14일, 전체 입장객 수 650만 명, 맥주 소비량 510만 리터 등이다.

① ○○년 10월 11일이 일요일이라면 ○○년의 옥토버페스트는 9월 28일에 시작되었을 것이다.
② 봄에 호텔 예약을 하지 않으면 옥토버페스트 기간에 뮌헨에서 호텔에 숙박할 수 없다.
③ 옥토버페스트는 처음부터 맥주 축제로 시작하여 약 200년의 역사를 지니게 되었다.
④ 북독일 맥주를 좋아하는 사람이 뮌헨 맥주를 '강한 맛이 없다'고 비판한다면, 뮌헨 맥주를 좋아하는 사람은 맥아가 가진 본래의 맛이야말로 뮌헨 맥주의 장점이라고 말할 것이다.
⑤ 옥토버페스트에서 총 10개의 텐트가 설치되고 각 텐트에서의 맥주 소비량이 비슷하다면, 2개의 텐트를 설치한 맥주 회사에서 만든 맥주는 하루에 평균적으로 약 7천 리터가 소비되었을 것이다.

해설

STEP 1 여러분들의 선구안은 어떠한가?

선구안은 개인마다 자신 있는 유형과 그렇지 않은 유형이 다르기 때문에 일률적으로 제시하기는 어렵다. 하지만 많은 수험생들이 대체로 수월하게 느끼는 유형과 까다롭게 느끼는 유형은 유사하게 나타나므로 우선 큰 틀에서 이에 대한 구별을 하고 개략적으로 정립한 뒤, 자신만의 선구안을 가감할 필요가 있다.

주어진 문제의 경우 제시문형으로 주어진 제시문을 근거로 삼아 선택지의 정오를 판단하는 유형으로 기본적으로 득점해야 할 문제에 해당한다.

STEP 2 각 문단별 핵심을 파악하였는가?

제시문형의 문제로 일치부합을 출제자가 묻는 경우, 필요한 것은 제시문의 완벽한 이해가 아니라, [보기]나 선택지의 정오를 빠르고 정확하게 판별하는 것이다. 이를 위해서는 제시문의 각 문단별 핵심을 파악하는 것이 필요하다.

1) 각 문단별 핵심을 파악하면 다음과 같다.

1문단: 북독일과 남독일의 맥주의 차이점 소개

2문단: 옥토버페스트의 기원

3문단: 옥토버페스트의 축제기간

4문단: 옥토버페스트 축제장에 설치할 수 있는 텐트의 개수 및 축제의 통계

STEP 3 쉽고 확실한 선택지를 먼저 해결하였는가?

선택지 처리 3원칙 중 제1원칙은 쉽고 확실한 선택지를 먼저 처리하고, 어렵고 복잡한 선택지는 나중에 처리한다는 것이다. 주어진 문제의 경우 약간의 계산이 필요한 ⑤가 아닌 다른 선택지들부터 먼저 해결하면 효과적이다.

1) ⑤를 제외한 다른 선택지들부터 먼저 판단하면 다음과 같다.

① 세 번째 문단 마지막 문장이 근거이다. 옥토버페스트는 2주간 열리고 10월 첫째 주 일요일이 마지막 날로 정해져 있다. ○○년 10월 11일이 일요일이라면 10월 4일이 10월 첫째 주 일요일이며, 이 날이 옥토버페스트의 마지막 날이다. 따라서 ○○년의 옥토버페스트는 그로부터 2주 전인 9월 21일에 시작되었을 것이다. (×)

② 세 번째 문단 두 번째 문장과 세 번째 문장이 근거이다. '저렴하고 좋은 호텔'이 봄에 이미 예약이 끝나는 것이지, 모든 호텔의 예약이 봄에 끝나는 것은 아니다. (×)

③ 두 번째 문단 두 번째 문장과 세 번째 문장이 근거이다. 옥토버페스트의 기원은 1810년에 바이에른의 시골에서 열린 축제이므로 약 200년의 역사를 지닌 것은 옳지만, 바이에른 황태자와 작센에서 온 공주의 결혼을 축하하기 위해 개최한 경마대회가 시초이므로 처음부터 맥주 축제로 시작한 것은 아니었다. (×)

④ 첫 번째 문단 두 번째 문장과 마지막 문장이 근거이다. 뮌헨 맥주는 홉의 쓴맛보다 맥아 본래의 순한 맛에 역점을 둔 '강하지 않고 진한' 맥주다. 따라서 북독일 맥주를 좋아하는 사람이 뮌헨 맥주를 '강한 맛이 없다'고 비판한다면, 뮌헨 맥주를 좋아하는 사람은 맥아가 가진 본래의 맛이야말로 뮌헨 맥주의 장점이라고 말할 것이다. (○)

2) 마지막으로 ⑤를 판단하면 다음과 같다.

⑤ 마지막 문단 마지막 문장이 근거이다. 옥토버페스트 축제의 기간은 14일, 맥주 소비량은 510만 리터이다. 옥토버페스트에서 총 10개의 텐트가 설치되고 각 텐트에서의 맥주 소비량이 비슷하다면, 텐트 1개당 맥주 소비량은 51만 리터이며, 2개의 텐트를 설치한 맥주 회사에서 만든 맥주 소비량은 51×2=102(만 리터)일 것이다. 축제 기간은 14일이므로 이 맥주 회사에서 만든 맥주의 하루 평균 소비량은 102÷14≒7.29(만 리터)일 것이다. (×)

정답 ④

기본유형 연습문제

02

제시된 자료만을 근거로 했을 때 다음 중 진위판결(참 또는 거짓)이 옳은 것을 고르면?

경기변동이란 상품과 서비스의 생산·분배·소비 및 화폐 거래 등으로 이루어지는 경제활동이 상당히 규칙성을 보이며 변동하는 것을 뜻한다. 이러한 경기변동이 되풀이되는 것을 경기순환이라고 한다. 경제활동의 상태를 나타내는 경기가 '좋다', '나쁘다'라고 하는 것은 생산 활동이 얼마나 활발한가 활발하지 못한가에 달려 있다. 여러 가지 경제변수들이 같이 움직여 나가는 경기변동은 몇 가지 국면을 거치면서 반복된다.

경기변동과 관련된 경제변수들로는 소비, 투자, 수출, 실질이자율, 물가 등이 있다. 이러한 변수들 중 경기변동과 같은 방향으로 움직이는 경제변수를 경기순응적이라 하고, 반대 방향으로 움직이는 경제변수를 경기역행적이라 한다. 또한 경기변동 시점보다 먼저 변하는 경제변수를 경기선행적, 동시에 변하는 경제변수를 경기동행적이라 한다. 소비와 투자, 수출은 경기순응적이며 실질이자율과 물가수준은 경기역행적이다. 또한 수출과 실질이자율은 경기선행적이며 소비와 투자, 물가는 경기동행적이다. 각 경제변수가 변하는 정도인 변동성의 경우 투자가 가장 높고 수출, 물가, 소비, 실질이자율 순으로 낮아진다.

① 거짓, 경기변동은 반복되는 양상을 지니며, 이를 경기순환이라 한다.
② 거짓, 수출은 경기변동 시점보다 먼저 변한다.
③ 거짓, 소비는 물가보다 변동성이 높다.
④ 참, 실질이자율은 경기변동과 같은 방향으로 움직인다.
⑤ 참, 투자는 경기변동 시점보다 나중에 변한다.

CHECK POINT

1. 일반적인 일치부합형 질문지와 어떤 점이 다른가?
2. 각 경제변수를 특징에 따라 구분할 수 있는가?

해설

두 번째 문단 마지막 문장이 근거이다. 변동성의 경우 투자가 가장 높고 수출, 물가, 소비, 실질이자율 순으로 낮아지므로 소비는 물가보다 변동성이 낮다. 따라서 거짓이다.

(오답풀이)

① 첫 번째 문단 두 번째 문장과 마지막 문장이 근거이다. 경기변동은 몇 가지 국면을 거치며 반복되고, 경기변동이 되풀이되는 것을 경기순환이라고 한다고 하였다. 따라서 참이다.

② 두 번째 문단 세 번째 문장과 다섯 번째 문장이 근거이다. 수출은 경기선행적이므로 경기변동 시점보다 먼저 변한다. 따라서 참이다.

④ 두 번째 문단 두 번째 문장과 네 번째 문장이 근거이다. 실질이자율은 경기역행적이므로 경기변동과 반대 방향으로 움직인다. 따라서 거짓이다.

⑤ 두 번째 문단 세 번째 문장과 다섯 번째 문장이 근거이다. 투자는 경기동행적이므로 경기변동과 동시에 변한다. 따라서 거짓이다.

정답 ③

03

2021년 5급공채 PSAT 상황판단 가책형 7번

다음 글을 근거로 판단할 때, [보기]에서 옳은 것만을 모두 고르면?

맥동변광성(脈動變光星)은 팽창과 수축을 되풀이하면서 밝기가 변하는 별이다. 맥동변광성은 변광 주기가 길수록 실제 밝기가 더 밝다. 이를 '주기－광도 관계'라 한다.

세페이드 변광성은 보통 3일에서 50일 이내의 변광 주기를 갖는 맥동변광성이다. 지구에서 관찰되는 별의 밝기는 지구로부터의 거리에 따라 달라지기 때문에 실제 밝기는 측정하기 어려운데, 세페이드 변광성의 경우는 주기－광도 관계를 이용하여 실제 밝기를 알 수 있다.

별의 밝기는 등급으로 표시하기도 하는데, 지구에서 측정한 밝기인 겉보기등급과 실제 밝기를 나타낸 절대등급이 있다. 두 경우 모두 등급의 수치가 작을수록 밝은데, 그 수치가 1 줄어들 때마다 2.5배 밝아진다. 겉보기등급이 절대등급과 다른 까닭은 별의 밝기가 거리의 제곱에 반비례하기 때문이다. 한편 모든 별이 지구로부터 10파섹(1파섹=3.26광년)의 일정한 거리에 있다고 가정하고 지구에서 관찰된 밝기를 산출한 것을 절대등급이라고 한다. 어느 성단에서 세페이드 변광성이 발견되면 주기－광도 관계에 따라 별의 절대등급을 알 수 있으므로, 겉보기등급과의 차이를 보아 그 성단까지의 거리를 계산할 수 있다.

천문학자 W.바데는 세페이드 변광성에 두 종류가 있으며, I형 세페이드 변광성이 동일한 변광 주기를 갖는 II형 세페이드 변광성보다 1.5등급만큼 더 밝다는 것을 밝혀냈다.

[보기]

ㄱ. 변광 주기가 10일인 I형 세페이드 변광성은 변광 주기가 50일인 I형 세페이드 변광성보다 어둡다.
ㄴ. 변광 주기가 동일한 두 개의 II형 세페이드 변광성의 겉보기등급 간에 수치 차이가 1이라면, 지구로부터 두 별까지의 거리의 비는 2.5이다.
ㄷ. 실제 밝기를 기준으로 비교할 때, 변광 주기가 20일인 I형 세페이드 변광성은 같은 주기의 II형 세페이드 변광성보다 2.5배 이상 밝다.
ㄹ. 지구로부터 1파섹 떨어진 별의 밝기는 절대등급과 겉보기등급이 동일하다.

① ㄱ, ㄷ
② ㄱ, ㄹ
③ ㄴ, ㄷ
④ ㄴ, ㄹ
⑤ ㄱ, ㄴ, ㄷ

CHECK POINT

1. 선구안: 맥동변광성이라는 천문학 관련 소재는 낯설고 부담스러우나 분량이 길지 않은 일치부합형이고, 선택지 또한 〈보기 조합형〉 이므로 자신 있게 1턴에서 처리
2. 선택지 처리 제1원칙: 쉽고 확실한 [보기]부터 먼저 해결한다.
   → 길이가 짧고 판단을 묻는 부분이 뚜렷한 ㄹ부터 처리
3. 각 [보기] 의 출제 의도를 파악할 수 있는가?
   ① ㄹ: 절대등급의 정의
   ② ㄱ: 주기의 길이와 밝기의 관계 → "변광 주기가 길수록 실제 밝기가 더 밝다"
   ③ ㄴ: 별의 밝기와 거리의 관계 → 거리의 비는 2.5가 아니라는 것만 확인하면 됨

해설

ㄱ. 첫 번째 문단 두 번째 문장과 두 번째 문단 첫 번째 문장이 근거이다. 세페이드 변광성은 3일에서 50일 이내의 변광 주기를 갖는 맥동변광성으로, 맥동변광성은 변광 주기가 길수록 실제 밝기가 더 밝다고 하였다. 따라서 변광 주기가 10일인 Ⅰ형 세페이드 변광성은 변광 주기가 50일인 Ⅰ형 세페이드 변광성보다 어둡다. (○)

ㄴ. 세 번째 문단 두 번째, 세 번째 문장이 근거이다. 겉보기 등급의 수치가 작을수록 밝은데, 그 수치가 1 줄어들 때마다 2.5배 밝아진다. 이때 별의 밝기는 거리의 제곱에 반비례하므로 실제 거리는 $\sqrt{2.5}$배 차이 난다. 따라서 변광 주기가 동일한 두 개의 Ⅱ형 세페이드 변광성의 겉보기등급 간에 수치 차이가 1이라면, 지구로부터 두 별까지의 거리의 비는 2.5가 아니라 $\sqrt{2.5}$이다. (×)

ㄷ. 세 번째 문단 두 번째 문장과 마지막 문단이 근거이다. 별의 등급의 수치가 1 줄어들 때마다 2.5배 밝아지는데, Ⅰ형 세페이드 변광성이 동일한 변광 주기를 갖는 Ⅱ형 세페이드 변광성보다 1.5등급만큼 더 밝다고 하였다. 따라서 변광 주기가 20일인 Ⅰ형 세페이드 변광성은 같은 주기의 Ⅱ형 세페이드 변광성보다 2.5배 이상 밝다. (○)

ㄹ. 세 번째 문단 끝에서 두 번째 문장이 근거이다. 모든 별이 지구로부터 10파섹의 일정한 거리에 있다고 가정하고 지구에서 관찰된 밝기, 즉 겉보기등급을 산출한 것을 절대등급이라 한다. 따라서 지구로부터 1파섹이 아닌 10파섹 떨어진 별의 밝기가 절대등급과 겉보기등급이 동일하다. (×)

준범쌤의 빠른 풀이 TIP

ㄴ과 ㄷ의 경우 각각의 수치가 정확히 어떻게 되는지 계산할 필요는 없다. ㄴ에서는 각각 거리의 비가 2.5가 아니라는 것만 확인하면 되고, ㄷ에서는 2.5배 이상 밝다는 것만 알 수 있으면 된다.

정답 ①

04

심리연구원 甲은 실험대상자들의 스트레스 해소 방법과 관련하여 다음 [표]와 같이 질문지를 만들었다. 다음 글에 근거할 때, [표]의 문항과 대처 유형이 바르게 연결된 것을 고르면?

> Lazarus&Folkman은 스트레스에 대한 대처 방식을 3가지 유형으로 나누어 설명하였다. 우선, 문제 집중적 대처 방식은 스트레스를 유발하는 개인의 문제 행동이나 환경적 조건을 변화시킴으로써 스트레스를 해소하고자 하는 방식이다. 이는 환경 지향적 대처 방식과 내부 지향적 대처 방식으로 나뉜다.
>
> 한편 정서 집중적 대처 방식은 스트레스를 유발하는 문제에 직접적으로 접근하기보다는 스트레스로 인해 유발되는 불안감이나 초조함 등의 정서적 고통을 경감시킴으로써 스트레스를 해소하는 방식이다. 구체적인 방법으로는 소망적 사고, 거리 두기, 긴장해소, 고립 등이 있다.
>
> 마지막 대처 유형은 문제 집중적 대처 방식과 정서 집중적 대처 방식이 혼합된 문제-정서 혼합적 대처 방식이다. 이는 중간 수준의 스트레스에 대해서는 문제 집중적 대처 방식을, 보다 높은 수준의 스트레스에 대해서는 정서 집중적 대처 방식을 사용하는 기법이다.

[표] 질문지

문항	질문 내용	Yes	No
1	그 일을 잊기 위해 다른 활동을 한다.		
2	자기반성을 위해 일기를 써본다.		
3	행동 계획을 세우고 그것에 따른다.		
4	소음을 발생시키는 상대방을 설득한다.		
5	담배를 피워 긴장된 상태를 해소한다.		

① 문항 1, 문제 집중적 대처 방식
② 문항 2, 정서 집중적 대처 방식
③ 문항 3, 정서 집중적 대처 방식
④ 문항 4, 문제 집중적 대처 방식
⑤ 문항 5, 문제-정서 혼합적 대처 방식

해설

소음을 발생시키는 상대방을 설득을 통하여 변화시킴으로써 스트레스를 해소하므로 문제 집중적 대처 방식이다.

(오답풀이)

① 스트레스를 발생시켰던 일을 잊기 위해 다른 활동을 하는 것은 정서 집중적 대처 방식 중 거리 두기에 해당한다.

② 스트레스의 원인을 자신에게서 찾고 이를 변화시키려고 하는 것이므로 문제 집중적 대처 방식 중 내부 지향적 대처 방식이다.

③ 행동 계획을 세우고 그에 따르는 것은 문제를 직접 해결하려하는 것이므로 문제 집중적 대처 방식이다.

⑤ 담배를 피워 긴장을 해소하는 것은 정서 집중적 대처 방식 중 긴장해소 방식이다.

정답 ④

2) 자료 및 도표형

1. 자료 및 도표형의 의의

그림이나 도식과 같은 자료 및 도표를 주고 이에 대한 내용의 이해 및 정리, 상황에의 적용을 요구하는 유형이다. 자료와 도표는 모두 정보를 압축하여 담고 있다는 공통점이 있다. 즉, 글로 표현할 경우에는 많은 분량이 필요한 내용을 자료나 도표로 나타내면 압축하여 전달할 수 있기 때문에 분량을 훨씬 줄일 수 있다.

2. 압축의 기준: 축

그러므로 자료 및 도표형에서는 압축되어 있는 정보를 올바르게 해제할 수 있어야 한다. 올바른 해제를 위해서는 먼저 어떠한 기준으로 압축되어 있는지를 살펴봐야 한다. 압축의 기준은 바로 '축'이다. 수험생들은 마음이 급한 나머지 자료나 도표의 내용부터 살펴보려고 하기 마련이다. 그러나 축을 정확히 파악하지 못한 채, 내용부터 살펴보는 경우 자의적인 해석으로 득점에 실패하거나 경우에 따라서는 아예 해석이 되지 않아 시험장에서 매우 당황할 수 있다.

3. 가로축과 세로축

축을 살펴보는 방법은 다음과 같다. 우선 어떠한 축이 존재하는지부터 살펴본다. 축은 기본적으로 가로축과 세로축으로 나눌 수 있다. 이 두 축이 모두 존재하는 경우가 있고, 둘 중 하나만 존재하는 경우가 있다. 둘 중 하나만 존재하는 경우에는 축의 해석 순서를 고민할 필요가 없으므로 바로 주어진 축을 구성하는 항목들이 무엇인지 살펴보면 된다.

4. 축의 해석 순서&축의 방향 변환

그러나 가로축과 세로축이 모두 존재하는 경우에는 어떠한 방향을 중심으로 해석할 것인지 올바르게 결정하여야 한다. 왜냐하면 자료나 도표로 압축되어 있는 정보를 해제할 때 가로 방향으로 해석하는 것이 수월한 경우가 있는 반면, 세로 방향으로 해석하는 것이 수월한 경우도 있기 때문이다. 만약 이 순서가 잘못 설정되면 자료나 도표의 의미를 파악하는 데 어려움을 겪게 된다.

준범쌤의 1타 강의

결론적으로 말하자면 특정 방향을 중심으로 해석을 시도하였는데, 자료나 도표의 의미가 금방 와 닿지 않을 때에는 당황하지 말고 축의 방향을 바꾸어 해석을 시도할 것을 추천합니다. 아마 이전보다는 압축되어 있는 정보를 훨씬 쉽게 해석할 수 있음을 느낄 것이고, 자신 있게 득점할 수 있어요.

1. 자료 및 도표의 장점

정보를 압축하여 표현하므로 분량을 줄일 수 있음

2. 자료 및 도표 읽기

→ 축을 기준으로 살펴보기

→ 가로축과 세로축의 내용을 보고 해석 순서 정하기

→ 해석이 잘 되지 않는다면 가로축과 세로축을 바꾸어보기

3. 자료 및 도표의 종류

① 시계열자료(표): 관측치를 시간의 흐름에 따라 나타낸 것으로 동일항목에서 시간에 따른 차이가 중요

② 횡단면자료(표): 관측치를 동일시점 또는 동일기간에 여러 항목에 대하여 나타낸 것으로 각 항목 간 차이가 중요

필수예제

01

2021년 7급공채 PSAT 상황판단 나책형 20번

다음 글과 [상황]을 근거로 판단할 때, 〈사업 공모 지침 수정안〉의 밑줄 친 ㉮~㉲ 중 '관계부처 협의 결과'에 부합한 것만을 모두 고르면?

- '대학 캠퍼스 혁신파크 사업'을 담당하는 A주무관은 신청 조건과 평가지표 및 배점을 포함한 〈사업 공모 지침 수정안〉을 작성하였다. 평가지표는 I~IV의 지표와 그 하위 지표로 구성되어 있다.

〈사업 공모 지침 수정안〉

㉮ □ 신청 조건

최소 1만 m^2 이상의 사업부지 확보. 단, 사업부지에는 건축물이 없어야 함

□ 평가지표 및 배점

구분	배점	
	현행	수정
㉯ I. 개발 타당성	20	25
- 개발계획의 합리성	10	10
- 관련 정부사업과의 연계가능성	5	10
- 학습여건 보호 가능성	5	5
㉰ II. 대학의 사업 추진 역량과 의지	10	15
- 혁신파크 입주기업 지원 방안	5	5
- 사업 전담조직 및 지원체계	5	5
- 대학 내 주체 간 합의 정도	-	5
㉱ III. 기업 유치 가능성	10	10
- 기업의 참여 가능성	7	3
- 참여 기업의 재무건전성	3	7
㉲ IV. 시범사업 조기 활성화 가능성	10	삭제
- 대학 내 주체 간 합의 정도	5	이동
- 부지 조기 확보 가능성	5	삭제
합계	50	50

상황

A주무관은 〈사업 공모 지침 수정안〉을 작성한 후 뒤늦게 '관계부처 협의 결과'를 전달받았다. 그 내용은 다음과 같다.

- 대학이 부지를 확보하는 것이 쉽지 않으므로 신청 사업부지 안에 건축물이 포함되어 있어도 신청 허용
- 도시재생뉴딜사업, 창업선도대학 등 '관련 정부사업과의 연계가능성' 평가비중 확대
- 시범사업 기간이 종료되었으므로 시범사업 조기 활성화와 관련된 평가지표를 삭제하되 '대학 내 주체 간 합의 정도'는 타 지표로 이동하여 계속 평가
- 논의된 내용 이외의 하위 지표의 항목과 배점은 사업의 안정성을 위해 현행 유지

① ㉮, ㉯ ② ㉮, ㉱ ③ ㉯, ㉱
④ ㉰, ㉲ ⑤ ㉯, ㉰, ㉲

해설

STEP 1 주어진 표의 가로축과 세로축의 기준을 정확히 파악하였는가?

자료 및 도표형에서는 압축되어 있는 정보를 올바르게 해제할 수 있어야 한다. 올바른 해제를 위해서는 먼저 어떠한 기준으로 압축되어 있는지를 살펴봐야 한다. 압축의 기준은 바로 '축'이다.

주어진 문제의 표의 경우 가로축은 평가지표별 배점(현행/수정)을 나타내고 있으며, 세로축은 세부 평가지표를 나타내고 있다. 가로축과 세로축의 기준을 정확하게 파악하면, [상황]에 부합하는 것을 효과적으로 확인할 수 있다.

STEP 2 처음부터 정독하는 것이 아니라 [상황]에 해당하는 부분을 찾아서 확인하였는가?

자료 및 도표형에서 주어진 표의 기준을 정확히 파악하였다면, [상황]에 해당하는 부분만을 찾아서 확인할 수 있다.

주어진 문제에서 표의 ㉮~㉲ 중 [상황]에 부합하는 선택지를 검토하면 다음과 같다.

㉮ 〈협의 결과 1〉에 부합하지 않는다. 협의 결과에서는 신청 사업부지 안에 건축물이 포함되어 있어도 신청을 허용하도록 하였으나, 〈사업 공모 지침 수정안〉 ㉮에서는 사업부지에 건축물이 없어야 한다고 규정하고 있다. (×)

㉯ 〈협의 결과 2〉와 〈협의 결과 4〉에 부합한다. 협의 결과는 '관련 정부사업과의 연계가능성' 평가비중을 확대하도록 하고, 논의된 내용 이외의 하위 지표의 항목과 배점은 사업의 안정성을 위해 현행 유지하도록 하였다. 〈사업 공모 지침 수정안〉 ㉯에서는 '관련 정부사업과의 연계가능성' 평가비중을 5점에서 10점으로 확대하면서 다른 하위 지표의 항목과 배점은 현행 유지하고 있으므로 협의 결과에 모두 부합한다. (○)

㉰ 〈협의 결과 3〉과 〈협의 결과 4〉에 부합한다. 협의 결과에서 원래 'Ⅳ. 시범사업 조기 활성화 가능성'의 하위 지표였던 '대학 내 주체 간 합의 정도'를 이동하여 계속 평가하도록 하고, 논의된 내용 이외의 하위 지표의 항목과 배점은 사업의 안정성을 위해 현행 유지하도록 하였다. 〈사업 공모 지침 수정안〉 ㉰는 이 두 가지 협의 결과에 모두 부합한다. (○)

㉱ 〈협의 결과 4〉에 부합하지 않는다. 〈협의 결과 4〉에 따르면, 논의된 내용 이외의 하위 지표의 항목과 배점은 사업의 안정성을 위해 현행 유지하도록 했는데, 〈사업 공모 지침 수정안〉 ㉱에서는 하위 지표 항목의 배점이 현행과 달리 수정되어 있다. (×)

㉲ 〈협의 결과 3〉에 부합한다. 협의 결과에서는 시범사업 조기 활성화와 관련된 평가지표를 삭제하되 '대학 내 주체 간 합의 정도'는 타 지표로 이동하여 계속 평가하도록 하였다. 〈사업 공모 지침 수정안〉 ㉲에서는 시범사업 조기 활성화 가능성 지표의 하위 지표인 '부지 조기 확보 가능성'을 삭제하고, '대학 내 주체 간 합의 정도'는 이동하여 계속 평가하고 있으므로 협의 결과에 모두 부합한다. (○)

정답 ⑤

기본유형 연습문제

02

다음 자료를 바탕으로 할 때, A씨가 지난 7개월 동안의 대교별·월별 최고 수위를 보고 정리한 내용으로 적절하지 않은 것을 고르면?

A씨는 한강에 있는 대교의 수위를 홈페이지에 공지하는 업무를 수행하고 있다. 다음 [표]는 한강의 대교와 수위에 따른 예보 단계 및 대교별로 매월 최고 수위를 정리한 것이다.

[표1] 대교별 수위에 따른 예보 단계 (단위: m)

예보 단계 / 대교	심각	경계	주의	관심	평상
한강대교	13.3 이상	10.5 이상	8.5 이상	3.9 이상	3.9 미만
여주대교	9.2 이상	8.0 이상	6.0 이상	3.3 이상	3.3 미만
원부교	7.6 이상	6.5 이상	5.5 이상	4.0 이상	4.0 미만
영월대교	10.5 이상	8.0 이상	6.0 이상	4.6 이상	4.6 미만

[표2] 대교별·월별 최고 수위 (단위: m)

월 / 대교	4월	5월	6월	7월	8월	9월	10월
한강대교	6.3	2.1	3.3	10.4	8.8	9.5	4.4
여주대교	5.0	1.0	2.8	6.6	9.7	9.8	3.5
원부교	5.6	3.2	2.9	7.2	6.8	6.3	3.1
영월대교	5.5	4.5	3.3	8.8	7.8	6.6	2.7

① 한강대교는 4~10월 중 7월에 최고 수위가 가장 높았다.
② 여주대교는 월별 최고 수위의 예보 단계가 '평상'과 '관심'이었던 달의 개수가 같다.
③ 4개의 대교 중 월별 최고 수위가 '경계' 단계인 달의 개수는 한강대교가 가장 많다.
④ 영월대교는 7월 이후 월별 최고 수위가 매달 낮아졌다.
⑤ 원부교는 영월대교와 마찬가지로 월별 최고 수위의 예보 단계가 '심각'이었던 적이 없다.

CHECK POINT

1. [표]의 예보 단계별 수치를 읽어낼 수 있는가?
2. 가장 하지 않아야 하는 선택지를 고를 수 있는가?

해설

대교별로 매월 최고 수위에 따른 예보 단계를 정리하면 다음과 같다.

대교 \ 월	4월	5월	6월	7월	8월	9월	10월
한강대교	관심	평상	평상	주의	주의	주의	관심
여주대교	관심	평상	평상	주의	심각	심각	관심
원부교	주의	평상	평상	경계	경계	주의	평상
영월대교	관심	평상	평상	경계	주의	주의	평상

4개의 대교 중 월별 최고 수위가 '경계' 단계인 달의 개수는 원부교가 2개로 가장 많다.

오답풀이

① 한강대교는 7월에 최고 수위가 10.4m로 7개월 중 가장 높았다.
② 여주대교는 월별 최고 수위의 예보 단계가 '평상'인 달과 '관심'이었던 달의 개수가 2개로 같다.
④ 영월대교는 7월에 8.8m, 8월에 7.8m, 9월에 6.6m, 10월에 2.7m로 최고 수위가 매달 낮아졌다.
⑤ 원부교와 영월대교는 월별 최고 수위의 예보 단계가 '심각'이었던 적이 없다.

준범쌤의 빠른 풀이 TIP

한강대교는 월별 최고 수위가 '경계' 단계인 적이 없으므로 가장 많을 수는 없다.

정답 ③

PSAT 기출 연습문제

03

2019년 5급공채 PSAT 상황판단 가책형 3번

다음 〈국내 대학(원) 재학생 학자금 대출 조건〉을 근거로 판단할 때, [보기]에서 옳은 것만을 모두 고르면?(단, 甲~丙은 국내 대학(원)**의 재학생이다.)**

〈국내 대학(원) 재학생 학자금 대출 조건〉

구분		X학자금 대출	Y학자금 대출
신청 대상	신청 연령	35세 이하	55세 이하
	성적 기준	직전 학기 12학점 이상 이수 및 평균 C학점 이상 (단, 장애인, 졸업학년인 경우 이수학점 기준 면제)	직전 학기 12학점 이상 이수 및 평균 C학점 이상 (단, 대학원생, 장애인, 졸업학년인 경우 이수학점 기준 면제)
	가구소득 기준	소득 1~8분위	소득 9, 10분위
	신용 요건	제한 없음	금융채무불이행자, 저신용자 대출 불가
대출 한도	등록금	학기당 소요액 전액	학기당 소요액 전액
	생활비	학기당 150만 원	학기당 100만 원
상환 사항	상환 방식 (졸업 후)	• 기준소득을 초과하는 소득 발생 이전: 유예 • 기준소득을 초과하는 소득 발생 이후 : 기준소득 초과분의 20%를 원천 징수 ※기준소득: 연 □천만 원	• 졸업 직후 매월 상환 • 원금균등분할상환과 원리금균등분할상환 중 선택

보기

ㄱ. 34세로 소득 7분위인 대학생 甲이 직전 학기에 14학점을 이수하여 평균 B학점을 받았을 경우 X학자금 대출을 받을 수 있다.

ㄴ. X학자금 대출 대상이 된 乙의 한 학기 등록금이 300만 원일 때, 한 학기당 총 450만 원을 대출받을 수 있다.

ㄷ. 50세로 소득 9분위인 대학원생 丙(장애인)은 신용 요건에 관계없이 Y학자금 대출을 받을 수 있다.

ㄹ. 대출금액이 동일하고 졸업 후 소득이 발생하지 않았다면, X학자금 대출과 Y학자금 대출의 매월 상환금액은 같다.

① ㄱ, ㄴ ② ㄱ, ㄷ ③ ㄷ, ㄹ
④ ㄱ, ㄴ, ㄹ ⑤ ㄴ, ㄷ, ㄹ

CHECK POINT

1. 선구안: 부담스럽지 않은 소재&기출에서 여러 번 접했던 유형 → 1턴
2. 질문: 〈보기 조합형〉
   → 〈보기 조합형〉의 기본적인 접근 방식은?
   → 선택지 처리 제1원칙: 쉽고 확실한 [보기]부터 판단
3. ㄷ부터 판단: "신용 요건에 관계없이"
   → 출제자의 의도적인 표현
   → Y학자금은 신용 요건 충족해야 함
   → ㄷ 옳지 않음: ②, ③, ⑤ 소거됨
   → ㄹ만 판단하면 정답 결정!
4. 긴 도표의 해결
   ① 내용보다 기준(축)을 먼저 정확히 파악
   ② 의도적인 장치들 Check

해설

ㄱ. X학자금 대출의 신청대상이 근거이다. X학자금 대출의 신청 연령은 35세 이하이고, 성적 기준은 직전 학기 12학점 이상 이수 및 평균 C학점 이상이며 가구소득 기준은 소득 1~8분위, 신용 요건은 제한이 없다. 따라서 34세로 소득 7분위이고, 직전 학기에 14학점을 이수하여 평균 B학점을 받은 대학생 甲은 신청대상 조건을 모두 만족하므로 X학자금 대출을 받을 수 있다. (○)

ㄴ. X학자금 대출의 대출한도가 근거이다. X학자금 대출의 대출한도는 등록금으로 학기당 소요액 전액과 생활비로 학기당 150만 원이다. 따라서 X학자금 대출 대상이 된 乙의 한 학기 등록금이 300만 원이라면 乙은 한 학기당 총 300+150=450(만 원)을 대출받을 수 있다. (○)

ㄷ. Y학자금 대출의 신청대상 중 신용 요건이 근거이다. Y학자금 대출의 신용 요건에 따르면 금융채무불이행자, 저신용자는 대출이 불가하다. 따라서 50세로 소득 9분위인 대학원생 丙(장애인)은 신용 요건을 충족해야만 Y학자금 대출을 받을 수 있다. (×)

ㄹ. 상환 사항이 근거이다. 졸업 후 소득이 발생하지 않았다면, X학자금 대출은 기준소득을 초과하는 소득 발생 이전에 해당하여 상환이 유예되므로 매월 상환금액은 0원이다. 반면 Y학자금 대출은 소득과 관계없이 원금균등분할상환과 원리금균등분할상환 중 선택하여 졸업 직후 매월 상환해야 하므로 상환금액은 0원보다 많다. 따라서 대출금액이 동일하고 졸업 후 소득이 발생하지 않았다면, X학자금 대출과 Y학자금 대출의 매월 상환금액은 같지 않다. (×)

정답 ①

NCS 기출 변형 연습문제

04

다음 [표]를 근거로 판단할 때, [보기]에서 옳은 것만을 모두 고르면?

[표] ○○시 주택청약 대상 및 예치금 기준

구분		A주택청약	B주택청약	C주택청약
신청대상	주택 보유 여부	미보유	미보유	미보유 (단, 40m² 미만의 주택 제외)
	실거주 기간	2년 이상	3년 이상	5년 이상
	가입 기간 및 납부 횟수	청약 가입 기간 3년 이상	납입금 납부 횟수 40회 이상	납입금 납부 횟수 30회 이상
면적별 예치금 납부액	85m² 이하	1억 원	8천만 원	9천만 원
	85m² 초과 135m² 이하		1억 2천만 원	3억 5천만 원
	135m² 초과	3억 원	2억 6천만 원	

※ 신청대상 기준을 모두 충족해야만 주택청약을 신청하고 면적별 예치금을 납부할 수 있음.

보기

㉠ ○○시에 6년 거주하고 납입금을 40회 납부한 甲은 35m²의 주택을 보유하더라도 C주택청약을 신청할 수 있다.

㉡ A주택청약과 C주택청약을 신청할 때 납부해야 할 예치금의 차이는 135m²를 초과하는 면적 구간에서 가장 크다.

㉢ 주택을 보유하지 않고 7년간 ○○시에 거주한 丙이 청약에 가입하여 총 500만 원의 납입금을 매달 10만 원씩 동일하게 납부한 경우 A주택청약을 신청할 수 있다.

㉣ 丁이 면적 100m²의 주택에 대해 A주택청약과 B주택청약을 신청하였다면, 납부해야 할 예치금은 A주택청약이 더 많다.

① ㉠, ㉢　　② ㉠, ㉣　　③ ㉡, ㉢

④ ㉡, ㉣　　⑤ ㉠, ㉢, ㉣

해설

㉠ 甲이 C주택청약을 신청하기 위해서는 원칙적으로 실거주 기간이 5년 이상이어야 하고, 납입금 납부 횟수가 30회 이상이면서 주택을 보유하고 있지 않아야 한다. 다만 40m^2 미만의 주택만을 보유하는 경우에는 신청할 수 있다. 따라서 ○○시에 6년 거주하고 납입금을 40회 납부한 甲은 35m^2의 주택을 보유하더라도 C주택청약을 신청할 수 있다. (○)

㉡ 135m^2를 초과하는 면적 구간에서 A주택청약과 C주택청약의 납부해야 할 예치금의 차이는 5천만 원이다. 반면, 85m^2 초과 135m^2 이하 구간에서는 그 차이가 2억 5천만 원으로 더 크기 때문에 옳지 않다. (×)

㉢ A주택청약에 가입하기 위해서는 주택을 미보유해야 하며 실거주 기간이 2년 이상이면서 청약 가입 기간이 3년 이상이어야 한다. 丙은 주택 보유 여부 및 실거주 기간 기준에는 모두 충족한다. 또한 청약에 가입하여 총 500만 원의 납입금을 매달 10만 원씩 동일하게 납부하였다면 총 50회에 걸쳐 50개월 동안 청약에 가입하였음을 의미한다. 따라서 청약 가입 기간 기준 역시 충족한다. (○)

㉣ 丁이 면적 100m^2의 주택에 대해 예치금을 납부하려는 경우 A주택청약의 경우 1억 원을, B주택청약의 경우 1억 2천만 원을 예치해야 하므로 B주택청약의 경우가 금액이 더 크다. (×)

정답 ①

3) 주어진 개념의 적용

1. 개념의 차이점 파악

여러 가지 개념(원리, 원칙)이 주어지고, 이 중 특정한 개념에 해당하는 상황을 고르거나 어떤 개념에 대한 설명으로 적절한 것을 고르는 유형이다. 대체로 복수의 개념이 주어진다는 점에서 부담스러울 수 있으나, 각 개념을 구별 짓는 차이점을 중점적으로 파악한다면 판단의 근거 또한 분명하다.

2. 생소한 개념의 이해 및 적용

문제에서 주어지는 개념들은 매우 다양한 주제와 소재를 바탕으로 하기 때문에 그 모든 개념들을 학습을 통해 준비하겠다는 것은 옳지 못하며, 그렇게 할 수도 없다. 물론 접했던 적이 있거나 익숙한 개념이 주어진다면 분명히 유리하겠지만, 생소한 개념이 주어지더라도 그 개념의 핵심 내용을 파악하고, 보기나 선택지에 적용할 수 있는 능력을 키워야 한다.

3. 주제어(Keyword) 추출하기

개념(원리, 원칙)들이 뚜렷이 대비되는 경우라면 쉽게 문제를 해결할 수 있으나, 그렇지 않은 경우에는 상당히 어렵게 느껴질 수도 있다. 이런 경우에는 PART 1에서 언급하였던 주제문 및 주제어(Keyword)를 추출하여 해결하는 방식으로 접근하여야 한다. 왜냐하면 각 개념(원리, 원칙)들 간의 차이점은 전체적인 이해를 도모하는 방향으로 접근할 수도 있지만, 핵심적인 Keyword를 바탕으로 비교하는 것이 더 쉬울 수도 있기 때문이다.

준범쌤의 1타 강의

주어진 문제를 해결할 수 있는 시간은 1분가량밖에 되지 않습니다. 여러 개의 개념을 정확히 이해하고 적용시키려 하기보다는 그 특징과 차이점을 이용하여 문제를 해결해야 합니다. NCS 시험은 종합적이면서도 기민한 판단 능력을 검증하기 위한 것임을 항상 유념하도록 합시다!

1. 여러 가지 개념의 적용
   개념의 완벽한 이해(×) 개념의 차이점 파악(○)
2. 각 개념의 차이점을 빠르게 파악하는 방법
   주제어(Keyword) 추출하기

필수예제

01

2020년 7급공채 PSAT 모의평가 15번

다음 글을 근거로 판단할 때, 甲과 인사교류를 할 수 있는 사람만을 모두 고르면?

- 甲은 인사교류를 통해 ○○기관에서 타 기관으로 전출하고자 한다. 인사교류란 동일 직급간 신청자끼리 1:1로 교류하는 제도로서, 각 신청자가 속한 두 기관의 교류 승인 조건을 모두 충족해야 한다.
- 기관별로 교류를 승인하는 조건은 다음과 같다.
  ○○기관: 신청자간 현직급임용년월은 3년 이상 차이나지 않고, 연령은 7세 이상 차이나지 않는 경우
  □□기관: 신청자간 최초임용년월은 5년 이상 차이나지 않고, 연령은 3세 이상 차이나지 않는 경우
  △△기관: 신청자간 최초임용년월은 2년 이상 차이나지 않고, 연령은 5세 이상 차이나지 않는 경우
- 甲(32세)의 최초임용년월과 현직급임용년월은 2015년 9월로 동일하다.
- 甲과 동일 직급인 인사교류 신청자(A~E)의 인사 정보는 다음과 같다.

신청자	연령(세)	현 소속 기관	최초임용년월	현직급임용년월
A	30	□□	2016년 5월	2019년 5월
B	37	□□	2009년 12월	2017년 3월
C	32	□□	2015년 12월	2015년 12월
D	31	△△	2014년 1월	2014년 1월
E	35	△△	2017년 10월	2017년 10월

① A, B
② B, E
③ C, D
④ A, B, D
⑤ C, D, E

해설

STEP 1 기관별로 교류를 승인하는 조건의 차이점을 정확히 구별하였는가?

복수의 조건이 주어지는 경우, 조건을 완벽히 이해하기보다는 조건들 간의 차이점을 중점적으로 파악한다면 효과적으로 풀이할 수 있다.

주어진 문제의 경우, 甲이 ○○기관 소속이므로 '신청자 간 현직급임용년월' 조건과 '연령' 조건을 충족하여야 한다. 한편 신청자 A~C는 □□기관 소속으로 '신청자간 최초임용년월' 조건과 '연령' 조건을 충족하여야 하며, 신청자 D~E는 △△기관 소속으로 '신청자 간 최초임용년월' 조건과 '연령' 조건을 충족하여야 한다. 이때 연령 조건의 경우 甲이 소속되어 있는 ○○기관의 기준이 □□기관, △△기관의 기준보다 완화되어 있다는 점을 파악하고 □□기관, △△기관의 기준만 검토하면 효과적이다.

STEP 2 선택지 소거법을 적극적으로 활용하였는가?

선택지 소거법은 조건에 위배되어 정답이 될 수 없는 선택지를 지워나가는 방법으로 이를 적극적으로 활용하면 자신감 상승과 함께 득점 확률 역시 상승한다. 주어진 문제에서 앞서 살펴본 기관별로 교류를 승인하는 조건의 차이점을 기준으로 선택지를 소거해나가면 다음과 같다.

1) 신청자 A~E가 주어진 조건(현직급임용년월, 연령, 최초임용년월)을 충족하는지 여부를 검토하면 다음과 같다.

신청자	현직급임용년월 조건	충족 여부	연령 조건	충족 여부	최초임용년월 조건	충족 여부
A	甲과 3년 이상 차이나지 않을 것 (2012년 10월 ~ 2018년 8월)	×	甲과 3세 이상 차이나지 않을 것 (30~34세)	○	甲과 5년 이상 차이나지 않을 것 (2010년 10월~ 2020년 8월)	○
B		○		×		×
C		○		○		○
D		○	甲과 5세 이상 차이나지 않을 것 (28~36세)	○	甲과 2년 이상 차이나지 않을 것 (2013년 10월~ 2017년 8월)	○
E		○		○		×

2) 현직급임용년월 조건을 불충족한 A에 대해서는 그 이후의 조건 충족 여부를 검토할 필요 없이 소거하면 되고, 다음으로 연령 조건을 불충족한 B에 대해서는 그 이후의 조건을 검토할 필요 없이 소거하면 된다.

3) 따라서 모든 조건을 충족한 신청자는 C, D이다.

정답 ③

기본유형 연습문제

02

다음 [표]를 바탕으로 [보기]의 상황과 관계된 전자책 장단점의 항목이 바르게 연결된 것을 고르면?

[표] 전자책의 장점과 단점

구분	항목	내용
장점	휴대성	핸드폰, 이북 리더기 등을 이용하는 경우 이동 중에 가지고 다니면서 보기가 편리하고, 다양한 종류의 책을 하나의 리더기만으로 볼 수 있다.
	검색 가능	모르는 단어나 내용이 나왔을 때 인터넷에 접속하여 검색할 수 있다.
	소셜 리딩	독서 중 다른 사람과 실시간으로 교류함으로써 사고의 폭을 넓힐 수 있다.
	오디오 기능	시각 장애인들도 편하게 책의 내용을 접할 수 있으며, 두 손이 자유롭지 않은 상태에서도 내용을 들을 수 있다.
	경제성	종이책과 비교해 가격이 더 저렴하고, 원하는 시간에 구매해 바로 읽을 수 있어 구매시간에 따른 비용이 들지 않는다.
	개인 맞춤 설정	자신의 취향에 맞춰 글씨 크기, 글씨체, 색상, 줄 간격 등을 조절할 수 있다.
단점	이미지	잡지와 같이 이미지가 많은 책의 경우 전자책으로 보는 것에는 한계가 있다.
	독해력	종이책에 비하면 집중력이 떨어지기 때문에 글을 이해하는 능력 또한 떨어진다.
	종류의 제한	출판되는 모든 책이 이북으로 나오는 것은 아니기 때문에 읽고 싶은 책이 없는 경우가 있다.

보기

㉠ 나는 어제 '죄와 벌'을 구매하기 위해 ○○서점에 갔는데, 책이 없어서 다음 주 월요일에 다시 가보려고 해.

㉡ 나는 □□대학 법의학과에 재학 중인데 전공 책을 이북으로 구매했더니 사진이 한눈에 안 들어와서 결국 종이책으로 새로 샀어.

㉢ 나는 출퇴근 시간이 왕복 2시간이라 그 사이에 틈틈이 책을 읽었는데, 벌써 올해 30권의 책을 읽었어.

	㉠	㉡	㉢
①	종류의 제한	이미지	휴대성
②	종류의 제한	독해력	경제성
③	경제성	종류의 제한	독해력
④	경제성	이미지	휴대성
⑤	소셜 리딩	독해력	경제성

CHECK POINT

1. 각 항목의 내용을 이해하였는가?
2. 각 상황의 포인트는 어떤 것들이 있는가?

해설

㉠ 책이 없다고 하여 종류의 제한이라고 생각해서는 안 된다. 전자책의 단점인 종류의 제한은 이북으로 나온 책의 종류가 제한되어 있다는 뜻이다. 서점에 책이 없어서 다시 방문해야 하는 것은 구매시간에 따른 비용이 드는 것이므로 전자책의 장점 중 경제성과 관련이 있다.
㉡ 사진이 한눈에 들어오지 않는다는 것은 전자책의 단점 중 이미지와 관련이 있다.
㉢ 출퇴근 시간에 틈틈이 책을 읽는 것은 이동 중에 가지고 다니면서 보는 것이고, 이는 전자책의 장점 중 휴대성과 관련이 있다.

정답 ④

PSAT 기출 연습문제

03

2021년 5급공채 PSAT 상황판단 가책형 27번

다음 글과 [상황]을 근거로 판단할 때 옳은 것은?

질병의 확산을 예측하는 데 유용한 수치 중 하나로 '기초 감염재생산지수(R_0)'가 있다. 간단히 말해 이 수치는 질병에 대한 예방조치가 없을 때, 해당 질병에 감염된 사람 한 명이 비감염자 몇 명을 감염시킬 수 있는지를 나타낸다. 다만 이 수치는 질병의 전파 속도를 의미하지는 않는다. 예를 들어 R_0가 4라고 하면 예방조치가 없을 때, 한 사람의 감염자가 질병에서 회복하거나 질병으로 사망하기 전까지 그 질병을 평균적으로 4명의 비감염자에게 옮긴다는 뜻이다. 한편 또 하나의 질병 통계치인 치사율은 어떤 질병에 걸린 환자 중 그 질병으로 사망하는 환자의 비율을 나타내는 것으로 R_0의 크기와 반드시 비례하지는 않는다.

예방조치가 없을 때, R_0가 1보다 큰 질병은 전체 개체군으로 확산될 것이다. 이 수치는 때로 1보다 훨씬 클 수 있다. 스페인 독감은 3, 천연두는 6, 홍역은 무려 15였다. 전염성이 강한 질병 중 하나로 꼽히는 말라리아의 R_0는 100이 넘는다.

문제는 특정 전염병이 한 차례 어느 지역을 휩쓸고 지나간 후 관련 통계 자료를 수집·분석할 수 있는 시간이 더 흐르고 난 뒤에야, 그 질병의 R_0에 대해 믿을 만한 추정치가 나온다는 데 있다. 그렇기에 새로운 질병이 발생한 초기에는 얼마 되지 않는 자료를 바탕으로 추정을 할 수밖에 없다. R_0와 마찬가지로 치사율도 확산 초기 단계에서는 정확하게 알 수 없다.

상황

다음 표는 甲국의 최근 20년간의 데이터를 토대로 A~F질병의 R_0를 추정한 것이다

질병	A	B	C	D	E	F
R_0	100	15	6	3	2	0.5

① 예방조치가 없다면, 발병 시 가장 많은 사람이 사망하는 질병은 A일 것이다.

② 예방조치가 없다면, A~F질병 모두가 전 국민을 감염시킬 것이다.

③ 예방조치가 없다면, C질병이 전 국민을 감염시킬 때까지 걸리는 시간은 평균적으로 D질병의 절반일 것이다.

④ R_0와 달리 치사율은 전염병의 확산 초기 단계에서도 정확하게 알 수 있다.

⑤ 예방조치가 없다면, 감염자 1명당 감염시킬 수 있는 사람 수의 평균은 B질병이 D질병의 5배일 것이다.

CHECK POINT

1. 선구안: 소재는 약간 부담스러울 수 있지만, 기발한 사고가 요구되는 형태가 아니며 장치의 정확한 이해 및 적용이 관건인 전형적인 문제이므로 1턴에서 해결 가능
2. 출제자의 의도가 담긴 핵심 장치를 파악할 수 있는가?
   ① 기초 감염재생산지수의 정의: 정확한 이해
   ② "전파 속도를 의미하지는 않는다"+예시 → 함정으로 설정 예상
   ③ 치사율과의 관계: "반드시 비례하지는 않는다" → 함정으로 설정 예상
   ④ "정확하게 알 수 없다": 출제자의 의도가 담긴 표현 → 선택지化 예상 가능

해설

첫 번째 문단 두 번째 문장이 근거이다. '기초 감염재생산지수(R_0)'는 질병에 대한 예방조치가 없을 때, 해당 질병에 감염된 사람 한 명이 비감염자 몇 명을 평균적으로 감염시킬 수 있는지를 나타낸다. [상황]에서 B질병의 R_0는 15, D질병의 R_0는 3이다. 따라서 예방조치가 없다면, 감염자 1명당 감염시킬 수 있는 사람 수의 평균은 B질병이 15명, D질병이 3명으로, B질병이 D질병의 5배일 것이다.

(오답풀이)

① 첫 번째 문단 마지막 문장이 근거이다. 어떤 질병에 걸린 환자 중 그 질병으로 사망하는 환자의 비율을 나타내는 치사율은 R_0의 크기와 반드시 비례하지는 않는다고 하였다. 따라서 [상황]의 A~F질병 중 A질병의 R_0가 가장 크다고 해서 예방조치가 없을 때, 발병 시 가장 많은 사람이 사망하는 질병이 A일 것이라고 할 수는 없다.

② 두 번째 문단 첫 번째 문장이 근거이다. 예방조치가 없을 때, R_0가 1보다 큰 질병은 전체 개체군으로 확산될 것이라고 하였다. 따라서 예방조치가 없을 때, R_0가 1보다 큰 A~E질병은 전 국민을 감염시킬 것이지만, R_0가 0.5로 1보다 작은 F질병은 전 국민을 감염시키지는 않을 것이다.

③ 첫 번째 문단 세 번째 문장이 근거이다. R_0 수치는 질병의 전파 속도를 의미하지는 않는다고 하였다. 따라서 C질병의 R_0가 D질병의 R_0의 2배라 하더라도 C질병이 전 국민을 감염시킬 때까지 걸리는 시간은 평균적으로 D질병의 절반이라고 할 수 없다.

④ 마지막 문단 마지막 문장이 근거이다. R_0와 마찬가지로 치사율도 확산 초기 단계에서는 정확하게 알 수 없다고 하였다.

(참고)

③ C질병의 R_0 수치가 6으로 D질병의 R_0 수치인 3의 2배인 것은 사실이다. 그러나 C질병이 전 국민을 감염시키는 데 걸리는 시간이 D질병의 2배라고 판단할 수 있는 것은 아니다. 감염 전파 속도가 같다는 전제가 없기 때문이다. 예컨대 C질병은 예방조치가 없을 때 감염된 사람 한 명이 비감염자 6명을 감염시킬 수도 있으나, 전파 속도가 매우 낮아 그것이 한 달 넘게 걸리는 반면, D질병은 예방조치가 없을 때 감염된 사람 한 명이 비감염자 3명을 하루 안에 감염시킨다면 D질병이 C질병보다 훨씬 짧은 시간 내에 전 국민을 감염시킬 수 있게 된다. 이는 전파 속도가 같다는 전제가 있다고 착각하고 R_0 비율을 시간 비율로 착각하도록 출제자가 의도한 것이다.

정답 ⑤

NCS 기출 변형 연습문제

04

다음 글과 [대화]를 근거로 판단할 때, 두 사람이 경험한 지진 진도 단위의 차이를 고르면?

- 甲국에서는 사람이 지진을 어떻게 감지하였는지와 구조물의 손상 정도를 기준으로 지진의 진도를 측정한다.
- 지희와 준혁이는 甲국을 여행하던 중 서로 다른 지역에서 서로 다른 진도의 지진을 경험한 것을 바탕으로 다음 [대화]를 나누었다.
- 한 사람이 여러 진도에 해당하는 효과를 경험한 경우, 그중 가장 높은 진도의 지진을 경험한 것으로 측정한다. 진도의 숫자가 클수록 더 높은 진도의 지진이다.

[표] 甲국의 지진 진도 단위

진도	효과
1	건물의 상층부에서 약간의 사람들만 느낌. 서 있는 자동차가 가볍게 흔들릴 수 있음.
2	건물의 상층부에서 주목할 만하게 느낌. 진동은 트럭이 지나가는 것과 같은 느낌.
3	실내에서 많은 사람이 느끼고, 실외에서는 느끼지 못함. 트럭이 건물을 때리는 느낌.
4	많은 사람이 잠에서 깸. 일부 접시나 창문이 깨지기도 함.
5	많은 사람이 놀람. 일부 무거운 가구가 흔들림. 자동차 운전자가 인지함.
6	굴뚝, 기둥, 비석, 벽 등이 무너짐. 무거운 가구가 뒤집힘.
7	일부 잘 지어진 나무 구조물도 파괴됨. 철로가 휨.
8	석조 구조물은 거의 남아있지 못함. 교량이 붕괴. 철길이 심하게 휨. 운전자가 흔들림.
9	시선과 수평이 교란됨. 물건이 공중에 날아다님.

※ 예시: 많은 사람이 잠에서 깨고, 일부 무거운 가구가 흔들린 경우, 해당 지역의 지진 진도는 5에 해당함.

대화

지희: 준혁아, 나는 이번에 甲국을 여행하면서 운전 중에 지진을 경험하게 되어 당황스러웠어. 너는 괜찮았어?
준혁: 나도 경험했어. 건물의 상층부에서는 다들 주목할 만하게 느낄 정도의 지진이었어.
지희: 정말? 혹시 건물 밖 구조물의 손상 정도도 살펴보았어? 아니면 실내 가구들이 흔들리지는 않았어?
준혁: 돌아올 때 보니 교량이나 철길에는 이상이 없었어. 무거운 가구들이 흔들리기는 했어도 뒤집힐 정도는 아니었어. 지희야, 네가 경험한 건 어땠어?
지희: 나는 정말 심각했어. 벽도 무너지고, 주변 구조물도 거의 다 파괴되어 남아있지를 않았어.
준혁: 철로가 휘거나 물건이 공중에 날아다니지는 않았어?
지희: 모르겠어. 운전 중에 흔들리다 보니 정신이 없었어.
준혁: 너무 무서웠겠다. 나는 창문이 깨졌었던 게 기억났어.

① 0 ② 1 ③ 2 ④ 3 ⑤ 4

해설

(1) [대화]를 살펴보면, 지희의 첫 번째 진술에서 지희는 운전 중에 지진을 인지하였으므로 지진 진도 5를 경험하였으며, 준혁이의 첫 번째 진술을 통해 준혁이는 건물의 상층부에서 주목할 만하게 느낄 정도였으므로 지진 진도 2를 경험하였다는 것을 알 수 있다.

(2) 준혁이는 지희의 두 번째 진술에 대한 답변으로 무거운 가구들이 흔들리는 것을 경험하였다고 진술하였으므로 준혁이의 두 번째 진술을 통해 준혁이는 지진 진도 5를 경험하였다는 것을 알 수 있다.

(3) 지희의 세 번째 진술에서 지희가 벽이 무너졌다고 진술하였다는 점에서 지진 진도 6을 경험하였음을 알 수 있다. 주변 구조물이 거의 다 파괴되어 남아있지 않았다는 진술의 경우 구조물이 나무로 된 구조물인지 석조 구조물인지 여부가 불분명하므로 지진 진도가 7인지 8인지 확정할 수는 없다.

(4) 지희는 마지막 진술에서 운전 중에 흔들림을 경험하였다고 진술하였으므로 지진 진도 8을 경험하였다는 것을 알 수 있다. 준혁이의 경우 마지막 진술에서 창문이 깨졌다고 답하였으므로 지진 진도 4를 경험하였다는 것을 알 수 있다.

(5) 정리하면, 지희는 지진 진도 5, 6, 8을 경험하였으므로 그중 가장 높은 8을 경험한 것으로 측정될 것이며, 준혁이는 지진 진도 2, 4, 5를 경험하였으므로 그중 가장 높은 5를 경험한 것으로 측정될 것이다. 따라서 둘이 경험한 지진 진도 단위의 차이는 3이다.

정답 ④

02 법률형

1) 법률형 문제의 출제 이유

1. 법률형의 의의

법률형 문제는 제시문이나 자료, 도표 대신 법조문을 주고 이를 바탕으로 옳고 그름을 판단하도록 요구하는 유형이다. NCS에서 법률형이 출제되는 이유는 다음과 같다.

2. 문제해결능력 평가

법률형은 문제해결능력을 평가하는 데 적절하다. 주어진 조문을 올바르게 해석하고 [보기]나 선택지의 정오를 정확히 판단하거나 특정 상황에 그 조문을 적용하여 합리적인 결정을 하는 것은 문제해결능력 영역에서 요구하는 이해력, 분석력, 판단력 등을 모두 포함하고 있다. 즉, 문제해결능력 영역의 특징을 충분히 담고 있는 유형이 바로 법률형이다.

3. 법조문에 대한 이해력

여러분이 원하는 공사, 공단에 합격하여 실무에 임하게 되면 매일 수많은 결정과 판단을 하여야 한다. 이러한 결정과 판단을 하는 데 있어서 가장 중요한 근거로 삼아야 할 것은 상관의 지시나 그동안의 관행, 혹은 자신의 신념이 아니라, 바로 관련 법령이다. 따라서 출제자는 법률형 문제를 출제함으로써 여러분들이 향후 관련 법령을 합리적이고 종합적으로 해석하고 적용할 수 있는지를 평가하려는 것이다.

물론 관련 법령을 숙지하고 있다면, 문제를 해결하기가 훨씬 유리하다. 그러나 이를 위해 모든 법령을 숙지한다는 것은 어불성설이다. 출제할 수 있는 법조문은 너무나 많고 다양하기 때문이다. 따라서 여러분은 법조문을 학습하는 것이 아니라, 주어진 법조문을 신속하고 정확하게 이해하는 능력을 키워야 한다. 법조문의 내용이 아니라 법조문의 특징과 기본 형식, 구성에 대해서 이해하고 있다면, 어떠한 법조문이 출제되더라도 득점할 수 있다.

4. 정답 시비 우려 해소

출제자의 입장에서 [보기]나 선택지를 만들 때 정답 시비에 대한 부담이 다른 유형에 비해 적다. 출제자의 입장에서 가장 우려가 되는 사항은 문제의 난이도나 소재의 선정이 아니라, 복수 정답이나 정답 없음과 같은 정답 시비의 발생이다. 정답 시비의 발생은 시험의 신뢰도에 치명적인 영향을 미치게 된다. 기출문제를 공식적으로 공개하지 않는 NCS의 특성상 시험의 신뢰도에 대한 아쉬움은 늘 제기되기 마련이고, 이를 해소하기 위해서는 정답이 분명해야 하기 때문에 출제자는 최선을 다할 수밖에 없다. 그러므로 여타 적성시험에서와 마찬가지로 법률형 문제는 향후 증가될 가능성이 있는 유형 중 하나이다.

2) 법조문의 특징 및 형식과 구조

1. 법조문만의 형식과 구조

법조문만의 특징적인 형식과 구조는 무엇일까? 법조문은 꾸밈이 전혀 없이 의미만 전달하는 매우 강한 건조체로 구성되어 있다. 형용사, 부사나 수식어는 활용되지 않으며, 왜 그런지 이유에 대한 설명 또한 전혀 없다. 건조체는 일반적으로 간결체의 형태로 나타난다. 그러나 법조문은 한 문장이 매우 긴 만연체로 이루어져 있다. 경우에 따라 1문장이 6~7줄까지도 이어진다. 바로 이 점에서 여러분들은 법조문을 읽을 때 불편함을 느끼는 것이다. 그렇다면 어떤 연습을 해야 할까? 철저한 끊어 읽기가 필요하다.

2. 요건과 효과

법조문을 끊어 읽는다는 것은 어떻게 하는 것일까? 최소 단위로 모든 단어마다 끊어 읽으면 될까? 당연히 그렇지 않다. 법조문은 기본적으로 가설적인 표현으로 이루어져 있다. 즉, '~하면 ~한다' 혹은 '~한 경우에는 ~하게 된다'와 같이 어떤 요건에 해당하면 어떤 효과가 발생한다는「요건과 효과」로 이루어져 있다. 따라서 기본적으로 요건과 효과를 중심으로 끊어 읽어야 한다.

3. AND / OR

하나의 요건과 하나의 효과로 이루어진 법조문도 많이 있지만, 이는 객관식 시험에서 다양한 [보기]나 선택지를 만드는 데 적절하지 않다. 따라서 출제자는 하나의 요건보다는 복수의 요건을 활용하고자 한다. 즉, 여러 요건들을 모두 충족시켜야 효과가 발생하는지, 아니면 요건들 중 하나만 충족시켜도 효과가 발생하는지를 정확하게 이해하고 있는가를 묻는 것이다. 따라서 여러분은 각 요건 단위로 끊어 읽을 수 있어야 하며, 그 요건들이 AND로 연결되는지 OR로 연결되는지 정확하게 파악하여야 한다. 경우에 따라서는 AND와 OR가 혼합되어 있는 형태로 출제 가능하다.

4. 원칙 → 예외 → 예외의 예외

효과 부분에서도 마찬가지이다. 단일한 효과보다는 '원칙과 예외'로 구성되는 복수의 효과를 출제자는 선호한다. 즉, 어떤 요건에 해당하면 원칙적인 효과가 발생하지만, 특수한 요건에 해당하면 예외적인 효과가 발생하며 이를 정확하게 구별하는가를 묻는다. 원칙과 예외는 '단, 다만, ~하되, ~에도 불구하고'와 같은 단서로 연결되어 있고, 이런 단서 부분은 [보기]나 선택지로 활용됨을 충분히 예상할 수 있다. 따라서 여러분들은 원칙과 예외로 끊어 읽어야 한다.

5. 주체와 객체

요건의 앞쪽에는 어떤 내용이 위치하게 될까? 바로 주체와 객체이다. 모든 주체나 객체에 해당되는 조문이라면 특별히 언급되지 않겠지만, 한정된 주체와 객체에만 적용되는 조문이라면 이 역시 출제자가 객관식 시험에서 활용하기 좋다. 따라서 여러분은 주체와 객체 부분도 정확하게 끊어 읽어야 한다.

준범쌤이 알려주는 실전포인트!

1. 법조문의 특징

① **건조체**

i) 꾸밈이 전혀 없이 의미만 전달 → 의무, 금지, 허가 등

ii) 왜 그런지 이유는 언급하지 않음

iii) 형용사, 부사, 수식어는 활용되지 않음

② **만연체**

→ 한 문장이 매우 긺(최대 6~7줄까지도 있음)

→ 철저하게 끊어서 읽어야 함

③ **가설적 표현**

i) ~하면 ~한다 / 된다

ii) ~한 때 에는 ~해야 한다 / 해서는 안 된다

iii) ~한 경우에는 ~할 수 있다

→ 요건과 효과 부분을 나눠서 파악할 수 있어야 함

④ **기본 구조**

목적 / 주체 / 객체 / 요건 // 방법 / 시기 / 효과

2. 법률형 문제에서 [보기]化 되기 좋은 부분

① **복수의 요건**: AND / OR

→ 혼합되어 있는 형태 주의 ㉔ A & B & C, A or B or C, A & (B or C or D)

→ 선택지 표현: "또는, ~하거나, ~하고, ~하더라도"

② **원칙 → 예외 → 예외의 예외** ㉔ "단, 다만, ~하되, ~에도 불구하고, 그러나, 하지만"

③ **(한정된) 주체와 객체**

④ **정족수**

→ 특히 과반수 주의(정수로 나올 때 실수 많음)

→ 기간: 시점 / 종점

⑤ **대응 관계**: A – A′, B – B′

의무(필수) / 재량(임의)

(　　): 괄호 부분 활용 → 출제자의 의도적인 장치

필수예제

01

2021년 7급공채 PSAT 상황판단 나책형 2번

다음 글을 근거로 판단할 때 옳은 것은?

> 제○○조 ① 각 중앙관서의 장은 그 소관 물품관리에 관한 사무를 소속 공무원에게 위임할 수 있고, 필요하면 다른 중앙관서의 소속 공무원에게 위임할 수 있다.
>
> ② 제1항에 따라 각 중앙관서의 장으로부터 물품관리에 관한 사무를 위임받은 공무원을 물품관리관이라 한다.
>
> 제○○조 ① 물품관리관은 물품수급관리계획에 정하여진 물품에 대하여는 그 계획의 범위에서, 그 밖의 물품에 대하여는 필요할 때마다 계약담당공무원에게 물품의 취득에 관한 필요한 조치를 할 것을 청구하여야 한다.
>
> ② 계약담당공무원은 제1항에 따른 청구가 있으면 예산의 범위에서 해당 물품을 취득하기 위한 필요한 조치를 하여야 한다.
>
> 제○○조 물품은 국가의 시설에 보관하여야 한다. 다만 물품관리관이 국가의 시설에 보관하는 것이 물품의 사용이나 처분에 부적당하다고 인정하거나 그 밖에 특별한 사유가 있으면 국가 외의 자의 시설에 보관할 수 있다.
>
> 제○○조 ① 물품관리관은 물품을 출납하게 하려면 물품출납공무원에게 출납하여야 할 물품의 분류를 명백히 하여 그 출납을 명하여야 한다.
>
> ② 물품출납공무원은 제1항에 따른 명령이 없으면 물품을 출납할 수 없다.
>
> 제○○조 ① 물품출납공무원은 보관 중인 물품 중 사용할 수 없거나 수선 또는 개조가 필요한 물품이 있다고 인정하면 그 사실을 물품관리관에게 보고하여야 한다.
>
> ② 물품관리관은 제1항에 따른 보고에 의하여 수선이나 개조가 필요한 물품이 있다고 인정하면 계약담당공무원이나 그 밖의 관계 공무원에게 그 수선이나 개조를 위한 필요한 조치를 할 것을 청구하여야 한다.

① 물품출납공무원은 물품관리관의 명령이 없으면 자신의 재량으로 물품을 출납할 수 없다.

② A중앙관서의 장이 그 소관 물품관리에 관한 사무를 위임하고자 할 경우, B중앙관서의 소속 공무원에게는 위임할 수 없다.

③ 계약담당공무원은 물품을 국가의 시설에 보관하는 것이 그 사용이나 처분에 부적당하다고 인정하는 경우, 그 물품을 국가 외의 자의 시설에 보관할 수 있다.

④ 물품수급관리계획에 정해진 물품 이외의 물품이 필요한 경우, 물품관리관은 필요할 때마다 물품출납공무원에게 물품의 취득에 관한 필요한 조치를 할 것을 청구해야 한다.

⑤ 물품출납공무원은 보관 중인 물품 중 수선이 필요한 물품이 있다고 인정하는 경우, 계약담당공무원에게 수선에 필요한 조치를 할 것을 청구해야 한다.

해설

STEP 1 **주체를 정확하게 구별하였는가?**

주체와 객체는 법조문의 가장 기본적인 요소이다. 객관식이라는 특성상 모든 사람이 주체 혹은 객체에 해당하는 법조문은 법률 문제에서 활용될 가능성이 적다. 그러나 출제자의 입장에서 주체와 객체가 한정되어 있다면 해당 부분을 정확하게 살펴보았는지를 평가하기에 용이하다. 주어진 문제는 ④에서 주체를 정확하게 구별하였는지를 묻고 있다.

> 해설의 편의상 위에서부터 순서대로 제1조~제5조라 하자.
> ④ 제2조 제1항이 근거이다. 물품수급관리계획에 정하여진 물품 이외의 물품이 필요한 경우, 물품관리관은 필요할 때마다 계약담당공무원에게 물품의 취득에 관한 필요한 조치를 할 것을 청구하여야 한다. 따라서 물품출납공무원이 아니라 계약담당공무원에게 물품의 취득에 관한 필요한 조치를 할 것을 청구해야 한다. (×)

STEP 2 **'예외'로 설정되어 있는 단서를 놓치지 않고 처리하였는가?**

법률의 효과 부분에서 출제자가 [보기]나 선택지로 만들기 좋아하는 장치는 바로 '원칙'과 '예외'의 구별이다. 특히 원칙보다는 예외를 정확히 파악했는가를 물어보는 경우가 훨씬 많다. 주어진 문제는 ③에서 '예외'로 설정되어 있는 단서를 놓치지 않았는지를 묻고 있다.

> ③ 제3조 단서가 근거이다. 물품은 국가의 시설에 보관하여야 하되, 물품관리관이 국가의 시설에 보관하는 것이 물품의 사용이나 처분에 부적당하다고 인정하거나 그 밖에 특별한 사유가 있으면 국가 외의 자의 시설에 보관할 수 있다. 따라서 물품을 국가의 시설에 보관하는 것이 그 사용이나 처분에 부적당하다고 인정하는 경우, 계약담당공무원이 아니라 물품관리관이 그 물품을 국가 외의 자의 시설에 보관할 수 있다. (×)

STEP 3 **의무와 재량을 정확히 구별하였는가?**

법조문에서 서술어는 해당 효과가 필수적으로 발생하는지, 임의적으로 발생하는지를 구별해 주는 중요한 부분이다. 즉, 효과가 필수적으로 규정되어 있는 경우에는 요건에 해당하게 되면 해당 주체는 반드시 의무적으로 해야 하는 반면, 임의적으로 규정되어 있는 경우에는 요건에 해당하게 되면 해당 주체가 재량권을 가지고 자기의 생각과 판단에 따라 행할 수 있다. 의무와 재량의 구별은 출제자가 출제할 때 선호하는 장치이므로 반드시 정확히 구별하여야 한다.
주어진 문제는 ①에서는 의무로 규정된 것에 대해 묻고 있으며, ②에서는 재량으로 규정된 것에 대해 묻고 있다.

> ① 제4조가 근거이다. 물품출납공무원은 물품관리관의 출납 명령이 없으면 물품을 출납할 수 없다. 따라서 물품출납공무원은 물품관리관의 명령이 없으면 자신의 재량으로 물품을 출납할 수 없다. (○)
> ② 제1조 제1항이 근거이다. 각 중앙관서의 장은 그 소관 물품관리에 관한 사무를 필요하면 다른 중앙관서의 소속 공무원에게 위임할 수 있다. 따라서 A중앙관서의 장이 그 소관 물품관리에 관한 사무를 위임하고자 할 경우, 필요하면 B중앙관서의 소속 공무원에게도 위임할 수 있다. (×)

STEP 4 **복수의 요건을 정확히 처리하였는가?**

요건이 하나뿐인 경우에는 출제자가 만들 수 있는 [보기]나 선택지가 다양하지 않기 때문에 출제자의 입장에서 선호되지 않는다. 반면 복수의 요건이 주어진 법조문의 경우에는 출제자가 만들 수 있는 [보기]나 선택지가 다양하기 때문에 출제자의 입장에서 선호될 수밖에 없다. 주어진 문제는 ⑤에서 복수의 요건을 정확히 처리하였는가에 대해 묻고 있다.

> ⑤ 제5조가 근거이다. 물품출납공무원은 보관 중인 물품 중 사용할 수 없거나 수선 또는 개조가 필요한 물품이 있다고 인정하면 그 사실을 물품관리관에게 보고하여야 한다. 이때 물품관리관은 동조 제1항에 따른 보고에 의하여 수선이나 개조가 필요한 물품이 있다고 인정하면 계약담당공무원이나 그 밖의 관계 공무원에게 그 수선이나 개조를 위한 필요한 조치를 할 것을 청구하여야 한다. 따라서 물품출납공무원은 보관 중인 물품 중 수선이 필요한 물품이 있다고 인정하는 경우, 계약담당공무원에게 수선에 필요한 조치를 할 것을 청구해야 하는 것은 아니다. (×)

정답 ①

02

다음 법조문을 근거로 판단할 때 옳은 것을 고르면?

제○○조(보안검색의 실시 방법 및 절차 등)
① 보안검색의 실시 범위는 다음 각 호의 구분에 따른다.
1. 전부검색 : 국가의 중요 행사 기간이거나 국가 정보기관으로부터 테러 위험 등의 정보를 통보받은 경우 등 국토교통부장관이 보안검색을 강화하여야 할 필요가 있다고 판단하는 경우에 국토교통부장관이 지정한 보안검색 대상 역에서 보안검색 대상 전부에 대하여 철도특별사법경찰관리가 실시
2. 일부검색 : 휴대·적재 금지 위해물품(이하 "위해물품"이라 한다)을 휴대·적재하였다고 판단되는 사람과 물건에 대하여 철도특별사법경찰관리가 실시

② 위해물품을 탐지하기 위한 보안검색은 검색장비를 사용하여 검색한다. 다만, 다음 각 호의 어느 하나에 해당하는 경우에는 여객의 동의를 받아 직접 신체나 물건을 검색하거나 특정 장소로 이동하여 검색을 할 수 있다.
1. 검색장비의 경보음이 울리는 경우
2. 검색장비를 통한 검색 결과 그 내용물을 판독할 수 없는 경우
3. 검색장비의 오류 등으로 제대로 작동하지 아니하는 경우

③ 국토교통부장관은 보안검색을 실시하게 하려는 경우에 사전에 철도운영자에게 보안검색 실시계획을 통보하여야 한다. 다만, 범죄가 이미 발생하였거나 발생할 우려가 있는 경우 등 긴급한 보안검색이 필요한 경우에는 사전 통보를 하지 아니할 수 있다.

④ 보안검색을 실시하는 경우 철도특별사법경찰관리는 검색 대상자에게 자신의 신분증을 제시하면서 소속과 성명을 밝히고 그 목적과 이유를 설명하여야 한다. 다만, 다음 각 호의 어느 하나에 해당하는 경우에는 사전 설명 없이 검색할 수 있다.
1. 보안검색 장소의 안내문 등을 통하여 사전에 보안검색 실시계획을 안내한 경우
2. 의심물체 또는 장시간 방치된 수하물로 신고된 물건에 대하여 검색하는 경우

① 검색장비의 경보음이 울리는 경우 여객의 동의 없이도 직접 물건을 검색할 수 있다.
② 테러가 발생하여 긴급한 보안검색이 필요한 경우 국토교통부장관은 실시계획을 사전 통보하지 않아도 보안검색을 실시하게 할 수 있다.
③ 의심물체에 대해 검색하는 경우 철도특별사법경찰관리는 여객에게 사전 설명 후 보안검색을 실시하여야 한다.
④ 국가 정보기관으로부터 테러 위험의 정보를 통보받은 경우 철도특별사법경찰관리는 몇 개의 역을 지정해 전부검색을 실시할 수 있다.
⑤ 전부검색을 실시하는 경우에는 검색장비를 사용하지 않고 철도특별사법경찰관리가 직접 신체나 물건에 대해 검색하게 된다.

CHECK POINT

1. 법조문을 항과 호에 따라 해석할 수 있는가?
2. 요건에 대한 객체를 구분할 수 있는가?

해설

제○○조 제3항 단서가 근거이다. 범죄가 이미 발생한 경우 등 긴급한 보안검색이 필요한 경우에는 국토교통부장관이 사전 통보를 하지 아니하고 보안검색을 실시하게 할 수 있다. 테러 범죄가 이미 발생한 경우와 같은 긴급한 보안검색이 필요한 경우 역시 국토교통부장관은 사전 통보를 하지 아니하고도 보안검색을 실시하게 할 수 있음을 알 수 있다.

오답풀이

① 제○○조 제2항 단서 및 제2항 제1호가 근거이다. 검색장비의 경보음이 울리는 경우 여객의 동의를 받아 직접 신체나 물건을 검색할 수 있다. 따라서 여객의 동의 없이도 직접 물건을 검색할 수 있는 것은 아니다.

③ 제○○조 제4항 단서 및 제4항 제2호가 근거이다. 의심물체에 대하여 검색하는 경우 철도특별사법경찰관리는 사전 설명 없이 보안검색을 실시할 수 있다.

④ 제○○조 제1항 제1호가 근거이다. 국가 정보기관으로부터 테러 위험 등의 정보를 통보받은 경우 등 국토교통부장관이 보안검색을 강화하여야 할 필요가 있다고 판단하는 경우 국토교통부장관이 보안검색 대상 역을 지정하여 그 역의 보안검색 대상 전부에 대하여 철도특별사법경찰관리가 보안검색을 실시하게 된다. 따라서 국토교통부장관이 보안검색 대상 역을 지정하는 것이지 철도특별사법경찰관리가 이를 지정하여 보안검색을 실시하는 것은 아니다.

⑤ 제○○조 제1항 제1호 및 제2항 본문이 근거이다. 위해물품을 탐지하기 위한 보안검색은 검색장비를 사용하여 검색하는 것이 원칙이다. 따라서 전부검색 역시 위해물품을 탐지하기 위해 원칙적으로 검색장비가 사용되고 예외적으로 직접 신체나 물건을 검색하게 된다.

정답 ②

03

2021년 5급공채 PSAT 상황판단 가책형 22번

다음 글을 근거로 판단할 때 옳은 것은?

> 제○○조 ① 재산공개대상자 및 그 이해관계인이 보유하고 있는 주식의 직무관련성을 심사·결정하기 위하여 인사혁신처에 주식백지신탁 심사위원회(이하 '심사위원회'라 한다)를 둔다.
> ② 심사위원회는 위원장 1명을 포함한 9명의 위원으로 구성한다.
> ③ 심사위원회의 위원장 및 위원은 대통령이 임명하거나 위촉한다. 이 경우 위원 중 3명은 국회가, 3명은 대법원장이 추천하는 자를 각각 임명하거나 위촉한다.
> ④ 심사위원회의 위원은 다음 각 호의 어느 하나에 해당하는 자격을 갖추어야 한다.
> 1. 대학이나 공인된 연구기관에서 부교수 이상의 직에 5년 이상 근무하였을 것
> 2. 판사, 검사 또는 변호사로 5년 이상 근무하였을 것
> 3. 금융 관련 분야에 5년 이상 근무하였을 것
> 4. 3급 이상 공무원 또는 고위공무원단에 속하는 공무원으로 3년 이상 근무하였을 것
> ⑤ 위원장 및 위원의 임기는 2년으로 하되, 1차례만 연임할 수 있다. 다만 임기가 만료된 위원은 그 후임자가 임명되거나 위촉될 때까지 해당 직무를 수행한다.
> ⑥ 주식의 직무관련성은 주식 관련 정보에 관한 직접적·간접적인 접근 가능성, 영향력 행사 가능성 등을 기준으로 판단하여야 한다.

① 심사위원회의 위원장은 위원 중에서 호선한다.
② 심사위원회의 위원 중 3명은 국회가 위촉한다.
③ 심사위원회의 위원이 4년을 초과하여 직무를 수행하는 경우가 있다.
④ 주식 관련 정보에 관한 간접적인 접근 가능성은 주식의 직무관련성을 판단하는 기준이 될 수 없다.
⑤ 금융 관련 분야에 5년 이상 근무하였더라도 대학에서 부교수 이상의 직에 5년 이상 근무하지 않으면 심사위원회의 위원이 될 수 없다.

CHECK POINT

1. 선구안: 기본적으로 득점해야 하는 법률 문제이므로 1턴에서 해결 가능
2. 임명/위촉의 주체를 정확히 파악할 수 있는가?
3. 출제자의 의도가 담긴 핵심 장치를 파악할 수 있는가?
   ① 원칙: "2년으로 하되, 1차례만 연임" → 4년
   예외: +α
   ② 호선: 어떤 조직의 구성원들이 그 가운데에서 어떠한 사람을 뽑음
   ③ "~수행하는 경우가 있다" → 옳을 가능성이 큰 표현

해설

제5항이 근거이다. 위원장 및 위원의 임기는 2년으로 하되, 1차례만 연임할 수 있다고 하였다. 다만 임기가 만료된 위원은 그 후임자가 임명되거나 위촉될 때까지 해당 직무를 수행한다고 하였다. 따라서 위원이 2년의 임기를 마치고 1차례 연임하여 2년의 임기를 더 수행한 뒤, 그 후임자가 임명되거나 위촉될 때까지 해당 직무를 추가로 수행한다면 총 4년을 초과하여 직무를 수행하는 경우가 있을 수 있다.

(오답풀이)

① 제3항이 근거이다. 심사위원회의 위원장 및 위원은 대통령이 임명하거나 위촉한다고 하였다. 따라서 심사위원회의 위원장은 위원 중에서 호선하는 것이 아니다.
② 제3항이 근거이다. 심사위원회의 위원은 대통령이 임명하거나 위촉하며, 이 경우 위원 중 3명은 국회가 추천하는 자를 임명하거나 위촉한다고 하였다. 따라서 위원 중 3명을 국회가 위촉하는 것은 아니다.
④ 제6항이 근거이다. 주식의 직무관련성은 주식 관련 정보에 관한 직접적·간접적인 접근 가능성, 영향력 행사 가능성 등을 기준으로 판단하여야 한다고 하였다. 따라서 주식 관련 정보에 관한 간접적인 접근 가능성은 주식의 직무관련성을 판단하는 기준이 될 수 있다.
⑤ 제4항 제3호가 근거이다. 심사위원회의 위원은 제4항 각 호의 어느 하나에 해당하는 자격을 갖추어야 하며, 동항 제3호는 금융 관련 분야에 5년 이상 근무하였을 것을 자격으로 하고 있다. 따라서 금융 관련 분야에 5년 이상 근무하였다면 대학에서 부교수 이상의 직에 5년 이상 근무하지 않았더라도 제4항의 자격을 갖춘 것으로 심사위원회의 위원이 될 수 있다.

(참고)

② 국회는 위원 3명에 대한 추천의 주체일 뿐, 위촉의 주체는 대통령이다.

정답 ③

04

다음 규정을 근거로 판단할 때 적법한 광고를 한 변호사를 [보기]에서 모두 고르면?

제○○조 (주로 취급하는 업무광고) ① 변호사는 대한변호사협회기준에 따라 주로 취급하는 업무('주요취급업무', '주요취급분야' 등의 용어도 사용 가능하다)를 광고할 수 있다.
② 주로 취급하는 업무의 광고방법을 예시하면 다음과 같다. 민사, 부동산, 임대차, 가사, 형사, 조세, 노동 등
③ 주로 취급하는 업무에 관하여 '최고', '유일' 기타 이와 유사한 용어를 사용할 수 없다.
제○○조 (광고 내용에 대한 제한) ① 변호사의 업무에 관한 광고는 변호사 및 그 업무에 대한 정보와 자료를 제공함으로써 변호사 선택에 도움을 주고, 변호사가 공정한 경쟁에 의하여 고객을 유치하는 범위 내에서 허용된다.
② 변호사는 다음과 같은 광고를 하거나 타인으로 하여금 광고를 하게 할 수 없다.
1. 변호사의 업무에 관한 객관적 사실에 부합하지 아니하거나 허위의 내용을 표시한 광고
2. 승소율, 석방률 기타 고객으로 하여금 업무수행결과에 대하여 부당한 기대를 가지도록 하는 내용의 광고
③ 변호사는 소속 지방변호사회에서 입회신청이 허가되기 전에 미리 변호사업무에 관한 광고행위를 하여서는 아니 된다.
제○○조 (광고방법에 대한 제한) ① 변호사는 현재 및 과거의 의뢰인, 친구, 친족 및 이에 준하는 사람 이외의 사람을 방문하거나 전화를 거는 방법으로 광고를 하여서는 안 된다. 다만, 상대방의 요청이 있는 경우에는 예외로 한다.
② 변호사는 불특정다수인에게 팩스, 우편, 전자우편을 보내거나 전자게시판 등에 게재하는 방법을 이용하여 광고를 하여서는 안 된다. 다만, 소속 지방변호사회의 허가를 받은 경우에는 그러하지 아니하다.
③ 변호사는 공공장소에서 불특정다수에게 전단을 배포하거나, 게시판 등에 광고물을 게시, 부착, 비치하거나 현수막을 설치하거나 운송수단 기타 옥외광고물을 설치하는 방법으로 광고를 하여서는 안 된다.

보기

㉠ 소속 지방변호사회에 입회신청을 함과 동시에 변호사업무에 관한 광고행위를 한 A 변호사
㉡ 상대방의 요청이 없음에도 과거의 의뢰인에게 전화를 걸어 광고한 B 변호사
㉢ 가사사건을 주요취급업무로 한다는 광고를 버스 외부 광고란에 게재한 C 변호사
㉣ '승소율 95%의 강남 1위 형사전문변호사'라는 문구를 간판에 명시한 D 변호사
㉤ 소속 지방변호사회에 허가를 받은 후 불특정다수인에게 광고를 포함한 우편을 보낸 E 변호사

① ㉠, ㉢ ② ㉡, ㉣ ③ ㉡, ㉤
④ ㉢, ㉣ ⑤ ㉣, ㉤

해설

㉠ 두 번째 조문 제3항이 근거이다. 소속 지방변호사회에 입회신청을 하였더라도 그 입회신청이 허가되기 전에 미리 변호사업무에 대한 광고행위를 할 수 없다. (×)

㉡ 세 번째 조문 제1항이 근거이다. 과거의 의뢰인에게는 상대방의 요청여부와 관계없이 전화를 거는 방법으로 광고를 할 수 있다. (○)

㉢ 첫 번째 조문 제2항과 세 번째 조문 제3항이 근거이다. 가사사건을 주요취급업무로 한다는 광고 내용에는 문제가 없으나, 운송수단인 버스 외부 광고란에 광고를 게재한 것은 세 번째 조문 제3항에서 금지하는 방법이다. (×)

㉣ 첫 번째 조문 제3항과 두 번째 조문 제2항 제2호가 근거이다. '승소율 95%의 강남 1위 형사전문변호사'라는 광고 문구에서 승소율에 대한 언급은 두 번째 조문 제2항 제2호에서 금지하고 있고, 1위라는 문구는 첫 번째 조문 제3항에서 금지하고 있는 '최고'라는 용어와 유사한 것으로 볼 수 있다. (×)

㉤ 세 번째 조문 제2항이 근거이다. 소속 지방변호사회의 허가를 받은 경우에는 불특정다수인에게 우편을 통해 광고를 할 수 있다. (○)

정답 ③

세상의 중요한 업적 중 대부분은,
희망이 보이지 않는 상황에서도
끊임없이 도전한 사람들이 이룬 것이다.

– 데일 카네기(Dale Carnegie)

NCS
실전 대비 40제

CHAPTER 01 문제해결 · 자원관리능력 40제

PART 3

01

2022년 7급공채 PSAT 상황판단 가책형 5번

다음 글을 근거로 판단할 때 옳은 것은?

조선 시대 쌀의 종류에는 가을철 논에서 수확한 벼를 가공한 흰색 쌀 외에 밭에서 자란 곡식을 가공함으로써 얻게 되는 회색 쌀과 노란색 쌀이 있었다. 회색 쌀은 보리의 껍질을 벗긴 보리쌀이었고, 노란색 쌀은 조의 껍질을 벗긴 좁쌀이었다.

남부 지역에서는 보리가 특히 중요시되었다. 가을 곡식이 바닥을 보이기 시작하는 봄철, 농민들의 희망은 들판에 넘실거리는 보리뿐이었다. 보리가 익을 때까지는 주린 배를 움켜쥐고 생활할 수밖에 없었고, 이를 보릿고개라 하였다. 그것은 보리를 수확하는 하지, 즉 낮이 가장 길고 밤이 가장 짧은 시기까지 지속되다가 사라지는 고개였다. 보리 수확기는 여름이었지만 파종 시기는 보리 종류에 따라 달랐다. 가을철에 파종하여 이듬해 수확하는 보리는 가을보리, 봄에 파종하여 그해 수확하는 보리는 봄보리라고 불렀다.

적지 않은 농부들은 보리를 수확하고 그 자리에 다시 콩을 심기도 했다. 이처럼 같은 밭에서 1년 동안 보리와 콩을 교대로 경작하는 방식을 그루갈이라고 한다. 그렇지만 모든 콩이 그루갈이로 재배된 것은 아니었다. 콩 수확기는 가을이었으나, 어떤 콩은 봄철에 파종해야만 제대로 자랄 수 있었고 어떤 콩은 여름에 심을 수도 있었다. 한편 조는 보리, 콩과 달리 모두 봄에 심었다. 그래서 봄철 밭에서는 보리, 콩, 조가 함께 자라는 것을 볼 수 있었다.

① 흰색 쌀과 여름에 심는 콩은 서로 다른 계절에 수확했다.
② 봄보리의 재배 기간은 가을보리의 재배 기간보다 짧았다.
③ 흰색 쌀과 회색 쌀은 논에서 수확된 곡식을 가공한 것이었다.
④ 남부 지역의 보릿고개는 가을 곡식이 바닥을 보이는 하지가 지나면서 더 심해졌다.
⑤ 보리와 콩이 함께 자라는 것은 볼 수 있었지만, 조가 이들과 함께 자라는 것은 볼 수 없었다.

02

다음 글을 근거로 판단할 때, [보기]에서 옳은 것만을 모두 고르면?

석유에서 얻을 수 있는 연료를 대체하는 물질 중 하나는 식물성 기름이다. 식물성 기름의 지방산을 처리하면 자동차 연료로 쓸 수 있는 바이오디젤을 만들 수 있다. 바이오디젤은 석유에서 얻는 일반디젤에 비해 몇 가지 장점이 있다. 바이오디젤은 분진이나 일산화탄소, 불완전연소 유기물과 같은 오염 물질을 적게 배출한다. 또한 석유에서 얻는 연료와 달리 식물성 기름에는 황이 거의 들어 있지 않아 바이오디젤을 연소했을 때 이산화황이 거의 배출되지 않는다. 바이오디젤은 기존 디젤 엔진에서도 사용될 수 있고 석유 연료에 비해 쉽게 생분해되기 때문에 외부로 유출되더라도 환경에 미치는 영향이 작다.

물론 바이오디젤도 단점이 있다. 우선 바이오디젤은 일반디젤보다 생산원가가 훨씬 높다. 또한 바이오디젤은 생분해되기 때문에 장기간 저장이 어렵고, 질소산화물을 더 많이 배출한다. 그뿐 아니라 엔진에 접착성 찌꺼기가 남을 수 있고, 일반디젤보다 응고점이 높다. 이 때문에 바이오디젤을 일반디젤의 첨가물로 사용하고 있다. 바이오디젤과 일반디젤은 쉽게 혼합되며, 그 혼합물은 바이오디젤보다 응고점이 낮다. 바이오디젤은 영어 약자 BD로 나타내는데, BD20은 바이오디젤 20%와 일반디젤 80%의 혼합연료를 뜻한다.

보기

ㄱ. 같은 양이라면 BD20의 생산원가가 일반디젤보다 낮을 것이다.
ㄴ. 석유에서 얻은 연료에는 황 성분이 포함되어 있을 것이다.
ㄷ. 같은 온도에서 바이오디젤이 액체일 때 일반디젤은 고체일 수 있다.
ㄹ. 바이오디젤만 연료로 사용하면 일반디젤만 사용했을 때와 비교해서 질소산화물 배출은 늘지만 이산화황 배출은 줄어들 것이다.

① ㄱ
② ㄴ, ㄷ
③ ㄴ, ㄹ
④ ㄷ, ㄹ
⑤ ㄱ, ㄴ, ㄷ

03

다음 글을 근거로 판단할 때, ○○구 보육정책의 문제점에 대한 개선방안으로 적절하지 않은 것을 고르면?

> 최근 영유아 보육의 중요성이 크게 부각되면서 많은 지방자치단체들이 지역구의 보육정책을 정비하려는 노력을 하고 있다. ○○구 보육정책위원회도 이러한 흐름에 맞추어 ○○구 보육정책의 문제점을 살펴보고 이에 대한 개선방안을 모색해 보기로 하였다.
>
> 가장 큰 문제는 ○○구 어린이집에서 일하고 있는 교사들의 열악한 처우 문제였다. 교사들은 명절 휴가도 제대로 보장받지 못한 채 굉장히 낮은 보수를 받으면서 근무하고 있었다. 10년차 어린이집 교사인 A씨는 이러한 상황에서 교사들에게 사명감만을 강조하는 것은 현실적이지 못하다며 고충을 토로했다. 아이들의 수에 비해 교사들의 수가 현저히 적은 것도 문제점으로 지적되었는데, 이는 보육의 질과 직결되기 때문에 개선방안 마련이 시급하다.
>
> 또한 2011년 이후 4년간 동결된 보육료로 인해 운영의 어려움을 겪는 어린이집이 많은 것으로 나타났다. 학부모들의 부담을 줄여주기 위한 동결 정책으로 인해 많은 어린이집들이 이윤을 거의 남기지 못하고 있었다. 그러나 동결 정책을 철회하는 것은 가정의 부담을 늘리고 결국에는 저출산 문제를 심화시킬 수 있으므로, 구청에서 어린이집에 운영지원금을 교부하는 방식으로 어린이집의 재정 상황을 개선시키는 것이 보다 바람직할 것으로 파악되었다.
>
> 위와 같은 문제 외에도 새로운 보육 정책들이 학부모들에게 제대로 홍보되지 못하여 실질적인 효과를 내지 못하고 있는 것과 영유아 보육 프로그램의 종류가 다소 적어 영유아들의 발달 욕구를 충족시키지 못하고 있는 것이 문제점으로 지적되었다.

① 어린이집 운영비 지원 방안
② 신규 어린이집 교사 선발 확대 방안
③ 영유아 보육 프로그램의 다양화 방안
④ 새로운 보육정책을 알려주는 스마트폰 앱 개발 방안
⑤ 어린이집 교사의 사명감을 고취시키는 행사 마련 방안

04

A부처에서 갑, 을, 병, 정 4명의 직원으로부터 국외연수 신청을 받아 선발 가능성이 가장 높은 한 명을 추천하려는 가운데, 정부가 선발 기준 개정안을 내놓았다. 현행 기준과 개정안 기준을 적용할 때, 각각 선발 가능성이 가장 높은 사람은?

〈선발 기준안 비교〉

구분	현행	개정안
외국어 성적	30점	50점
근무 경력	40점	20점
근무 성적	20점	10점
포상	10점	20점
계	100점	100점

※ 근무 경력은 15년 이상이 만점 대비 100%, 10년 이상 15년 미만 70%, 10년 미만 50%이다. 다만 근무경력이 최소 5년 이상인 자만 선발 자격이 있다.

※ 포상은 3회 이상이 만점대비 100%, 1~2회 50%, 0회 0%이다.

〈A부처의 국외연수 신청자 현황〉

구분	갑	을	병	정
근무 경력	30년	20년	10년	3년
포상	2회	4회	0회	5회

※ 외국어 성적은 갑과 을이 만점 대비 50%이고, 병이 80%, 정이 100%이다.

※ 근무 성적은 을만 만점이고, 갑 · 병 · 정 셋은 서로 동점이라는 사실만 알려져 있다.

	현행	개정안
①	갑	을
②	갑	병
③	을	갑
④	을	을
⑤	을	정

05

다음 글에 근거할 때, 옳은 것을 [보기]에서 모두 고르면?

종묘(宗廟)는 조선시대 역대 왕과 왕비, 그리고 추존(追尊)된 왕과 왕비의 신주(神主)를 봉안하고 제사를 지내는 왕실의 사당이다. 신주는 사람이 죽은 후 하늘로 돌아간 신혼(神魂)이 의지하는 것으로, 왕과 왕비의 사후에도 그 신혼이 의지할 수 있도록 신주를 제작하여 종묘에 봉안했다.

조선 왕실의 신주는 우주(虞主)와 연주(練主) 두 종류가 있는데, 이 두 신주는 모양은 같지만 쓰는 방식이 달랐다. 먼저 우주는 묘호(廟號), 상시(上諡), 대왕(大王)의 순서로 붙여서 썼다. 여기에서 묘호와 상시는 임금이 승하한 후에 신위(神位)를 종묘에 봉안할 때 올리는 것으로서, 묘호는 '태종', '세종', '문종' 등과 같은 추존 칭호이고 상시는 8글자의 시호로 조선의 신하들이 정해 올렸다.

한편 연주는 유명증시(有明贈諡), 사시(賜諡), 묘호, 상시, 대왕의 순서로 붙여서 썼다. 사시란 중국이 조선의 승하한 국왕에게 내려준 시호였고, 유명증시는 '명나라 왕실이 시호를 내린다'는 의미로 사시 앞에 붙여 썼던 것이었다. 하지만 중국 왕조가 명나라에서 청나라로 바뀐 이후에는 연주의 표기 방식이 바뀌었는데, 종래의 표기 순서 중에서 유명증시와 사시를 빼고 표기하게 되었다. 유명증시를 뺀 것은 더 이상 시호를 내려줄 명나라가 존재하지 않았기 때문이었고, 사시를 뺀 것은 청나라가 시호를 보냈음에도 불구하고 조선이 청나라를 오랑캐의 나라로 치부하여 그것을 신주에 반영하지 않았기 때문이었다.

〈조선 왕조와 중국의 명·청 시대 구분표〉

조건	태조(太祖)	정종(定宗)	태종(太宗)	…	인조(仁祖)	…	숙종(肅宗)	…
중국	명(明)					청(淸)		

[보기]

ㄱ. 중국이 태종에게 내린 시호가 '공정(恭定)'이고 태종의 상시가 '성덕신공문무광효(聖德神功文武光孝)'라면, 태종의 연주에는 '유명증시공정태종성덕신공문무광효대왕(有明贈諡恭定太宗聖德神功文武光孝大王)'이라고 쓰여 있을 것이다.

ㄴ. 중국이 태종에게 내린 시호가 '공정(恭定)'이고 태종의 상시가 '성덕신공문무광효(聖德神功文武光孝)'라면, 태종의 우주에는 '태종성덕신공문무광효대왕(太宗聖德神功文武光孝大王)'이라고 쓰여 있을 것이다.

ㄷ. 중국이 인조에게 내린 시호가 '송창(松窓)'이고 인조의 상시가 '헌문열무명숙순효(憲文烈武明肅純孝)'라면, 인조의 연주에는 '송창인조헌문열무명숙순효대왕(松窓仁祖憲文烈武明肅純孝大王)'이라고 쓰여 있을 것이다.

ㄹ. 숙종의 우주와 연주는 다르게 표기되어 있을 것이다.

① ㄱ, ㄴ　② ㄴ, ㄹ　③ ㄷ, ㄹ
④ ㄱ, ㄴ, ㄷ　⑤ ㄱ, ㄷ, ㄹ

06

다음 글과 〈표〉를 근거로 판단할 때, [보기]에서 옳은 것만을 모두 고르면?

- 수현과 혜연은 결혼을 준비하는 예비부부이고, 결혼까지 준비해야 할 항목이 7가지 있다.
- 결혼 당사자인 수현과 혜연은 준비해야 할 항목들에 대해 선호를 가지고 있으며, 양가 부모 또한 선호를 가지고 있다. 이때 '선호도'가 높을수록 우선순위가 높다.
- '선호도'는 '투입 대비 만족도'로 산출한다.
- '종합 선호도'는 각 항목별로 다음과 같이 산출한다.

$$\text{종합 선호도} = \frac{\{(\text{결혼 당사자의 만족도}) + (\text{양가 부모의 만족도})\}}{\{(\text{결혼 당사자의 투입}) + (\text{양가 부모의 투입})\}}$$

〈표〉

항목	결혼 당사자		양가 부모	
	만족도	투입	만족도	투입
예물	60	40	40	40
예단	60	60	80	40
폐백	40	40	30	20
스튜디오 촬영	90	50	10	10
신혼여행	120	60	20	40
예식장	50	50	100	50
신혼집	300	100	300	100

보기

ㄱ. 결혼 당사자와 양가 부모의 종합 선호도에 따른 우선순위 상위 3가지에는 '스튜디오 촬영'과 '신혼집'이 모두 포함된다.

ㄴ. 결혼 당사자의 우선순위 상위 3가지와 양가 부모의 우선순위 상위 3가지 중 일치하는 항목은 '신혼집'이다.

ㄷ. '예물'과 '폐백' 모두 결혼 당사자의 선호도보다 양가 부모의 선호도가 더 높다.

ㄹ. 양가 부모에게 우선순위가 가장 낮은 항목은 '스튜디오 촬영'이다.

① ㄱ, ㄴ　② ㄴ, ㄷ　③ ㄷ, ㄹ
④ ㄱ, ㄴ, ㄹ　⑤ ㄱ, ㄷ, ㄹ

07

다음 글을 근거로 판단할 때, [보기]에서 옳은 것만을 모두 고르면?

A마을에서는 다음과 같이 양의 이름을 짓는다.

- '물', '불', '돌', '눈' 중 한 개 이상의 글자를 사용하여 이름을 짓는다.
- 봄에 태어난 양의 이름에는 '물', 여름에 태어난 양의 이름에는 '불', 가을에 태어난 양의 이름에는 '돌', 겨울에 태어난 양의 이름에는 '눈'이 반드시 포함되어야 한다.
- 수컷 양의 이름에는 '물', 암컷 양의 이름에는 '불'이 반드시 포함되어야 한다.
- 같은 글자가 두 번 이상 사용되어서는 안 된다.

보기

ㄱ. 겨울에 태어난 A마을 양이 암컷이라면, 그 양에게 붙일 수 있는 두 글자 이름은 두 가지이다.
ㄴ. A마을 양 '물불'은 여름에 태어났다면 수컷이고 봄에 태어났다면 암컷이다.
ㄷ. A마을 양의 이름은 모두 두 글자 이상 네 글자 이하이다.

① ㄱ　② ㄴ　③ ㄷ
④ ㄱ, ㄴ　⑤ ㄴ, ㄷ

08

다음 명제가 모두 참이라고 할 때, 반드시 참인 명제를 고르면?

- 올바른 사람은 모두 겸손하다.
- 겸손한 사람은 모두 덕이 있는 사람이다.
- 덕이 없는 사람은 중용의 도를 깨우치지 못했다.

① 겸손한 사람은 중용의 도를 깨우치고 올바르다.
② 올바른 사람이 아니라면 덕이 없다.
③ 덕이 있는 사람은 겸손하고 중용의 도를 깨우쳤다.
④ 덕이 없는 사람은 겸손하지 않고 중용의 도를 깨우치지도 못했다.
⑤ 중용의 도를 깨우친 사람은 겸손하다.

09

2009년 행정외무고시 PSAT 언어논리 경책형 15번

다음 글을 토대로 판단할 때, [보기]의 진술 중 반드시 참인 것을 모두 고르면?

장애 아동을 위한 특수 교육 학교가 있다. 그 학교에는 키 성장이 멈추거나 더디어서 110cm 미만인 아동이 10명, 심한 약시로 꾸준한 치료와 관리가 필요한 아동이 10명 있다. 키가 110cm 미만인 아동은 모두 특수 스트레칭 교육을 받는다. 그리고 특수 스트레칭 교육을 받는 아동 중에는 약시인 아동은 없다. 어떤 아동이 약시인 경우에만 특수 영상장치가 설치된 학급에서 교육을 받는다. 숙이, 철이, 석이는 모두 이 학교에 다니는 아동이다.

보기

ㄱ. 특수 스트레칭 교육을 받으면서 특수 영상장치가 설치된 반에서 교육을 받는 아동은 없다.
ㄴ. 숙이가 약시가 아니라면, 그의 키는 110cm 미만이다.
ㄷ. 석이가 특수 영상장치가 설치된 반에서 교육을 받는다면, 그는 키가 110cm 이상이다.
ㄹ. 철이 키가 120cm이고 약시는 아니라면, 그는 특수 스트레칭 교육을 받지 않는다.

① ㄱ, ㄴ　② ㄱ, ㄷ　③ ㄴ, ㄷ
④ ㄴ, ㄹ　⑤ ㄷ, ㄹ

10

정부의 한 부서에서는 이번 정부기관 협의체에 참석할 인원의 명단을 작성하려 한다. 다음의 [조건]에 따라 갑, 을, 병, 정, 무, 기 중 참석할 사람을 결정하게 되는데 병이 참석할 수 없게 되었다면 참석할 수 있는 사람을 고르면?

조건

- 갑이 참석하면 을도 반드시 참석한다.
- 을이 참석하지 않거나 병이 참석한다.
- 정이 참석하지 않으면 갑과 을은 모두 참석한다.
- 정이 참석하면 을이나 무가 참석한다.
- 무가 참석하지 않거나 기가 참석하지 않는다.

① 갑, 을　② 을, 정　③ 정, 무
④ 정, 기　⑤ 무, 기

11

다음 글에 제시된 논리적 오류의 사례로 적절하지 않은 것은?

흔히 주변에서 암 검진 결과 암의 징후가 없다는 판정을 받은 후 암이 발견되면 검진이 엉터리였다고 비난하는 것을 본다. 우리 몸의 세포들을 모두 살펴보지 않은 이상 암세포가 없다고 결론지을 수 없다는 것은 논리적으로 명확한데 말이다. 우리는 1,000마리의 까마귀를 관찰하여 모두 까맣다고 해서 까맣지 않은 까마귀가 없다고 단정할 수는 없다고 학교에서 배웠다. 하지만 교실에서 범하지 않는 논리적 오류를 실생활에서는 흔히 범하곤 한다. 예를 들어, 1960년대에 의사들은 모유가 분유에 비해 이점이 있다는 증거를 찾지 못하였다. 그러자 당시 의사들은 모유가 특별한 이점이 없다고 결론지었다. 그 결과, 많은 사람들이 대가를 치러야만 했다. 수십 년이 지난 후에, 유아기에 모유를 먹지 않은 사람들은 특정 암을 비롯하여 여러 가지 질병에 걸릴 위험성이 높다는 사실이 밝혀진 것이다. 이와 같이 우리는 '증거의 없음'을 '없음의 증거'로 오인하곤 한다.

① 다양한 물질의 전기 저항을 조사한 결과 전기 저항이 0인 경우는 없었다. 따라서 전기 저항이 0인 물질은 없다.

② 어떤 사람이 술과 담배를 즐겼지만 몸에 어떤 이상도 발견되지 않았다. 따라서 그 사람에게는 술과 담배가 무해하다.

③ 경찰은 어떤 피의자가 확실한 알리바이가 있다는 것을 확인했다. 따라서 그 피의자는 해당 범죄 현장에 있지 않았다.

④ 주변에서 빛을 내는 것을 조사해보니 열 발생이 동반되지 않는 것이 없었다. 그러므로 열을 내지 않는 발광체는 없다.

⑤ 현재까지 수많은 노력에도 불구하고 외계 지적 생명체는 발견되지 않았다. 그러므로 외계 지적 생명체는 존재하지 않는다.

12

다음은 갑, 을, 병, 정, 무가 블로그에 음식점 A와 B에 대해 각각 평가를 한 내용이다. 평가에 참여한 이 다섯 사람 중 한 사람은 A 음식점의 직원이고 또 다른 한 사람은 B 음식점의 직원이다. 나머지 세 명은 모두 해당 음식점과는 무관한 일반 시민이다. 다음의 내용을 고려할 때, 반드시 참인 것을 고르면?(단, 맛, 분위기, 가격에 대한 평가 기준은 참가자가 모두 동일하다고 가정한다.)

- 각 음식점의 직원들은 모두 자신의 음식점에 대해서는 사실을 말했지만 상대 음식점에 대해서는 부정적인 평가를 하는 방법으로 거짓말을 했다.
- 일반 시민들은 두 음식점을 평가할 때, 모두 사실만을 말했다.

갑: A 음식들의 가격이 저렴하지만, B의 음식들은 맛이 좋지 않다.
을: A 음식점의 분위기는 좋지 않지만 B 음식점의 분위기는 좋다.
병: A의 음식들은 맛있고, B의 음식들도 맛있다.
정: A 음식들의 가격이 저렴하지만, B 음식들의 가격은 저렴하지 않다.
무: A의 음식들은 맛이 없고, B의 음식들은 맛있다.

① A 음식점의 분위기는 좋다.
② B의 가격은 저렴하지 않다.
③ A의 음식들은 맛이 좋지 않다.
④ 정은 A 음식점의 직원이다.
⑤ 을은 B 음식점의 직원이다.

13

다음 글을 근거로 판단할 때, A와 정면으로 마주보고 있는 사람을 고르면?

- A~H 8명은 원의 둘레를 8등분한 각 지점 위에 한 사람씩 원의 중심을 바라보며 서 있다.
- B와 G는 A로부터 같은 거리만큼 떨어져 있다.
- B와 D는 정면으로 마주보고 있다.
- C와 F는 A로부터 같은 거리만큼 떨어져 있다.
- C의 바로 오른쪽은 D이다.
- E와 G는 B로부터 같은 거리만큼 떨어져 있다.

① B ② C ③ E

④ F ⑤ H

14

2018년 5급공채 PSAT 상황판단 나책형 33번

다음 글을 근거로 판단할 때, [보기]에서 옳은 것만을 모두 고르면?

- 甲과 乙은 책의 쪽 번호를 이용한 점수 게임을 한다.
- 책을 임의로 펼쳐서 왼쪽 면 쪽 번호의 각 자리 숫자를 모두 더하거나 모두 곱해서 나오는 결과와 오른쪽 면 쪽 번호의 각 자리 숫자를 모두 더하거나 모두 곱해서 나오는 결과 중에 가장 큰 수를 본인의 점수로 한다.
- 점수가 더 높은 사람이 승리하고, 같은 점수가 나올 경우 무승부가 된다.
- 甲과 乙이 가진 책의 시작 면은 1쪽이고, 마지막 면은 378쪽이다. 책을 펼쳤을 때 왼쪽 면이 짝수, 오른쪽 면이 홀수 번호이다.
- 시작 면이나 마지막 면이 나오게 책을 펼치지는 않는다.

※ 쪽 번호가 없는 면은 존재하지 않는다.

※ 두 사람은 항상 서로 다른 면을 펼친다.

보기

ㄱ. 甲이 98쪽과 99쪽을 펼치고, 乙은 198쪽과 199쪽을 펼치면 乙이 승리한다.

ㄴ. 甲이 120쪽과 121쪽을 펼치고, 乙은 210쪽과 211쪽을 펼치면 무승부이다.

ㄷ. 甲이 369쪽을 펼치면 반드시 승리한다.

ㄹ. 乙이 100쪽을 펼치면 승리할 수 있다.

① ㄱ, ㄴ ② ㄱ, ㄷ ③ ㄱ, ㄹ

④ ㄴ, ㄷ ⑤ ㄴ, ㄹ

15

2014년 5급공채 PSAT 상황판단 A책형 4번

다음 글을 근거로 판단할 때, ㉠에 해당하는 값은?(단, 소수점 이하 반올림함)

한 남자가 도심 거리에서 강도를 당했다. 그는 그 강도가 흑인이라고 주장했다. 그러나 사건을 담당한 재판부가 당시와 유사한 조건을 갖추고 현장을 재연했을 때, 피해자가 강도의 인종을 정확하게 인식한 비율이 80% 정도밖에 되지 않았다. 강도가 정말로 흑인일 확률은 얼마일까?

물론 많은 사람들이 그 확률은 80%라고 말할 것이다. 그러나 실제 확률은 이보다 상당히 낮을 수 있다. 인구가 1,000명인 도시를 예로 들어 생각해보자. 이 도시 인구의 90%는 백인이고 10%만이 흑인이다. 또한 강도짓을 할 가능성은 두 인종 모두 10%로 동일하며, 피해자가 백인을 흑인으로 잘못 보거나 흑인을 백인으로 잘못 볼 가능성은 20%로 똑같다고 가정한다. 이 같은 전제가 주어졌을 때, 실제 흑인 강도 10명 가운데 (　　)명만 정확히 흑인으로 인식될 수 있으며, 실제 백인강도 90명 중 (　　)명은 흑인으로 오인된다. 따라서 흑인으로 인식된 (　　)명 가운데 (　　)명만이 흑인이므로, 피해자가 범인이 흑인이라는 진술을 했을 때 그가 실제로 흑인에게 강도를 당했을 확률은 겨우 (　　)분의 (　　), 즉 약 [　㉠　]%에 불과하다.

① 18　　② 21　　③ 26
④ 31　　⑤ 36

16

2012년 5급공채 PSAT 상황판단 인책형 34번

△△년 5월 10일 A시의 일출 시각은 A시의 시각으로 05:30이다. 다음 [조건]을 근거로 판단할 때, △△년 5월 12일 B시의 일출 시각은 B시의 시각으로 몇 시인가?(단, 아래 [조건] 외의 다른 요인은 고려하지 않는다.)

조건

- 지구는 매 시간마다 15도씩 서에서 동으로 자전한다.
- A시는 동경 125도에 위치하고, 동경 135도의 표준시※를 사용한다(동경 125도: 지구의 본초 자오선을 기준으로 동쪽으로 125도인 선).
- B시는 동경 115도에 위치하고, 동경 105도의 표준시를 사용한다.
- △△년 5월 A시와 B시의 일출 시각은 매일 2분씩 빨라진다.

※ 표준시 : 경도를 달리하는 각지 사이의 시차를 통일하려고 일정한 지점의 시각을 그 근처에 있는 일정한 구역 안의 표준으로 하는 시각

① 04:06　　② 04:10　　③ 05:06
④ 07:26　　⑤ 07:34

17

다음 글의 A주장에 근거하여 예측한 행동과 B주장에 근거하여 예측한 행동이 일치된 결과를 가져올 가능성이 가장 높은 상황은?

> A: 인간의 이타적 행동을 이해하기 위해서는 이타적 행동이 나타나는 상황적 특성을 먼저 파악해야 한다. 대체로 사람들은 혼자 있을 경우에는 이타적 행동을 보일 가능성이 높고, 다른 사람들과 함께 있을 경우에는 이타적 행동을 보이지 않을 가능성이 높다.
>
> B: 이타적 행동은 다른 사람의 행동과 관계가 있다. 개인은 피해자에게 도움을 주어야 할지 여부를 판단할 때 타인의 행동으로부터 단서를 얻으려 한다. 타인이 도와주면 자신도 도와줄 가능성이 크고, 타인이 도와주지 않으면 자신도 도와주지 않을 가능성이 크다.

① 자동차 충돌 사고는 처음 보는데…. 목격자가 나밖에 없는데 어쩌지?

② 버스에 있는 모든 사람들이 불쌍한 소녀를 도와주려고 돈을 주네. 소녀가 내 앞에 오면 어떻게 하지?

③ 한적한 시골 밤길을 혼자 걷는 것도 무서운데 여자가 도와달라고 소리치네. 어떻게 하지?

④ 한 사람이 여러 명한테 일방적으로 맞고 있는데 내 주변의 구경꾼들은 다들 가만히 있네. 아는 사람도 없고 어쩌지?

⑤ 저 노숙자한테 돈을 줘야 하나? 고마움도 모르고 계속 술만 마시면서 게으른 생활만 하는데…. 그대로 두자니 딱하기도 하고 어쩌지?

18

다음 글을 근거로 판단할 때, 옳은 것을 고르면?

제○○조 ① 누구든지 동물에 대하여 잔인한 방법으로 죽음에 이르게 하는 행위를 하여서는 아니 된다.
② 누구든지 동물에 대하여 도구·약물 등 물리적·화학적 방법을 사용하여 상해를 입히는 행위를 하여서는 아니 된다. 다만 질병의 예방이나 치료를 위한 경우는 제외한다.
③ 누구든지 유실·유기동물에 대하여 포획하여 판매하거나 죽이는 행위를 하여서는 아니 된다.
④ 누구든지 다음 각 호의 행위를 하여서는 아니 된다.
1. 제1항부터 제3항까지에 해당하는 행위를 촬영한 영상물을 인터넷에 게재하는 행위. 다만 동물보호 의식을 고양시키기 위한 목적이 표시된 경우는 제외한다.
2. 도박·시합 등의 상이나 경품으로 동물을 제공하는 행위
3. 영리를 목적으로 동물을 대여하는 행위. 다만 장애인에게 보조견을 대여하는 경우는 제외한다.

제□□조 ① 제○○조 제1항을 위반한 자는 4년 이하의 징역 또는 4천만 원 이하의 벌금에 처한다.
② 제○○조 제2항 또는 제3항을 위반한 자는 2년 이하의 징역 또는 2천만 원 이하의 벌금에 처한다.
③ 제○○조 제4항을 위반한 자는 300만 원 이하의 벌금에 처한다.
④ 상습적으로 동조 제1항 내지 제2항의 죄를 지은 자는 그 죄에 정한 형의 2분의 1까지 가중한다.

제△△조 법인의 대표자나 그 밖의 종업원이 그 법인의 업무에 관하여 제□□조에 따른 위반행위를 하면 그 행위자를 벌하는 것 외에 그 법인에게도 해당 조문의 벌금형을 과한다. 다만 법인이 그 위반행위를 방지하기 위하여 상당한 주의와 감독을 게을리하지 아니한 경우에는 그러하지 아니하다.

① 甲이 질병의 예방·치료가 아닌 목적을 가지고 약물로 동물에 상해를 입힌 경우, 4천만 원의 벌금에 처해질 수 있다.

② A법인 종업원 乙이 업무에 관하여 시합의 상으로 동물을 제공하는 행위를 하여 300만 원의 벌금에 처해진 경우, A법인은 600만 원의 벌금에 처해진다.

③ 동물을 잔인한 방법으로 죽음에 이르게 한 행위를 촬영한 영상물의 경우 동물보호 의식을 고양시키기 위하여 그 목적을 표시하더라도 丙은 이를 인터넷에 게재할 수 없다.

④ 유실동물을 포획하여 판매한 丁이 과거에도 동일 범죄를 상습적으로 행하여 처벌받았던 경우, 3천만 원의 벌금에 처해질 수 있다.

⑤ B법인(장애인 보조견 대여사업 수행) 대표 戊가 영리 목적으로 비장애인에게 보조견을 대여하여 벌금형에 처해진 경우, 주의·감독 여부와 상관없이 B법인 또한 벌금형이 부과된다.

19

다음 글을 근거로 판단할 때, 옳은 것을 고르면?

제○○조 ① 아동의 권리증진과 건강한 출생 및 성장을 위하여 종합적인 아동정책을 수립하고 관계 부처의 의견을 조정하기 위하여 국무총리 소속으로 아동정책조정위원회(이하 '위원회'라 한다)를 둔다.

② 위원회는 다음 각 호의 사항을 심의·조정한다.

1. 아동의 권익 및 복지 증진을 위한 기본방향에 관한 사항
2. 아동정책의 개선과 예산지원에 관한 사항
3. 아동정책에 관한 관련 부처 간 협조에 관한 사항
4. 그 밖에 위원장이 부의하는 사항

③ 위원회는 위원장을 포함한 25명 이내의 위원으로 구성하되, 위원장은 국무총리가 되고 위원은 다음 각 호의 사람이 된다.

1. 기획재정부장관·교육부장관·법무부장관·행정안전부장관·문화체육관광부장관·산업통상자원부장관·보건복지부장관·고용노동부장관·여성가족부장관
2. 아동 관련 단체의 장이나 아동에 대한 학식과 경험이 풍부한 사람 중 위원장이 위촉하는 15명 이내의 위원

④ 위원회의 위원 중 동조 제3항 제2호에 따른 위촉위원의 임기는 2년으로 한다.

제○○조 ① 위원회의 위원장은 위원회를 대표하고, 위원회의 업무를 총괄한다.

② 위원회의 위원장이 부득이한 사유로 직무를 수행할 수 없을 때에는 위원회의 위원장이 미리 지명한 위원이 그 직무를 대행한다.

③ 위원회의 위원장은 위원회의 회의를 소집하고, 그 의장이 된다.

④ 위원회의 회의는 재적위원 과반수의 출석으로 개의하고, 출석위원 과반수의 찬성으로 의결한다.

① 아동정책조정위원회의 위원장은 위원 중에서 호선한다.

② 아동정책조정위원회는 위원장을 포함한 25명 이내의 위원으로 구성되고, 위원장 및 위원의 임기는 2년이다.

③ 아동정책조정위원회 회의에 재적위원 21명이 출석한 경우의 의결정족수가 20명이 출석한 경우의 의결정족수보다 크다.

④ 종합적인 아동정책 수립 등을 위하여 대통령 소속으로 아동정책조정위원회를 두어야 한다.

⑤ 아동정책조정위원회의 위원장이 직무를 수행할 수 없을 때 보건복지부장관이 그 직무를 대행할 수 있는 경우가 있다.

20

다음 글을 근거로 판단할 때, 옳은 것을 고르면?

제○○조 ① 다중이용 건축물의 관리자는 건축물의 안전과 기능을 유지하기 위하여 정기점검을 실시하여야 한다.

② 정기점검은 대지, 높이 및 형태, 구조안전, 화재안전, 건축설비, 에너지 및 친환경 관리, 범죄예방, 건축물관리계획의 수립 및 이행 여부 등에 대하여 실시한다. 다만 해당 연도에 안전점검 또는 안전진단이 실시된 경우에는 정기점검 중 구조안전에 관한 사항을 생략할 수 있다.

③ 제1항에 따른 정기점검은 해당 건축물의 사용승인일부터 5년 이내에 최초로 실시하고, 점검을 시작한 날을 기준으로 3년마다 실시하여야 한다.

제○○조 ① 특별자치시장·특별자치도지사 또는 시장·군수·구청장은 다음 각 호의 어느 하나에 해당하는 경우 해당 건축물의 관리자에게 건축물의 구조안전, 화재안전 등을 긴급점검하도록 요구하여야 한다.

1. 재난 등으로부터 건축물의 안전을 확보하기 위하여 점검이 필요하다고 인정되는 경우
2. 건축물의 노후화가 심각하여 안전에 취약하다고 인정되는 경우

② 제1항에 따른 점검은 관리자가 긴급점검 실시 요구를 받은 날부터 1개월 이내에 실시하여야 한다.

제○○조 ① 국토교통부장관은 정기점검, 긴급점검의 실시 방법·절차 등에 관한 사항을 규정한 지침(이하 '건축물관리점검지침'이라 한다)을 작성하여 고시하여야 한다.

② 국토교통부장관이 건축물관리점검지침을 작성할 때에는 미리 관계 중앙행정기관의 장과 협의하여야 한다.

① A특별자치시 건축물의 노후화가 심각하여 안전에 취약하다고 인정되는 경우, A특별자치시장은 건축물의 관리자에게 정기점검을 요구하여야 한다.

② 다중이용 건축물에 대해 해당 연도 안전진단이 실시된 경우, 다중이용 건축물 관리자는 전체 정기점검을 생략할 수 있다.

③ 국토교통부장관은 건축물관리점검지침을 고시한 후 관계 중앙행정기관의 장과 협의하여야 한다.

④ 긴급점검 실시 요구를 받은 건축물의 관리자는 실시 요구를 받은 날부터 1개월 이내에 점검을 실시하여야 한다.

⑤ 정기점검은 건축물의 사용승인일부터 5년 이내에 최초로 실시하고, 정기점검이 끝난 날을 기준으로 3년마다 실시하여야 한다.

21

○○시의 사무관 K씨는 3월 1일자로 현 부서에 부임하자마자 새로운 환경시설 유치에 대한 주민공청회를 개최하는 업무를 시작하였다. 주민공청회를 개최하기 위해서는 다음과 같은 활동들과 소요기간(일)이 필요하다. 여기서 각 활동들은 직전 활동들이 완성되어야만 시작된다. 가장 빠른 공청회 개최일은?(단, 휴일에도 근무하는 것으로 한다.)

활동	활동내용	직전활동	소요기간(일)
1	공청회 개최 담당조직 결성		2
2	예산 확보	1	4
3	공청회 장소 물색	1	3
4	공청회 장소 결정 및 계약	3	2
5	사회자, 발표자 및 토론자 선정	2	10
6	초청장 인쇄 및 발송	2, 5	5
7	공청회 자료 작성	1, 5	15
8	공청회 자료 운반	7	1
9	공청회 회의실 정비	4	1
10	공청회 개최	6, 8, 9	1

① 3월 9일　② 3월 19일　③ 3월 22일
④ 4월 2일　⑤ 4월 13일

22

다음 [조건]에 근거할 때, [보기]에서 옳은 것만을 모두 고르면?

조건

- 제품 S를 생산하기 위해서는 공정 A, B, C, D, E, F, G를 모두 거쳐야 한다.
- 일부 공정은 특정 공정들을 완료한 이후에만 시작할 수 있다.
- 공정들은 동시에 수행될 수 있다.
- 각 공정을 시작하기 위해 완료가 필요한 공정과 처리시간은 아래와 같다.

공정	완료가 필요한 공정	처리시간
A	없음	3시간
B	A	7시간
C	A	9시간
D	C	5시간
E	C	7시간
F	B, D	6시간
G	E, F	8시간

※ 제품 S를 생산하는 데 드는 비용은 시간당 10만 원임.

보기

㉠ 제품 S를 생산하는 데 걸리는 최소 시간은 31시간이다.
㉡ 공정 B의 처리시간이 15시간으로 증가하더라도 제품 S를 생산하는 데 걸리는 최소 시간은 변하지 않는다.
㉢ 공정 F의 처리시간이 5시간 감소하면, 제품 S를 생산하는 데 걸리는 최소 시간은 27시간으로 감소한다.
㉣ 공정 C의 처리시간을 8시간 감소시키는 투자비용이 총 75만 원이라면, 이와 같은 투자를 하였을 때 이윤은 증가한다.

① ㉠, ㉡　② ㉠, ㉢　③ ㉠, ㉣
④ ㉡, ㉣　⑤ ㉢, ㉣

CH 01 01 문제해결·자원관리능력 40제

23

다음 [상황]과 [조건]을 근거로 판단할 때 옳은 것은?

상황

A대학교 보건소에서는 4월 1일(월)부터 한 달 동안 재학생을 대상으로 금연교육 4회, 금주교육 3회, 성교육 2회를 실시하려는 계획을 가지고 있다.

조건

- 금연교육은 정해진 같은 요일에만 주 1회 실시하고, 화, 수, 목요일 중에 해야 한다.
- 금주교육은 월요일과 금요일을 제외한 다른 요일에 시행하며, 주 2회 이상은 실시하지 않는다.
- 성교육은 4월 10일 이전, 같은 주에 이틀 연속으로 실시한다.
- 4월 22일부터 26일까지 중간고사 기간이고, 이 기간에 보건소는 어떠한 교육도 실시할 수 없다.
- 보건소의 교육은 하루에 하나만 실시할 수 있고, 토요일과 일요일에는 교육을 실시할 수 없다.
- 보건소는 계획한 모든 교육을 반드시 4월에 완료하여야 한다.

① 금연교육이 가능한 요일은 화요일과 수요일이다.

② 금주교육은 같은 요일에 실시되어야 한다.

③ 금주교육은 4월 마지막 주에도 실시된다.

④ 성교육이 가능한 일정 조합은 두 가지 이상이다.

⑤ 4월 30일에도 교육이 있다.

24

다음은 연희의 집과 A~E 도시가 연결된 도로의 길이를 나타낸 자료이다. 연희는 집에서 출발하여 모든 도시를 둘러보았다. 연희가 최단 거리로 이동했다고 할 때, 이동 거리를 고르면?

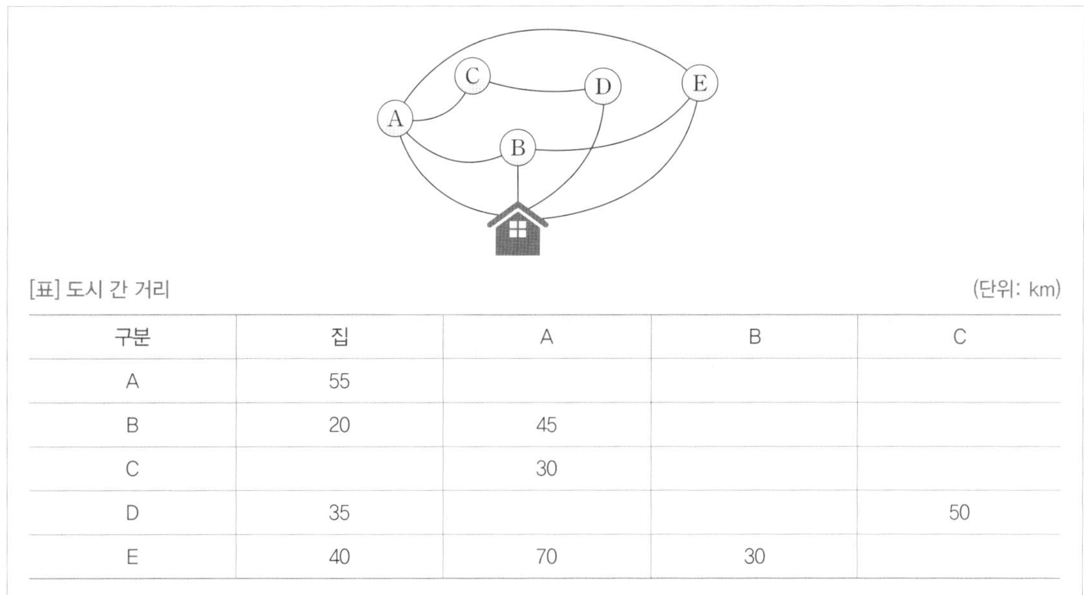

[표] 도시 간 거리 (단위: km)

구분	집	A	B	C
A	55			
B	20	45		
C		30		
D	35			50
E	40	70	30	

① 185km ② 190km ③ 195km

④ 200km ⑤ 205km

25

A는 도시 1로부터 [그림]의 모든 도시들(2, 3, 4, 5, 6, 7)을 매주 한 도시씩 방문하여 홍보활동을 하려고 한다. A는 매주 홍보가 끝나고 다시 도시 1로 돌아와야 하고, 각 도시들을 방문함에 있어서 이동거리를 최소화하여야 한다면, [보기] 중 옳지 않은 것을 모두 고른 것은?

[그림] 도시 사이의 거리

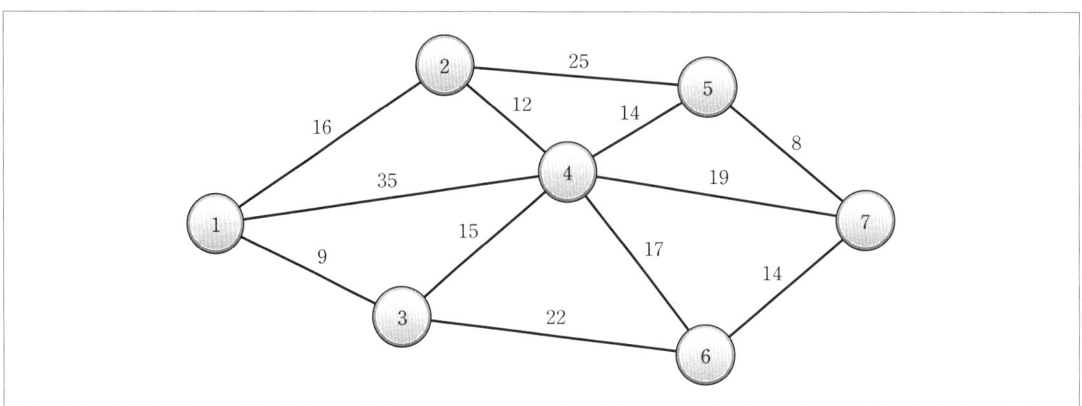

※ 도시 간 연결선상의 숫자는 거리(km)를 의미한다.

보기

ㄱ. A가 6주 동안 이동한 총 거리는 161km이다.
ㄴ. A는 도시 5에 갈 때 경로 1-2-5를 이용한다. 즉, 도시 1을 출발하여 도시 2를 거쳐 도시 5에 도착한다.
ㄷ. A는 도시 7에 갈 때 경로 1-3-4-7을 이용한다.
ㄹ. A가 도시 5까지 가는 거리는 도시 6까지 가는 거리보다 길다.

① ㄴ
② ㄷ
③ ㄱ, ㄴ
④ ㄱ, ㄹ
⑤ ㄷ, ㄹ

26

다음 글을 근거로 판단할 때, 甲~丁 4명이 모두 외출 준비를 끝내는 데 소요되는 최소 시간은?

甲~丁 4명은 화장실 1개, 세면대 1개, 샤워실 2개를 갖춘 숙소에 묵었다. 다음날 아침 이들은 화장실, 세면대, 샤워실을 이용한 후 외출을 하려고 한다.

- 화장실, 세면대, 샤워실 이용을 마치면 외출 준비가 끝난다.
- 화장실, 세면대, 샤워실 순서로 1번씩 이용한다.
- 화장실, 세면대, 각 샤워실은 한 번에 한 명씩 이용한다.

〈개인별 이용시간〉

(단위:분)

구분	화장실	세면대	샤워실
甲	5	3	20
乙	5	5	10
丙	10	5	5
丁	10	3	15

① 40분　② 42분　③ 45분
④ 48분　⑤ 50분

27

다음 글을 근거로 판단할 때, [사례]에서 발생한 슬기의 손익은?

- 甲은행이 A가격(원/달러)에 달러를 사고 싶다는 의사표시를 하고, 乙은행이 B가격(원/달러)에 달러를 팔고 싶다고 의사표시를 하면, 중개인은 달러 고시 가격을 A/B로 고시한다.
- 만약 달러를 즉시 사거나 팔려면 그것을 팔거나 사려는 측이 제시하는 가격을 받아들일 수밖에 없다.
- 환전수수료 등의 금융거래비용은 없다.

사례

- 현재 달러 고시 가격은 1,204.00/1,204.10이다. 슬기는 달러를 당장 사고 싶었고, 100달러를 바로 샀다.
- 1시간 후 달러 고시 가격은 1,205.10/1,205.20으로 움직였다. 슬기는 달러를 당장 팔고 싶었고, 즉시 100달러를 팔았다.

① 100원 이익 ② 120원 이익 ③ 200원 이익
④ 100원 손실 ⑤ 200원 손실

28

다음 글을 근거로 판단할 때, 구입할 7인석 의자의 개수와 그때의 총 구매비용을 바르게 짝지은 것을 고르면?

> 甲 부서는 대강당에 놓을 의자를 다음 규칙을 만족하도록 구매하려고 한다.
>
> 〈의자 구매 규칙〉
>
> • 구매할 수 있는 의자는 3인석 의자와 7인석 의자가 있다.
> • 구매하는 의자의 총 개수는 20개 이하로 한다.
> • 80명 이상이 앉을 수 있도록 의자를 구매한다.
> • 3인석 의자의 개수는 7인석 의자의 개수의 2배 이상으로 구매하되, 7인석 의자는 가능한 적게 구매한다.
> • 3인석 의자의 비용은 1개당 30만 원이며, 7인석 의자는 1개당 80만 원이다.

	7인석 의자의 개수	총 구매비용
①	4	770만 원
②	4	800만 원
③	5	820만 원
④	5	850만 원
⑤	6	900만 원

29

편의점을 새로 오픈하는 A는 아르바이트생을 채용하고자 한다. A는 효율적인 직원 관리를 위해 최소 비용으로 최소 인원을 채용하기로 하였다. 채용 조건과 지원과 명단이 다음과 같고, 편의점 내에는 1명 이상의 아르바이트생이 계속 있어야 한다고 할 때, 채용에 포함될 지원자를 고르면?

> 채용 조건
>
> • 근무 요일: 월~금
> • 근무 시간: 06:00~12:00 / 12:00~18:00 / 18:00~24:00 / 24:00~06:00 중 선택(최대 12시간)
> • 우대 조건: 편의점 아르바이트 유경험자, 3개월 이상 근무 가능자

[표] 지원과 명단

이름	희망 근무 요일	희망 근무 시간	우대 조건
고정민	월, 화, 수	12:00~18:00	
송아린	월, 화, 수	18:00~06:00	
김준식	목, 금	06:00~18:00	편의점 아르바이트 유경험자
정선호	월, 화, 수, 목, 금	12:00~18:00	
이범준	월, 화, 수	06:00~18:00	3개월 이상 근무 가능자
차형선	목, 금	18:00~24:00	
한재희	목, 금	24:00~06:00	
남정필	월, 화, 수, 목, 금	18:00~06:00	
류선영	월, 화, 수, 목, 금	06:00~12:00	

① 고정민 ② 김준식 ③ 정선호
④ 한재희 ⑤ 류선영

30

다음 글을 근거로 판단할 때, [상황]에서 적법한 사무인계인수를 한 사람만을 모두 고르면?

제○○조 이 규칙은 퇴직, 휴직 또는 전보되는 경우와 기타 사유로 1월 이상 그 직무를 담당할 수 없게 된 경우에 적용한다. 다만 6개월 미만의 국내출장으로 인한 경우에는 그러하지 아니하다.

제○○조 ① 전조에 해당하는 자는 사무인계사유 발생일로부터 7일 이내에 후임자에게 인계하여야 한다. 다만 위 기간 내에 인계인수를 마칠 수 없는 사정이 있을 때에는 인계인수 예정 일자를 첨부하여 상급 기관에 보고하여야 한다.

② 후임자가 미정일 경우나, 기타 특별한 사유로 인하여 후임자에게 사무를 인계할 수 없는 때에는 그 직무를 대리하는 자에게 인계하여야 하고 대리자는 후임자가 사무를 인수할 수 있게 된 때에 즉시 이를 인계하여야 한다.

③ 같은 과 내에서 상·하급자가 동시에 사무를 인계하여야 할 사유가 발생하였을 때에는 하급자의 사무인계인수는 상급자의 인계인수로써 갈음할 수 있다.

제○○조 사무인계인수서는 3부를 작성하여 인계자와 인수자가 각 1부씩 소지하고 잔여 1부는 해당 과에 보관하여야 한다. 다만 과장 이상이 사무인계인수를 할 경우에는 추가로 1부를 더 작성하여 문서과에 보존한다.

제○○조 ① 사무인계인수를 하여야 할 당사자가 정당한 사유 없이 그 인계인수를 거부할 때에는 상급 기관에 보고한 후 그 지시에 따라 인계인수를 하여야 한다.

② 인수자는 사무의 인계내용이 사실과 다르거나 내용이 불분명하여 그대로 인수할 수 없을 때에는 인수를 거부할 수 있으며, 인계자로 하여금 즉시 시정 또는 보완 작성하게 한 후 인수하여야 한다.

③ 제2항의 경우 인계자가 그 시정 또는 보완을 거부할 때에는 그 사유를 명시하여 상급 기관에 보고한 후 그 지시에 따라 인계인수를 하여야 한다.

상황

- 사무인계인수서를 본인과 인수자가 1부씩 소지하고 2부는 문서과에 보관·보존한 퇴직하는 문서과장 甲
- 같은 과의 상급자와 동시에 3개월 동안 국내출장으로 직무를 담당할 수 없게 되어 사무인계인수를 상급자의 인계인수로써 갈음한 乙
- 사무의 인계내용이 불분명하여 그대로 인수할 수 없을 때 인계자에게 시정 또는 보완 작성을 요청하지 않고 즉시 상급기관에 보고한 丙
- 사고로 인하여 후임자가 사무를 인수할 수 없게 되자, 대신 사무를 인계 받은 후 후임자가 복귀하였을 때 즉시 후임자에게 사무를 인계한 직무 대리자 丁

① 甲, 乙　② 甲, 丁　③ 乙, 丙　④ 乙, 丁　⑤ 丙, 丁

31

다음 글을 근거로 판단할 때, [보기]에서 옳은 것만을 모두 고르면?

甲: 스스로를 해치는 권리는 인정되어야 한다. 스스로를 해치는 행위에서 '해치는' 범위를 단정 지을 수 없기 때문이다. 해친다는 기준은 사람에 따라 주관적일 수밖에 없다. 예를 들어 스스로를 해치는 행위를 동일하게 하더라도 그 행위를 감당할 수 있는 정도에 따라 스스로를 해치는 정도가 달라질 수 있다. 또한 스스로를 해치는 것이 자신에게 도움이 되는 경우도 있다. 예컨대 흡연은 자신을 해치는 행위이지만 정신적 안정을 찾는 스트레스 해소 수단이 될 수도 있다. 네일아트는 손톱을 상하게 하며 귀걸이는 몸에 구멍을 뚫게 하지만 본인의 만족과 행복을 뒤따르게 한다. 다른 이유로는 생명의 순간에서는 선택권이 없었으므로 죽음의 순간에서는 선택권이 있어야 한다는 점이다. 삶을 시작하는 것은 자신이 정한 것이 아니므로 삶을 끝내는 것이라도 자신이 정할 수 있어야 한다는 것이다. 마지막으로 헌법상의 행복추구권도 근거가 된다. 헌법 제10조에서는 모든 국민은 행복을 추구할 권리를 가진다고 명시하고 있다. 자신을 해치는 것이 행복을 위하는 것이라면 이는 헌법상 권리로 당연히 인정되어야 할 것이다.

乙: 스스로를 해치는 권리는 인정될 수 없다. 만약 스스로를 해칠 권리를 제한 없이 인정한다면 사회질서는 유지될 수 없을 것이다. 근력 운동과 같이 신체에 어떠한 상처도 내지 않으면서 경미한 정도로 자신을 해치는 것을 제외하고는 자신을 해칠 권리를 모두 제한해야 한다. 만약 마약이나 자살이 허용된다면 사회질서가 무너질 것을 쉽게 상상할 수 있다. 이에 대한 현실적 근거로는 베르테르 효과가 존재한다. 한국이나 홍콩의 유명 연예인이 자살했을 때의 통계자료를 살펴보면 자살률이 유의미하게 증가하는 것을 알 수 있다. 이와 같이 유명인의 자살을 모방하는 것을 베르테르 효과라 한다.

보기

㉠ 甲에 의하면 미취학 아동이 타이어를 끄는 것과 훈련된 군인이 타이어를 끄는 것은 스스로를 해치는 정도가 다를 것이다.

㉡ 甲과 乙 모두 자신을 해치는 권리 중 자살을 인정할 수 없다고 주장한다.

㉢ 乙은 몸에 구멍을 뚫어 장신구를 다는 피어싱을 규제하는 정책보다 합법화하는 정책을 더 선호할 것이다.

㉣ 성형수술은 자신의 행복을 위한 것이므로 성형수술을 금지하는 법은 헌법에 불합치한다는 헌법재판소의 판결은 甲의 주장을 지지한다.

① ㉠, ㉢　　② ㉠, ㉣　　③ ㉡, ㉢

④ ㉠, ㉡, ㉣　　⑤ ㉡, ㉢, ㉣

32

다음 글의 복을 비는 방법과 [상황]을 근거로 판단할 때, 옳은 방법으로 복을 빈 사람을 고르면?(단, 모든 사람들은 자신이 처한 상황에서 좋은 결과를 얻기 위한 방향으로 복을 빈다.)

복을 비는 방법

- 특정한 복을 빌기 위해서는 해당 복을 상징하는 동물의 신체 부위와 접촉을 하여야 한다.
- 자신의 복을 빌려면 해당 복을 상징하는 동물의 머리를 쓰다듬어야 한다.
- 자신이 아닌 다른 사람(친구나 가족)의 복을 빌려면 해당 복을 상징하는 동물의 배를 문질러야 한다.
- 각 동물들이 상징하는 복은 다음과 같다.

동물	상징하는 복	동물	상징하는 복
소	시험 합격	돼지	부유함
뱀	안전	호랑이	순산
말	건강	사슴	애정

상황

갑돌: 공기업에 입사하기 위해 NCS를 준비 중이며, 같은 동네에 사는 을순이를 짝사랑하고 있다.
을순: 최근 운전면허를 따서 운전을 하기 시작했다.
병돌: 아내의 출산이 두 달 앞으로 다가왔다.
정돌: 의사면허 시험을 앞두고 있다. 아버지의 건강검진 결과를 기다리고 있다.
무순: 남자친구인 정돌이를 만나러 가다가 복권을 한 장 샀다.

① 갑돌: 소의 배를 문지르고, 사슴의 머리를 쓰다듬었다.
② 을순: 뱀의 배를 문질렀다.
③ 병돌: 호랑이의 머리를 쓰다듬었다.
④ 정돌: 소의 머리를 쓰다듬고, 말의 배를 문질렀다.
⑤ 무순: 뱀의 머리를 쓰다듬고, 돼지의 배를 문질렀다.

33

신제품 갑, 을, 병, 정, 무, 기의 출시 적합성에 대한 테스트가 진행되었다. 테스트 결과가 아래와 같은 [조건]을 만족한다고 하였을 때, 다음 중 참일 수 있는 것을 고르면?

조건

- 순위 선정에서 누락되거나 동순위인 제품은 없다.
- 갑 제품은 1위이거나 6위이다.
- 을 제품의 순위는 무 제품 바로 위 순위이다.
- 정 제품은 무 제품보다 순위가 높다.
- 무 제품의 순위는 기 제품 바로 위 순위이다.
- 을 제품이 3위이면 무 제품은 5위이다.

① 을 제품은 5위이다.

② 병 제품은 6위이다.

③ 정 제품은 2위이다.

④ 무 제품은 4위이다.

⑤ 기 제품은 3위이다.

34

다음 글을 근거로 판단할 때, ㉠~㉢에 들어갈 값을 모두 합한 값을 고르면?(단, 모두 합한 값은 소수점 이하 첫째 자리에서 반올림한다.)

甲은 자신이 좋아하는 아이돌 가수 범탄소년단의 포토카드를 종류별로 모으고자 한다. 범탄소년단의 포토카드에는 4가지 종류가 있으며, 하나의 앨범에는 그 중 임의의 포토카드가 1장 들어있다. 甲은 모든 종류의 포토카드를 모으기 위해 사야 할 앨범이 평균적으로 몇 개인지 계산해보고자 한다.

일반적으로 일어날 확률이 p인 어떤 일을 반복할 때 그 일이 실제로 일어나는 데 필요한 횟수는 평균 $\frac{1}{p}$이라고 알려져 있다. 이를 이용하여 甲이 모든 종류의 포토카드를 모으기 위해 사야 할 앨범의 평균값을 계산할 수 있다.

우선, 첫 번째 앨범 1개를 사면 포토카드 1장을 모을 수 있다. 이후 사게 될 앨범에 새로운 포토카드가 들어있을 확률은 $\frac{3}{4}$이고, 따라서 새로운 포토카드 1장을 얻기 위해 사야하는 앨범은 평균 $\frac{4}{3}$개이다. 마찬가지로, 서로 다른 포토카드 2장을 모은 이후 사게 될 앨범에 또 다른 새로운 포토카드가 들어있을 확률은 (㉠)이고, 세 번째 포토카드 1장을 얻기 위해 사야하는 앨범은 평균 (㉡)개이다.

따라서 甲이 네 종류의 포토카드를 모두 모으기 위해 사야할 앨범의 개수는 평균 (㉢)개가 될 것이다.

※ 하나의 앨범에 특정 포토카드가 들어있을 확률은 모두 동일하다.

① 10 ② 11 ③ 12

④ 13 ⑤ 14

35

다음 글을 근거로 판단할 때, ○○갯마을의 보석상에서 처음에 배에 들어있던 보석 26개를 모두 환전한 금액을 고르면?

> ○○갯마을에 사는 甲은 해안가를 걷다가 보석이 들어있는 배를 발견하였다. 배의 선장은 배에 진주, 사파이어, 루비가 각각 몇 개씩 있는지를 알려줄 수는 없지만, 세 종류의 보석이 총 26개 있다고 甲에게 말하였다.
>
> 甲이 선장에게 보석을 가져가도 되는지 물어보자, 선장은 甲에게 보석의 종류에 관계없이 20개까지 가져갈 수 있다고 답하였다. 이에 甲은 보석을 최대로 가져가려고 하였고, 甲이 배에서 가져간 보석에는 어떠한 경우에도 진주가 1개, 사파이어가 2개, 루비가 5개 포함된다.
>
> ○○갯마을의 보석상에서는 보석을 달러로 환전해준다. 진주 1개의 가치는 10달러이고, 사파이어는 진주 가치의 5배, 루비는 사파이어 가치의 2배이다.

① 1,520달러 ② 1,570달러 ③ 1,620달러
④ 1,660달러 ⑤ 1,700달러

36

다음 글과 [조건]을 근거로 판단할 때, A사가 2017년에 상영한 영화를 고르면?

A사는 슈퍼 히어로를 주인공으로 하는 영화를 전문적으로 제작하는 회사이다. A사는 2014년에 1개, 2015년에 2개, 2016년에 1개, 2017년에 2개, 2018년에 1개 총 7개의 영화를 제작하였다. A사가 제작한 영화는 〈와이맨〉, 〈개미맨〉, 〈미국대장〉, 〈그린펜서〉, 〈근육맨〉, 〈강철맨〉, 〈거미맨〉이다. A사는 제작한 당해 연도에만 영화를 상영한다.

조건

- 〈강철맨〉과 〈근육맨〉은 〈미국대장〉보다 늦게 제작되었다.
- 〈개미맨〉은 〈거미맨〉보다 먼저 상영되었다.
- 2016년 리우 올림픽은 〈강철맨〉이 상영된 이듬해에 개최되었다.
- 〈그린펜서〉는 아프리카의 영웅을 그린 영화로 〈근육맨〉, 〈개미맨〉보다 늦게 상영되었다.
- 〈근육맨〉과 〈개미맨〉은 단독으로 상영되지 않았다.
- 〈와이맨〉과 〈근육맨〉의 제작 연도 차이는 〈미국대장〉과 〈개미맨〉의 제작 연도 차이와 같다.

※ 동일 연도에 제작된 영화들은 동시에 제작하고 함께 상영함.

① 〈거미맨〉 ② 〈개미맨〉 ③ 〈강철맨〉
④ 〈와이맨〉 ⑤ 〈그린펜서〉

37

다음 글과 [상황]을 근거로 판단할 때, 甲이 선택할 수 있는 탐방 코스의 조합을 고르면?

국립공원 탐방 안내

• P 국립공원에는 호수 1~호수 3의 총 3개 호수가 있다. 각 호수 주위로 여러 개의 탐방 코스들이 만들어져 있다. 코스별로 관람할 수 있는 호수와 소요시간, 관람할 수 있는 폭포의 개수 및 보트 탑승 가능 여부는 아래와 같다.

탐방 코스	관람 호수	소요시간	관람 폭포	보트
A	호수1	2시간	3개	×
B		3시간	4개	○
C		4시간	3개	○
D	호수2	2시간	2개	×
E		3시간	3개	×
F		4시간	3개	○
G	호수3	2시간	3개	○
H		3시간	4개	×
I		4시간	4개	○

• 각 코스는 다른 모든 코스들과 이어져 있는 구조이다.

상황

• 甲은 오전 9시에 P 국립공원에 입장하여 저녁 7시까지는 탐방을 마쳐야 한다.
• 甲은 3개의 호수를 모두 관람하려고 하며, 최소 10개 이상의 폭포를 관람하고자 한다. 또한 보트를 꼭 한 번 이상 탈 계획이다.
• 별도의 쉬는 시간이나 점심시간은 고려하지 않는다.

① F – I – C
② B – H – I
③ G – C – F
④ A – D – F – G
⑤ H – E – D – A

38

다음 글을 근거로 판단할 때, [상황]의 모든 학생들이 사감에게 적발되지 않고 정문에서 기숙사로 이동하는 데 걸리는 최소 시간을 고르면?

- 복귀시간에 늦은 학생들은 사감에게 적발되지 않고 정문에서 기숙사로 이동하여야 한다.
- 이들에게는 1개의 투명망토가 있는데, 이를 이용하면 사감에게 적발되지 않고 정문과 기숙사를 이동할 수 있다.
- 투명망토는 최대 2명까지 동시에 이용할 수 있다. 만약 2명의 학생이 동시에 투명망토를 이용하는 경우, 이동 시간은 걸음이 느린 학생을 기준으로 한다.
- 예를 들어 A, B, C가 각각 정문과 기숙사를 편도 이동하는 데 걸리는 시간이 1분, 2분, 3분이라면, 이들이 모두 사감에게 적발되지 않고 기숙사로 이동하는 데 걸리는 최소 시간은 6분이다.
  - A와 C가 함께 정문에서 기숙사로 이동한다. (3분)
  - A 혼자 기숙사에서 정문으로 이동한다. (1분)
  - A와 B가 함께 기숙사로 이동한다. (2분)

상황

- 甲, 乙, 丙, 丁은 복귀시간에 늦었으며, 이들은 모두 정문에 있는 상태이다.
- 정문과 기숙사를 편도 이동하는 데 걸리는 시간은 아래 표와 같다.

구분	甲	乙	丙	丁
소요 시간	2분	3분	7분	11분

① 21분　② 22분　③ 23분　④ 24분　⑤ 25분

39

다음 글을 근거로 판단할 때, [보기]에서 옳은 것만을 모두 고르면?

- 甲은 일주일 간 아르바이트를 하면서 돈을 벌 계획을 하고 있다.
- 아르바이트의 종류, 아르바이트를 하는 요일과 근무시간, 시간당 임금은 다음과 같다.

종류	요일	근무시간	시간당 임금
편의점	월, 화, 수, 목, 금	14:00 ~ 20:00	2만 원
학원	화, 목, 일	18:00 ~ 24:00	5만 원
콘서트	금, 토, 일	15:00 ~ 17:00	7만 원
놀이공원	수, 목, 금	11:00 ~ 19:00	5만 원
가구점	화, 목, 토	8:00 ~ 18:00	6만 원
도서관	월, 화	8:00 ~ 12:00	1만 원

- 甲은 여러 개의 아르바이트를 할 수 있으나, 아르바이트 간에 근무시간이 겹쳐서는 안 된다.
- 아르바이트는 정해진 모든 요일과 시간대에 해야 하며, 일부 요일 혹은 일부 시간에만 할 수는 없다.
- 甲의 노동시간에는 아르바이트 시간만 포함된다.

※ 아르바이트 종류에 따른 이동하는 시간은 고려하지 않음.

보기

㉠ 甲이 일주일 간 받을 수 있는 임금은 최대 270만 원이다.
㉡ 甲은 아르바이트를 최대 3개 할 수 있다.
㉢ 주 25시간제가 시행되어 일주일의 최대 노동시간이 25시간으로 제한되면 甲이 일주일 간 받을 수 있는 임금은 최대 120만 원이다.
㉣ 甲은 일주일 중 하루를 제외한 나머지 모든 날에 아르바이트를 하도록 계획할 수 있다.

① ㉠, ㉡　② ㉡, ㉣　③ ㉢, ㉣
④ ㉠, ㉡, ㉢　⑤ ㉠, ㉡, ㉣

40

다음 글과 [조건]을 근거로 판단할 때, [상황]에서 상우가 보유한 모든 통화를 A 통화로 교환한다면 몇 단위인지 고르면?

A 통화와 B 통화 간의 환율을 알고, A 통화와 C 통화 간의 환율을 알면 B 통화와 C 통화 간의 환율을 구할 수 있는데, 이렇게 구해진 환율을 교차 환율이라고 한다. 만일 교차 환율과 시장에서의 실제 환율이 서로 다르다면, 이를 이용한 차익거래가 가능하게 된다.

조건

- A 통화, B 통화, C 통화, D 통화가 외환 시장에서 거래되며, 특별히 언급되지 않은 경우에는 시장 환율에 따라 서로 교환이 가능하다.
- A 통화는 오직 B 통화와만 교환이 가능하다.
- C 통화는 오직 D 통화와만 교환이 가능하다.
- 교차 환율과 실제 환율이 일치하여 차익 거래는 불가능하다.
- 환율 스프레드(팔 때와 살 때의 가격차)는 없다. 환전수수료 등의 금융거래비용 역시 없다.

상황

- 상우는 현재 B 통화 20단위, C 통화 40단위, D 통화 50단위를 갖고 있다.
- 현재 시장 환율은 다음과 같다.

A : B	1 : 0.20
B : D	1 : 0.40
C : D	1 : 1.25

① 1,400단위　② 1,350단위　③ 1,300단위
④ 1,250단위　⑤ 1,200단위

정답 및 해설 P.384

꿈을 끝까지 추구할 용기가 있다면
우리의 꿈은 모두 실현될 수 있다.

– 월트 디즈니(Walt Disney)

에듀윌 공기업
박준범 기본서 NCS 문제해결·자원관리능력

정답 및 해설

PART 03 | NCS 실전 대비 40제

문제해결·자원관리능력 40제 P. 346

01	02	03	04	05	06	07	08	09	10
②	③	⑤	④	①	①	①	④	②	③
11	12	13	14	15	16	17	18	19	20
③	②	⑤	⑤	④	①	④	④	⑤	④
21	22	23	24	25	26	27	28	29	30
④	②	⑤	②	③	①	①	④	②	②
31	32	33	34	35	36	37	38	39	40
②	④	③	②	②	①	④	②	⑤	②

01 ②

CHECK POINT

1. 분량이 길지 않고, 전형적인 일치부합형이므로 자신 있게 1턴에서 해결하도록 한다.
2. 곡식에 따른 파종 시기와 수확 시기를 정확하게 파악할 수 있는가?

(해설)

두 번째 문단 끝에서 두 번째 문장 이후가 근거이다. 봄보리는 봄에 파종하여 그해 여름에 수확하고, 가을보리는 가을에 파종하여 이듬해 여름에 수확한다. 따라서 봄보리의 재배 기간은 가을보리의 재배 기간보다 짧았다.

(오답풀이)

① 첫 번째 문단 첫 번째 문장과 마지막 문단 네 번째 문장이 근거이다. 첫 번째 문단 첫 번째 문장에 따르면, 흰색 쌀은 가을에 수확한다. 마지막 문단 네 번째 문장에 따르면, 콩 수확기는 가을이다. 따라서 흰색 쌀과 여름에 심는 콩은 같은 계절에 수확한다.

③ 첫 번째 문단 첫 번째 문장이 근거이다. 흰색 쌀은 논에서 수확한 벼를 가공한 것이고, 회색 쌀은 밭에서 자란 곡식을 가공함으로써 얻게 되는 것이다. 따라서 회색 쌀은 논에서 수확된 곡식을 가공한 것이 아니다.

④ 두 번째 문단 세 번째, 네 번째 문장이 근거이다. 보릿고개는 보리를 수확하는 하지까지 지속되다가 사라지는 고개였다. 따라서 남부 지역의 보릿고개가 하지가 지나면서 더 심해졌다는 것은 옳지 않다.

⑤ 마지막 문단 마지막 문장이 근거이다. 봄철 밭에서는 보리, 콩, 조가 함께 자라는 것을 볼 수 있었다.

02 ③

CHECK POINT

1. 전형적인 일치부합형이면서 〈보기 조합형〉이므로 자신 있게 1턴에서 해결하도록 한다.
2. 각 문단별 핵심을 파악할 수 있는가?
3. "일반디젤보다 응고점이 높다"는 부분을 도식화시킬 수 있는가?

(해설)

ㄱ. 마지막 문단 두 번째 문장과 마지막 문장이 근거이다. 바이오디젤은 일반디젤보다 생산원가가 훨씬 높다. BD20은 바이오디젤 20%와 일반디젤 80%의 혼합연료를 뜻한다. 따라서 같은 양이라면 생산원가가 훨씬 높은 바이오디젤이 섞인 BD20의 생산원가가 일반디젤보다 높을 것이다. (×)

ㄴ. 첫 번째 문단 끝에서 두 번째 문장이 근거이다. 석유에서 얻는 연료와 달리 식물성 기름에는 황이 거의 들어 있지 않다고 하였다. 따라서 석유에서 얻은 연료에는 황 성분이 포함되어 있을 것이다. (○)

ㄷ. 마지막 문단 네 번째 문장이 근거이다. 바이오디젤은 일반디젤보다 응고점이 높으므로 더 높은 온도에서 액체에서 고체로 바뀌게 된다. 따라서 바이오디젤이 액체인 온도는 일반디젤의 응고점보다 높으므로 같은 온도에서 바이오디젤이 액체일 때 일반디젤은 고체일 수 없고, 반드시 액체이다. (×)

ㄹ. 첫 번째 문단 끝에서 두 번째 문장과 마지막 문단 세 번째 문장이 근거이다. 바이오디젤을 연소했을 때 이산화황은 거의 배출되지 않는다고 하였다. 또한 바이오디젤은 일반디젤보다 질소산화물을 더 많이 배출한다고 하였다. 따라서 바이오디젤만 연료로 사용하면 일반디젤만 사용했을 때와 비교해서 질소산화물 배출은 늘지만 이산화황 배출은 줄어들 것이다. (○)

03 ⑤

(해설)

두 번째 문단 세 번째 문장이 근거이다. 박봉에 시달리는 교사들에게 사명감만을 강조하는 것은 현실적이지 못하다고 하였으므로 어린이집 교사의 사명감을 고취시키는 행사 마련은 개선방안으로 적절하지 않다.

(오답풀이)

① 세 번째 문단 마지막 문장이 근거이다. 보육료 동결로 인한 어린이집 재정 악화 문제는 운영지원금 교부를 통해 해결하는 것이 바람직하다.

② 두 번째 문단 마지막 문장이 근거이다. 아이들의 수에 비해 교사들의 수가 현저히 적은 것도 문제점으로 지적되었다.

③ 마지막 문단이 근거이다. 영유아 보육 프로그램의 종류가 적은 것이 문제점으로 지적되고 있다.

④ 마지막 문단이 근거이다. 스마트폰 앱은 새로운 보육정책을 홍보하는 수단이 될 수 있다.

04 ④

CHECK POINT

1. 질문지: "선발 가능성이 가장 높은 사람은?" 부분을 실마리로 삼을 수 있는가?
2. 문제 전체 구성: 주석들을 정확히 적용할 수 있는가?
3. 선택지: 가장 효율적인 선택지 활용 방법은?
4. 해결 방법: 고정조건(기준)과 유동조건(기준)의 구별은?

해설

첫 번째 주석의 단서에서 근무경력이 최소 5년 이상인 자만 선발 자격이 있다고 하였으므로 정은 어떠한 안에 의하더라도 선발될 수 없다. 따라서 ⑤는 제외된다. 선택지를 살펴보면 현행 기준에 따를 때 선발 가능성이 가장 높은 사람은 갑 또는 을이다. 따라서 실전에서는 갑, 을만 비교해 보는 방법으로 접근해야 한다.(하지만 본 해설은 병 또한 함께 분석해 보겠다.)

〈현행 기준〉

(1) 갑
  외국어 성적: 30점×50%=15(점)
  근무경력 30년: 15년 이상이므로 만점=40점
  근무 성적: 20점 미만(정확한 점수는 모름)
  포상 2회: 10점×50%=5(점)
  ∴ 총점=80점 미만

(2) 을
  외국어 성적: 30점×50%=15(점)
  근무경력 20년: 15년 이상이므로 만점=40점
  근무 성적: 20점(을만 만점이므로)
  포상 4회: 10점
  ∴ 총점=85점

갑보다 을이 점수가 높으므로 정답은 ③ 또는 ④이다.

(3) 병
  외국어 성적: 30점×80%=24(점)
  근무경력 10년: 40점×70%=28(점)
  근무 성적: 20점 미만(정확한 점수는 모름)
  포상 0회: 0점
  ∴ 총점=72점 미만

정답이 ③ 또는 ④이므로 실전에서는 개정안 역시 갑과 을만 비교하면 된다.(하지만 본 해설은 병 또한 함께 분석해 보겠다.)

〈개정안 기준〉

(1) 갑
  외국어 성적: 50점×50%=25(점)
  근무경력 30년: 15년 이상이므로 만점=20점
  근무 성적: 10점 미만(정확한 점수는 모름)
  포상 2회: 20점×50%=10(점)
  ∴ 총점=65점 미만

(2) 을
  외국어 성적: 50점×50%=25(점)
  근무경력 20년: 15년 이상이므로 만점=20점
  근무 성적: 10점(을만 만점이므로)
  포상 4회: 20점
  ∴ 총점=75점

갑보다 을이 점수가 높으므로 정답은 ④이다.

(3) 병
  외국어 성적: 50점×80%=40(점)
  근무경력 10년: 20점×70%=14(점)
  근무 성적: 10점 미만(정확한 점수는 모름)
  포상 0회: 0점
  ∴ 총점=64점 미만

따라서 현행 기준과 개정안 기준에 따를 때 모두 을이 가장 선발 가능성이 높음을 알 수 있다.

해결 TIP

선택지의 현행 부분은 갑과 을만으로 이루어져 있다. 따라서 현행 기준을 적용할 때 선발 가능성이 가장 높은 사람은 갑과 을의 비교만으로 구할 수 있다. 각 항목별로 비교해 보자.

구분	현행	갑	갑과 을 비교	을
외국어 성적	30점	50%	=	50%
근무 경력	40점	100%	=	100%
근무 성적	20점	만점 아님	<	만점
포상	10점	50%	<	100%
계	100점			

외국어 성적과 근무 경력은 갑과 을이 동일하다. 근무 성적과 포상은 모두 을의 점수가 더 높다. 따라서 현행 기준을 적용할 때 선발 가능성이 가장 높은 사람은 을이다.
이제 본 문제는 바로 정답을 고를 수 있다. 현행 기준과 개정안이 다른 점은 각 항목별 점수(가중치)이다. 항목별 점수가 달라진다고 해서 각 항목별 갑과 을 사이의 대소 관계가 바뀌지는 않는다. 따라서 개정안 기준에 의하더라도 선발 가능성이 가장 높은 사람은 역시 을이 된다.

05 ①

CHECK POINT

1. 전체 구성 및 문단별 핵심 내용을 파악할 수 있는가?
2. 출제자의 의도적인 장치를 느낄 수 있는가?
3. 우주와 연주를 정확히 구별하여 [보기]의 상황에 적용할 수 있는가?

해설

ㄱ. 세 번째 문단 첫 번째, 두 번째 문장이 근거이다. 연주는 유명증시, 사시, 묘호, 상시, 대왕의 순서로 붙여서 썼다. 〈구분표〉에서 태종은 중국이 명나라 시대일 때 왕이었음을 알 수 있다. (○)

ㄴ. 두 번째 문단 두 번째 문장이 근거이다. 우주는 묘호, 상시, 대왕의 순서로 붙여서 쓴다. (○)

ㄷ. 세 번째 문단 세 번째 문장이 근거이다. 인조가 사망했을 당

시 중국 왕조는 청나라였으므로 연주의 표기 방식에서 유명증시와 사시를 빼고 묘호, 상시, 대왕의 순서로 표기해야 한다. 따라서 인조의 연주에는 사시인 '송창'을 뺀 '인조헌문열무명숙순효대왕'이라고 쓰여 있을 것이다. (×)

ㄹ. 두 번째 문단 두 번째 문장과 세 번째 문단 세 번째 문장이 근거이다. 중국에 청나라가 들어선 이후 연주에 유명증시와 사시가 빠지면 묘호, 상시, 대왕의 순서로 연주와 우주는 모두 동일하게 될 것이다. 따라서 중국에 청나라가 들어선 이후 왕이 된 숙종의 우주와 연주는 동일하게 표기되어 있을 것이다. (×)

06 ①

CHECK POINT

1. 단순 계산형 문제에 대한 자신감이 있는가?
2. 〈보기 조합형〉을 효과적으로 처리할 수 있는가?
3. 공식과 〈표〉의 구조를 이해하고 활용할 수 있는가?

해설

(1) 우선 결혼 당사자와 양가 부모 각각의 '선호도'를 각 항목별로 구하면 다음과 같다.

항목	결혼 당사자			양가 부모		
	만족도	투입	선호도	만족도	투입	선호도
예물	60	40	1.5	40	40	1
예단	60	60	1	80	40	2
폐백	40	40	1	30	20	1.5
스튜디오 촬영	90	50	1.8	10	10	1
신혼여행	120	60	2	20	40	0.5
예식장	50	50	1	100	50	2
신혼집	300	100	3	300	100	3

(2) 다음으로 '종합 선호도'를 각 항목별로 계산하면 다음과 같다.

항목	만족도의 합	투입의 합	종합 선호도
예물	100	80	1.25
예단	140	100	1.4
폐백	70	60	1.17
스튜디오 촬영	100	60	1.67
신혼여행	140	100	1.4
예식장	150	100	1.5
신혼집	600	200	3

(3) 위 내용을 바탕으로 각 [보기]를 판단하면 다음과 같다.

ㄱ. 종합 선호도에 따른 우선순위 상위 3가지는 '신혼집', '스튜디오 촬영', '예식장'이다. 따라서 결혼 당사자와 양가 부모의 종합 선호도에 따른 우선순위 상위 3가지에는 '스튜디오 촬영'과 '신혼집'이 모두 포함된다. (○)

ㄴ. 결혼 당사자의 우선순위 상위 3가지는 '신혼집', '신혼여행', '스튜디오 촬영'이며, 양가 부모의 우선순위 상위 3가지는 '신혼집', '예단', '예식장'이다. 따라서 일치하는 항목은 '신혼집'이다. (○)

ㄷ. '폐백'의 경우 결혼 당사자의 선호도는 1이며 양가 부모의 선호도는 1.5로, 결혼 당사자의 선호도보다 양가 부모의 선호도가 더 높지만, '예물'의 경우 결혼 당사자의 선호도는 1.5이며 양가 부모의 선호도는 1이므로 양가 부모의 선호도보다 결혼 당사자의 선호도가 더 높다. (×)

ㄹ. 양가 부모에게 우선순위가 가장 낮은 항목은 선호도가 가장 낮은 '신혼여행'이다. (×)

해결 TIP

ㄱ을 제외한 나머지 [보기]들은 '종합 선호도'를 고려하지 않고 있다. 따라서 상대적으로 계산이 복잡한 '종합 선호도'를 구하지 않고도 판단할 수 있는 나머지 [보기]들을 먼저 판단한다면 정답인 ①을 더 빠르게 도출할 수 있다.

07 ①

CHECK POINT

1. 선택지 처리 제1원칙: 쉽고 확실한 [보기]부터 먼저 해결한다.
2. 단정 짓는 표현은 틀릴 가능성이 큰 표현으로 반례를 탐색하여야 한다.
3. '모두'라는 단어는 틀릴 가능성이 큰 표현으로 반례를 탐색하여야 한다.
4. 같은 글자가 두 번 이상 사용되어서는 안 된다는 조건을 놓치지 않도록 한다.

해설

ㄱ. 겨울에 태어난 A마을 양이 암컷이라면, 이 양은 겨울에 태어났으므로 이름에 '눈'이 반드시 포함되어야 하고, 암컷이므로 이름에 '불'이 반드시 포함되어야 한다. 따라서 이 양에게 붙일 수 있는 두 글자 이름은 '눈불' 또는 '불눈'으로 두 가지이다. (○)

ㄴ. 어떤 양이 여름에 태어난 암컷인 경우 양의 이름에는 '불'만 반드시 포함되면 되므로 '물불'이라는 이름을 붙일 수 있다. 또한 어떤 양이 봄에 태어난 수컷인 경우 양의 이름에는 '물'만 반드시 포함되면 되므로 '물불'이라는 이름을 붙일 수 있다. 따라서 A마을 양 '물불'이 여름에 태어났다고 해서 수컷이고 봄에 태어났다고 해서 암컷인 것은 아니다. (×)

ㄷ. 여름에 태어난 암컷 양은 이름에 '불'만 반드시 포함되면 되므로 이름이 '불' 한 글자일 수 있다. 또한 봄에 태어난 수컷 양은 이름에 '물'만 반드시 포함되면 되므로 이름이 '물' 한 글자일 수 있다. 따라서 A마을 양의 이름이 모두 두 글자 이상인 것은 아니다. (×)

해결 TIP

ㄴ. 여름에 태어났거나 암컷이어야만 이름에 '불'이 포함될 수 있는 것은 아니다. 또한 봄에 태어났거나 수컷이어야만 이름에 '물'이 포함될 수 있는 것은 아니다.
ㄷ. 계절별로 반드시 포함되어야 하는 글자와 성별에 따라 반드시 포함되어야 하는 글자가 같을 경우, 한 글자만으로도 이름을 지을 수 있다는 점을 주의하여야 한다.

08 ④

CHECK POINT

1. 명제를 기호화할 수 있는가?
2. 명제와 명제로부터 새로운 명제를 도출할 수 있는가?
3. 도출된 명제를 바탕으로 선택지를 처리할 수 있는가?

(해설)

주어진 명제를 기호화하면 다음과 같다.
(1) 올바름 → 겸손함
(2) 겸손함 → 덕이 있음
(3) ~덕이 있음 → ~중용의 도
(2)의 대우는 ~덕이 있음 → ~겸손함이므로 (3)과 결합하면 ~덕이 있음 → (~겸손함&~중용의 도)이다.

(오답풀이)

① 겸손함 → (중용의 도&올바름)은 주어진 명제로부터 도출할 수 없다.
② ~올바름 → ~덕이 있음은 주어진 명제로부터 도출할 수 없다.
③ 덕이 있음 → (겸손함&중용의 도)는 주어진 명제로부터 도출할 수 없다.
⑤ (3)의 대우는 중용의 도 → 덕이 있음이고 이를 이용하더라도 중용의 도 → 겸손함을 도출할 수 없다.

해결 TIP

주어진 명제로부터 도출할 수 있는 명제로는 (1), (2)를 합한 올바름 → 덕이 있음과 (2)의 대우와 (3)을 합한 ~덕이 있음 → (~겸손함&~중용의 도)가 있다. 이를 먼저 도출한 후 선택지에서 이러한 내용이나 대우 명제의 내용을 찾는다.

09 ②

CHECK POINT

1. 조건을 기호화할 수 있는가?
2. [보기]의 내용을 기호화할 수 있는가?

(해설)

본문의 내용을 기호화하여 정리하면 다음과 같다.
(1) 110cm 미만 → 특수 스트레칭
(2) 특수 스트레칭 → ~약시
(3) ~약시 → ~특수 영상장치
이를 바탕으로 각 [보기]를 판단하면 다음과 같다.
ㄱ. (2), (3)의 명제에 따라서 '특수 스트레칭 → ~특수 영상장치'를 도출할 수 있다. 이는 곧 ~(특수 스트레칭&특수 영상장치)라고 설명하고 있는 문항 ㄱ의 명제와 동일하다. 따라서 반드시 참이다. (○)
ㄴ. (1), (2)의 명제를 통해서 도출할 수 있는 결론은 110cm 미만 → ~약시이다. 이것의 역인 ~약시 → 110cm 미만의 참 거짓 여부는 알 수 없다. (×)
ㄷ. (1), (2), (3)의 명제를 통해서 '110cm 미만 → ~특수 영상장치'를 도출할 수 있다. 그런데 석이는 '특수 영상장치(= ~(~특수 영상장치))'이므로 '~110cm 미만(=110cm 이상)'을 도출할 수 있다. 따라서 반드시 참이다. (○)
ㄹ. '120cm'라는 점은 (1)의 전건부정에 해당하며, '~약시'라는 점은 (2)의 명제의 후건긍정에 해당한다. 따라서 이를 바탕으로 필연적으로 '~특수 스트레칭'을 도출할 수는 없다. (×)

10 ③

(해설)

[조건]을 기호화하면 다음과 같다.
(1) 갑 → 을
(2) ~을∨병
(3) ~정 → (갑&을)
(4) 정 → (을∨무)
(5) ~무∨~기
(6) ~병
(6)과 (2)에 의해 '~을'이 도출된다.
(1)의 대우는 ~을 → ~갑이므로 '~갑'이 도출된다.
(3)의 대우는 ~갑∨~을 → 정이므로 '정'이 도출된다.
(4)에서 을∨무인데 '~을'이므로 '무'가 도출된다.
(5)에서 '~기'가 도출된다.
이상의 결과를 정리하면 정과 무가 참석하고, 갑, 을, 병, 기는 참석하지 않는다.

해결 TIP

(5)에 의해 ⑤를 소거할 수 있고, '~을'이 도출되었을 때 ①과 ②를 소거할 수 있다. 남은 ③과 ④에 따르면 정은 참석하므로 (4)에 의해 을이나 무가 참석하는 ③이 답이 된다.

11 ③

CHECK POINT

1. 오류의 유형에 대해서 알고 있는가?
2. 증거가 없으면 존재하지 않는가?

해설

본문에서 설명하고 있는 오류는 '증거의 없음'을 아예 존재 자체가 없는 '없음의 증거'로 오해하는 무지에 근거한 오류이다.

본 선택지의 경우는 알리바이라는 확실한 증거를 바탕으로 피의자가 범행 장소에 없었다는 결론을 내리고 있다. 즉, '증거가 없음'에 근거한 것이 아니라 분명한 증거를 바탕으로 올바른 결론을 내리고 있으므로 본문에서 설명하고 있는 논리적 오류에 해당한다고 볼 수 없다.

오답풀이

① 다양한 물질의 전기 저항을 조사한 결과 전기 저항이 0인 경우는 없었다.(증거의 없음) 따라서 전기 저항이 0인 물질은 없다.(대상 자체가 존재하지 않는다는 결론)
② 어떤 사람이 술과 담배를 즐겼지만 몸에 어떤 이상도 발견되지 않았다.(증거의 없음) 따라서 그 사람에게는 술과 담배가 무해하다.(해가 존재하지 않는다는 결론)
④ 주변에서 빛을 내는 것을 조사해보니 열 발생이 동반되지 않는 것이 없었다.(열을 내지 않는 발광체는 관찰되지 않음. 즉, 증거가 없음) 그러므로 열을 내지 않는 발광체는 없다.(대상 자체가 존재하지 않는다고 결론)
⑤ 현재까지 수많은 노력에도 불구하고 외계 지적 생명체는 발견되지 않았다.(관찰된 증거가 없음) 그러므로 외계 지적 생명체는 존재하지 않는다.(대상이 존재하지 않는다고 결론)

12 ②

해설

(1) 먼저 조건을 보면 각 음식점들의 직원은 상대 음식점에 대해서 부정적인 평가를 하는 방법으로 거짓말을 했다. 그런데 병의 내용을 보면 A, B 모든 음식점에 대해서 부정적 평가를 하지 않았다. 따라서 병은 두 음식점의 직원이 아님을 알 수 있다. 그렇다면 두 가지의 평가 내용은 모두 사실이 된다.
(2) 'B의 음식들은 맛이 좋지 않다'고 평가한 갑의 진술은 거짓 진술이므로 갑이 A 음식점의 직원임을 알 수 있다.
(3) 다음으로 'A의 음식들이 맛이 없고'라고 평가한 무의 진술도 거짓이므로 무가 B 음식점의 직원임을 알 수 있다.
(4) 이상을 바탕으로 을과 정은 일반 시민임을 알 수 있고 이 결과를 정리하면 다음과 같다.

구분	A 음식점	B 음식점	결과
갑	저렴	맛없음(거짓)	A 직원
을	분위기 ×	분위기 ○	시민
병	맛있음	맛있음	시민
정	저렴	저렴 ×	시민
무	맛없음(거짓)	맛있음	B 직원

해결 TIP

병이 시민이므로 ③을 소거할 수 있고, 특정 음식점의 맛이 없다고 한 갑과 무가 각 음식점의 직원이므로 ④와 ⑤를 소거할 수 있다. 시민인 을이 A 음식점의 분위기는 좋지 않다고 하였으므로 이 말은 사실이고, ①을 소거할 수 있다.

13 ⑤

해설

(1) 아래 그림과 같이 시계방향으로 각 지점을 1~8이라 하자. A가 1번 지점에 서 있다고 가정하면, A와 정면으로 마주보고 있는 사람은 5번 지점에 서 있는 사람이다.

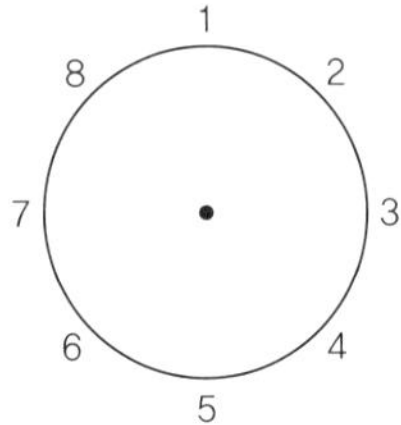

(2) 조건 2에서 B와 G는 A로부터 같은 거리만큼 떨어져 있다고 하였으므로 (B, G)=(2, 8), (3, 7), (4, 6)이 가능하다. 이때 B와 G의 순서는 바뀔 수 있다. 그러나 조건 3에서 B와 D가 정면으로 마주보고 있다고 하였으므로 (B, G)는 (3, 7)이 될 수 없다.
(3) 조건 5에서 C의 바로 오른쪽이 D이고, 조건 4에서 C와 F는 A로부터 같은 거리만큼 떨어져 있다고 하였으므로 다음의 2가지 경우가 가능하다.

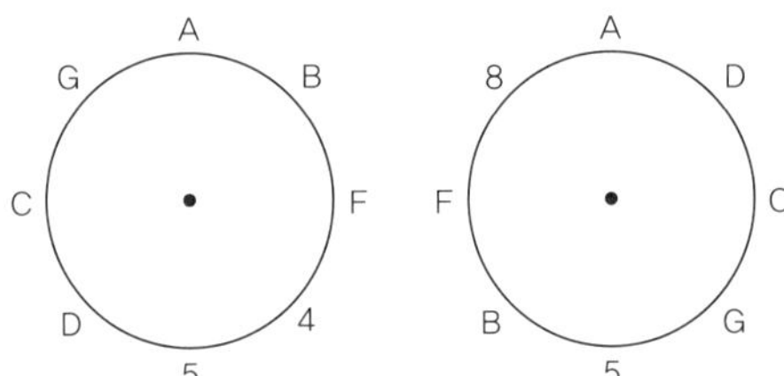

(4) 조건 6에서 E와 G는 B로부터 같은 거리만큼 떨어져 있다고 하였으므로 E와 H의 위치는 다음과 같다.

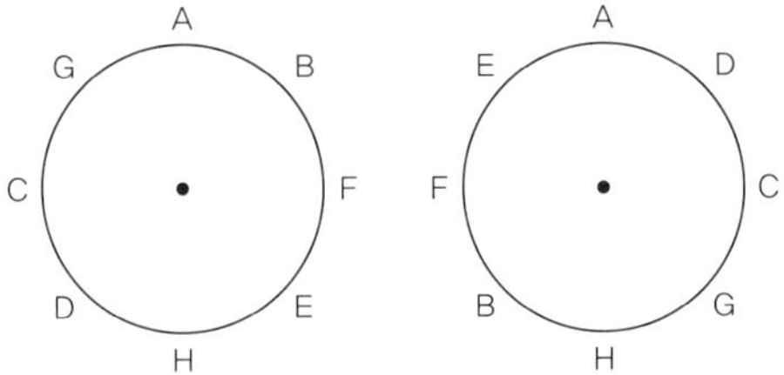

(5) 따라서 A와 정면으로 마주보고 있는 사람은 H이다.

14 ⑤

CHECK POINT

1. 꾸준히 출제되고 있는 사칙연산을 활용한 문제에 대해 자신감을 가질 수 있는가?
2. 각 조건들의 역할을 구별할 수 있는가?
3. 핵심 장치/부가 장치/+α의 역할을 하는 조건들은?
4. 소인수분해를 활용하여 반례를 탐색할 수 있는가?
5. 〈보기 조합형〉을 효과적으로 처리할 수 있는가?

(해설)

ㄱ. 甲과 乙의 점수를 정리하면 다음과 같다.

구분	왼쪽 면		오른쪽 면		점수
	합	곱	합	곱	
甲	9+8=17	9×8=72	9+9=18	9×9=81	81
乙	1+9+8 =18	1×9×8 =72	1+9+9 =19	1×9×9 =81	81

따라서 甲이 98쪽과 99쪽을 펼치고, 乙은 198쪽과 199쪽을 펼치는 경우 무승부가 된다. (×)

ㄴ. 甲과 乙의 점수를 정리하면 다음과 같다.

구분	왼쪽 면		오른쪽 면		점수
	합	곱	합	곱	
甲	1+2+0 =3	1×2×0 =0	1+2+1 =4	1×2×1 =2	4
乙	2+1+0 =3	2×1×0 =0	2+1+1 =4	2×1×1 =2	4

따라서 甲이 120쪽과 121쪽을 펼치고, 乙은 210쪽과 211쪽을 펼치는 경우 무승부가 된다. (○)

ㄷ. 甲이 369쪽을 펼쳤을 경우 함께 펼쳐지는 왼쪽 면은 368쪽이다. 이때 왼쪽 면 쪽 번호의 합과 곱은 17과 144, 오른쪽 면 쪽 번호의 합과 곱은 18과 162이다. 따라서 가장 큰 수인 162가 甲의 점수가 된다. 이때 162를 인수분해하면 $2\times3^4=162$이 되는데, 만약 乙이 299쪽을 펼친다면 2×9×9=162(점)으로 동점이 된다. 따라서 甲이 369쪽을 펼쳤다고 해서 반드시 승리하는 것은 아니다. (×)

ㄹ. 乙이 100쪽을 펼쳤을 경우 함께 펼쳐지는 오른쪽 면은 101쪽이다. 이때 왼쪽 면 쪽 번호의 합과 곱은 1과 0, 오른쪽 면 쪽 번호의 합과 곱은 2와 0이다. 따라서 가장 큰 수인 2가 乙의 점수가 된다. 이때 乙이 승리하기 위해서는 甲의 점수가 1 이하여야 한다. 그런데 두 쪽을 동시에 펼치고, 0쪽은 존재하지 않으므로 이는 불가능하다. 따라서 甲의 점수(甲이 만들 수 있는 가장 큰 수)는 반드시 2 이상이 되므로 乙은 승리할 수 없다. (○)

해결 TIP

〈보기 조합형〉 문제의 경우, 항상 일부 [보기]만으로 정답을 고를 수 있다는 자신감을 갖고 접근하여야 한다. 본 문제의 경우에도 단 2개의 [보기]만 정확히 처리한다면 정답을 고를 수 있게 된다. 이런 까닭에 정확성이 갖춰지면 속도는 자연스레 빨라지게 된다. 수험생 여러분들은 항상 이 점을 염두에 두고 연습하여야 한다.

15 ④

CHECK POINT

1. 조건부 확률을 계산할 수 있는가?
2. 실전에서는 어떻게 해결할 것인가?

(해설)

(1) 1,000명인 도시에서 90%가 백인이고 10%가 흑인이라면 백인은 900명, 흑인은 100명이다.
(2) 강도짓을 할 가능성은 두 인종 모두 10%이므로 백인강도는 90명, 흑인강도는 10명이다.
(3) 피해자가 백인을 흑인으로 잘못 보거나 흑인을 백인으로 잘못 볼 가능성은 20%로 동일하다. 따라서 실제 흑인강도 10명 가운데 80%인 8명만 정확히 인식될 수 있고, 20%인 나머지 2명은 백인으로 오인된다. 또한 실제 백인강도 90명 가운데 80%인 72명은 정확히 인식될 수 있으나, 20%인 나머지 18명은 흑인으로 오인된다. 따라서 첫 번째 괄호 안에는 8, 두 번째 괄호 안에는 18이 들어가게 된다.
(4) 결국 강도를 당한 경우 실제 흑인으로 인식되는 사람은 총 26명(흑인강도 중 80%와 백인강도 중 20%)이며, 이 중 실제 흑인은 8명이다. 따라서 피해자가 흑인이라는 진술을 했을 때 그가 실제로 흑인에게 강도를 당했을 확률은 26분의 8인 약 30.77%이다. 이를 소수점 이하 반올림하면 확률은 약 31%가 된다.

(또 다른 해설)

두 번째 문단의 사례를 표로 정리하면 다음과 같다.

구분		인식		
		백인	흑인	합계
실제 강도	백인	90×0.8=72	90×0.2=18	90
	흑인	10×0.2=2	10×0.8=8	10
	합계	74	26	100

전체 흑인으로 인식되는 사람의 수인 26명 중에서 8명만이 실제 흑인이므로 피해자가 범인이 흑인이라는 진술을 했을 때 그가 실제로 흑인에게 강도를 당했을 확률은 26분의 8, 즉 약 31%이다.

16 ①

CHECK POINT

1. 출제자가 질문지에서 묻고 있는 시각을 정확히 이해하였는가?
2. 표준시의 의미를 정확히 이해하였는가?
3. 경도에 따른 시차를 올바르게 적용할 수 있는가?

해설

←← 해가 뜨는 순서 ←←				
동경	105도	115도	125도	135도
	B시 표준시	B시	A시	A시 표준시
5월 10일 A시 일출 시각 (A시 표준시)			05:30	05:30
5월 10일 B시 일출 시각 (A시 표준시)		06:10		
5월 10일 B시 일출 시각 (B시 표준시)	04:10	04:10		
5월 12일 B시 일출 시각 (B시 표준시)		04:06		

해결 TIP

(1) 5월 12일 A시 시각으로 A시 일출 시간=05:26
(2) 5월 12일 A시 시각으로 B시 일출 시간=06:06
(첫 번째 조건에 의해 60분(1시간)마다 15도씩 서에서 동으로 자전하므로 10도는 40분)
(3) 5월 12일 B시 시각으로 B시 일출 시간=04:06
(A시 표준시와 B시 표준시의 시차는 B시가 2시간 느림)

17 ④

CHECK POINT

1. 두 주장의 내용을 도식화할 수 있는가?
2. 특정 상황에서 각 주장에 따른 행동을 예측할 수 있는가?

해설

이 문제는 A주장과 B주장의 개념을 정확히 파악하는 것이 중요하다. 두 주장은 인간의 이타적 행위에 대한 상황적 특성에 대하여 언급하고 있다. 따라서 두 주장의 차이점이 무엇인지를 살펴보아야 한다.
A주장과 B주장의 핵심을 추출하여 도식화시켜보자.

A주장: ┌ 혼자 있을 때 → 이타적 ○
　　　 └ 타인과 함께 → 이타적 ×
B주장: 다른 사람의 행동에 따라 동일하게 행동함

위의 두 주장을 바탕으로 할 때, 선택지의 상황에서 우리가 살펴봐야 할 부분은 '혼자인지 아니면 타인과 함께 있는지'와 '근거로 삼을 다른 사람의 행동이 어떻게 나타나고 있는지'이다.
선택지의 상황들을 분석하고 행동의 결과를 예측해 보면 아래 표와 같다.

선택지	A주장에 근거한 예측	B주장에 근거한 예측
①	혼자 → 이타적 ○	혼자 → 알 수 없다. (타인 없으므로)
②	타인 → 이타적 ×	타인 이타적 ○ → 본인도 이타적 ○
③	혼자 → 이타적 ○	혼자 → 알 수 없다. (타인 없으므로)
④	타인 → 이타적 ×	타인 이타적× → 본인도 이타적 ×
⑤	알 수 없다.	알 수 없다.

따라서 정답은 ④가 된다.

18 ④

해설

해설의 편의상 위에서부터 순서대로 제1조~제3조라 한다.
제1조 제3항과 제2조 제2항, 제4항이 근거이다. 유실동물을 포획하여 판매하는 행위를 하여서는 아니 되며, 이를 위반한 자는 2년 이하의 징역 또는 2천만 원 이하의 벌금에 처해진다. 또한 상습적으로 죄를 지은 자는 그 죄에 정한 형의 2분의 1까지 가중된다. 따라서 유실동물을 포획하여 판매한 丁이 과거에도 동일 범죄를 상습적으로 행하여 처벌받았던 경우, 2천만 원에서 2분의 1이 가중된 3천만 원의 벌금에 처해질 수 있다.

오답풀이

① 제1조 제2항 및 제2조 제2항이 근거이다. 질병의 예방이나 치료를 위한 경우를 제외하고 약물과 같은 화학적 방법을 사용하여 동물에 상해를 입히는 행위를 하여서는 안 되며, 이를 위반한 자는 2년 이하의 징역 또는 2천만 원 이하의 벌금에 처해진다. 따라서 甲이 질병의 예방·치료가 아닌 목적을 가지고 약물로 동물에 상해를 입힌 경우, 4천만 원이 아니라 2천만 원 이하의 벌금에 처해질 수 있다.
② 제1조 제4항 제2호, 제2조 제3항, 제3조가 근거이다. 시합의 상으로 동물을 제공하는 행위를 하여서는 안 되며, 이를 위반한 자는 300만 원 이하의 벌금에 처해진다. 또한 법인의 종업원이 그 법인의 업무에 관하여 위반행위를 하면 그 행위자를 벌하는 것 외에 그 법인에게도 해당 조문의 벌금형이 과해진다. 따라서 A법인 종업원 乙이 업무에 관하여 시합의 상으로 동물을 제공하는 행위를 하여 300만 원의 벌금에 처해진 경우, A법인에게도 해당 조문의 벌금형이 과해지며, 600만 원이 아니라 300만 원 이하의 벌금에 처해질 것이다.

③ 제1조 제1항 및 제4항 제1호 단서가 근거이다. 잔인한 방법으로 죽음에 이르게 하는 행위를 촬영한 영상물을 인터넷에 게재하는 행위를 하여서는 안 되지만 동물보호 의식을 고양시키기 위한 목적이 표시된 경우는 가능하다. 따라서 丙은 동물을 잔인한 방법으로 죽음에 이르게 한 행위를 촬영한 영상물을 동물보호 의식을 고양시키기 위하여 그 목적을 표시하였다면 이를 인터넷에 게재할 수 있다.

⑤ 제1조 제4항 제3호, 제2조 제3항 및 제3조 단서가 근거이다. 영리를 목적으로 동물을 대여하는 행위를 하여서는 안 되나, 장애인에게 보조견을 대여하는 경우는 제외된다. 또한 법인의 대표자가 그 법인의 업무에 관하여 위반행위를 하면 그 법인에게도 해당 조문의 벌금형이 과해진다. 다만 위반행위를 방지하기 위하여 상당한 주의와 감독을 게을리하지 아니한 경우에는 제외된다. 따라서 장애인 보조견 대여사업을 수행하는 B법인의 대표자 戊가 해당 업무에 관하여 영리를 목적으로 장애인이 아닌 비장애인에게 보조견을 대여하여 벌금형에 처해진 경우, 그 법인에게도 벌금형이 과해져야 하지만 그 위반행위를 방지하기 위하여 상당한 주의와 감독을 게을리하지 아니한 경우에는 제외된다.

19 ⑤

해설

해설의 편의상 위에서부터 순서대로 제1조, 제2조라 한다.

제1조 제3항 제1호 및 제2조 제2항이 근거이다. 위원회의 위원장이 부득이한 사유로 직무를 수행할 수 없을 때에는 위원회의 위원장이 미리 지명한 위원이 그 직무를 대행한다. 따라서 위원장이 보건복지부장관을 미리 지명한 경우에는 보건복지부장관이 그 직무를 대항할 수 있게 된다.

오답풀이

① 제1조 제3항이 근거이다. 위원회의 위원장은 국무총리가 된다. 따라서 아동정책조정위원회의 위원장을 위원 중에서 호선하는 것은 아니다.

② 제1조 제3항, 제4항이 근거이다. 위원회는 위원장을 포함한 25명 이내의 위원으로 구성하고, 위원회의 위원 중 제3항 제2호에 따른 위촉위원의 임기는 2년으로 한다. 따라서 위원장인 국무총리를 포함해 동조 제3항 제1호의 위원들의 임기가 2년인 것은 아니다.

③ 제2조 제4항이 근거이다. 위원회의 회의는 재적위원 과반수의 출석으로 개의하고, 출석위원 과반수의 찬성으로 의결한다. 따라서 회의에 재적위원 20명이 출석한 경우나 21명이 출석한 경우 모두 과반수는 11명이므로 의결정족수는 같다.

④ 제1조 제1항이 근거이다. 아동의 권리증진과 건강한 출생 및 성장을 위하여 종합적인 아동정책을 수립하고 관계 부처의 의견을 조정하기 위하여 국무총리 소속으로 아동정책조정위원회를 둔다. 따라서 대통령 소속으로 아동정책조정위원회를 두어야 하는 것이 아니다.

20 ④

해설

해설의 편의상 위에서부터 순서대로 제1조~제3조라 한다.

제2조 제2항이 근거이다. 제1항에 따른 점검(긴급점검)은 관리자가 긴급점검 실시 요구를 받은 날부터 1개월 이내에 실시하여야 한다.

오답풀이

① 제2조 제1항 제2호가 근거이다. 건축물의 노후화가 심각하여 안전에 취약하다고 인정되는 경우 특별자치시장은 해당 건축물의 관리자에게 건축물의 구조안전 등을 긴급점검하도록 요구하여야 한다. 따라서 A특별자치시장이 건축물 관리자에게 요구하여야 하는 것은 정기점검이 아니라 긴급점검이다.

② 제1조 제2항 단서가 근거이다. 단서에 따르면 해당 연도 안전진단이 실시된 경우에는 정기점검 중 구조안전에 관한 사항을 생략할 수 있다. 따라서 다중이용 건축물 관리자가 전체 정기점검을 생략할 수 있는 것은 아니다.

③ 제3조 제2항이 근거이다. 국토교통부장관이 건축물관리점검지침을 작성할 때에는 미리 관계 중앙행정기관의 장과 협의하여야 한다. 따라서 국토교통부장관은 건축물관리점검지침을 고시한 다음 관계 중앙행정기관의 장과 협의하여야 하는 것은 아니다.

⑤ 제1조 제3항이 근거이다. 정기점검은 해당 건축물의 사용승인일부터 5년 이내에 최초로 실시하고, 점검을 시작한 날을 기준으로 3년마다 실시하여야 한다. 따라서 정기점검이 끝난 날을 기준으로 실시하는 것이 아니라 점검을 시작한 날을 기준으로 3년마다 하여야 한다.

21 ④

CHECK POINT

1. 가장 빠른 공청회 개최일이 되기 위한 각 활동의 소요기간은?
2. 실전에서 가장 효율적인 방법은?

해설

가장 빠른 공청회 개최일이 되기 위해서는 각 활동 단계별로 도달하는 기간 역시 최단기간이어야 한다. 즉, 공청회가 가장 빨리 개최되기 위해서는 공청회 회의실 정비가 최단기간에 실행되어야 하고, 또한 공청회 자료 운반 역시 최단기간에 실행되어야 하며, 마찬가지로 공청회 자료 작성이 최단기간에 실행되어야 한다. 즉, 각 단계별 최단기간이 합쳐져서 전체를 구성할 때 최종적으로 가장 빠른 공청회 개최일이 된다. 이를 주어진 표와 함께 정리해 보면 다음과 같다.

활동	활동내용	직전활동	소요기간 (일)	
1	공청회 개최 담당조직 결성		2	②
2	예산 확보	1	4	⑥
3	공청회 장소 물색	1	③	⑤
4	공청회 장소 결정 및 계약	3	②	⑦
5	사회자, 발표자 및 토론자 선정	2	⑩	⑯
6	초청장 인쇄 및 발송	2, 5	5	21
7	공청회 자료 작성	1, 5	15	㉛
8	공청회 자료 운반	7	①	㉜
9	공청회 회의실 정비	4	1	8
10	공청회 개최	6, 8, 9	①	㉝

따라서 정답은 3월 1일로부터 33일째인 ④ 4월 2일이다.

22 ②

CHECK POINT

1. 조건부 확률을 계산할 수 있는가?
2. 실전에서는 어떻게 해결할 것인가?

(해설)

㉠ 각 공정이 완료되기 위해 필요한 시간을 정리하면 다음과 같다. (○)

공정	완료가 필요한 공정	처리 시간	완료까지 필요한 최소 시간
A	없음	3시간	3시간
B	A	7시간	10시간
C	A	9시간	12시간
D	C	5시간	17시간
E	C	7시간	19시간
F	B, D	6시간	23시간
G	E, F	8시간	31시간

㉡ 공정 B의 처리시간이 15시간으로 증가하면 다음과 같이 바뀌게 된다. 따라서 제품 S를 생산하는 데 걸리는 시간은 최소 32시간이 된다. (×)

공정	완료가 필요한 공정	처리 시간	완료까지 필요한 최소 시간
A	없음	3시간	3시간
B	A	15시간	18시간
C	A	9시간	12시간
D	C	5시간	17시간
E	C	7시간	19시간
F	B, D	6시간	24시간
G	E, F	8시간	32시간

㉢ 공정 F의 처리시간이 5시간 감소하면 다음과 같이 바뀌게 된다. 따라서 제품 S를 생산하는 데 걸리는 시간은 최소 27시간이 된다. (○)

공정	완료가 필요한 공정	처리 시간	완료까지 필요한 최소 시간
A	없음	3시간	3시간
B	A	7시간	10시간
C	A	9시간	12시간
D	C	5시간	17시간
E	C	7시간	19시간
F	B, D	1시간	18시간
G	E, F	8시간	27시간

㉣ C 공정의 처리시간을 8시간 감소시키는 투자를 하면 제품 S를 생산하는 데 걸리는 시간은 다음과 같이 최소 24시간이 된다. 즉, 7시간이 감소하므로 70만 원의 비용을 절감할 수 있다. 그러나 이를 위한 투자비용이 총 75만 원이므로 이윤은 증가하지 않는다. (×)

공정	완료가 필요한 공정	처리 시간	완료까지 필요한 최소 시간
A	없음	3시간	3시간
B	A	7시간	10시간
C	A	1시간	4시간
D	C	5시간	9시간
E	C	7시간	11시간
F	B, D	6시간	16시간
G	E, F	8시간	24시간

23 ⑤

CHECK POINT

1. [조건]을 적용하는 순서를 정할 때 중요한 것은 무엇인가?
2. 출제자가 장치한 모든 조건들을 빠짐없이 적용할 수 있는가?
3. 모든 계획을 채워야만 문제를 해결할 수 있는가?

(해설)

(1) [조건] 4에 따르면, 4월 22일(월)~4월 26일(금)은 중간고사 기간이므로 보건소는 교육을 실시할 수 없다. 또한 [조건] 5에 따르면, 보건소의 교육은 토요일과 일요일에는 실시할 수 없다. 이를 바탕으로 보건소의 교육이 불가능한 날을 4월의 달력에 표시하면 다음과 같다.

일	월	화	수	목	금	토
	1	2	3	4	5	6
7	8	9	10	11	12	13
14	15	16	17	18	19	20
21	22	23	24	25	26	27
28	29	30				

(2) [조건] 1에 따르면, 금연교육은 화, 수, 목요일 중 정해진 같은 요일에 주 1회 실시하여야 하며, [상황]에서 A대학교 보건소에서는 금연교육을 4회 실시하려는 계획을 가지고 있으므로 금연교육은 화요일에 실시되어야 한다.

일	월	화	수	목	금	토
	1	2 (금연)	3	4	5	6
7	8	9 (금연)	10	11	12	13
14	15	16 (금연)	17	18	19	20
21	22	23	24	25	26	27
28	29	30 (금연)				

(3) [조건] 2에 따르면, 금주교육은 월요일과 금요일을 제외한 다른 요일에 시행하며, 주 2회 이상은 실시하지 않으므로 금주교육은 수요일 또는 목요일에 주1회 실시할 수 있다.

(4) [조건] 3에 따르면, 성교육은 4월 10일 이전, 같은 주에 이틀 연속 실시한다. 따라서 성교육을 실시할 수 있는 날은 '4월 3일(수)과 4월 4일(목)' 또는 '4월 4일(목)과 4월 5일(금)'이다. 만약 금주교육을 4월 4일(목)에 실시한다면, 성교육을 실시할 수 없게 된다. 따라서 금주교육은 4월 3일(수)에 실시하고, 성교육은 4월 4일(목)과 4월 5일(금)에 실시한다.

일	월	화	수	목	금	토
	1	2 (금연)	3 (금주)	4 (성교육)	5 (성교육)	6
7	8	9 (금연)	10	11	12	13
14	15	16 (금연)	17	18	19	20
21	22	23	24	25	26	27
28	29	30 (금연)				

(5) 추가로 금주교육이 실시될 수 있는 날은 4월 10일(수), 11일(목) 중 하루, 그리고 4월 17일(수), 18일(목) 중 하루가 된다. 따라서 다음과 같이 최종 정리할 수 있다.

일	월	화	수	목	금	토
	1	2 (금연)	3 (금주)	4 (성교육)	5 (성교육)	6
7	8	9 (금연)	10 (금주)	11 (금주)	12	13
14	15	16 (금연)	17 (금주)	18 (금주)	19	20
21	22	23	24	25	26	27
28	29	30 (금연)				

따라서 4월 30일에는 금연교육이 실시된다.

오답풀이

① 금연교육이 가능한 요일은 오직 화요일뿐이다.

② (5)에서 알 수 있듯이, 금주교육은 같은 요일에 실시되지 않을 수 있다.

③ (5)에서 알 수 있듯이, 4월 마지막 주에는 금주교육이 실시되지 않는다.

④ 성교육이 가능한 일정 조합은 '4월 4일(목), 4월 5일(금)' 오직 한 가지뿐이다.

해결 TIP

(2)에서 정답이 ⑤임을 쉽게 확인할 수 있다. 항상 선택지를 적극적으로 활용하는 습관을 갖자.

24 ②

CHECK POINT

1. 경우의 수를 나눌 때 어떤 도시가 기준이 되는가?
2. 가면 안 될 것 같은 경로는 어디인가?

해설

C와 D 도시에 연결된 도로가 각각 2개씩이므로 이를 기준으로 살펴본다. 집 – D – C – A – □ – □와 집 – □ – □ – A – C – D의 두 경우로 나눌 수 있고, □ 안에는 B 또는 E가 들어간다. 경우의 수를 정리하면 다음과 같다.

(1) 집 – D – C – A – B – E: 35+50+30+45+30=190(km)

(2) 집 – D – C – A – E – B: 35+50+30+70+30=215(km)

(3) 집 – B – E – A – C – D: 20+30+70+30+50=200(km)

(4) 집 – E – B – A – C – D: 40+30+45+30+50=195(km)

따라서 최단 거리는 190km이다.

해결 TIP

(1)과 (2)에서는 'A – B'와 'A – E'만 차이 나므로 'A – B'가 들어간 (1)이 더 짧음을 알 수 있다. (3)과 (4)에서는 '집 – B, E – A'와 '집 – E, B – A'가 차이 나므로 '집 – E, B – A'가 들어간 (4)의 경로가 더 짧음을 알 수 있다. (1)과 (4)의 비교에서는 '집 – D'와 '집 – E'만 차이 나므로 '집 – D'가 들어간 (1)의 경로가 더 짧음을 알 수 있다.

25 ③

CHECK POINT

1. 본 문제에서 출제자가 의도하고 있는 가장 중요한 장치는?
2. '다시 도시 1로 돌아와야 하고' 부분은 어떤 역할을 하는가?
3. 정답 조합형의 활용 방법

(해설)

관련되는 이론으로 PERT를 들 수 있다. 하지만 특정 이론을 전혀 모르고 있더라도 문제를 해결하는 데는 아무런 어려움이 없다. 본 문제를 처음 접했을 때, 수험생들은 최단 경로를 찾는 데만 중점을 두기 쉽다. 하지만 필자가 생각하기에 출제자가 본 문제에서 의도하고 있는 가장 중요한 장치는 질문지의 'A는 매주 홍보가 끝나고 다시 도시 1로 돌아와야 하고,' 부분이다. 즉, A는 특정 도시를 방문하여 홍보를 마친 뒤, 다시 도시 1로 돌아와서 다른 도시를 방문하는 것이다. 우선 일반적인 해결방법에 따라 도시 1에서 각 도시별 최단 경로를 구해보자.

도시 2: 16
도시 3: 9
도시 4: 9+15 (1–3–4)
도시 5: 9+15+14 (1–3–4–5)
도시 6: 9+22 (1–3–6)
도시 7: 9+15+19 (1–3–4–7)

이제 각 [보기]를 판별해 보자.

ㄱ. A가 위 경로에 따라 6주 동안 이동한 총 거리는 322km이다.(각 도시까지의 이동경로의 합×2) (×)
ㄴ. A는 도시 5에 갈 때 경로 1–3–4–5를 이용한다. (×)
ㄷ. A는 도시 7에 갈 때 경로 1–3–4–7을 이용한다. (○)
ㄹ. A가 도시 5까지 가는 거리는 38km이고, A가 도시 6까지 가는 거리는 31km이므로 옳다. (○)

해결 TIP

A의 이동거리는 반드시 짝수가 된다. 왜냐하면 특정 도시를 방문한 후 다시 도시 1로 돌아온 후에 다른 도시를 방문하기 때문이다. 그러므로 ㄱ이 틀렸음은 전혀 계산하지 않고도 쉽게 판별할 수 있다. A가 도시 5를 갈 때의 경로는 1–2–5보다 1–3–4–5가 더 짧으므로 ㄴ 역시 틀렸음을 알 수 있다. ㄱ과 ㄴ이 틀린 [보기]이므로 ㄷ과 ㄹ은 판별할 필요도 없이 정답은 ③이 된다. 정답 조합형 문제에서는 이런 접근 방법을 활용함으로써 시간을 많이 단축시킬 수 있다. 감각적인 접근 방법에 따라 수험생 간의 시간 차이가 많이 나는 문제였다.

26 ①

CHECK POINT

1. 질문의 목표를 정확히 설정할 수 있는가?
2. 출제자의 의도적인 장치를 파악할 수 있는가?
   ① 화장실 1개, 세면대 1개, 샤워실 2개
   ② 화장실, 세면대, 샤워실 순서로 1번씩 이용
3. 문제 해결에 필요한 사고는?
   ① 처음 단계가 가장 짧은 사람부터 외출 준비
   ② 마지막 단계가 가장 짧은 사람으로 외출 준비 종료

(해설)

(1) n개의 작업을 동일한 순서로 해야 할 때, 총 작업시간을 최소화하기 위한 작업의 배열 순서를 구하는 일반적인 방법은 다음과 같다. 문제는 甲~丁이라는 4개의 작업을 화장실 → 세면대 → 샤워실의 순서로 해야 하는 경우로 볼 수 있다.

(2) 일단 화장실을 들어간 순서대로 세면대에 들어가게 된다는 점, 화장실과 세면대와 달리 샤워실은 2개라는 점을 고려해, 화장실 → 세면대 → 샤워실의 작업순서를 '화장실과 세면대 → 샤워실'로 단순화 할 수 있다.

구분	x: 화장실+세면대(분)	y: 샤워실(분)
甲	8	20
乙	10	10
丙	15	5
丁	13	15

(3) 이때 총 작업시간을 최소화하기 위한 작업의 배열 순서는, 화장실과 세면대에 사용하는 시간을 x, 샤워실에 사용하는 시간을 y라 할 때, ① $x<y$인 작업(이 중에서는 x가 짧은 것부터) → ② $x=y$인 작업 → ③ $x>y$인 작업(이 중에서는 x가 긴 것부터)의 순서대로 배열하는 것이다.(이를 존슨 알고리즘이라 한다.)

(4) 따라서 $x<y$인 甲, 丁을 우선해야 하고, 이 중에서도 x가 짧은 甲이 丁보다 우선해야 한다. 다음으로 $x=y$인 乙을, 마지막으로 $x>y$인 丙을 배열해야 한다. 그러므로 甲 → 丁 → 乙 → 丙의 순서가 된다.

구분	화장실 이용시간	세면대 이용시간	샤워실 이용시간
甲	0분~5분	5분~8분	8분~28분 (샤워실1)
乙	15분~20분	20분~25분	28분~38분 (샤워실1)
丙	20분~30분	30분~35분	35분~40분 (샤워실2)
丁	5분~15분	15분~18분	18분~33분 (샤워실2)

(5) 따라서 소요되는 최소 시간은 40분이라 할 수 있다.

해결 TIP

화장실은 비는 시간 없이 연달아 이용할 수 있으므로 네 명의 화장실 이용시간은 총 30분이다. 화장실을 마지막으로 이용한 사람이 세면대와 샤워실을 이용하면서 소요시간을 최소로 하기 위해서는 세면대와 샤워실의 이용시간 합이 가장 작아야 한다. 따라서 丙이 화장실을 마지막으로 이용하는 순서가 가능한지 확인한다. 丙이 화장실을 마지막으로 이용하는 순서가 가능하다면, 외출 준비를 끝내는 데 소요되는 최소시간은 30+5+5=40(분)이 된다.

27 ①

CHECK POINT

1. 달러를 살 때와 팔 때의 적용 환율을 구별할 수 있는가?
2. 계산 과정을 효율적으로 처리할 수 있는가?

해설

(1) 달러를 즉시 사려면 달러를 팔려는 측이 제시하는 가격을 받아들일 수밖에 없다. 슬기는 1,204.10(원/달러)의 환율로 100달러를 샀으므로 100×1,204.10=120,410(원)을 지불했을 것이다.
(2) 달러를 즉시 팔려면 달러를 사려는 측이 제시하는 가격을 받아들일 수밖에 없다. 슬기는 1,205.10(원/달러)의 환율로 100달러를 팔았으므로 100×1,205.10=120,510(원)을 받았을 것이다.
(3) 따라서 [사례]에서 발생한 슬기의 손익은 −120,410+120,510=+100(원)이므로 100원 이익이다.

해결 TIP

한 번에 묶어서 계산하면 100×(1,205.10−1,204.10)=100(원) 이익임을 쉽게 알 수 있다.

28 ④

해설

해설의 편의상 위에서부터 순서대로 〈구매 규칙〉 1~5라 한다.

(1) 먼저 〈구매 규칙〉 4에 의하여 7인석 의자는 가능한 적게 구매한다고 하였으니 7인석 의자를 하나도 구매하지 않는 상황을 가정한다. 이 경우 〈구매 규칙〉 2에 따라 3인석 의자를 최대로 구매하여 20개를 구입한다고 하더라도 60명만 앉을 수 있게 되므로 〈구매 규칙〉 3에 위배된다.
(2) 7인석 의자의 개수를 하나씩 늘려가고, 3인석 의자의 개수를 최대로 하였을 때 결과는 다음과 같다.

3인석 의자(개)	7인석 의자(개)	앉을 수 있는 사람 수(명)
19	1	64
18	2	68
17	3	72
16	4	76
15	5	80
14	6	84

(3) 7인석 의자의 개수가 4개 이하인 경우 어떤 경우에도 80명 이상을 앉도록 할 수 없다. 7인석 의자의 개수가 5개라면 3인석 의자를 최대로 구매하는 경우(15개) 정확히 80명을 앉힐 수 있다. 7인석 의자의 개수가 6개라면 3인석 의자의 개수를 13개만 구매하더라도 총 81명을 앉게 할 수 있으나, 7인석 의자의 개수를 최소로 한다는 〈구매 규칙〉 4에 위배되므로 가능하지 않다.
(4) 따라서 7인석 의자를 5개, 3인석 의자를 15개 구매했을 때의 비용은 80×5+30×15=850(만 원)이다.

29 ②

CHECK POINT

1. 우대 조건을 보면 어떠한 생각이 드는가?
2. 선택지를 적극적으로 활용할 수 있는가?

해설

(1) A는 최소 인원을 채용하기로 하였으므로 희망 근무 요일이 월~금인 지원자를 우선적으로 선택해야 한다.
(2) 남정필은 희망 근무 요일이 월~금이고, 희망 근무 시간이 18:00~06:00으로 12시간이므로 채용해야 한다.
(3) 그 다음으로 희망 근무 요일이 월~금인 지원자는 정선호와 류선영인데, 김준식과 이범준의 경우에도 둘이 합하여 월~금 06:00~18:00에 근무를 할 수 있다.
(4) 김준식과 이범준은 각각 편의점 아르바이트 유경험자와 3개월 이상 근무 가능자로 우대 조건에 해당하므로 정선호와 류선영보다 우선적으로 채용한다.

해결 TIP

희망 근무요일이 월~금인 지원자를 우선적으로 선택해야 하는데 정선호와 류선영은 둘 다 선택지에 있으므로 둘은 답이 아님을 유추할 수 있다. 두 명으로 정선호와 류선영의 근무 시간을 맞출 수 있는 사람은 김준식과 이범준이며, 우대 조건에도 해당하는 것을 통해 확신할 수 있다.

30 ②

해설

해설의 편의상 위에서부터 순서대로 제1조~제4조라 한다.

甲: 제3조가 근거이다. 사무인계 인수서는 3부를 작성하여 인계자와 인수자가 각 1부씩 소지하고 잔여 1부는 당해 부서인 문서과에 보관하여야 한다. 다만 과장 이상은 1부를 추가로 문서과에 보존한다. (○)

乙: 제1조가 근거이다. 6개월 미만의 국내출장으로 인한 경우에는 이 규칙이 적용되지 않는다. (×)

丙: 제4조 제2항, 제3항이 근거이다. 인수자는 사무의 인계내용이 불분명하여 그대로 인수할 수 없을 때에는 인수를 거부할 수 있으며, 인계자로 하여금 즉시 시정 또는 보완 작성하게 한 후 인수하여야 한다. 이 경우 인계자가 그 시정 또는 보완을 거부할 때에는 그 사유를 명시하여 상급 기관에 보고한 후 그 지시에 따라 인계인수를 하여야 한다. 따라서 인계자에게 시정 또는 보완 작성을 요청하지 않고 즉시 상급 기관에 보고한 丙은 적법하지 않은 사무인계인수를 한 것이다. (×)

丁: 제2조 제2항이 근거이다. 특별한 사유로 인하여 후임자에게 사무를 인계할 수 없는 때에는 그 직무를 대리하는 자에게 인계하여야 하고, 대리자는 후임자가 사무를 인수할 수 있게 된 때에 즉시 이를 인계하여야 한다. (○)

31 ②

해설

㉠ 첫 번째 문단 두 번째, 세 번째 문장이 근거이다. 스스로를 해치는 행위에서 해치는 범위를 단정 지을 수 없으며, 그 기준은 사람에 따라 주관적이다. 미취학 아동이 타이어를 끄는 것은 스스로를 많이 해칠 것이지만 훈련된 군인이 타이어를 끄는 것은 스스로를 거의 해치지 않을 것이다. (○)

㉡ 첫 번째 문단 끝에서 네 번째 문장이 근거이다. 甲은 삶을 끝내는 것이라도 자신이 정할 수 있어야 하였으므로 자살도 스스로를 해칠 권리로 인정한다. (×)

㉢ 두 번째 문단 세 번째 문장이 근거이다. 乙은 근력 운동과 같이 신체에 어떠한 상처도 내지 않으면서 경미한 정도로 자신을 해치는 것을 제외하고는 자신을 해칠 권리를 제한해야 한다고 하였다. 따라서 몸에 구멍을 뚫어 장신구를 다는 피어싱을 합법화하는 정책보다 규제하는 정책을 더 선호할 것이다. (×)

㉣ 첫 번째 문단 마지막 문장이 근거이다. 자신을 해치는 것이 행복을 위하는 것이라면 이는 권리로 당연히 인정되어야 한다. 따라서 성형수술은 자신의 행복을 위한 것이므로 성형수술을 금지하는 법은 헌법에 불합치한다는 헌법재판소의 판결은 자신을 해치는 성형수술을 권리로 인정하는 것이므로 甲의 주장을 지지한다. (○)

32 ④

해설

자신이 시험 준비를 하고 있으므로 소의 머리를 쓰다듬어야 하고, 아버지의 건강을 빌어야 하므로 말의 배를 문질러야 한다. 따라서 정돌이는 옳은 방법으로 복을 빌었다.

오답풀이

① 자신이 시험 준비를 하고 있으므로 소의 배를 문지르는 것이 아니라 머리를 쓰다듬어야 한다. 을순이에 대한 자신의 짝사랑을 이루기 위해서는 사슴의 머리를 쓰다듬어야 한다.
② 최근 운전면허를 따서 운전을 하기 시작하였으므로 안전을 빌어야 한다. 따라서 뱀의 배를 문지르는 것이 아니라 머리를 쓰다듬어야 한다.
③ 아내의 출산이 두 달 앞으로 다가왔으므로 아내의 순산을 빌어야 한다. 따라서 호랑이의 머리를 쓰다듬는 것이 아니라 배를 문질러야 한다.
⑤ 남자친구인 정돌이가 의사면허 시험을 앞두고 있으므로 뱀이 아닌 소의 배를 문질러야 한다. 자신이 복권에 당첨되어 부유해지기 위해서는 돼지의 머리를 쓰다듬어야 한다.

33 ③

해설

먼저 조건에 따라 정리를 하면 다음과 같다.

정 – | 을 | 무 | 기 |

조건 3과 6에 따라 을 제품은 3위가 될 수 없고, 조건 2에 따라 갑 제품은 1위이거나 6위이므로 경우의 수를 나눌 수 있다.

(1) 갑 제품이 1위인 경우

갑	병	정	을	무	기

갑	정	병	을	무	기

(2) 갑 제품이 6위인 경우

정	을	무	기	병	갑

정 제품은 1위 또는 2위 또는 3위이다.

오답풀이

① 을 제품은 2위 또는 4위이다.
② 병 제품은 2위 또는 3위 또는 5위이다.
④ 무 제품은 3위 또는 5위이다.
⑤ 기 제품은 4위 또는 6위이다.

해결 TIP

기는 제일 높은 순위이더라도 4위이고, 을은 제일 낮은 순위이더라도 4위이므로 ①과 ⑤를 소거할 수 있다. 을 제품이 3위가 될 수 없으면 무 제품은 4위가 될 수 없으므로 ④를 소거할 수 있다. ②와 ③이 남았으므로 대입법을 활용한다. 만약 병 제품이 6위라면 갑이 1위이고, 정이 2위, 을이 3위인데 을은 3위가 될 수 없으므로 ②도 소거할 수 있다.
또한 문제에서 '참일 수 있는 것은?'이라고 하였으므로 여러 경우가 나올 수 있음에 주의해야 한다.

34 ②

해설

(1) 서로 다른 포토카드 2장을 모은 후 사게 될 앨범에 새로운 포토카드가 들어있을 확률은 전체 4가지 중 2가지이므로 $\frac{2}{4}$가 된다. 따라서 ㉠에는 $\frac{2}{4}=0.5$가 들어간다.

(2) 일어날 확률이 p인 어떤 일을 반복할 때 그 일이 실제로 일어나는 데 필요한 횟수는 평균 $\frac{1}{p}$이라고 하였다. 따라서 세 번째 포토카드 1장을 얻기 위해 사야하는 앨범은 평균 $\frac{1}{0.5}=2$(개)이다. ㉡에는 2가 들어간다.

(3) 같은 방법으로 甲이 네 종류의 포토카드를 모두 모으기 위해 사야할 앨범의 개수는 평균 $1+\frac{4}{3}+\frac{4}{2}+\frac{4}{1}=\frac{25}{3}$(개)이다. 따라서 ㉢에는 $\frac{25}{3}≒8.3$이 들어간다.

(4) ㉠~㉢에 들어갈 값을 모두 합하면 0.5+2+8.3=10.8이므로 소수점 이하 첫째 자리에서 반올림하면 11이다.

35 ②

해설

(1) 甲은 배에서 보석을 최대로 가져가려고 하였으므로 20개의 보석을 가져갔을 것이다. 이때 어떠한 경우에도 진주가 1개 포함된다는 것은 배에 진주가 적어도 1+6=7(개) 있음을 의미한다. 만약 배에 진주가 6개뿐이라면 배에서 20개의 보석을 꺼냈을 때 진주가 하나도 포함되지 않을 수 있기 때문이다. 마찬가지 논리로, 어떠한 경우에도 사파이어 2개, 루비 5개가 각각 포함된다 했으므로, 배에 사파이어가 적어도 2+6=8(개), 루비가 적어도 5+6=11(개) 있음을 알 수 있다.

(2) 따라서 배에는 최소 진주가 7개, 사파이어가 8개, 루비가 11개 있어야 하고, 이를 모두 더하면 26개이다. 즉 배에 있는 보석 26개는 진주 7개, 사파이어 8개, 루비 11개임을 알 수 있다.

(3) ○○갯마을의 보석상에서 환전해주는 진주 1개의 가치는 10달러, 사파이어 1개의 가치는 50달러, 루비 1개의 가치는 100달러임을 알 수 있다. 따라서 배에 들어있던 보석을 환전한 금액은 (10×7)+(50×8)+(100×11)=1,570(달러)이다.

36 ①

해설

(1) [조건] 3에 따르면, 〈강철맨〉은 2015년에 상영되었음을 알 수 있다. 또한 [조건] 1로부터 〈미국대장〉은 2014년에 상영되었음을 알 수 있다.

2014년	2015년	2016년	2017년	2018년
미국대장	강철맨			
╳		╳		╳

(2) [조건] 5로부터 〈근육맨〉과 〈개미맨〉은 2015년 혹은 2017년에 상영되었음을 알 수 있다.

(3) [조건] 4와 5에 의해 〈그린펜서〉는 2018년에 상영되었음을 알 수 있다.

2014년	2015년	2016년	2017년	2018년
미국대장	강철맨			그린펜서
╳		╳		╳

(4) [조건] 2에 의해 〈개미맨〉은 2015년에 상영되었음을 알 수 있다. 따라서 〈근육맨〉은 2017년에 상영되었음을 알 수 있다.

2014년	2015년	2016년	2017년	2018년
미국대장	강철맨		근육맨	그린펜서
╳	개미맨			╳

(5) 〈미국대장〉과 〈개미맨〉의 제작 연도 차이는 1년이므로 [조건] 6에 의해 〈와이맨〉은 2016년에 제작되었음을 알 수 있다. 따라서 〈거미맨〉은 2017년에 상영되었다.

2014년	2015년	2016년	2017년	2018년
미국대장	강철맨	와이맨	근육맨	그린펜서
╳	개미맨	╳	거미맨	╳

37 ④

해설

(1) 각 코스 조합별 총 소요시간, 탐방 가능한 호수의 개수, 폭포 개수, 보트 탑승 가능 여부를 정리하면 아래와 같다.

구분	코스 조합	총 소요시간	호수	폭포	보트
①	F－I－C	12시간 (×)	3개	10개	가능
②	B－H－I	10시간	2개(×)	12개	가능
③	G－C－F	10시간	3개	9개(×)	가능
④	A－D－F－G	10시간	3개	11개	가능
⑤	H－E－D－A	10시간	3개	12개	불가능 (×)

(2) 따라서 5가지 코스 조합 중에서 甲의 탐방 조건을 모두 만족하는 것은 A－D－F－G 조합이다.

38 ②

(해설)

(1) 우선 투명망토를 기숙사에서 정문으로 가져오는 사람은 가능한 걸음이 빠른 사람이어야 한다. 다음으로, 2명의 학생이 같이 투명망토를 이용하면 이동 시간은 걸음이 느린 학생을 기준으로 하기 때문에 [상황]에서 걸음이 가장 느린 丙과 丁이 함께 투명망토를 이용하는 것이 효율적이다. 이를 바탕으로 다음과 같이 최소 시간을 구할 수 있다.

(2) 먼저 甲과 乙이 함께 정문에서 기숙사로 이동한다. (3분)

(3) 다음으로 甲이 혼자 기숙사에서 정문으로 이동한다. (2분)

(4) 丙과 丁이 함께 정문에서 기숙사로 이동한다. (11분)

(5) 乙이 혼자 정문으로 이동한다. (3분)

(6) 甲과 乙이 함께 정문에서 기숙사로 이동한다. (3분)

(7) 따라서 최소 시간은 3+2+11+3+3=22(분)이다.

39 ⑤

(해설)

㉠ 아르바이트 종류별 일주일 임금은 아래와 같다. 甲이 학원과 가구점 아르바이트를 할 때 시간대가 겹치지 않으면서 각각 일주일 간 90만 원과 180만 원을 받을 수 있다. 따라서 甲이 일주일 간 받을 수 있는 임금은 최대 270만 원이다. (○)

종류	일주일 임금
편의점	5×6×2=60
학원	3×6×5=90
콘서트	3×2×7=42
놀이공원	3×8×5=120
가구점	3×10×6=180
도서관	2×4×1=8

㉡ 甲은 학원, 콘서트, 도서관 아르바이트를 동시에 할 수 있다. 따라서 최대 3개의 아르바이트를 할 수 있다. (○)

㉢ 아르바이트 종류별 주간 노동시간은 아래와 같다. 편의점과 가구점 아르바이트는 주간 노동시간이 25시간을 초과하므로 할 수 없다. 놀이공원 아르바이트를 하는 경우 주간 노동시간은 24시간이고 임금은 120만 원이다. 학원과 콘서트 아르바이트를 같이 하는 경우 총 주간 노동시간은 24시간이고 총 임금은 132만 원이다. 그 외의 경우는 주간 노동시간을 초과하거나 총 임금이 현저히 작으므로 굳이 고려할 필요가 없다. 따라서 최대 임금은 132만 원이다. (×)

종류	일주일 임금
편의점	5×6=30
학원	3×6=18
콘서트	3×2=6
놀이공원	3×8=24
가구점	3×10=30
도서관	2×4=8

㉣ 학원, 콘서트, 도서관 아르바이트를 하면 일주일에 수요일을 제외한 나머지 모든 날에 아르바이트를 할 수 있다. (○)

40 ②

(해설)

(1) [조건] 3에서 C 통화는 오직 D 통화와만 교환이 가능하다고 하였다. 따라서 상우가 갖고 있는 C 통화 40단위는 [상황] 2의 시장 환율에 따라 D 통화 50단위로만 교환이 가능하다. 따라서 상우는 기존에 갖고 있던 D 통화 50단위에, C 통화를 D 통화로 교환한 50단위를 더해 D 통화 100단위를 갖게 된다.

(2) 상우가 갖고 있는 D 통화 100단위는 [상황] 2의 시장 환율에 따라 B 통화 250단위로 교환이 가능하다. 따라서 상우는 기존에 갖고 있던 B 통화 20단위에, D 통화를 B 통화로 교환한 250단위를 더해 B 통화 270단위를 갖게 된다.

(3) 상우가 갖고 있는 B 통화 270단위는 [상황] 2의 시장 환율에 따라 A 통화 1,350단위로 교환이 가능하다.

(4) 따라서 상우가 보유한 모든 통화를 A 통화로 교환한다면, 1,350단위가 된다.

노력을 이기는 재능은 없고
노력을 외면하는 결과도 없다.

– 이창호 프로 바둑 기사

여러분의 작은 소리
에듀윌은 크게 듣겠습니다.

본 교재에 대한 여러분의 목소리를 들려주세요.
공부하시면서 어려웠던 점, 궁금한 점,
칭찬하고 싶은 점, 개선할 점, 어떤 것이라도 좋습니다.

에듀윌은 여러분께서 나누어 주신 의견을
통해 끊임없이 발전하고 있습니다.

에듀윌 도서몰 book.eduwill.net
- 부가학습자료 및 정오표: 에듀윌 도서몰 → 도서자료실
- 교재 문의: 에듀윌 도서몰 → 문의하기 → 교재(내용, 출간) / 주문 및 배송

2023 최신판 박준범 기본서 NCS 문제해결 · 자원관리능력

발 행 일	2023년 1월 31일 초판
편 저 자	박준범
펴 낸 이	김재환
펴 낸 곳	(주)에듀윌
등록번호	제25100-2002-000052호
주 소	08378 서울특별시 구로구 디지털로34길 55 코오롱싸이언스밸리 2차 3층

www.eduwill.net
대표전화 1600-6700